SOLUTIONS SOCIALES

SOLUTIONS

SOCIALES

GODIN

FONDATEUR DU FAMILISTÈRE DE GUISE
CHEF D'INDUSTRIE EN FRANCE
ET EN BELGIQUE

MEMBRE DE L'ASSEMBLÉE NATIONALE

A. LE CHEVALIER, ÉDITEUR | GUILLAUMIN ET Cᵉ, ÉDITEURS
RUE RICHELIEU, 61 | RUE RICHELIEU, 14

BRUXELLES

OFFICE DE PUBLICITÉ, RUE DE LA MADELEINE, 46

1871

AU LECTEUR

Lorsque j'ai écrit ce livre, rien ne présageait les événements politiques qui se sont accomplis ; en le livrant à l'impression, dès le mois de Juin 1870, je croyais donner à mon pays un préservatif des tempêtes dont je voyais l'horizon social assombri : je ne pensais pas que ce livre arriverait après un premier et si terrible orage.

Mais l'invasion étrangère et l'investissement de Paris sont venus arrêter l'impression de cet ouvrage et suspendre le travail des gravures ; la guerre civile, à son tour, en a retardé la publication, et ce n'est que quand la question sociale se pose à travers les difficultés les plus inextricables que mon livre paraît.

Ce qu'il renferme n'est donc pas inspiré par les événements accomplis ; cela explique pourquoi certaines pages ne paraissent pas en complète concordance avec ces événements.

Si j'avais à refaire aujourd'hui ce travail, je n'aurais rien à changer au fond, mais je pourrais en modifier la forme pour la mettre plus en harmonie avec la situation politique et sociale actuelle de la France.

Malgré cela, je livre avec confiance ce volume à la méditation de mon pays, et je fais des vœux ardents pour que les *Solutions Sociales* qu'il renferme puissent aider à dissiper ce trouble des consciences qui, depuis longtemps, fait que la vie privée, comme la vie publique, n'est plus, pour presque tout le monde, qu'un tissu d'expédients dont on cherche la justification dans le succès.

Notre société, au contraire, a besoin de s'affermir dans une voie nouvelle et sûre, pour que le succès des efforts de chacun et de tous soit véritablement profitable au Salut Commun ;

cette voie ne peut être que celle, universellement consentie, de la Conciliation Sociale des Intérêts : c'est ce que j'espère avoir largement tracé dans ce livre, en indiquant les moyens pratiques de cette Conciliation.

Puissent mes compatriotes se servir de mon ouvrage pour le salut de notre chère Patrie, afin de la préserver à jamais du retour des malheurs de la guerre civile ! C'est mon vœu le plus cher, ce serait le bonheur de ma vie.

Versailles, le 8 mai 1871.

SOLUTIONS SOCIALES

PREMIÈRE PARTIE

CHAPITRE PREMIER

PROLOGUE

I

INCUBATION DES IDÉES SOCIALES

Au milieu des entraves imposées à la pensée, la France se recueille. A côté du mouvement éphémère des intérêts qui s'agitent pour asservir le présent au profit de quelques-uns, le dévouement social travaille à préparer l'avenir et la marche du monde au profit de tous !

La passion des intérêts matériels, des vanités mondaines et de l'autorité, ne peut faire que la France abandonne sa mission civilisatrice ; cette passion peut obscurcir la morale publique et jeter le trouble dans les consciences, mais elle ne peut enlever du cœur de la France son amour du progrès et de la liberté.

Aussi, vingt années d'oppression ont rendu plus vive la haine de l'arbitraire, et ont excité les esprits au travail d'élaboration de la morale sociale, de la morale de l'humanité.

OEuvre modeste, mais immense au milieu des progrès que la France doit accomplir, car c'est le travail de la régénération sociale que la nation couve dans son sein.

Ce livre n'est qu'un des mille symptômes précurseurs de cette Régénération. Puisse-t-il servir à l'interprétation pacifique des besoins de notre temps, en contribuant à pénétrer les esprits du sentiment de la véritable justice !

Ce livre n'est pas une œuvre littéraire ; écrit au milieu d'occupations industrielles de tous les jours et de tous les instants, par un homme dont l'existence s'est passée au contact de la matière, au sein du travail des champs et de la fabrique, il ne peut unir au sérieux des études cet art du langage qu'une éducation soignée prête à la forme, surtout quand l'habitude d'écrire lui vient en aide.

Mais si ce n'est pas au contact du travailleur des champs ou de l'ouvrier de la fabrique que s'acquiert l'art de bien dire, c'est au moins près d'eux que peuvent s'étudier les questions qui intéressent le sort des masses ; c'est là que gît la question sociale de notre temps ; c'est là que des vérités brûlantes sont à mettre en évidence, pour être portées à l'attention de tous les hommes dévoués au progrès social.

Ce sont ces vérités que cet ouvrage a pour but d'élucider. Il doit se ressentir des intermittences qui ont été apportées dans sa rédaction; je prie en conséquence le lecteur d'être indulgent sur la forme, et de s'attacher, avant toute chose, à l'examen des solutions que ce livre renferme, sans s'arrêter à la manière dont l'auteur a traduit sa pensée, manière, qui, sans doute, sera souvent fort éloignée d'être aussi claire qu'il le désire.

II

L'IDÉE SOCIALE EN ACTION

Dans la première moitié de ce siècle, les idées de réforme sociale intimement unies à celles de la morale humanitaire, se sont circonscrites dans les traités sur la matière, et dans la discussion écrite et orale; c'est la marche naturelle des choses humaines : l'hypothèse, le raisonnement, les théories spéculatives précèdent l'acte.

Mais s'il en est nécessairement ainsi, il est vrai de dire aussi que les véritables théories, que les théories positives, ne se déduisent que de l'expérience et des faits; aussi est-ce sur le terrain pratique de l'économie sociale, et de la morale sociale en action, que ce livre doit conduire le lecteur.

C'est une nouvelle réponse à un reproche que m'ont adressé quelques amis.

« Pourquoi, m'ont-ils dit plus d'une fois, gardez-vous le silence sur des choses que vous réalisez dans un but d'intérêt social ?

« Pourquoi ne livrez-vous pas à la publicité les résultats de votre expérience, afin que le monde en profite ?

« C'est un devoir pour vous de faire connaître ces résultats : vous ne vous appartenez plus à vous-même, vous appartenez à la société. »

Ainsi s'expriment ceux qui n'ont qu'à observer ou à critiquer ; il paraît si simple de demander toujours davantage à ceux qui ont déjà fait : le travail accompli semble si facile !

A cela j'ai répondu qu'il ne me paraissait pas véritablement utile de rechercher la publicité, avant que les faits eussent parlé, quand il s'agit de choses à la réalisation ou à l'application desquelles nous travaillons.

Ne vaut-il pas mieux réaliser le bien sur le terrain de la vie pratique, en étudiant les données de l'ex-périence, que d'ambitionner d'abord l'honneur de se faire connaître par des projets de réformes ou d'institutions, qui souvent se consomment en vaines paroles ou en essais infructueux ?

Il m'a paru plus sage d'agir que de parler ; j'ai vu dans cette ligne de conduite l'accomplissement d'un double devoir : ne pas occuper inutilement le public d'idées que l'expérience eût pu condamner, et n'avoir à l'entretenir que de vérités sur lesquelles les faits aient permis de prononcer un jugement que la postérité pourra sanctionner.

Ceci est donc un premier point qui explique pourquoi j'ai médité et agi dans le silence, et pourquoi j'ai résisté longtemps aux sollicitations de mes amis, afin d'éviter que la presse s'occupât de moi.

J'ai pu encore et surtout trouver dans ce silence l'avantage de ne pas surexciter les passions hostiles aux idées nouvelles, et je suis parvenu, dans un demi-calme, à édifier et à développer une œuvre que ces passions auraient pu étouffer dès son origine.

Aujourd'hui, ce silence n'a plus d'objet : fondateur d'une œuvre pour laquelle je désire des imitateurs, je dois expliquer au monde la pensée qui a présidé à cette fondation ; l'œuvre est assez forte en elle-même pour qu'il soit imprudent d'y toucher et même de ne pas la protéger, au moins en apparence ; je puis donc profiter de cette situation pour exposer les faits et les idées qui se rattachent à la fondation du Familistère, à son développement et à sa marche.

Je puis et je dois aujourd'hui braver les obstacles que l'ignorance et la faiblesse humaine accumulent toujours devant les œuvres utiles, et marcher droit aux sympathies que je rencontrerai parmi les amis du progrès.

Ceux-là reconnaîtront que mon entreprise n'est due ni à des circonstances fortuites, ni à un vain caprice d'homme, ni à un intérêt matériel égoïste, comme tant de personnes au cœur étroit l'ont pensé ; mais qu'au contraire elle puise sa source dans des convictions et des principes fortement arrêtés, qui ont pour but le salut social et le bien de l'humanité.

Cet ouvrage ne suivra pas les sentiers battus ; il a pour objet de montrer une utopie d'hier réalisée aujourd'hui : par conséquent, il a à retracer des faits nouveaux, non-seulement par leurs conséquences, mais aussi par les principes qui les ont produits.

Il ne s'agit pas de rechercher comment l'avenir pourra s'élever sur les ruines du passé ; mais bien de démontrer comment le présent peut créer le bien-être au profit de ceux qui sont privés du nécessaire, sans rien enlever à ceux qui possèdent la richesse.

Il s'agit de démontrer ce que le travail a pu faire dans cette voie, sans autre appui que sa propre puissance et sa foi dans les principes.

C'est donc en s'appuyant sur des faits, que les doctrines de ce livre se produisent ; et si l'arbre peut être jugé par ses fruits, les doctrines qu'il renferme peuvent être jugées par l'expérience.

Mais comme toute œuvre nouvelle doit subir les résistances des habitudes et des préjugés qu'elle vient combattre ; comme l'histoire nous fait voir dans tous les temps l'idée nouvelle persécutée, l'expérience dont il est question s'est aussi faite au milieu des plus tristes obstacles, et ce ne doit pas être là le moindre signe de sa force.

Malgré ces obstacles, j'ai pu élever le premier palais au travail, — le Palais Social, — et préparer les dispositions nécessaires à l'association intégrale parmi les hommes. J'ai pu rassembler les éléments qui doivent concourir à la répartition équitable des fruits de la production entre le travail, la capacité et le capital.

C'est là l'œuvre pratique que j'ai à exposer au lecteur, œuvre commencée et réalisée par le travail seul, œuvre dont les ressources s'élèvent aujourd'hui à plusieurs millions qui ne doivent rien au vieux monde, mais sur lesquels la justice des tribunaux a ouvert aux gens d'affaires la porte de la curée, pour seconder les forces ennemies du progrès qui me font obstacle, et viennent demander le partage des fruits d'un travail qui n'est pas le leur. Mais tel est le sort de l'idée nouvelle, et le rôle de la justice sociale dans le présent !

L'Association Intégrale est préparée, son organisation est faite, les cadres en sont ouverts, les fonctions établies; le bien-être de neuf cents personnes en ressent depuis longtemps déjà les heureux effets; et dès que l'ignorance et la méchanceté humaines ne me susciteront plus d'obstacles, l'association du travail, du capital et du talent sera un fait accompli.

CHAPITRE DEUXIÈME

PRESSENTIMENTS

1

MON ENFANCE

Un profond souvenir m'a toujours suivi en traçant dans ma carrière le même sillon ; je crois devoir le présenter, sinon comme cause de la mise en
pratique des idées renfermées dans cet ouvrage, du
moins comme sujet d'étude psychologique.

Lorsqu'à l'âge de huit à dix ans, j'étais assis sur
les bancs d'une école de village, où cent quarante
enfants venaient s'entasser les uns sur les autres
dans un air méphitique, et passer le temps à jouer,
ou à recevoir la férule du maître, au lieu d'un
enseignement profitable et régulier, il m'arrivait
souvent de réfléchir sur l'insuffisance et l'imperfection des méthodes d'enseignement qu'on nous
appliquait.

Souvent je me disais : Si j'étais professeur, j'en-
seignerais mieux les élèves qu'on ne le fait ici, et

je me demandais si je devais me livrer à l'enseignement.

Mais aussitôt un sentiment intime me poussait à cette autre pensée : Non, je dois me livrer à l'apprentissage des arts manuels, car, par eux, j'ai un grand exemple à donner au monde dans la sphère où j'agirai.

Cette idée persistante, dans un âge aussi peu avancé, est au moins un fait singulier, surtout si l'on tient compte de l'excessive timidité qui me suivait alors dans tous mes actes, et des pénibles difficultés qu'offraient à mon tempérament, frêle et délicat, les travaux qui s'exécutaient sous mes yeux.

Malgré cela, c'est sous l'empire de l'idée que la pratique des arts manuels devait me conduire à un rôle pressenti, qu'à onze ans et demi je commençai à travailler le fer dans l'atelier de mon père, et à prendre une part au-dessus de mes forces, dans les travaux de la campagne, à côté de mes parents.

Pourquoi un pareil objectif dans un jeune esprit devant lequel nulle perspective n'était ouverte, et pour lequel tout semblait renfermé dans le cercle d'une vie de travail et de pauvreté?

Si je m'autorise à poser cette question à mon lecteur, c'est que je me la suis bien souvent posée à moi-même; c'est que ce fait me paraît renfermer une question de psychologie intéressante, qui s'est renouvelée dans toutes les phases de ma vie.

Aujourd'hui encore, je pressens des événements

que je me garderai d'indiquer, non que je croie à la fatalité, je suis fort éloigné de cela : je crois au contraire les événements subordonnés en tout et partout à l'action de l'intelligence, mais ce n'est pas ici la place pour expliquer ce phénomène d'intuition, et je n'en parle que parce qu'il tient aux causes de la fondation que j'ai faite; l'explication en viendra plus tard.

II

MA VIE D'OUVRIER

Lorsque je quittai l'atelier de mon père, simple artisan de village, pour aller chercher au sein des villes le moyen d'un apprentissage industriel plus avancé, je pensais que là tout allait s'offrir devant moi sous les formes de la science ; que chaque ouvrier s'y était formé au contact de théories régulières, et que le travail s'y exécutait autant d'après les données de l'étude, que d'après celles de la pratique.

C'est avec de semblables idées que je me mêlai à la masse ouvrière des villes et du compagnonnage, et que je croyais voir partout des supériorités en savoir et en capacité dans les ouvriers qui m'entouraient.

Il fallut un certain temps pour dissiper ces illusions.

Tous les jours se renouvelait pour moi le dur labeur d'un travail qui me tenait à l'atelier depuis cinq heures du matin jusqu'à huit heures du soir.

Je voyais à nu les misères de l'ouvrier et ses besoins, et c'est au milieu de l'accablement que j'en éprouvais que, malgré mon peu de confiance en ma propre capacité, je me disais encore : Si un jour je m'élève au-dessus de la condition de l'ouvrier, je chercherai les moyens de lui rendre la vie plus supportable et plus douce, et de relever le travail de son abaissement.

Ces aspirations ne sont certainement pas moins singulières que celles éprouvées par moi sur le banc de l'école, puisque je n'avais d'autre perspective que la pauvreté! Elles sembleraient presque dénoter un caractère sujet à une vaine ambition : pourtant j'ai toujours professé le plus grand éloignement pour les glorioles personnelles.

J'étais alors aussi très-préoccupé de l'anarchie du salaire, et je ne voyais aucune règle d'équité dans la répartition des fruits du travail.

L'offre et la demande étaient la règle économique, sans entrailles et sans cœur qui, parfois, quand j'avais accompli un travail procurant des bénéfices exagérés au maître, ne m'accordait à moi qu'un salaire insuffisant pour subvenir à mes besoins; et qui, d'autres fois, au contraire, pour des travaux peu favorables à l'entrepreneur, me donnait un salaire plus élevé.

Je croyais à la justice, mais nulle part je n'en voyais l'application.

L'humanité était-elle donc condamnée à entrevoir le juste et le bien sans pouvoir jamais en faire un usage rationnel?

C'est après plusieurs années de cette existence et de réflexions semblables, que j'acquis assez de confiance en moi-même pour débuter en industrié, seul et sans aide.

Je ne m'étendrai pas davantage sur mes pressentiments. J'ai dit le motif qui m'a engagé à les indiquer ici, cela suffit pour montrer la chaîne qui relie mon entrée dans la vie au travail de progrès social auquel mon existence est et restera consacrée.

———

CHAPITRE TROISIÈME

ÉTAT DE L'ATELIER

I

LE SALARIAT

J'avais vainement cherché dans les faits, pendant ma vie d'ouvrier, la règle du droit, du devoir et de la justice, et je ne l'avais pas trouvée davantage dans mes lectures : elles ne m'avaient rien montré au delà de ce que je puisais dans mes propres sentiments.

Je commençai la fondation d'une industrie nouvelle ; je travaillai à remplacer les appareils de chauffage en tôle par des appareils de chauffage en fonte de fer. D'ouvrier, je devenais chef d'industrie. Bientôt, je dus appeler près de moi quelques ouvriers dont le nombre s'accrut graduellement, suivant les développements de mon entreprise.

En me créant un intérieur, une existence propre, je trouvai les moyens de me livrer à l'étude des questions sociales qui étaient alors sérieusement

agitées, et je m'initiai au mouvement des idées que
la vie d'ouvrier m'avait jusque-là rendues peu accessibles.

Je vis bientôt que les problèmes présents à mon
esprit, que les questions du travail et de l'industrie
étaient l'objet des préoccupations de différentes
écoles, sur lesquelles l'attention du monde était
attirée.

Je vis dès lors dans le principe d'association la
notion de justice tant cherchée, et la solution du
problème de l'équité de, répartition des fruits du
travail ; mais mon embarras fut aussi grand devant
les difficultés d'application : le milieu social n'é-
tait pas préparé.

. La Révolution française a bien fait disparaître
les maîtrises et les corporations, elle a sapé en
principe tous les priviléges, mais elle n'a pu réformer aussi vite l'influence de la tradition, ni créer
un esprit public capable de placer l'autorité et la
direction entre les mains de la Capacité et du Savoir.

Dans son ignorance des voies et moyens de justice sociale, la société a continué de placer l'autorité et la direction dans le prestige que l'habitude
attache à l'hérédité et à la succession, et après
avoir sapé une aristocratie fondée sur le cumul du
travail servile, elle s'est acheminée vers la reconstitution d'une aristocratie nouvelle fondée sur le
cumul du travail salarié.

La capacité et le savoir furent relégués au second rang, et le salaire fut la seule part faite au travail.

Je ne pouvais rien contre la puissance de l'habitude ; j'aurais voulu pratiquer un mode nouveau et plus équitable de répartition entre mes ouvriers et moi qu'il eût été sans influence : un grain de sable jeté au fond de la mer n'en change point le 'lit.

L'industrie ne marchait qu'avec les éléments et les formes brisées d'un passé de servitude dont les débris se rassemblaient d'office, sous l'empire de l'habitude, pour reconstituer, au profit du maître, des priviléges arbitraires analogues à ceux du seigneur sur ses vassaux.

C'est l'herbe mauvaise du passé repoussant sans cesse sur le terrain labouré par la Révolution, mais non amendé des principes nouveaux qui doivent faire fructifier le sol mieux préparé de l'avenir.

Ce sont les habitudes féodales, conservant leur empire dans les faits et dans les idées de ceux-là mêmes qui ont le plus grand intérêt à leur transformation.

C'est le fait de l'ignorance d'une société qui, après avoir brisé les liens de la servitude, place encore malgré cela le travail dans des conditions arbitraires, parce que l'esprit public n'a pas su s'élever à la science du droit véritable, et encore moins concevoir les formes propres à consacrer ce droit !

II

TRAVAIL A LA JOURNÉE

Peu d'hommes ont compris combien l'industrie moderne est restée arriérée dans ses rapports avec l'ouvrier. Aucun principe d'organisation n'y préside ; les plus petites questions ont été jusqu'ici de graves problèmes.

Il est vraiment triste de voir le temps qu'il a fallu pour modifier les habitudes les plus absurdes. Combien de grèves, de rixes, de procès et de difficultés industrielles auraient pu être évités, sans aborder les questions de principes, par le seul fait de mesures purement matérielles, donnant satisfaction à l'ouvrier, et rendant la direction du travail plus facile.

Ne pouvant aborder de problème plus sérieux, je m'attachai donc, dès mes débuts, à écarter de mes ateliers les causes qui, par toute la France alors, étaient encore des sujets permanents de contestations entre patrons et ouvriers.

Une de ces premières causes était l'unité de temps servant à compter le travail.

L'unité de temps était généralement la Journée. Les fractions étaient le quart de jour dans certaines villes, le tiers de jour dans d'autres ; dans quelques grandes villes et dans de rares ateliers, la journée était de onze heures de travail; ailleurs, de douze et de treize heures.

La journée de onze heures se divisait à Paris en trois parties:

De 6 heures du matin à 9 heures,   3 heures,
De 10   —   2 —   4 —
De 3 heures du soir à 7 —   4 —

Il y avait dans la journée deux repas d'une heure chacun. Le tiers du matin était d'une heure plus court que les deux autres tiers, par suite d'une grève qui avait réduit la journée d'une heure.

Le tiers du matin coûtant le même prix pour moins de travail, le chef d'établissement était intéressé à exiger plus rigoureusement la présence des ouvriers à l'ouverture des ateliers, et à en refuser l'entrée aux retardataires, ou à leur imposer une retenue pour le maintien de la règle.

De son côté, l'ouvrier trouvait exorbitant de n'être pas payé de tout son temps de travail pour quelques minutes de retard.

C'était une source de conflits et une cause permanente de préjudice pour le patron et pour l'ouvrier, c'était souvent pour l'atelier le chômage de l'outillage des ouvriers en retard, par suite de leur refus de subir la retenue, et pour ceux-ci l'obligation d'attendre au tiers suivant pour se mettre à l'ouvrage, heureux encore quand ce n'était pas pour eux l'occasion d'aller au cabaret.

Dans les autres grandes villes, la journée commençait encore à cinq heures du matin, et se trouvait ainsi de douze heures, partagées en trois parties égales.

En province, où la journée était de douze à treize heures, et où l'on comptait par quarts de jour, elle se composait :

De 5 à 8 heures du matin . . . .   3 heures,
De 9 à 12   »   3   »
De 1 à 4 heures de l'après-midi. . 3   »
De 5 à 8   »   3   »

La journée, divisée par quarts, donne ainsi lieu à trois repos ou repas d'une heure chacun, et là où les repas de neuf heures et de quatre heures n'étaient que d'une demi-heure, la journée se trouvait de treize heures.

J'ai vu des ateliers où les treize heures étaient obtenues en supprimant le repas de quatre heures, et en laissant une heure le matin au déjeuner ; mais cela faisait une faction de sept heures de travail continu dans l'après-midi, et l'ouvrier arrivait à son souper, à huit heures du soir, exténué de fatigue et de faim.

On comprend à combien de tiraillements donnait lieu cette manière de compter le temps, par tiers et quarts de jour ; ce n'était rien autre chose que le maintien de la servitude à court terme ne comportant pas, il est vrai, l'aliénation de la personne, mais comportant celle de ses actes et de son temps, sur lesquels l'œil du maître veillait comme sur sa propre chose.

III

TRAVAIL A L'HEURE ET TRAVAIL A FORFAIT

Ce sont ces traces de servitude dont le travail moderne est encore entaché, que je m'attachai à amoindrir dans la mesure du possible autour de moi.

Ne pouvant réformer complétement le mode de travail reposant sur le paiement du temps, je pris l'unité la plus courte, et l'heure me servit de base dans mes comptes avec mes ouvriers.

Ce ne fut plus tant de journées, de tiers ou de quarts de jour que je payai à l'ouvrier, mais ce fut le nombre d'heures qu'il avait consacrées au travail. Ce mode fut bientôt admis presque généralement dans le monde industriel, sous la pression des conflits qui se renouvelaient chaque jour entre patrons et ouvriers.

Une double question est ainsi résolue : l'ouvrier est moins assujetti au maître, et ces grèves si souvent renouvelées dans les villes, et dans certaines usines, au sujet de la durée du travail, n'ont plus leur raison d'être. Loin de trouver son intérêt dans la réduction des heures de travail, l'ouvrier en demande au contraire trop souvent la prolongation.

Quoique le travail à l'heure ait été une amélioration du régime de l'atelier, le travail exécuté sur le temps mis à prix n'en constitue pas moins une situation souvent humiliante pour l'ouvrier ; la surveillance qui s'exerce sur lui est une atteinte à sa liberté, et il est au moins esclave de sa conscience et de son honnêteté, s'il ne l'est pas de l'œil du contre-maître.

La machine doit fonctionner pour les frais qu'elle entraîne, le temps payé à l'ouvrier est classé de même au rang des charges qui pèsent sur le prix du produit : il faut qu'il rapporte, malgré la fatigue qui peut saisir le travailleur.

La rémunération sur le prix de l'heure n'a donc pas le mérite d'effacer tous les inconvénients du travail à la journée ; aussi convient-il de ne l'appliquer que par exception, et de donner à l'ouvrier une plus complète indépendance dans son travail, c'est-à-dire sa liberté.

Pour cela, il est indispensable de supprimer la surveillance d'individu à individu ; il faut qu'au lieu de se porter sur l'ouvrier, cette surveillance soit exercée sur la matière, c'est-à-dire sur le produit du travail.

Au lieu donc de fixer une valeur au temps de l'ouvrier, il faut fixer une valeur au produit à créer ; une fois ce prix débattu et accepté, l'homme, en face de son travail, ne relève plus que de lui-même.

Il n'a plus à craindre la censure juste ou injuste du maître sur l'emploi de son temps : il est libre !

Maître à son tour, vis-à-vis de la matière, il l'assouplit, il la façonne ; son activité n'a d'autre mesure que celle qui lui convient.

Il a la satisfaction de tirer d'un travail exempt de servitude, un salaire proportionné à son adresse et à son activité.

Il n'a d'autre responsabilité que celle de la part d'activité utile qu'il doit à la nature et à la société.

Sa santé et son intérêt sont les seuls guides du repos qu'il se donne ou de l'activité qu'il déploie : si par son adresse ou son intelligence, il abrége son travail, il a la satisfaction d'en profiter ; s'il prolonge son repos au delà du nécessaire, il n'a de reproches à recevoir de personne, et ne nuit qu'à lui-même.

Ainsi l'ouvrier recouvre sa dignité, il est le maître de son temps ; ses actes et sa personne ne sont plus l'objet d'une inspection et d'une surveillance dégradantes : le travail réalisé est seul vérifié, et c'est sur sa valeur que le compte en est réglé.

L'organisation du travail dans la grande industrie tend à l'application de ce régime. Il est plus facile là que dans le petit atelier, de classer les travaux et d'établir les tarifs suivant la valeur de chacun d'eux.

Le travail exécuté d'après un tarif consenti est certainement un progrès vers l'organisation rationnelle du travail et la liberté du travailleur. Bien des personnes peuvent s'y tromper encore; mais il n'en sera pas moins démontré par l'expérience, que la liberté de l'ouvrier sera d'autant plus grande, que le travail à forfait s'étendra davantage, et ce mode d'organisation sera surtout un des principes par lesquels la liberté effective entrera dans les faits de la vie.

Quand, un jour, l'industrie, mieux organisée encore, garantira à l'ouvrier tous les fruits de *plus-value* dus à sa part de travail accompli, alors la justice se sera faite, compagne de la liberté, et le droit véritable marchera de front avec l'accomplissement des devoirs du citoyen !

IV

PAIEMENT DES SALAIRES

On a malheureusement trop peu étudié jusqu'ici l'influence considérable que l'organisation des rapports entre les hommes, et l'agencement des intérêts, peuvent exercer sur le niveau moral des classes ouvrières.

Citons pour exemple l'influence du paiement des ouvriers s'effectuant à des jours fixes de quinzaine, et le plus souvent le samedi. Il arrivait alors que la population tout entière des ateliers, recevant en même temps ses salaires acquis pendant une période de quinze jours, chacun était pourvu d'argent ; les camarades tenaient à faire preuve de confraternité les uns à l'égard des autres, il s'ensuivait qu'après les largesses du dimanche, la réciprocité amenait les excès du lundi, et ces habitudes prenaient de telles proportions dans certains établissements, que les ateliers restaient fermés ce jour-là.

Il n'arrivait à aucun chef d'industrie de s'en prendre à lui-même d'un tel état de choses, et la plupart de ceux qui voulaient y résister, ne le faisaient qu'au moyen de règlements et d'amendes sévères.

Quelques établissements voulurent remédier à ces inconvénients en ne payant que tous les mois ; mais si cela diminue les occasions de désordre et de folles dépenses, les faits reprennent en intensité ce qu'ils perdent en nombre, et c'est en outre une gêne de plus pour la famille de l'ouvrier.

Un remède bien simple s'offrait pourtant de lui-même, tout en respectant la liberté du travailleur. Puisque ces entraînements du lundi étaient dus surtout au paiement, fait le même jour, de sommes considérables, qui provoquaient ces réunions nombreuses dans lesquelles chacun était apte à payer son écot, il suffisait de substituer à ce paiement à la quinzaine ou au mois, les paiements en perma-

nence et de les faire les jours de travail les plus
suivis.

C'est ce moyen que j'ai introduit dans mes établissements, et qui a suffi, à lui seul, pour empêcher
que le lundi fût jamais un jour de chômage.

Les ouvriers sont payés tous les quinze jours,
suivant un tableau de leurs noms dressé par ordre
alphabétique.

Ce tableau est divisé en sections; deux sections
sont payées chaque semaine, le mardi et le ven-
dredi.

De cette façon, chaque paie se disperse dans l'é-
tablissement tout entier, et tels qui ont reçu leur
quinzaine dans un atelier se trouvent à côté de
camarades qui n'ont rien touché : d'où il suit que
l'ouvrier est plus disposé à rentrer dans sa famille
avec ses gains, ne voulant pas faire les frais de
consommation pour tous les autres. Les habitudes
d'entraînement au cabaret se perdent, en ce cas,
comme elles ont tendance à se contracter dans
l'autre.

V

CAISSES DE SECOURS

Un autre sujet qui, s'il n'a pas été une cause
aussi visible de démoralisation dans l'atelier, a été
un motif plus puissant de scission entre ouvriers et

patrons, c'est celui des retenues et des Caisses de Secours qui en ont été la conséquence obligée.

Toute agglomération humaine exige des règles. L'atelier les rend nécessaires; ce n'est qu'au moyen d'une organisation quelconque qu'il peut s'administrer; il faut fixer les heures de travail, c'est-à-dire de l'entrée et de la sortie des ouvriers; le soin et l'emploi des matières; les conditions dans lesquelles le produit et le travail doivent être obtenus.

On conçoit, en effet, que si les ouvriers venaient sans règle à l'atelier, l'outillage ne serait occupé qu'en partie; les frais de direction seraient plus considérables; la surveillance moins bien faite; les forces motrices ne seraient qu'incomplétement utilisées; la matière première mal employée, et le produit ne pourrait s'établir dans de bonnes conditions pour le fabricant.

De là, nécessité de la règle, nécessité de sa sanction. Les formes de l'esclavage et du servage étant abolies, le chef d'atelier n'a d'autre moyen légal de faire faire le travail que celui de conventions se traduisant en indemnités pécuniaires, d'où il suit qu'un prix est accordé pour le produit ou le travail faisant l'objet des règles de l'atelier, et que des amendes ou retenues sont imposées pour les infractions à ces règles ou pour la malfaçon du travail.

Le premier germe des difficultés du régime industriel moderne apparaît dans ces faits qui, sans grande importance au premier abord, touchent malgré cela aux questions capitales de la Répartition.

Mais en vertu d'une loi que nous démontrerons plus tard, l'homme, en général, envisage les choses par leur aspect le plus étroit, avant de les embrasser dans leurs causes et leurs effets d'ensemble. Il les considère longtemps dans ce qu'elles ont de personnel à lui, avant de les considérer dans leurs rapports avec la collectivité. Le patron a compris le préjudice qui lui était causé, avant de comprendre l'intérêt de l'ouvrier ; cela s'est produit dans tous les faits de la constitution de l'atelier, tel qu'il est aujourd'hui.

Le fabricant, voyant, dans l'infraction à la règle, un préjudice causé à la fabrique, a cru d'abord tout naturel de s'approprier le produit des amendes et des retenues.

Murmures de l'ouvrier qui, dans certains cas, voit prélever un tribut sur sa liberté, et qui, dans d'autres, comprend que si on lui retient une partie de son salaire sur un travail imparfait, on ne lui permet pas de participer aux bénéfices réalisés sur le travail bien fait.

Les chefs d'industrie ont fini par reconnaître le danger des mécontentements soulevés par les retenues faites ainsi, à leur profit, pour infractions à la règle ; aussi, dans la plupart des établissements, les amendes ont-elles servi à former un fonds de secours pour les accidents et les maladies des ouvriers.

Mais le produit de ces amendes était généralement insuffisant pour subvenir aux besoins qu'on
avait en vue de satisfaire; les patrons alors ont
proposé et imposé des retenues sur les salaires.

Ces retenues ont augmenté les ressources des
fonds à distribuer; mais, faute de faire reposer sur
les principes du droit des parties intervenantes
l'organisation des caisses de secours, celles-ci res-
tèrent à l'état d'ébauches imparfaites au sein de
l'atelier, sans succès et sans influence bien sensible sur la condition des ouvriers. Ceux-ci, en
effet, tout en acceptant les secours dont on semble presque les gratifier, ne voient dans ces caisses
que des capitaux leur appartenant, mais dont le
patron dispose à peu près suivant son bon plaisir.

De là, des critiques amères de la part des ouvriers, et des causes de suspicion dont les rumeurs
ont chaque jour leur écho dans l'atelier contre l'administration de ces caisses.

Les amendes, quoique en apparence consenties
par l'ouvrier, — par le fait de l'acceptation du travail
et du règlement de l'atelier, — n'en sont pas moins
considérées par lui comme le résultat d'un contrat
illégal, puisqu'elles sont le sacrifice d'une partie de sa
liberté, en vue d'un plus grand bénéfice sur la production, et que l'ouvrier, malgré ce sacrifice, reste
étranger à la participation des bénéfices.

Quand l'ouvrier a fait son travail, il trouve de
toute équité d'en recevoir le prix convenu, et il

n'acceptera jamais que pour une absence de l'atelier, par exemple, il soit passible d'une retenue commandée par le patron et surtout abandonnée à sa seule gestion.

L'ouvrier considère avec raison son salaire comme un droit auquel on ne doit pas toucher : c'est le minimum nécessaire à la vie; l'usage ne peut en être déterminé que de son consentement ; aussi une caisse de secours dont les ressources sont tirées du salaire des ouvriers ne peut être bien accueillie par eux, qu'à la condition d'être régie et administrée par les ouvriers eux-mêmes.

Nous allons plus loin, et nous disons : qu'en raison de la double interprétation donnée au système des amendes, — par le patron, qui considère l'infraction au règlement de l'atelier comme un préjudice à lui causé, — et par l'ouvrier, qui considère, au contraire, son assujettissement au règlement comme un moyen pour l'établissement de faire de plus gros bénéfices dont il n'a aucune part, il y aurait équité et prudence — réservant l'examen du droit pour plus tard — à ce que les patrons accordassent aux ouvriers une compensation de ces amendes, en abandonnant à la caisse de secours toutes les retenues faites pour malfaçon.

Tel est le régime que j'introduisis dans la caisse de secours de mon usine.

Les ouvriers furent appelés à nommer entre eux un comité de surveillance et de direction, qu'ils réélisent tous les six mois. Ce comité élabore, modifie et révise les statuts, suivant les circonstances : le patron ne fait qu'exécuter les décisions du comité.

Le comité décide de l'emploi des fonds de la caisse ; il surveille la liste des malades et des ayant droit ; il prescrit les mesures à prendre à leur égard.

Chaque semaine, la comptabilité lui remet le tableau :

Des cotisations encaissées,

Des amendes,

Des retenues pour malfaçon,

Des secours payés aux malades :

Par conséquent le débit et le crédit de la caisse, dont il peut vérifier l'exactitude quand il le juge convenable.

Dans ces conditions, les caisses de secours sont débarrassées de ces causes de récriminations, malheureusement trop souvent fondées, lorsqu'elles sont gérées sous le régime autoritaire du patron, car, quelle que soit la bonne volonté d'un chef d'industrie, il ne peut descendre à tous les menus détails dont une caisse de secours doit véritablement être l'objet ; et si, en principe, le droit de gérer ces caisses est contestable pour le patron, à plus forte raison doit-il s'abstenir d'en confier l'administration à des subalternes, et de la refuser à ceux qui les alimentent de leurs salaires.

Les ouvriers gérant leurs intérêts par la voie de mandataires dont ils ont le libre choix, les causes de suspicion et de mécontentement disparaissent. S'ils ont à se plaindre de leur commission administrative, ils la changent et en nomment une autre; et comme la comptabilité de l'usine n'intervient dans la gestion des intérêts des sociétaires que pour exécuter leurs décisions, son intervention est considérée comme un service dont la masse ouvrière lui est reconnaissante.

Pourtant, ce ne sont là que des mesures de simple équité, et profitant plus au chef d'industrie lui-même, que les habitudes d'omnipotence traditionnelle léguées par le passé à ceux qui ont succédé aux pouvoirs féodaux.

Ce n'est donc pas à titre de solution que ces questions sont abordées ici, mais comme indication de simples palliatifs et d'exemples, qui n'ont d'autre but que de démontrer combien notre organisation industrielle est en défaut. La démoralisation et la misère des classes ouvrières de centres considérables d'industrie, ne tiennent, le plus souvent, qu'à ce fait, que des expédients de cette nature sont encore négligés.

L'organisation du travail est à son berceau, le problème en a été malheureusement trop peu étudié; l'heure est venue où tous les amis de l'humanité doivent s'enquérir des mesures et des règles propres à effacer la servitude et les douleurs dont le travail a été accablé, afin d'y substituer la liberté et les éléments de charme qui doivent entourer cette fonction supérieure de l'homme à l'égard de la nature et de ses semblables.

Rien n'est à dédaigner dans ce difficile problème de l'accord des principes et des intérêts; les solutions pratiques ont toutes leur importance, lorsqu'il s'agit de concilier le travail avec la liberté; et il serait heureux que le cercle dans lequel l'expérience peut à peine se mouvoir, fût agrandi et débarrassé des obstacles que la routine, les préjugés et la loi elle-même lui créent à chaque pas.

CHAPITRE QUATRIÈME

LE PRINCIPE DÉMOCRATIQUE

I

DÉMOCRATIE POLITIQUE

L'idée démocratique n'est plus, pour une minorité seulement, la liberté et l'égalité des droits politiques : c'est pour le peuple tout entier la liberté et l'égalité des droits sociaux.

C'est pour les masses travailleuses leur part d'intervention dans la direction industrielle, c'est la revendication de leurs droits légitimes à la participation des bénéfices créés par leur travail, et, par conséquent, à la jouissance des avantages qui s'attachent à la richesse.

L'idée démocratique émane du profond sentiment que l'homme a de ses droits; ce sentiment se développe avec les progrès de l'intelligence, c'est pourquoi les classes éclairées en ont surtout revendiqué l'application. Aptes à se mêler au gouvernement des affaires publiques, elles ont été frappées des nombreux abus qui y règnent, elles ont éprouvé le désir d'y introduire les réformes nécessaires, et par conséquent c'est vers la conquête de la liberté et de l'égalité qu'elles ont d'abord dirigé leurs efforts.

La liberté et l'égalité politiques sont d'ailleurs la première base de toute réforme. Que peut l'homme lorsque le despotisme ou la tyrannie pèse sur son intelligence et sur ses actes? Quelles institutions peut-il fonder? Quels progrès peut-il accomplir?

En vue d'adoucir sa situation, le chien lèche la main qui le frappe, à moins qu'il ne s'exaspère et ne se révolte; il en est ainsi de l'homme : en l'absence de la liberté, il se fait l'adulateur des puissants ou le promoteur des désordres.

On conçoit donc comment il est nécessaire que l'idée démocratique pénètre d'abord dans le domaine politique, afin de pénétrer dans le régime social.

Mais l'idée démocratique est un levain inaltérable qui agit profondément sur toutes les couches sociales; elle leur inspire le sentiment de l'égalité des mêmes droits pour les mêmes mérites, pour les mêmes capacités, et leur inspire le désir de décerner le pouvoir aux plus dignes et aux plus capables.

Les masses ont peu de sympathie pour l'autorité ignorante qui n'a pas la sanction du vœu populaire ; mais malgré cela, ni l'exercice, ni l'application du principe démocratique n'ont pu pénétrer encore dans les faits de la vie sociale, et cela se

conçoit quand ils ne sont que si imparfaitement
entrés dans la vie politique.

Mais si les efforts tentés pour le triomphe du
principe démocratique dans la constitution politique et dans le gouvernement des nations, n'ont pu
encore aboutir à la liberté, le peuple n'en a pas
moins compris qu'il n'est pas seulement gouverné
en haut de l'échelle sociale, mais qu'il est autant et
plus gouverné en bas; que dans les sociétés où la
grande industrie et la grande culture se constituent, c'est dans ces institutions mêmes que le
principe autoritaire pèse sur lui, d'où il suit que
l'idée démocratique fermente aujourd'hui jusqu'au
sein de la ferme et de l'atelier.

L'idée démocratique dans la société moderne
s'universalise : elle ne tend pas seulement à supprimer l'incompétence héréditaire dans le gouvernement et l'administration de la chose publique, mais
elle tend aussi à constituer l'industrie, la fabrique
et l'agriculture sous le régime de la direction et de
l'administration dévolues à l'intelligence, au mérite, à la capacité et au savoir.

L'autorité et la direction du capital s'imposant
au travail, font souvent, par leur inintelligence
même, désirer à l'ouvrier l'autorité dévolue au dévouement et à la capacité qui ont fait leurs preuves.
La nature elle-même élève du reste contre l'hérédité en matière administrative, une difficulté insur-
montable.

Toute bonne administration est la conséquence d'une capacité propre à la direction qui lui incombe. Or, la nature distribue les caractères et les aptitudes sans se préoccuper de la position sociale de l'individu.

Elle ne fait pas, nécessairement, d'un homme, un savant ni un génie, parce qu'il est né prince ou millionnaire : aussi, ceux qui sont chargés du gouvernement des nations ne sont-ils pas exempts d'avoir pour héritiers des incapables.

Il est bien rare que le savant et l'industriel de génie trouvent de réels continuateurs de leurs œuvres parmi leurs enfants ; souvent, au contraire, les entreprises les mieux commencées et les mieux assises périclitent entre leurs mains, tandis que les êtres doués par la nature de toutes les qualités propres à bien diriger ces entreprises, demeurent ensevelis dans une obscurité contrainte, faute de pouvoir faire profiter la société des dons naturels qu'ils possèdent.

L'hérédité étant considérée comme un obstacle au progrès des nations et du gouvernement de la chose publique, ses conséquences ne répondant plus aux aspirations modernes de la souveraineté du peuple qui veut, en principe, le gouvernement aux mains des plus dignes et des plus capables, l'hérédité n'est plus en accord avec les besoins réels de l'administration de la terre, de l'usine et de la fabrique : partout le besoin du mérite et de la capacité se fait sentir.

L'idée démocratique est donc du domaine des réformes sociales autant que de celui des réformes politiques, et si les hommes dévoués au salut social se sont vus divisés par de regrettables malentendus, en se plaçant à des points de vue différents pour l'application de l'idée démocratique, ils doivent aujourd'hui mieux comprendre l'intérêt supérieur qui les unit, se tendre une main fraternelle, et travailler de concert au bien commun.

II

DÉMOCRATIE SOCIALE

Ah ! si la Liberté ne doit pas toujours être une illusion offerte en mirage au plus grand nombre, si réellement elle doit être autre chose que l'expression d'un désir, si elle doit trouver sa réalisation chez d'autres que ceux-là pour lesquels il est superflu de la revendiquer, n'est-ce pas au milieu du travail et des faits qui absorbent la vie des masses, qu'il est nécessaire de la voir porter le charme et les douceurs de son influence ? Et n'est-ce pas dans les directions de l'industrie que l'idée démocratique doit recevoir ses plus larges applications ?

N'est-ce pas en plaçant les hommes sous l'influence du mérite, du savoir, des capacités, des vertus morales et du dévouement, qu'ils pourront se dire, se croire et se sentir libres, parce qu'il n'y aura de direction et d'administration que celles qu'ils auront choisies, consenties et acceptées.

Pénétrons-nous bien de ceci : que si les libertés politiques sont la légitime passion de ceux qui jouissent de la richesse et de tous les avantages qu'elle procure par elle-même, le plus grand nombre aspire après les libertés sociales auxquelles sont attachées les satisfactions les plus ordinaires de la vie.

Qui oserait affirmer, au nom de la justice, que le travail producteur, ce rôle principal et nécessaire de la vie humaine, soit condamné pour toujours à l'anarchie de l'arbitraire ?

N'importe sous quelle forme la servitude se déguise, elle inspire à l'homme trop d'horreur pour n'être pas due à un profond égarement de l'esprit humain, dont il doit sortir par la liberté.

Aujourd'hui, tous les bons esprits sont d'accord qu'il est contraire aux plus simples notions du bon sens, que le gouvernement des peuples puisse être livré aux mains des incapables ou des indignes ; — il est tout aussi contraire à l'intérêt social que la fabrique et la ferme soient assujetties aux vicissitudes auxquelles donnent lieu, tous les jours, les incapacités qui, par droit d'héritage, viennent prendre la suite des affaires de leurs prédécesseurs.

Le jour approche où l'on reconnaîtra, au nom du droit et de la justice, que la perturbation et la ruine ne peuvent être ainsi jetées au sein des familles travailleuses, auxquelles ces héritiers incapables devaient leurs richesses.

Si nous examinons le passé, nous nous indignons que le Seigneur ait joui autrefois du droit de mainmorte, et de cent autres droits, sur de malheureux paysans taillables et corvéables à merci ; mais nous trouvons très-naturel que les populations industrielles n'aient, aujourd'hui, aucun pouvoir sur les immenses fabriques qu'elles édifient et font produire, et que les propriétaires puissent suspendre, et modifier le travail à leur gré.

La démocratie a donc un double champ d'action dans le mouvement organisateur politique et social :

Elle procède au perfectionnement du régime politique des sociétés par la recherche de leur vrai principe constitutif : c'est le rôle de la démocratie politique ;

Elle crée les institutions propres à assurer et à consolider au profit des peuples la jouissance des biens matériels qu'ils créent sans relâche : c'est le rôle de la démocratie sociale.

L'une et l'autre ont un même but et travaillent à la même œuvre par des voies différentes ; leurs efforts se confondent sur le terrain commun de la revendication de la liberté et du bonheur des nations et des peuples.

III

ARISTOCRATIE INDUSTRIELLE

On n'a pas encore assez compris que le travail est la moitié de la vie humaine, et qu'il faut, pour que la liberté soit effective, ne pas se contenter d'avoir brisé les constitutions féodales et serviles, mais en faire disparaître les formes et les traces ; il ne faut pas, qu'à l'aide du salaire, une féodalité nouvelle se reconstitue et trouve la possibilité de ne laisser aux masses que le strict nécessaire, en gardant pour elle tous les plus purs produits du travail, pour les engloutir dans les somptuosités et les voluptés des Babylones nouvelles !

Il est temps de se demander si ceux qui créent la richesse n'ont aucun droit aux bienfaits et aux splendeurs qu'elle procure, et si ce droit reconnu, il n'en résulte pas pour tous le devoir d'employer davantage la richesse au profit des populations qui la produisent.

La richesse est le sang des nations : il y a congestion si tout se porte sur un point du corps social, et atrophie ou paralysie pour les membres qui en sont privés.

Mais il y a, par-dessus tout, le droit individuel universellement sacrifié si la richesse est injustement répartie, et c'est ce droit que la Révolution française a voulu reconquérir. Il ne faut pas renouveler les situations si l'on ne veut pas renouveler les catastrophes.

Si le luxe des anciennes cours et de la noblesse qui ont précédé la Révolution française, a suffi pour réduire la nation aux extrémités de la revendication violente de ses droits, n'est-il pas possible qu'aujourd'hui les richesses accumulées de la finance et de l'industrie autour d'un pouvoir qui les concentre, ne nous conduisent à des extrémités semblables?

C'est ce qu'une politique prévoyante permet d'entrevoir, mais que peut-elle pour arrêter et empêcher cet afflux pléthorique de la richesse sociale, qui menace de paralyser les nations?

Rien, que l'emploi de révulsifs désespérés, si la sagesse ne vient dans les conseils du gouvernement donner à l'idée démocratique un nouvel essor, et porter sur le peuple une attention maternelle, capable de nous donner assez de liberté pour diriger l'esprit public vers les réformes sociales, et arrêter ainsi l'entraînement de la richesse vers un luxe sans but utile au bien du peuple.

IV

RÉVEIL DU DROIT ET DE LA LIBERTÉ

Qu'on ne croie pas que nous supposions aux masses ouvrières l'intelligence du droit, fondée sur la compréhension de la loi naturelle de justice. Non assurément, elles ne possèdent pas plus cette connaissance que ne la possèdent ceux qui violent le droit; mais ce que nous croyons, c'est que les masses ont le sentiment inébranlable de ce droit, et qu'à défaut de notions véritables, elles peuvent tomber dans de graves égarements, en revendiquant son application. Il serait donc sage et prudent d'éviter cette revendication en la devançant.

Les classes qui possèdent, les classes financières et industrielles, peuvent seules prendre l'initiative de cet acte de prudence et de sagesse; le feront-elles? Et si elles continuent à s'abuser sur le gouvernement et la direction des sociétés, ne continueront-elles pas à s'abuser sur la direction et le gouvernement de l'industrie et du travail?

C'est là l'écueil que je voudrais voir éviter en cherchant les moyens d'effacer les traces de servitude dont le travail est encore entaché, pour leur substituer les conditions pratiques de la liberté et de l'indépendance du travailleur.

On a, jusqu'ici, trop peu tenu compte du rôle important que joue l'organisation des rapports matériels dans les actes humains. Les faits les plus simples en apparence exercent souvent une influence considérable dans la société, et au lieu de s'étudier à la répression des désordres, une seule mesure intelligente peut suffire à les prévenir et à régulariser le courant qui, entravé, devait les produire.

L'idée démocratique est donc devenue solidaire des libertés sociales comme des libertés politiques. Le peuple aujourd'hui, c'est la nation tout entière ; la pensée sociale n'admet plus de fonctions serviles : tout travailleur est citoyen, et ceux-là qui rêvent la liberté des républiques antiques ou modernes, avec leurs castes, leurs ilotes et leurs esclaves déguisés sous une nouvelle forme de misère, sont des hypocrites de la liberté.

La véritable démocratie est inséparable de l'idée de fraternité.

L'idée démocratique est le principe des réformes sociales, après avoir été celui des réformes politiques.

C'est ainsi que pendant les premières années de ma carrière industrielle, la destinée des sociétés m'apparaissait soumise à la double action des réformes politiques et des réformes sociales, voies différentes d'une même cause.

Mon passé et ma position sociale ne me donnaient

aucune influence sur les premières, mais ma position industrielle ne tarda pas à me laisser entrevoir
que je pouvais aspirer à exercer un jour une certaine
action sur les secondes; à ce titre, et sans doute par
la nature de mes tendances et de mon caractère,
les questions sociales furent d'abord l'objet de ma
prédilection.

C'est dans cette situation qu'à partir de 1840, je
me préoccupai de l'étude des moyens de concilier
les développements et les progrès de la grande industrie, avec un progrès réalisant le bien-être des
classes ouvrières, en même temps que leur amélioration physique, intellectuelle et morale, au lieu
de réaliser des centres populeux de misère et de
démoralisation.

Les événements de 1848, et ensuite le 2 décembre, vinrent m'arrêter dans les plans et dans les
projets que j'avais alors conçus !

CHAPITRE CINQUIÈME

I

ÉGAREMENT DE L'OPINION

Si l'on vous a quelquefois qualifié de *socialiste*, cher lecteur, on n'avait sans doute pas l'intention de vous faire un compliment. On voulait tout au moins trouver en vous un songe-creux, un rêveur et un utopiste, peut-être même pensait-on vous désigner comme désireux du bien des autres, partisan du nivellement des fortunes, ennemi de l'ordre public, ou fauteur de spoliation des classes qui possèdent : car telle a été la charité de ceux qui ont fait du mot de *socialiste* une épithète injurieuse.

Il est des hommes dont l'égoïsme est si étroit et le cœur si sec, que de bonne foi ils n'ont jamais cru aux misères sociales.

Parce qu'ils sont dans l'abondance, ils n'ont jamais cru qu'on pût manquer du nécessaire.

Parce qu'ils jouissent des douceurs de l'oisiveté, ils n'ont jamais pensé que le travail pût être pénible.

Parce qu'ils n'ont jamais rien fait pour le bien d'autrui, ils ne peuvent comprendre que d'autres hommes puissent, sans folie, s'occuper de l'amélioration du sort de leurs semblables !

Et c'est par de tels individus que tout un système de délations s'organise aux jours néfastes où leurs intérêts égoïstes en éprouvent le besoin !

Ce triste système a fait merveille au moment de nos dissensions civiles de 1848. Après avoir égaré l'opinion sur les socialistes, les ennemis de toute réforme et de tout progrès surent, par leurs délations, enrayer nos libertés politiques; et les hommes mêmes qui en dehors de toute école travaillaient, avec une foi sincère, à l'édification de ces libertés, furent répudiés, comme les socialistes qu'ils avaient eu aussi le tort de mettre en suspicion.

Mais quelle que soit la manière dont on ait voulu envisager le socialisme et les socialistes, la réflexion a fait justice des exagérations dans lesquelles on était tombé à leur égard. Les mots restant, on s'est demandé à quoi ils s'appliquaient, car ce n'est pas avec des mots qu'on flétrit ni les hommes ni les doctrines; les idées utiles à la société triomphent tôt ou tard des erreurs que l'ignorance et la méchanceté peuvent accréditer contre elles. On a donc reconnu que le socialisme a pour but la recherche des moyens de progrès social, et des institutions qui conduisent à ce progrès.

II

ROLE PACIFICATEUR DU SOCIALISME

Le Socialisme n'est pas une théorie, mais il embrasse l'ensemble des théories formulées en vue de réformer les abus sociaux, d'introduire dans la société la pratique de la vérité et de la justice, et d'assigner au droit et au devoir leurs véritables principes.

Le véritable socialisme consiste dans l'étude des problèmes sociaux, des rapports des individus entre eux, de leurs intérêts, des meilleurs principes énonomiques à introduire dans la gestion de leurs affaires, et particulièrement dans l'organisation du travail et de ses rapports avec le capital.

Le socialisme est donc, par sa nature, éminemment pacifique et éloigné de l'emploi des moyens anarchiques que la frayeur et la fureur des partis lui ont prêté. Comment, en effet, peut-on concevoir la mise en pratique, ou l'expérimentation d'idées sociales, sans le calme et la réflexion que donnent la tranquillité et la paix ?

Toute expérience serait impossible hors de ces conditions ; on n'organise pas dans le désordre. Le socialisme, dans sa véritable acception, n'étant que l'ensemble des systèmes divers d'organisations sociales, n'est applicable que par voie d'expérimentation locale ; et, en effet, aucune école contemporaine n'avait fait appel à un changement politique. Les socialistes des diverses nuances ne proposaient que des essais de réforme s'adaptant aux intérêts sociaux par voie d'expérience , mais sans compromettre l'état social ; il n'y avait donc rien là qui motivât les rigueurs dont le socialisme et les socialistes furent l'objet ; les prétendus dangers, tant redoutés pour la société, n'avaient d'autre source que les terreurs des ennemis de toute réforme.

Ces tristes malentendus ont dû disparaître pour laisser place à un accord indispensable entre tous les hommes dévoués au bien public, entre la politique généreuse de la souveraineté du peuple libre, et le socialisme protecteur du droit et de la justice.

III

BUT COMMUN DES SYSTÈMES

La bonne politique et le bon socialisme ne peuvent être ni séparés ni ennemis : — car, si la bonne politique doit consacrer la souveraineté du peuple et inaugurer avec elle la liberté sociale, la liberté morale et la liberté religieuse ; — si la politique désintéressée, honnête, la politique de la justice, doit nous conduire aux réformes sociales utiles et néces-

saires ; — le bon socialisme, celui du droit, du devoir
et de la justice doit être la science de ces réformes
et de leur application.

Qu'on ne s'y trompe donc plus ; ceux-là qui,
même sous le nom de socialistes, veulent, par un
moyen quelconque, réformer la marche des gouvernements établis, ne font pas du socialisme : ils ne
font que de la politique, ils ne font que des actes
politiques.

Il suffit d'étudier les socialistes contemporains
pour voir que l'organisation du travail et des intérêts, de la production et de la consommation, a
surtout été l'objet de leurs préoccupations, et qu'au
lieu de chercher à améliorer la constitution des em-
pires, ils se sont surtout occupés de l'amélioration
de la constitution physique, intellectuelle et morale
des individus.

Qu'une solidarité intime existe entre une politique de progrès et de liberté et l'avénement des
réformes sociales nécessaires au bonheur des peuples, c'est là ce que, moins que personne, nous en-
tendons contester et ce qu'au contraire nous espérons démontrer. Mais cela ne peut empêcher que
l'action politique soit différente de l'action sociale,
et que l'une et l'autre puissent s'exercer séparé-
ment; c'est d'ailleurs ce qui a eu lieu jusqu'ici pour
le malheur des peuples, et c'est par l'union des
idées politiques et des idées sociales que s'inaugu-
rera l'ère d'une nouvelle rénovation.

Pour nous, la bonne politique et le bon socialisme n'existent que par leur accord avec les lois naturelles auxquelles l'humanité est assujettie.

Les institutions politiques et sociales doivent avoir un Critère infaillible et universel de Morale Naturelle,

Car la Morale Politique, comme la Morale Sociale, ne doit faire qu'UN avec la Morale Éternelle et l'Éternelle Justice.

Nous chercherons donc ce Critère, ou ce Principe de Morale, dans le travail de la pensée du XIXᵉ siècle, et nous en dégagerons la Formule des obscurités qui l'entourent encore.

CHAPITRE SIXIÈME

LE SAINT-SIMONISME

TENDANCES POLITIQUES ET SOCIALES

Parmi les diverses écoles qui ont, dans ce siècle, attiré l'attention publique, l'école Saint-Simonienne a été la transition des idées politiques aux idées sociales ; mais cette école, plus ardente en aspirations vers le progrès, que féconde en conceptions pour le réaliser, a tristement échoué contre les écueils d'une pratique impossible.

Saint-Simon ne peut réellement être classé parmi les socialistes contemporains ; c'est à la forme du gouvernement que ses écrits se rattachent ; ses idées de réforme et de progrès ne sont que des plans politiques, dépourvus de toute règle et de tout guide dans leur application ; aussi ses propres disciples se sont-ils divisés, et n'ont-ils pu faire sortir des écrits du maître une doctrine commune.

Le mérite de Saint-Simon est d'avoir constamment soutenu cette idée, que l'organisation politique des nations doit être solidaire de l'organisation sociale, et que toute réforme politique doit avoir le bonheur du peuple pour but.

A ce titre, Saint-Simon est un des hommes qui ont contribué le plus puissamment à faire comprendre que tout mouvement politique se bornant à de simples changements de dynasties ou de personnes, constitue une politique stérile. Il a constamment affirmé que c'était dans la modification des lois et des institutions qu'il fallait chercher les moyens du progrès.

Dans les écrits de Saint-Simon, l'idée principale qui domine, c'est la reconstitution du Régime Autoritaire sur de nouvelles bases.

Il demande que la Direction politique, religieuse et administrative soit donnée aux Savants, aux Artistes et aux Industriels; il veut que la science et la capacité soient seules appelées dans les conseils du gouvernement, à la direction des affaires publiques et à la direction des affaires de l'industrie.

Il croit que ces corps d'élite seront capables de réaliser la meilleure organisation possible des sociétés.

Mais par quel moyen? sur quelle base? d'après quel plan?

Il le laisse à découvrir.

On trouve bien dans ses écrits quelques affirmations comme celles-ci :

« Les intérêts généraux de la société, tant sous
« les rapports physiques que sous les rapports mo-
« raux, doivent être dirigés par les hommes dont
« les capacités sont les plus générales et les plus
« positives. »

. . . .

« La meilleure organisation sociale est celle qui
« rend la condition des hommes composant la ma-
« jorité de la société la plus heureuse possible, en
« lui procurant le plus de moyens et de facilités
« pour satisfaire ses premiers besoins. »

Il signale bien qu'il y a urgence à procéder à
l'établissement d'institutions ayant pour objet l'accroissement du bien-être et l'amélioration intellectuelle, morale et physique de la classe la plus nombreuse ;

Il affirme que le précepte :

« Ne faites pas à autrui ce que vous ne vous voudriez pas qu'il vous fît, » est susceptible d'applications tout à fait neuves et infiniment plus précises ;
mais ces applications, il ne les indique pas.

De pareilles aspirations sont incomplètes ; il ne
suffit pas de dire que le bien est à faire, il faut en
enseigner les moyens, et c'est ce que Saint-Simon
ne fait pas.

Nulle part, il ne s'attache à déterminer un régime
nouveau qui puisse donner au peuple le bien-être
dont il le voudrait voir pourvu. Il ne semble même

pas entrevoir la distance sociale qui sépare le chef d'industrie de l'ouvrier.

Ce n'est que par échappée que Saint-Simon s'occupe d'économie sociale. Son esprit est sans cesse en peine de convaincre les rois, les philanthropes, les savants, les industriels, de la nécessité d'un remaniement politique.

Ses écrits sont des appels à toutes les puissances de la terre pour l'aider à l'application des réformes gouvernementales qu'il entrevoit.

Saint-Simon tend surtout à démontrer que la séve et la vie des nations se trouvant dans le savoir et la capacité, les sociétés ne tirent le plus souvent aucun profit de ceux qui occupent les places et les emplois publics, parce que les ignorants et les incapables y sont admis.

Il sape ainsi le principe d'hérédité des pouvoirs constitués par l'héritage ou par la faveur, et pourtant il s'appuie sur la royauté dans ses plans de réforme.

Saint-Simon est l'organe du fait avant tout, jamais il ne s'élève à la hauteur du principe. C'est l'esprit précurseur de réformes générales, s'attaquant aux vices inhérents à la tradition et à l'ignorance des pouvoirs passés, montrant inévitable la transformation des pouvoirs présents, mais ne levant pas le voile qui cache la règle inflexible de morale politique et sociale qui doit servir de guide, dans la conception des voies et moyens de cette transformation.

Malgré cela, Saint-Simon planta des jalons dans les directions de l'avenir en demandant la réforme politique et religieuse; en attribuant aux savants le Pouvoir Spirituel, aux industriels le Pouvoir Temporel; en disant que la Société doit être organisée pour l'avantage du plus grand nombre, et en assignant aux pouvoirs publics les directions suivantes :

« Améliorer le soi,

« Protéger la science,

« Instruire le peuple,

« Procurer du travail aux ouvriers,

« Accroître la considération des hommes utiles,

« Constituer le gouvernement le meilleur marché possible. »

Ce sont là, certainement, les tendances d'un esprit inspiré par l'amour de l'humanité, mais cela ne constitue pas encore le principe lumineux qui doit éclairer d'un nouveau jour les sciences politiques et sociales.

Saint-Simon n'a même pas de théorie, ses idées sont à l'état d'ébauche : c'est un levain pour l'avenir des idées politiques, mais ce n'est pas la lumière attendue, ce n'est pas la science.

La science étudie d'abord les lois qui régissent la matière dont elle s'occupe, et une fois pénétrée de ces lois, elle dresse ses plans d'exécution confor-

mément aux règles qui découlent des lois elles-
mêmes, et, dans des études ainsi faites, l'application est conforme aux prévisions établies.

, Saint-Simon ne découvre donc ni la loi morale
politique, ni la loi morale sociale, pas plus qu'il ne
découvre la loi morale de l'individu.

Ce précepte qu'il renouvelle :

*Ne faites pas à autrui ce que vous ne voudriez pas
qui vous fût fait ;*

Et cette maxime :

*La société doit être organisée pour l'avantage du
plus grand nombre* sont, comme tant d'autres, des
rayons de lumière émanant de la loi morale universelle, mais ne sont pas la Loi.

Il ne suffit pas de dire qu'il faut s'aimer et s'en-
tr'aider comme des frères ; la fraternité a son milieu nécessaire. Quand, de nos jours encore, on range
les hommes en colonnes serrées, les armes à la
main, pour se détruire les uns les autres, c'est la
haine et la guerre qu'on entretient parmi eux, et
non le dévouement et l'amour qu'on éveille dans
leurs cœurs.

Les lois de la Fraternité, de la Justice et de
l'Amour ne peuvent recevoir leur application que
dans le milieu qui leur est propre.

Je me rappelle avoir entendu, étant ouvrier, circuler dans les ateliers de Paris ces aphorismes saint-
simoniens :

A chacun suivant sa capacité,

A chaque capacité suivant ses œuvres,
A chacun suivant ses besoins.

Mais ces aphorismes ne comportaient en aucune
façon la règle d'une répartition équitable; ils
n'étaient que l'expression de justes aspirations, venant fort à propos tempérer un Communisme Égalitaire alors en vogue.

Ils étaient un stimulant des idées propres à diriger les esprits vers la recherche et l'application de
la justice distributive, mais j'avais besoin de données plus positives et plus arrêtées : je désirais la
formule applicable de ces aphorismes. J'en cher-
chais les voies pratiques. C'était dans le domaine
des faits de la vie usuelle que je désirais trouver
cette formule, et, à mes yeux, elle devait dériver
d'une loi morale dont je ne voyais ni démonstration
ni trace dans le Saint-Simonisme.

Avec quelle impatience, je m'en souviens, j'at-
tendis le jour d'un sermon dans lequel l'abbé Chatel avait promis de traiter la question du Bien et du
Mal ! Avec quel empressement, aussitôt ma journée
de travail finie, je courus du haut du faubourg
Saint-Antoine au faubourg Saint-Denis, dans l'espoir de l'entendre résoudre cette profonde énigme.

O désillusion ! l'abbé Chatel parla de la philosophie, de la vertu des grands hommes, et je sortis de
l'église catholique française avec le cerveau aussi
affamé de la solution du bien et du mal que mon
estomac l'était de mon souper. Je retournai au fau-

bourg Saint-Antoine, le long des boulevards, en mangeant des marrons pour donner un aliment au corps, en attendant l'aliment de l'esprit que je ne pouvais trouver.

Combien l'idée est lente à germer dans l'esprit des hommes! Il m'a fallu vingt-cinq ans pour trouver cette formule si simple du Bien et du Mal, et ensuite dix ans de méditation pour en comprendre la mise en pratique.

CHAPITRE SEPTIÈME

LE COMMUNISME

I

PRINCIPES ET CONSÉQUENCES

Le Communisme est l'idée la plus accessible au grand nombre de ceux qui ont souffert et souffrent encore de l'oubli social dont la société est coupable envers eux ; mais résout-il ces questions de justice distributive, de répartition des fruits du travail, d'équité sociale, que le Saint-Simonisme a laissées dans l'ombre la plus complète ?

Sur la question de Répartition, l'idée communiste est plus explicite, elle aborde le problème ; mais si le progrès social doit effacer l'oppression et l'arbitraire dans les relations humaines pour y substituer la justice et la liberté, l'idée communiste ne répond pas aux conditions de ce problème.

L'idée communiste naît d'un sentiment de réaction contre l'abus des jouissances, à la vue des privations du nécessaire. C'est la Protestation du Travail, irrité de l'Injuste Répartition des fruits de la Production.

Mais la haine du mal n'est pas toujours la science du bien, et c'est là que se trouvent les défauts du Communisme.

Procédant du sentiment, il condamne les faits accomplis et ceux qui s'accomplissent encore, mais que proclame-t-il pour remède? Un régime d'Égalité factice, étranger aux principes que la nature consacre dans toutes ses œuvres.

Partant d'une idée absolue, l'idée communiste se met immédiatement en contradiction avec la réalité des faits, et en arrive aux conséquences les plus opposées à la liberté individuelle, cet élément indispensable du bonheur de l'homme.

Le Communisme, par l'étroitesse de sa formule, bannit la science de ses théories; il n'est plus besoin de se livrer à la recherche des lois de la nature pour découvrir quelle a été la volonté du Créateur, lorsqu'il a créé cette variété et cette diversité d'aptitudes parmi les hommes. La communauté étant admise quand même comme règle sociale, il faut, une fois cette règle posée, que les conséquences en découlent : aussi l'idée communiste a-t-elle conduit ses maîtres à de graves erreurs philosophiques.

La communauté n'étant imaginée par eux que pour faire le bonheur de l'homme, il faut, de toute nécessité, que la nature de l'homme soit conforme à ce principe; aussi, suivant la logique de leur donnée première, les communistes posent l'Égalité parmi les hommes comme un fait naturel qui les conduit aux déductions suivantes :

« Les hommes naissent tous égaux en droits et en « devoirs ;

« Le talent et le génie sont le résultat de l'éduca-« tion que donne la société ;

« La nature a donné aux hommes le même désir « d'être heureux, le même droit à l'existence et au « bonheur. »

Ce sont là des affirmations contraires aux faits et aux vérités naturelles dont elles ont le grave tort de ne tenir aucun compte.

La nature varie à l'infini ses formules parmi les hommes comme elle les varie dans toutes ses créations.

Ne naît-il pas des enfants parfaitement conformés de corps, aux complexions robustes et fortes, présageant la santé et la vigueur ; comme il naît des hommes doués de génie et d'aptitudes exceptionnelles, chez lesquels l'esprit doit faire rayonner l'intelligence dans tous les actes de leur vie ?

Mais à côté de ceux-là, ne naît-il pas aussi des hommes faibles d'esprit et d'intelligence, incapables et inhabiles, quelle que soit l'éducation qui leur ait été prodiguée ; comme il naît des enfants d'une organisation délicate, au corps faible et débile, quelquefois déformé, et pour lesquels les soins ne sont qu'un moyen de traverser l'existence avec moins de peines ?

Si les hommes naissaient égaux, comme le veut le principe communiste, pourquoi la communauté aurait-elle des directeurs? L'égalité du savoir et des vertus s'opposerait à ce qu'elle fît choix des plus capables; car discerner la capacité chez les uns et l'incapacité chez les autres, ce n'est plus de l'égalité, et ce n'est plus de la communauté, — puisque les uns ordonnent et que les autres obéissent.

La vie humaine est autre chose que matière, et pour que la communauté et l'égalité fussent un principe vrai, il ne faudrait pas seulement qu'elles existassent dans les faits matériels, elles devraient aussi exister dans les faits intellectuels et moraux.

La nature n'a nullement consacré le principe égalitaire parmi les êtres, parce que les êtres ont chacun des mérites déjà acquis avant leur entrée dans la vie, et qu'elle doit pourvoir à la manifestation de ces mérites. Les hommes ne naissent donc pas égaux en droits et en devoirs; celui-là a plus de droits à exercer dont l'intelligence et la capacité lui permettent d'embrasser davantage dans la société; mais, en revanche, il a aussi plus de devoirs à remplir pour se rendre utile à ses semblables dans la mesure de ses forces.

Il faut ne pas avoir étudié la nature humaine, il faut ne pas s'être occupé des hommes dès leur enfance, pour n'avoir pas apprécié les différences qui existent entre eux, autant dans la constitution intime de leurs forces physiques que dans les dispositions de leur intelligence.

Non, tous les hommes n'ont pas le désir d'être heureux de la même façon ; tous désirent le bonheur, mais ils le désirent par des moyens appropriés aux besoins de leur être, et non par des moyens assujettis aux convenances de la Règle.

C'est pourtant là l'écueil que ne peut éviter le Communisme, car le Communisme c'est le régime égalitaire. Sans le régime égalitaire, le Communisme n'existe pas, car l'Association, la Participation ou la Proportionnalité apparaissent alors sous une forme quelconque ; aussi l'idée communiste conduit-elle à d'étranges propositions comme celles-ci :

« La constitution et les lois règlent tout ce qui
« concerne la personne, les actions, les biens, la
« nourriture, le vêtement, le logement, l'éducation,
« le travail et même les plaisirs ;

« Les aliments sont réglés par la loi et prohibés
« par elle, ainsi que le nombre des repas, leur temps,
« leur durée, le nombre des mets, leur espèce et leur
« ordre de service ;

« Tous sont vêtus, nourris et logés de même : c'est
« la république qui fait cultiver et produire tous les
« aliments ;

« La loi détermine les métiers et professions exer
« çables et tous les produits à fabriquer ; aucune
« autre industrie n'est enseignée ni tolérée, comme
« aucune autre fabrication n'est permise ;

« Toutes les maisons sont sur le même modèle ;

« La loi détermine le nombre et le modèle de tous
« les objets qui doivent composer le mobilier de
« chaque maison ou de chaque famille ; ils sont fabri-
« qués et fournis par ordre du gouvernement. »

Ce ne sont pas les arguments que l'idée communiste fait valoir contre les faits sociaux qui
permettent de condamner cette idée ; ce ne sont pas
les abus ni les injustices qu'elle signale dans une répartition qui n'accorde presque rien à ceux qui
font tout, et presque tout à ceux qui ne font rien,
qui paraissent manquer de fondement. Ce qui rend
impossible l'idée communiste, c'est le sacrifice
obligé de la liberté individuelle, c'est ce niveau
égalitaire indiqué comme remède social, et qui
plongerait au contraire la Société dans un mal plus
grand que celui que le Communisme a prétendu
pouvoir effacer.

C'est en faisant appel à l'égalité, à la justice et à
la fraternité, que le Communisme a prétendu édifier ;
mais il n'a défini le principe, ni de l'égalité, ni de
la fraternité, ni de la justice, de sorte que ces mots
ne peuvent justifier les graves erreurs sous l'empire
desquelles l'idée communiste sacrifie les conditions
essentielles de la Véritable Égalité, de la Véritable
Justice et de la Véritable Fraternité.

L'idée communiste part de ce principe que toutes
les créatures humaines ont droit aux mêmes biens
dans ce monde, et elle se refuse à voir que la na-

ture se dresse immédiatement en face de cet arrêt avec les différences de fonctions, les inégalités de science, d'aptitudes, de force, de courage, de volonté, de besoins, de santé et d'âge.

Le bonheur pour tous, voilà ce que la nature commande aux hommes de chercher, mais pour cela la société doit donner à chacun des satisfactions conformes à ses besoins : le Communisme implique au contraire une règle uniforme, et pour échapper à la tyrannie et aux injustices de l'individualisme, il sacrifie l'individu à la masse.

La société communiste ne peut exister qu'à la condition d'assujettir chacun au régime qu'elle prescrit. Dès lors l'individu ne relève plus de lui-même, mais de la règle commune : sa liberté est anéantie.

L'industrie varie ses produits sous toutes les formes, en toutes sortes de matières : la communauté peut-elle les accepter indifféremment ?

Ne pas les recevoir paraît bien difficile quand la nature elle-même varie ses produits ; et les accepter, c'est se heurter à d'inextricables difficultés.

Qui portera la soie ? qui portera le velours ? qui portera la laine ? qui portera le coton ? Qui, le rouge, le bleu, le jaune, le violet, le vert, l'orangé ? Qui usera les meubles à différents degrés de fini et d'élégance ?. etc. — Questions qui se renouvellent, non-seulement pour tout ce que l'activité humaine peut produire, mais aussi pour tout ce que produit la nature.

Qui consommera les plus beaux et les meilleurs fruits, les primeurs et les viandes les plus délicates? Quelle sera la règle de leur répartition?

Le Communisme se heurte à ces difficultés sans autres solutions que des solutions arbitraires.

La Règle communiste peut s'appliquer à des communautés, à des corporations d'individus vivant au milieu de sociétés nombreuses, car la corporation peut, dans ce cas, procurer à tous ses membres même table, même vêtement, même logement, parce qu'elle peut demander à la société extérieure ce dont elle a besoin et lui laisser ce dont elle veut se passer : les communautés monastiques et religieuses sont dans ce cas.

Mais le Communisme n'a pu recevoir des applications plus générales que chez les peuples vivant dans l'austérité de la pauvreté primitive, et surtout chez ceux qu'un intérêt de défense ou de conservation tenait unis sous le régime de la guerre à la ration du soldat : alors le Communisme, c'est la règle militaire appliquée à l'universalité des citoyens, et encore les chefs savent-ils bien s'y soustraire.

Le Communisme, avons-nous dit, est une réaction contre les abus d'une répartition trop inégale des fruits du travail. C'est l'équilibre de l'équité rompu en sens inverse des abus qui ont existé jusqu'ici ; c'est le Despotisme Collectif s'imposant à tous les individus.

Que devient l'égalité devant la protection sociale, sous un régime qui règle les parts de chacun, et ne respecte rien des inégalités établies par la nature ? Ceci est la condamnation du système, car c'est la volonté de l'homme s'imposant à l'homme.

La véritable égalité ne consiste pas à donner à chacun une PART ÉGALE, mais à donner à chacun une PART PROPORTIONNÉE à ses besoins. La véritable égalité, c'est l'égalité dans le contentement ; alors ce n'est plus la communauté : c'est la proportionnalité, c'est l'association.

L'ordre véritable doit se fonder sur la liberté et sur l'accord des besoins naturels de la créature humaine, avec la diversité des productions de la nature, du génie et du travail de l'homme.

La science sociale ne sera constituée qu'après avoir découvert les règles de cet accord.

Mais on conçoit que ne comportant en lui-même, pour être compris, aucune étude philosophique et sociale, le Communisme soit facilement admis et justifié, chez les esprits qui n'ont eu qu'à souffrir en présence de la répartition des biens de ce monde.

Pour ceux-là qui souffrent, quel principe d'organisation sociale pourrait être aussi inique que celui dont ils subissent les effets ?

Ceux-là dont les besoins ont toujours été satisfaits et qui n'ont jamais songé aux souffrances des autres, peuvent ne pas comprendre qu'Icarie ou

Utopie pussent apparaître comme le séjour du bonheur, et que l'idée communiste pût être regardée
comme la plus juste par ceux qui, ressentant les
abus du système actuel sans en avoir étudié la
cause, n'ont pu concevoir d'autre remède social
au malheur dont ils sont accablés.

La loi morale que nous cherchons dans les divers
systèmes socialistes et politiques n'apparaît donc
pas dans le Communisme.

On y voit le désir de réaliser la justice dans
l'humanité, mais par des moyens empiriques, tandis
qu'il faut remonter aux lois naturelles des besoins
propres à l'existence humaine. C'est par l'application de ces lois seules que la justice peut s'introduire
dans les rapports sociaux, et c'est là ce que le
Communisme met complétement en oubli.

CHAPITRE HUITIÈME

FOURIER ET L'ASSOCIATION

I

VUE GÉNÉRALE

Nous avons vu Saint-Simon signalant le travail comme devant occuper le premier rang dans la société moderne, demandant sa glorification à toutes les puissances du jour, et réclamant justice et attention pour lui.

Ce sont là les plus beaux titres de Saint-Simon à la reconnaissance de la postérité.

Dans le même temps, Robert Owen préconisait et expérimentait en Amérique l'idée communiste que Cabet, un peu plus tard, présentait en France comme remède à la distribution abusive des richesses.

Nous avons rapidement signalé l'insuffisance de ces doctrines pour la solution des problèmes sociaux qu'elles mettent en évidence.

C'est à la même époque que Charles Fourier

élaborait de son côté le plus vaste système qui soit jamais sorti du cerveau d'un homme.

Nous ne saurions nous défendre d'une certaine appréhension au moment d'aborder l'examen de ce système ; nous savons combien il est de bon ton aujourd'hui, pour un grand nombre d'esprits, de se montrer sceptiques sur tout ce qui n'est pas du domaine courant des idées reçues. Le mot d'Association, que le nom de Fourier rappelle pour tout lecteur, est bien aujourd'hui dans toutes les bouches ; mais les hommes qui possèdent la notion d'association du capital et du travail, sont rares, même parmi ceux qui se donnent la mission de diriger le mouvement socialiste.

Le problème social est plus complexe que beaucoup d'hommes ne le pensent ; et ceux-là qui se jettent dans la mêlée des idées avec la prétention d'y apporter des solutions improvisées, sont loin, bien loin, de savoir tout ce qu'exigent les réformes sérieuses et véritables.

Une idée les domine, et souvent cette idée n'est qu'un point des mille côtés du problème dont vous ne pouvez leur montrer l'ensemble, sans que la confusion se fasse dans leur esprit, et le doute leur paraît alors plus simple à mettre en pratique qu'une étude sérieuse par laquelle la vérité se dévoilerait à eux. C'est l'effet que je crains de produire sur l'esprit du lecteur, même en n'examinant que le côté pratique qui ressort de la théorie de Fourier.

Beaucoup d'hommes sont désireux de voir améliorer l'état de la société présente ; mais, sans foi dans aucun principe, ils vont à l'aventure, espérant que l'ordre sortira du chaos, sans que l'intelligence en ait cherché, préparé et déterminé les moyens.

Erreur. L'ordre est un fait du travail de l'esprit ; la société ne se réformera que par la science acquise des lois véritables du progrès social.

Il faut que la Synthèse Sociale se fasse pour que les idées utiles reçoivent leur application. Ce n'est donc pas parce que le système de Fourier se présente large en promesses, qu'il faudrait en repousser l'examen ; mieux vaut au contraire puiser à une mine abondante que de s'arrêter à de maigres filons : en jetant un riche minerai au creuset de l'expérience, le métal pur sort plus facilement des épreuves.

L'aperçu que nous allons faire ne sera pas un exposé des doctrines que nous examinerons : nous ne ferons que rechercher les principes et les données qui se dégagent de ces doctrines, comme point d'appui à celles que nous voulons produire ensuite.

Nous réservons même complétement notre jugement sur le système passionnel de Fourier, et nous différons avec lui sur les moyens d'application du principe d'association. Mais, malgré cela, nous n'en reconnaissons pas moins que ses vues sont généralement dignes d'études et de méditations, et qu'elles sont l'œuvre d'un puissant génie.

La théorie de Fourier comprend deux aspects principaux :

L'un embrasse les questions d'économie sociale, par conséquent tout ce qui se rattache à la production, à la répartition et à la consommation de la richesse : C'est celui qui fera surtout l'objet de notre attention ;

L'autre embrasse l'étude de l'homme, ou la recherche de l'accord entre ses passions, ses facultés et le but social de sa destinée : C'est là le côté psychologique, psychique ou moral de sa théorie, que nous ne ferons qu'effleurer.

Plus large dans ses vues que tous ceux qui jusqu'à lui s'étaient occupés du problème social, Fourier fait un tout inséparable du progrès, du bienêtre et de la liberté. Au nom de ces perpétuelles aspirations de l'homme, il fait la théorie du bonheur de tous. Il établit que le bonheur est le but social de l'espèce, et il expose l'organisation d'un ordre nouveau, donnant satisfaction à toutes les tendances individuelles, sans privilége d'âges, de sexes, de castes, ni de classes,

Il ressort de ce premier point, que bien des critiques se sont trompés, en imputant à Fourier l'idée du sacrifice de la liberté de l'individu au bien de la masse ; nul, au contraire, n'a élevé à un plus haut degré le respect absolu de la liberté de l'homme et de toutes ses tendances natives.

Persuadé qu'il n'y a pas de bonheur pour l'être humain en dehors des satisfactions et du juste emploi de ses facultés physiques, intellectuelles et morales, il s'attache à chercher l'ordre social qu'il juge le plus conforme aux besoins de la nature humaine.

La solution de ce problème ne peut surgir, suivant lui, de conceptions arbitraires, mais de lois naturelles que nous devons découvrir, étudier et appliquer.

Abandonnant les vagues régions où se maintiennent les économistes politiques, il n'a pas craint d'aborder les questions plus utiles du travail et de la vie domestique, et de chercher, dans les besoins naturels de l'homme, les lois de justice et de liberté dont il a voulu faire la base de sa théorie.

La consommation, la production et la répartition sont les faits nécessaires de l'existence de l'homme et de la société.

Travailler, recueillir les fruits du travail, en faire usage : telles sont en effet les principales fonctions de la vie humaine et de la vie sociale.

En conséquence, Fourier recherche quels sont les moyens par lesquels l'Individu et la Société peuvent arriver à organiser le travail et la production, à satisfaire aux besoins de la consommation et à introduire la justice dans la répartition du travail et de ses produits parmi les hommes.

L'Association du Travail, du Capital et du Talent est le moyen et le principe social qu'il propose, c'est la base des principes économiques qu'il met en lumière ; et, sur ce point, on peut affirmer que nul n'a vu aussi profondément que lui dans ce mode d'organisation sociale.

En unissant les facultés humaines en un seul faisceau, sous le régime de l'Association, il en fait surgir le plan d'un nouvel état social reposant sur l'Ordre, la Justice et la Liberté.

L'homme ne peut plus exploiter l'homme. Les forces et les facultés de tous concourent à un but commun : le bien-être général ; les efforts de chacun reçoivent leur récompense individuelle, et l'antagonisme disparaît pour faire place à l'émulation productive.

La théorie de Fourier circonscrit son action à l'organisation du travail dans la commune, et laisse de côté les questions politiques sur lesquelles elle n'agit que par l'influence de la nouvelle organisation économique qu'elle constitue.

Fourier a proclamé en économie sociale une vérité encore trop incomprise, c'est que l'Association renferme la Solution de presque toutes les difficultés de la société présente.

L'Association est l'évolution nécessaire des sociétés qui, après avoir aboli l'esclavage et le servage, reposent encore sur la subordination du travail au capital.

L'Association est le principe qui effacera ces restes de servitude perpétués dans la société moderne sous la forme du salaire, malgré l'évolution de genèse sociale accomplie par la Révolution française.

Mais, pour inaugurer le règne de la justice et de la liberté que doit réaliser l'association du capital et du travail, pour remplacer l'arbitraire du salaire par un droit de participation proportionnel au concours que le travail apporte dans l'œuvre de la production, il faut découvrir le principe et les règles de la RÉPARTITION ÉQUITABLE des fruits du travail; c'est là ce que Fourier aura la gloire d'avoir cherché le premier.

Il a donné aux questions d'économie sociale un cachet de grandeur qui leur assure une suprématie prochaine sur les questions politiques.

Ses données sur l'Association renferment, à elles seules, toute une révélation sociale dont aucune conception n'a approché jusqu'à lui. Il a pu se tromper sur les moyens d'application, mais l'étude et la pratique feront découvrir et rectifier les erreurs qu'il a pu commettre; le principe d'un ordre nouveau dans la Répartition de la richesse n'en restera pas moins acquis à l'humanité.

Il est peu de questions, dans l'ordre économique, que Fourier n'ait présentées à la lumière d'un nouveau jour. A côté du vaste problème de l'Association Intégrale, il indique la marche des réformes progressives qu'il nomme Garantistes, c'est-à-dire offrant des garanties pour le peuple. Ces réformes comprennent la mutualité et l'assurance sous toutes les formes : banques, comptoirs, enseignements, etc..... et l'association partielle en toute fonction de commerce, d'industrie, de culture, de production, de consommation et de logement.

Mais les écrits de Fourier et ceux de son école ont eu le tort de ne pas séparer suffisamment la partie économique de sa théorie sur l'Association, de la partie organique composant son système passionnel. Cela a été un grand obstacle à la propagation des idées pratiques de Fourier.

Malgré les critiques que cette confusion a soulevées, les vérités et les idées utiles que Fourier a produites n'en restent pas moins acquises à la science, et elles se traduisent dans la pratique sous des formes différentes et sous le patronage de ceux même qui se défendent de participer à ses idées.

Il est à remarquer que ce que Fourier appelle son système passionnel est en contradiction, au moins apparente, avec les études phrénologiques faites par voie expérimentale ; et que ceux qui ont voulu transporter sur le terrain des faits son système d'attraction, n'ont obtenu que résistance et répulsion. Il y a donc de graves raisons pour mettre en doute la valeur des combinaisons sur lesquelles Fourier a prétendu faire reposer l'organisation des rapports et des relations de la société nouvelle.

Cependant, si Fourier s'est trompé dans la classification qu'il a faite des penchants natifs de l'homme, il a encore en ceci du moins le mérite d'avoir indiqué la voie à suivre. Il a démontré que l'ordre social doit se fonder par la satisfaction des besoins de la nature humaine, et non par des systèmes arbitraires, émanés du caprice des hommes, et exigeant le sacrifice de notre liberté et de nos besoins. Mais après avoir posé justement le problème de l'association, Fourier s'est trompé, suivant nous, dans la solution.

Entraîné par la perspective des merveilles que l'Association doit enfanter, il veut saisir tous les ressorts de son organisation, il veut découvrir les lois d'équilibre qui présideront à son fonctionnement, et, devançant l'expérience, il imagine les règles de cet équilibre, en supposant aux penchants natifs de l'homme un cadre analogue à celui de la gamme musicale. Il tire de cette hypothèse des conséquences anticipées et des déductions plus ou moins justes qui, malheureusement, empêchent la plupart des esprits de discerner le fait pratique et social, immédiatement applicable, de son système.

Peu d'esprits peuvent supporter l'éclat d'une théorie qui grandit, lumineuse de données, transportant le lecteur au sein d'une humanité dont la Régénération Sociale est accomplie.

Vivant idéal de liberté, de bonheur et de justice, la théorie de Fourier nous montre les besoins du corps, du cœur et de l'esprit toujours satisfaits, et nous fait voir comment, au sein de l'abondance, les penchants, les entraînements et les passions du cœur humain peuvent concourir à l'harmonie sociale, au lieu de produire des conflits et des désordres.

Mais cet équilibre des actes humains est subordonné à la réalisation du milieu qui lui est propre, et l'illusion, dont la nature gratifie les inventeurs, a empêché Fourier de comprendre ce que la loi inexorable du temps exigeait pour cette réalisation.

Si quelques-uns, parmi les satisfaits, ou parmi les désespérés de ce monde, peuvent crier à l'utopie sur la solution possible d'un tel problème, ceux qui croient en la justice éternelle doivent au moins espérer qu'il sera résolu un jour, et je suis de ceux-là, sans pourtant croire que Fourier ait trouvé les règles définitives de cette solution.

L'analyse qui va suivre n'est donc pas un acte de complète adhésion à toutes les vues de Fourier ; mais c'est l'hommage mérité que je dois aux travaux de cet immortel penseur et à ceux de son école.

La théorie de Fourier offrant à l'étude deux côtés distincts : l'organisation sociale fondée sur le principe de l'association, et l'étude psychologique de l'homme dans ses rapports avec le régime social, nous allons chercher à dégager ces deux aspects l'un de l'autre pour nous occuper surtout de la partie économique de son système, dans ce qu'elle a d'applicable aux besoins de notre temps, laissant à l'avenir le soin de prononcer son jugement sur la partie moins actuelle de ce système, partie qui du reste nous paraît incomplète.

II

LES BASES SOCIÉTAIRES

La théorie de Fourier a pour base l'Association du Capital, du Travail et du Talent, célèbre formule qui lui revient tout entière et qui vaut, à elle seule, un immense programme.

Fourier démontre que l'Association du Capital, du Travail et du Talent est susceptible de résultats d'autant plus saisissants qu'elle embrasse plus d'éléments de la vie sociale. Aussi en expose-t-il la théorie dans la généralité de ses applications ; il embrasse tous les côtés de la vie sociale et trouve, pour chacun d'eux, une solution concourant au bonheur de l'espèce humaine.

L'organisation sociétaire qui en résulte s'applique à une population de 1,500 à 2,000 âmes ; elle comprend :

Le travail domestique,
—   agricole,

Le travail manufacturier,
—   commercial,
—   d'éducation et d'enseignement,
—   d'administration,
—   d'étude et d'emploi des sciences,
—   des arts.

L'Association du Capital, du Travail et du Talent, comme l'a proposée Fourier, c'est l'association de toutes les forces communales; c'est l'union de l'agriculture, de l'industrie, du sol, des fabriques et des ateliers : de la production et de la consommation; c'est l'association dans tous les travaux et dans toutes les fonctions qui ont rapport aux besoins usuels de la vie.

Cette Association posséderait un domaine contenant environ 1,600 hectares de terre, bois, prairies, jardins, etc., dépendant de l'habitation de la population sociétaire qui se livre à l'exploitation du sol et de l'industrie.

III

PROPRIÉTÉ ET CAPITAL

L'ordre sociétaire décrit par Fourier garantit à chacun sa fortune, ses capitaux, ses économies.

L'Association les tient sous sa sauvegarde et sa

responsabilité. Un loyer, ou un intérêt, consenti, est assuré en échange de l'usage qu'elle en fait.

Toutes les valeurs qui composent le fonds de l'association : terres, habitations, fermes, fabriques, ateliers, machines et outils sont convertis en actions, et ces actions sont les nouveaux titres de propriété.

Les anciens propriétaires du sol et des maisons, les chefs d'industrie, les patrons, les artisans, les ouvriers, les cultivateurs, les commerçants, etc., changent de titres et de qualités ; ils deviennent actionnaires et sociétaires.

Par la constitution de la propriété actionnaire, l'Association permet à chacun de déplacer sa fortune, et d'en disposer sans nuire à la marche d'aucune entreprise, ni sans en changer la destination.

Elle offre toutes les sécurités désirables aux capitaux, puisque l'avoir de tous répond de l'avoir de chacun.

La richesse immobilière est convertie en actions; chacun peut vendre ses titres, en user comme il l'entend; mais il ne dispose plus arbitrairement ni du sol, ni des bâtiments, ni des ateliers, ni des instruments de travail.

Tout immeuble fait partie du domaine sociétaire : l'individu ne dispose que de ses valeurs mobilières.

Ainsi est assurée la Stabilité de toutes les Industries et de toutes les Exploitations ; elles ne sont plus à la merci des revers de fortune des individus, ni des successions et des partages de famille. Le partage et la transmission des actions s'opèrent sans que le fonds en soit atteint, sans que l'Atelier Sociétaire s'en aperçoive dans sa marche, et sans que sa direction ait à en souffrir.

Les droits du Travail sont ainsi réservés, tout en consacrant les légitimes droits du Capital.

La propriété repose sur les fruits accumulés du travail, et laisse intacts les droits naturels de chaque homme au fonds commun de la nature.

Fourier fait peu de remarques sur les questions de principe dont il donne la solution ; mais on ne peut s'empêcher d'observer qu'il résout admirablement, sans s'y arrêter, la question tant controversée de la propriété du sol.

C'est de la terre que l'homme reçoit la vie : elle est l'élément de son existence et la source ou le principe des biens qui lui sont nécessaires. L'aliénation de la terre est donc la première atteinte portée aux droits de l'homme. Nul ne peut prétendre asseoir des droits imprescriptibles sur le sol : c'est en violation du Droit Naturel que le fait a été consacré.

L'Association est la voie légitime et naturelle pour effacer cette Violation, et pour faire rentrer la Collectivité dans ses droits.

Dans le langage sociétaire, le mot de Propriété

6

s'appliquera seulement à ce qui est d'un usage particulier à chacun, mais ne pourra plus désigner la terre, qui est donnée par la nature à l'humanité pour que chaque individu y emploie, librement, son activité à la féconder et à l'embellir.

Le mot de propriété, en association, ne s'appliquera pas davantage aux autres choses immobilières par leur nature, puisque l'Association mobilise par des actions tous les capitaux qui entrent dans son exploitation, c'est-à-dire tout ce qui sert au travail humain. Mais le fonds doit être géré pour le plus grand avantage de tous, nul ne peut légitimement empêcher le travail de le faire servir à la production des biens nécessaires à la société.

Laisser la terre en friche, ou lui donner une destination improductive ou nuisible aux intérêts généraux, est une faute égale à l'anéantissement ou à l'accaparement des produits nécessaires à l'existence du peuple.

Tels sont les écarts et les abus auxquels la Propriété Individuelle du sol se prête aujourd'hui; la Propriété Actionnaire les fait disparaître.

Le mouvement financier de notre époque est des plus propres à faire comprendre que le droit de posséder repose aussi solidement sur la VALEUR que sur la CHOSE, dès que les garanties sont suffisantes.

C'est à ce titre que les actionnaires de nos chemins de fer conçoivent aussi bien leurs droits sur les voies ferrées, que s'ils en étaient les propriétaires par parties.

Les esprits timides ou routiniers peuvent donc rapprocher cet exemple de l'idée du sol mis en actions, non pour consacrer le principe d'un droit de propriété sur le fonds, mais pour consacrer le droit légitime des économies du travail antérieur pour lesquelles le sol aurait été donné en échange, et que ces actions représenteraient.

IV

HABITATION

Fourier croit que l'humanité est destinée à s'élever au bien-être général par le travail, par la science et par l'art ; mais il établit que l'association est la condition première de cette évolution sociale, et que la réforme architecturale de l'habitation est le premier effort qu'elle doit accomplir, suivant lui, pour inaugurer le milieu propre à la réalisation de ce bien-être.

L'Habitation est, en effet, un des premiers éléments du bonheur de l'homme ; et, malgré cela, elle est restée jusqu'ici étrangère aux vues d'ensemble de la science, et à la plupart des progrès que les arts actuels peuvent introduire dans son édification.

Les maisons disparates de nos villages, placées sans ordre, sans alignement, sans aucune préoccupation de l'hygiène, ni de la salubrité, sont plus souvent un lieu de tortures, un sujet de dégradation physique et morale des individus, qu'un lieu de tranquillité et de repos.

En association, la construction de l'habitation cesse d'être abandonnée à l'ignorance et à la pauvreté des moyens de chacun ; car ce que les ressources isolées ne permettent pas d'accomplir, devient possible lorsque ces ressources sont réunies.

Élevées en vue de l'union des intérêts et des forces, les habitations se rapprochent, se resserrent, s'unissent, comme les individus, et forment un ensemble unitaire dans lequel toutes les ressources de l'art de construire sont requises, pour édifier le logement le plus propre au bonheur des familles et des individus.

Ainsi, une réforme radicale dans l'architecture de l'habitation est la première conséquence de l'Association décrite par Fourier.

La commune n'est plus, sous ce régime, un amas de maisonnettes sans ordre ; les classes laborieuses ne sont plus délaissées dans ces habitations à l'aspect pauvre et misérable, qui couvrent les campagnes, ni dans ces logements sordides, qui déshonorent les villes.

L'Association possède au centre de son domaine un palais que Fourier a nommé Phalanstère. Ce palais sert d'habitation à tous les sociétaires ; pauvres et riches y jouissent de logements commodes et salubres, en rapport avec les besoins et la fortune de chacun.

Si la famille du pauvre n'a pas les appartements somptueux du riche, elle y jouit néanmoins de tout ce qui est indispensable pour rendre sa demeure agréable et salubre, et elle profite de tous les avantages généraux que le palais de l'Association réunit au profit de ses habitants, et que chaque famille ne pourrait se procurer dans l'isolement.

En définissant l'Architecture Sociale et en la posant comme point de départ et conséquence de l'Association, la théorie sociétaire indique un progrès considérable dans la marche de l'humanité.

C'est la Fraternité pratique, s'inaugurant dans le palais unitaire et splendide, où il n'est plus de parias, où l'on ne rencontre désormais que des Hommes !

V

FERMES ET CULTURES

La construction des fermes et des ateliers de l'agriculture n'est pas, plus que l'habitation, abandonnée au hasard des circonstances, ou aux caprices du simple propriétaire : elle est calculée sur les convenances économiques des cultures et du travail sociétaire. Les fermes sont réparties sur le terroir de manière à rendre faciles toutes les opérations agricoles. La ferme centrale est particulièrement consacrée aux travaux d'hiver, qui doivent s'exécuter près du palais; les fermes de la plaine sont surtout affectées aux travaux d'été, qu'il y a intérêt à faire au centre des cultures.

Les écuries, les étables, les bergeries, les basses-cours, sont conçues sur des plans dans lesquels tout a été calculé et prévu, pour que la propreté et l'hygiène règnent au profit des animaux. Lorsque l'homme a fait pour lui-même la conquête du Bien-Être, il en répand les bienfaits sur tout ce qui l'entoure. Les fermes, enfin, constituent un ensemble d'aménagements les plus propres à éviter les déperditions de forces et d'engrais.

Les mesures d'hygiène et de propreté ont le double mérite de contribuer à la santé publique, d'éviter la mortalité des animaux, et aussi de concentrer les engrais, qui sont les richesses des cultures.

La routine des petits propriétaires fait place aux méthodes les plus intelligentes et les plus avancées. Toutes les améliorations que les terrains comportent peuvent être entreprises : l'irrigation, l'abondance des engrais, portent partout la fécondité et la vie. Le domaine de l'association est ouvert à la science : les progrès de l'agriculture marchent à toute vapeur.

Non-seulement la campagne est riche en moissons, mais les jardins, les vergers abondent en légumes et en fruits ; car les Spécialistes se consacrent
tout entiers à leurs fonctions favorites, et les aménagements que l'Ordre Sociétaire donne aux cultures
les rendent faciles et en même temps productives.

Le terroir de l'association est débarrassé de tous
les obstacles du morcellement ; la plaine et la vallée,
les coteaux et les cours d'eau, peuvent recevoir
toutes les destinations que l'intérêt commun réclame, les barrages peuvent s'établir sans opposition, et les forces motrices naturelles s'utiliser au
profit de tous.

Les terres ne sont plus sujettes à la sécheresse ;
les roues, les béliers hydrauliques, les moulins à
vent élèvent les eaux dans les réservoirs qui servent
à l'irrigation générale des terrains inaccessibles aux
cours d'eau par les pentes naturelles ; des canaux
souterrains, ou à ciel ouvert, distribuent ces eaux
aux rigoles d'irrigation : l'homme remplace ainsi la
pluie à son gré au profit de ses cultures.

VI

ÉDIFICES INDUSTRIELS ET ATELIERS

Fourier faisant intervenir le travail au partage des bénéfices de l'industrie, il est simple à comprendre que l'Atelier est construit et gouverné avec moins de parcimonie qu'alors que tous les bénéfices doivent tourner au profit d'un seul individu.

Les travailleurs, étant des membres associés à l'entreprise, ont l'amour de leurs métiers et veulent avoir, par esprit de corps et par satisfaction personnelle, des ateliers commodes, salubres et dignes d'attirer l'attention publique. L'atelier étant le lieu où la plus grande partie de l'existence des sociétaires s'écoule, l'association est toujours empressée d'accueillir les progrès qui peuvent y être introduits.

Fourier, en décrivant l'Association Domestique Agricole et Manufacturière dans une commune fondée de toutes pièces, et proposée comme modèle pour l'application de son système, suppose les édifices industriels groupés à peu de distance du palais d'habitation; car, sous ce régime, c'est en hiver surtout, lorsque les travaux agricoles sont ralentis, que le travail manufacturier prend une grande activité. C'est donc un motif pour que les fabriques soient près du palais, afin d'éviter les pertes de temps et les intempéries de la saison, à la sortie du travail.

Les constructions de la fabrique et des ateliers en général forment, du reste, un ensemble dans les dépendances du palais sociétaire, et cet ensemble est nécessaire pour que la force motrice des mêmes machines puisse se transmettre utilement dans tous les ateliers, et être mise au service de toutes les professions.

L'intérêt sociétaire commande partout la production la plus facile et la plus économique.

La science intervient dans tout ce qui peut rendre le séjour des ateliers commode et salubre ; c'est de ce côté qu'est dirigé le luxe des constructions ; les ateliers sont bien aérés, bien éclairés, et tous leurs aménagements font honneur au palais des travailleurs.

La même pensée d'harmonie générale préside partout à l'édification de toutes choses pour rendre le travail agréable et facile.

VII

SERVICE DOMESTIQUE

Parmi les avantages généraux que l'architecture sociale assure à tous les sociétaires, il faut mettre en première ligne l'organisation domestique des services intérieurs.

La domesticité, telle qu'elle est pratiquée dans nos sociétés, est un reste de servage incontestable qui s'est perpétué par la nécessité, l'ignorance et l'habitude ; mais le servilisme tend à s'effacer de nos mœurs et de notre régime social, et bientôt ce sera un grand sujet d'embarras et d'ennui pour ceux qui ont besoin de serviteurs à gages.

On conçoit qu'il en soit ainsi sous l'empire du mouvement démocratique de la société moderne. Toutes les classes tendent à s'élever par le travail et par l'éducation ; chacun recouvre le sentiment de la dignité de sa personne ; alors pourquoi consentirait-on à se faire le valet d'autrui, quand les moyens de ne relever que de soi-même et d'échapper à la dépendance de ses semblables se multiplient?

On peut tout au plus concevoir la domesticité dans les régions où le métier de valet conduit aux places et aux honneurs ! Mais dans la vie ordinaire, dans les services domestiques, on peut déjà reconnaître que les difficultés s'accroissent pour se procurer des serviteurs. Et si cela existe en Europe, le fait est bien plus avancé encore aux États-Unis. Dans un pays où le travail de la production accorde au travailleur trois à quatre dollars par jour, il devient bien difficile de se faire servir ; aussi la famille américaine cherche-t-elle les moyens de suppléer à l'absence des serviteurs à gages par un effet indirect d'association : les restaurants et les tables d'hôte se généralisent.

En France, on a déjà perdu l'habitude de cuire son pain ; la fabrication s'est concentrée dans des établissements spéciaux de boulangerie, au grand perfectionnement de la panification ; dans certaines villes d'Amérique, on va plus loin, l'habitude de faire la cuisine dans chaque ménage tend à s'effacer : la table d'hôte et le restaurant y suppléent. On y trouve une nourriture mieux préparée, et, dans tous les cas, on n'est pas obligé de la préparer soi-même ; chacun se consacre à l'activité de son choix.

Fourier n'a pas indiqué autre chose dans l'organisation domestique du Palais Sociétaire ; il a pensé qu'avec le groupement et la réunion des familles, il y aurait avantage pour tout le monde à ce que chacun se livrât à la fonction dans laquelle il excelle.

Les ateliers culinaires, les restaurants, les tables d'hôte, deviennent donc un moyen de suppression de la domesticité ; tous les services intérieurs sont convertis en fonctions rémunérées par l'Association.

Les services individuels organisés ainsi ne sont plus des fonctions mercenaires comme de nos jours. L'individu ne relève plus de l'individu ; il n'y a plus d'infériorité attachée au service des autres. Les serviteurs de l'Association, libres de toute obligation vis-à-vis des personnes, ont pour mobiles l'amour de leur travail et l'attachement à leurs semblables. Le service gagne en sincérité et en dévouement.

C'est alors une noble et sainte fonction, car elle n'est pratiquée que par les personnes ayant pour principale tendance l'amour de leurs semblables ; et la dignité attachée à la personne qui sert, commande le respect et les égards, si ce n'est l'affection, de la personne servie.

Et s'il reste au monde des personnes aux manies aristocratiques, Fourier prétend qu'elles trouveront dans la corporation des services des personnes qui les soigneront par compassion et dévouement, comme la sœur de charité soigne les malades.

VIII

TRAVAIL

Le système d'Organisation du Travail que renferme la théorie de Fourier est une conception trop nouvelle et trop absolue, pour être intégralement applicable à notre industrie. Mais sur cette question, comme sur toutes celles qui se rattachent à l'Association, Fourier a tracé des règles dont le principe est fécond en application de toutes sortes.

Ces règles tendent à conduire l'homme au travail par l'attrait et le plaisir, au lieu de l'y conduire par le besoin et la nécessité.

Si la prétention d'ériger tous les travaux en plaisirs peut paraître une exagération des principes sur lesquels Fourier s'appuie, il est pourtant vrai qu'on peut concevoir des conditions où le travail aurait plus de charme et d'attrait qu'il n'en a eu jusqu'ici, et que le travailleur, par exemple, pourrait avoir plus de contentement et de satisfaction sous une direction de son choix, qu'il n'en éprouve actuellement sous le régime autoritaire de l'usine et du salariat.

Quelle est la limite du progrès sous ce rapport ?

Le travail a subi le régime de l'esclavage et celui du servage, il est maintenant sous le régime du salaire, sous l'autorité du fermier ou du chef d'industrie et de ses contre-maîtres ; est-ce là le dernier terme de cette marche ascendante du travail et du sort du travailleur? Cela n'est pas vraisemblable.

Donc, sans admettre le travail attrayant, tel que Fourier l'a exposé, on peut croire que le travail doit infailliblement s'élever à des conditions meilleures, et l'Association nous en fait entrevoir la réalisation prochaine. Si Fourier a exagéré les règles qu'il a déduites de ses idées sur l'attrait, s'il a pu commettre des erreurs de calcul et d'interprétation, nous croyons, malgré cela, devoir affirmer qu'on ne s'inspirera jamais trop des principes qui servent de base à son système, sauf à éviter les erreurs dans lesquelles il a pu s'engager.

Pour le moment, arrêtons-nous aux simples effets

de l'Association sur le Travail, tels que les a décrits Fourier :

Le Travailleur s'élève à la dignité de Sociétaire, il est participant aux intérêts de l'Association entière ; il n'est soumis qu'à des supérieurs de son choix ; il n'a plus à craindre l'arbitraire individuel, il relève de la justice de ses pairs ;

La capacité est relevée aux yeux de tous les sociétaires, les talents ne restent plus obscurs et ignorés ; le travailleur est entendu dans les résolutions à prendre au sujet de son travail ; il ne lui est imposé aucunes décisions, autres que celles qui ont reçu la sanction des conseils, à l'élection desquels il participe ;

Tout travail s'effectue pour le compte de l'Association, l'artisan n'est soumis à aucune dépendance vis-à-vis du consommateur ou de l'acheteur qui emploie son travail ; celui-ci traite avec l'association ;

Toutes les professions se distinguent ainsi par leur caractère d'utilité générale, et se relèvent en dignité par leur indépendance.

Fourier prétend que l'Association Intégrale ne doit comporter ni oppression, ni dépendance, ni servitude ; qu'elle doit conserver à chaque individu toute sa liberté d'initiative individuelle, et lui assurer le complet essor de ses facultés.

Aussi veut-il que l'Association du Travail, du Capital et du Talent donne à tous le droit aux instruments de travail, et permette le libre exercice des facultés de chacun sur tout ce qui fait l'objet de ses aptitudes.

Le principe d'association ne peut être vrai qu'à cette condition.

On doit remarquer, d'après ce qui précède, que les fonctions du travail ordinaire s'exercent d'une façon librement consentie par chaque sociétaire ; l'importance et la valeur du travail sont déterminées d'après des règles consciencieuses, établies par l'Association, c'est-à-dire par les travailleurs eux-mêmes, puisque chaque travailleur est sociétaire.

Nous ne nous arrêterons pas aux méthodes que Fourier donne à ce sujet, nous les croyons peu praticables, mais l'idée générale subsiste, il suffit d'en trouver les voies pratiques. C'est ce que nous chercherons à faire lorsque nous passerons à l'examen de l'application des principes économiques de l'association.

Il est des faits d'une grande influence sur le mouvement social, dont Fourier n'a pas suffisamment mesuré la portée ; telles sont les conquêtes de l'homme sur la matière pour en appliquer les forces à la production. La substitution des forces de la matière aux forces vives de l'homme est un nouvel affranchissement.

Fourier n'aperçoit pas le rôle que la mécanique est appelée à jouer, aussi bien dans l'organisation du travail agricole, que dans celui de la manufacture. Le fréquent alternat des fonctions, qu'il suppose faire partie des besoins de la nature humaine, s'accorde peu avec l'assiduité nécessaire à la perfection des connaissances pratiques ; cet alternat est même, suivant nous, contraire aux tendances naturelles que l'homme apporte souvent dans le travail.

Mais Fourier se serait-il complétement trompé sur ce point, que ses erreurs d'appréciation n'infirmeraient en rien l'importance du principe d'association, ni même l'utilité de l'alternat dans les fonctions, mais dans une mesure plus conforme aux tendances humaines et aux besoins de la production.

Le système de Fourier présente en perspective comme conséquence de son organisation, —le travail libre, — la terre libre, — la fabrique libre, —les instruments de travail libres, — et l'intelligence des règles de l'association en ménageant l'accès à toutes les aptitudes et à toutes les capacités.

L'Association, suivant Fourier, n'impose aux sociétaires qu'une direction consentie et demandée par le suffrage permanent.

Elle accorde la Direction à la Capacité reconnue et désignée par tous.

Elle organise le travail par la liberté et le choix volontaire des fonctions.

Elle ouvre accès à toutes les carrières : chaque aptitude se fait sa place.

L'Association efface les dernières traces du ser-

vage en transformant la domesticité, et le travail
mercenaire en travail corporatif et associé, il n'y
a plus d'autre infériorité que celle de l'ignorance,
et d'autre supériorité que celle du mérite et de la
capacité.

L'Association permet au travailleur d'alterner de
la culture à la fabrique, et de s'employer constamment à un travail utile; de sorte qu'il n'existe
jamais de chômage pour les sociétaires.

L'Association a toujours sur son domaine quelque
amélioration à faire, qu'elle réserve pour les moments où les travaux de production ordinaire ne
sont pas pressants; elle évite ainsi qu'aucun travail ne périclite par insuffisance de travailleurs, et
prévient les chômages qui sont la conséquence de
trop de travaux entrepris en même temps.

L'Association peut ainsi organiser le travail de
manière à maintenir un courant régulier d'occupations productives pour tout le monde.

Elle assure la stabilité du travail et la permanence de la production, et si Fourier s'est peu
préoccupé des forces que la nature tient en réserve,
son système permet d'entrevoir le travail des machines appliqué à toutes les professions, ne faisant
plus concurrence au bras du travailleur, mais de-
venant pour tous les hommes le plus puissant agent
de leur émancipation et de leur liberté. C'est la
matière asservie à la place de l'individu.

Du jour où cette domination de l'homme sur la

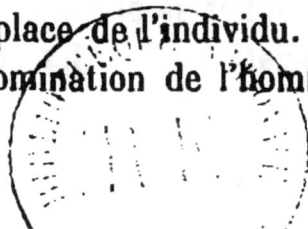

matière se fait collectivement et au profit de tous, elle est le plus beau titre de gloire que l'espèce humaine puisse conquérir sur la terre.

Alors l'homme au sein de ses fermes, de ses cultures, au milieu de ses troupeaux, dans ses fabriques, dans ses ateliers, dans le palais qu'il habite, peut se sentir avec orgueil le premier être de la création, lorsque les animaux qu'il protége, et la matière qu'il a assouplie, lui obéissent pour le décharger de la plus lourde part du travail qu'il doit accomplir sur la terre, par le concours de son intelligence plus encore que par celui de ses bras.

IX

PRODUCTION ET RICHESSE

L'unité des forces, des intelligences et des volontés dans la production est la première des conditions pour augmenter la somme des choses nécessaires et utiles à la vie. Fourier démontre que l'association réalise cette unité dans le travail :

Par l'accord de l'intérêt individuel avec l'intérêt collectif;

Par le développement des capacités et des facultés résultant de l'éducation et de l'instruction des sociétaires anciens et nouveaux ;

Par l'émulation dans le désir de se distinguer

aux regards de l'Association, qui a toujours intérêt à bien apprécier le mérite et à le récompenser ;

Par le désir du gain, qui ne cesse pas, en association, d'être un attrait producteur.

L'Organisation Sociétaire décrite par Fourier, présente à l'esprit les conséquences suivantes :

Elle se prête aux moyens les plus économiques dans l'ensemble de la production ;

L'intérêt que chacun trouve à la fin utile de toute chose, permet une bonne ordonnance et une bonne division du travail et des fonctions ;

La masse associée trouve intérêt à bien faire et à beaucoup produire ;

Elle évite le gaspillage et la fraude ;

La production se fait en quantité importante dans chaque branche d'industrie ; les ateliers se concentrent, l'outillage se transforme et le travail gagne en célérité et en perfection ;

L'emploi des forces motrices et des outils mécaniques est généralisé dans tous les travaux ; dans la culture, dans la fabrique, dans la manufacture et dans le travail domestique ;

L'Association donne une destination bien comprise à toutes les forces productives, soit naturelles, humaines, animales ou mécaniques ;

Elle a la propriété de faire disparaître les complications et les combinaisons inutiles ou nuisibles que la concurrence dépréciative et les intérêts opposés font naître dans la société ;

Toutes les entreprises ont un but d'utilité sociale ;

Sous l'influence de l'Association, l'activité de chacun s'applique directement au travail ; les fonctions parasites disparaissent, et les oisifs sont entraînés à la vie productive par l'honneur qui s'attache à toutes les fonctions du travail sociétaire.

Ainsi, d'après la théorie de Fourier, se multiplient les causes d'accroissement des richesses qui permettent d'étendre le bien-être sur le peuple.

L'Association donne à tous les hommes un même intérêt et un même but.

Elle augmente la richesse par toutes les voies qu'elle ouvre à l'activité humaine ; elle concentre toutes les forces, en même temps que toutes les économies, par l'utile emploi de toutes choses.

En Association, la concurrence est émulative, elle n'existe entre les hommes que pour les engager à mieux faire, pour produire davantage et pour augmenter la richesse qui profite à tous.

Le travail s'élève en honneur, il devient une source de gloire et de profit ; la société lui accorde les honneurs qui lui sont dus.

Le bien-être de chacun s'accroît avec la richesse générale, chacun reçoit en proportion de ses services et de son utilité dans l'Association ; tout le monde a donc le plus grand intérêt à la prospérité sociétaire et au succès de toutes les entreprises.

La vie est assurée à chaque personne ; le pauvre jouit des bienfaits de la richesse, car la richesse, sous le régime de l'Association Intégrale, trouve son plus utile emploi à s'appliquer à la conservation, au développement et au bonheur de l'homme.

Tant que le nécessaire fait défaut, le travail a pour obligation de créer les choses indispensables à la vie ; mais lorsque les premiers besoins sont satisfaits, l'intelligence de l'homme se tourne vers la perfection dans les méthodes, dans les procédés et dans l'exécution. Aux objets bruts et grossiers faits pour satisfaire les besoins pressants, le travail nouveau substitue des produits plus parfaits, et s'il est dans la quantité des choses de consommation une limite suffisante aux besoins de la société, limite que la production ne doit pas dépasser, il n'en est pas de même sous le rapport du perfectionnement des produits du travail et des créations de l'art : l'homme pourra toujours augmenter ses jouissances et son bien-être.

Aussi Fourier fait-il entrevoir au lecteur des horizons souvent trop splendides pour des regards habitués aux pauvretés de nos sociétés, encore dans l'enfance, et chez lesquelles les voies du progrès sont à peine ouvertes.

Il est pourtant vrai que si l'on suppose, pour un instant, l'Association réalisée entre le Travail et le Capital, la production de la richesse reçoit par ce fait une destination nouvelle.

Au lieu de se perdre, au sein des prodigalités abu-
sives, à fonder pour l'oisiveté des palais inutiles et
inoccupés, elle peut fonder des palais pour le travail, pour le bonheur du travailleur, pour l'embellissement des campagnes et la gloire de l'industrie.

Quand les masses travailleront pour elles-mêmes,
sous la direction de la Science Sociale, elles accom-
pliront des prodiges qu'il serait difficile de mesurer aujourd'hui. Nos préjugés sur l'organisation
sociale et politique nous permettent difficilement
de comprendre ce qui peut être, et ce qui doit être,
dans ce nouvel ordre social.

X

ÉCHANGE OU COMMERCE

En se plaçant au point de vue de la généralisa-
tion de l'Association dans les Communes, en la supposant adoptée comme principe d'économie sociale,
Fourier fait entrevoir un régime commercial tout
nouveau: la fonction des échanges et du commerce
se modifie de fond en comble; le commerce cesse
d'être individuel. Les parasites qui se jettent sur
les produits, soit de l'industrie, soit de l'agriculture pour les faire renchérir, sans y rien ajouter, ne
trouvent plus à employer leur système d'accaparement, de maquignonnage et d'agiotage.

Les approvisionnements se font en gros par les associations elles-mêmes, et presque toujours par voie d'échange, car chacune d'elles a ses produits propres, pour lesquels elle est en réputation, et avec lesquels elle opère des échanges, par quantités importantes, contre les produits renommés des autres associations.

Voilà pour les transactions générales le moyen de faire arriver, jusqu'aux consommateurs, les produits aux prix de revient. L'intervention d'une foule d'entremetteurs inutiles entre les producteurs et les consommateurs devient impossible, la falsification et le renchérissement des produits ne pouvant plus se pratiquer.

La fonction commerciale n'ajoutant aucune valeur aux produits, les associations se gardent bien de multiplier les fonctionnaires du commerce outre mesure; où il y a dix boutiques et dix familles de marchands qui trompent sur le poids, sur la mesure, sur la quantité et sur la qualité pour réaliser, en flagornant l'acheteur, un bénéfice que le marchand honnête ne peut faire, l'association n'a qu'un vaste magasin où les fonctions de la vente sont véridiques, où la marchandise est vendue avec sa qualité d'origine, pour ce qu'elle vaut, et sans qu'on puisse tromper l'acheteur.

De cette façon, disparaissent ces mille fonctions que renferme maintenant le parasitisme commercial pour faire arriver au consommateur les produits de l'industrie et de l'agriculture ; et tous ceux qui se livrent à ce commerce redeviennent des travailleurs utiles, et créent des produits au lieu de chercher à vivre sur le produit des autres, en en élevant le prix sans nécessité.

Il découle, du reste, des principes sociétaires que nul n'a le besoin, sous ce régime, de s'approprier individuellement les choses devant servir à l'existence de ses semblables ; chacun ne recherche que ce qui lui est nécessaire.

Les produits créés par la nature ou par le travail de l'homme, pour servir à la vie de l'espèce, ne restent pas plus la propriété de l'individu, que le sol lui-même. Le travail est rémunéré par la valeur représentative. Tout ce qui est nécessaire à la vie de tous est placé sous la sauvegarde de la collectivité ; c'est pourquoi le commerce et les échanges sont des opérations sociétaires et non individuelles, sous le régime décrit par Fourier.

XI

CRÉDIT ET INTÉRÊT

Le régime commercial sociétaire dont nous venons d'esquisser le tableau, a la propriété de simplifier d'une singulière façon les questions de banque et de crédit, dont quelques socialistes ont prétendu faire une panacée universelle, à l'instar de ces médecins qui veulent guérir tous les maux avec un seul remède.

Sous le régime de l'Association Intégrale, solidarisant toutes les industries et toutes les fonctions, le crédit individuel et le crédit sociétaire sont réalisés sur les plus larges bases possibles, sans aucune de ces complications qui n'ont de mérite, aux yeux de bien des personnes, que parce qu'elles sont paradoxales et incompréhensibles dans leurs fins, autant que dans leurs moyens.

Le crédit sociétaire est au contraire aussi simple dans son organisation que l'ensemble des données auxquelles il s'applique. Rien n'est facile à concevoir comme les sûretés et les garanties que présentent de vastes associations dont les intérêts embrassent l'agriculture et l'industrie ; ces associations opèrent entre elles comme de simples individus, au nom de leur collectivité.

Quant au crédit individuel, rien ne fait obstacle à sa mesure. L'individu trouvant dans l'Association la garantie du minimum nécessaire à la vie, et le travail organisé lui assurant le moyen de tirer bon parti de son adresse, de ses forces, de sa capacité, de son talent, le besoin du crédit individuel ne se fera donc guère sentir que pour des intelligences hors ligne qui, armées d'une conception nouvelle, en veulent poursuivre l'exécution et la mise en pratique.

L'individu est connu dans l'Association, sa valeur

est appréciée de tous ; s'il a du mérite, l'Association le commandite dans son entreprise ; s'il veut mettre en œuvre une idée nouvelle qui soit en dehors du cadre des industries sociétaires, elle lui en procure les moyens ; bientôt il trouve des amis qui s'unissent à lui, et son idée fait son chemin.

Si son invention, au contraire, n'inspire pas confiance, il est obligé de faire comme l'inventeur d'aujourd'hui : d'agir avec ses seules ressources et d'expérimenter son idée à ses frais, mais il trouve en association des facilités que l'état actuel de nos sociétés ne peut lui donner.

S'agit-il d'une expérience agricole, l'Association met à sa disposition les terrains à sa convenance, et il n'aura qu'à tenir compte du rendement moyen que l'on en retire. S'agit-il d'une invention industrielle, l'Association lui cède les matières nécessaires, et le laisse disposer des ateliers qui peuvent lui convenir.

L'influence du capital ne peut plus, sous le régime d'une semblable organisation, faire pour nous l'objet d'une préoccupation sérieuse ; elle est très-secondaire : la question des banques est simplifiée, les comptoirs de chaque association s'emparent du mouvement financier comme du mouvement commercial.

Le capital cesse d'avoir un droit oppresseur, un privilége abusif.

Le capital n'a plus seul voix dans les entreprises

industrielles; le sociétaire qui a su s'élever à la fortune par son travail, sa capacité ou son génie, n'a d'autre prépondérance que celle de sa valeur individuelle; il dispose de ses ressources comme il l'entend. Si l'Association peut tirer un parti avantageux pour elle de ses capitaux, elle lui offre un intérêt pour les employer, en reconnaissance des profits qu'elle en retire; si, au contraire, elle ne peut s'en servir, elle se contente de les tenir sous sa garde, si le titulaire le désire, en attendant qu'il en tire parti au profit d'entreprises de son choix, soit dans l'Association, soit ailleurs.

C'est donc le monde économique actuel renversé : ce n'est plus le Capital qui fait la loi au Travail, c'est le travail qui fait connaître au capital son utilité ou son inutilité, c'est le Travail qui fait le Cours des capitaux.

Mais, dans la pratique, jamais il n'y aura dans l'ordre sociétaire de capitaux reposant inutilement ; toujours ils concourront à de nouvelles entreprises utiles ; la voie du progrès continu sera ouverte; la Banque de France n'aura plus besoin de caves ni de réserves : le crédit général sera fondé sur la fortune publique tout entière.

XII

LIBERTÉ ET INITIATIVE INDIVIDUELLES

Fourier laisse loin derrière lui certains amants de la Liberté, qui ne la demandent et ne la revendiquent que pour eux.

A Sparte aussi l'on aimait la liberté, tout en égorgeant les Ilotes pour prix de leurs services. Rome ne prétendait pas moins aimer la liberté en asservissant tous les peuples. La bourgeoisie, depuis 89, s'est crue très-libérale en revendiquant la liberté pour elle seule, et beaucoup de démocrates croient encore aujourd'hui, de bonne foi, qu'ils sont d'accord avec l'éternelle justice et la véritable doctrine de la liberté, en invoquant les droits politiques au profit d'une seule moitié du genre humain, et en oubliant de traiter la femme à l'égal de l'homme.

Fourier n'a pas commis cette inconséquence; il prétend que toute créature humaine a droit à la jouissance de la liberté naturelle à son âge et à son sexe; il veut que la femme jouisse, à l'égal de l'homme, des droits politiques, dans la mesure et dans la forme qu'il lui convient de les exercer, et c'est à elle que reviennent le droit et l'honneur d'en décider.

L'Association, d'après ce système, place la femme sur le même pied d'indépendance que l'homme ; elle a son douaire, elle administre sa fortune, comme l'homme le fait de son côté ; le mariage est sans influence sur les droits individuels de la femme, elle prend librement sa part nécessaire du travail social.

Fourier ne comprend pas au nom de quel principe de justice, la femme peut être privée du droit d'intervenir dans le règlement des intérêts sociaux, quand la nature lui a assigné dans le monde une place indispensable et qu'elle seule peut remplir.

Il est vrai que ceux qui nient à la femme les droits politiques, seraient très-embarrassés d'en justifier les motifs par des raisons philosophiques : l'esprit de routine, voilà ce qui les inspire.

L'Association, que quelques-uns repoussent dans la crainte que la liberté individuelle n'ait à souffrir de l'omnipotence de la Collectivité, est aussi repoussée par d'autres, parce que le système de Fourier fait suivant eux une part trop large à la liberté.

C'est qu'en effet Fourier lui fait une place imprescriptible ; il met la liberté au premier rang des règles de son système d'Association Intégrale.

Les garanties que l'individu trouve dans la mutualité et dans la solidarité sociétaires ne peuvent et ne doivent, suivant lui, s'acheter au prix d'aucun sacrifice, ni retirer quoi que ce soit à la liberté et à l'initiative individuelles de chacun ; elles doivent

au contraire en assurer l'usage à ceux qui en sont
aujourd'hui privés.

L'Association n'a d'autre conséquence pour l'individu que le respect du droit des autres; et ce
n'est pas parce que les droits à la terre, au sol et
aux instruments de travail seraient des droits collectifs, que l'individu pourrait plutôt avoir à souffrir
dans la liberté de ses manifestations, que quand la
terre, le sol, les ateliers et les instruments de travail sont livrés au pouvoir arbitraire de détenteurs
individuels.

Tout produit de la nature est inaliénable et reste
le fonds commun de la société; il doit en être ainsi
pour mieux assurer à tous les individus et à toutes
les générations l'essor complet de leur liberté, et la
faculté pleine et entière de toute initiative, dès
qu'elle ne fait pas obstacle à la liberté et à l'initiative des autres.

XIII

ÉDUCATION ET INSTRUCTION

Ce que Fourier a écrit sur l'Éducation et l'Instruction de l'enfance est un chef-d'œuvre de conception
et de génie.

Combien il laisse loin derrière lui ces traités d'é-
ducation qui, comme l'Émile de Rousseau, ne sont

applicables qu'à quelques enfants, élus de la fortune, aux pas desquels peuvent être attachés des précepteurs et des maîtres. Dans ces systèmes, rien n'est prévu pour l'enfant du peuple : il n'y a pour lui que l'abandon, car, pour que le père et la mère fussent les précepteurs naturels de leurs enfants, à la manière dont ces traités l'indiquent, il ne faudrait pas qu'ils fussent astreints à un travail de tous les jours et de toutes les heures, indispensable pour nourrir et vêtir ces mêmes enfants.

Pour le peuple, la nourriture et le vêtement passent nécessairement avant l'éducation.

Fourier qui, par l'organisation de la production et de la répartition des fruits du travail, a assuré à tous nourriture, vêtement, logement et bien-être, est aussi le fondateur des principes de l'éducation démocratique. Seul, il trace un système d'éducation et d'instruction par lequel les corps se développent dans toute leur force, et par lequel les intelligences sont appelées à une éclosion certaine.

Nous ne nous arrêterons pas aux vaines critiques qui peuvent être faites sur des questions de détail, de forme et d'application.

Nous n'examinerons que le principe philosophique et social sous lequel Fourier s'est placé lorsqu'il a spéculé sur l'éducation. Sa méthode renferme des erreurs contre lesquelles l'expérience et la pratique échoueraient ; mais ses cadres n'en sont pas moins une œuvre admirable de conception et de génie, que l'avenir consultera avec le plus grand profit.

Fourier a, le premier, possédé le génie de l'éducation du peuple et la véritable grandeur des inspirations du cœur qui, seule, peut élever l'homme à de telles conceptions de charité et de fraternité sociales.

A part quelques réserves sur sa méthode d'enseignement, et la fréquence d'alternat dans les leçons, on reconnaîtra certainement un jour que Fourier a fait sortir du principe d'association les véritables moyens de l'éducation et de l'instruction du peuple, et les données générales de l'Éducation Intégrale de l'enfance.

Une fois l'Association comprise d'après les bases indiquées par Fourier, l'Éducation et l'Instruction du peuple en découlent; quelle que soit la forme sous laquelle on envisage son organisation, le seul fait de l'habitation sociétaire entraîne la conséquence forcée de la direction et du soin de l'enfance.

Dès le matin, quatre à cinq cents enfants se trouvent réunis sous les yeux de tous les parents ; l'indifférence des pères et mères ne peut résister à la pensée de leur donner une sage direction.

Tous les sociétaires comprennent que la prospérité de l'association dépend de la capacité de chacun de ses membres; elle aspire donc à voir l'enfance s'élever au plus haut degré de savoir nécessaire à l'activité utile et productive. Le progrès devient un objet de passion publique.

L'homme étant le plus parfait des êtres de la Création, il est de principe que l'Association lui prodigue les premiers soins ; c'est le plus précieux agent du travail, elle a le plus grand intérêt à le maintenir en santé, et à assurer son développement physique, intellectuel, industrieux et moral.

Le régime de l'Association dirige l'esprit public vers l'éducation et l'instruction de l'enfance : chacun conçoit que c'est là un des premiers devoirs ; mais l'intelligence fût-elle oublieuse de sa mission, que l'intérêt des sociétaires serait à lui seul suffisant pour faire comprendre que le développement physique, industrieux et intellectuel de chacun fait la fortune de l'Association.

L'éducation et l'instruction que l'Association prodigue à tous ses enfants sont la première richesse qu'elle leur donne ; elle permet à toutes les aptitudes et à toutes les capacités de se produire : chaque individualité s'élève ainsi au rang et à la fortune que l'importance de ses mérites lui assigne dans le monde.

L'éducation et l'instruction ne sont plus obligées d'attendre du budget de l'État des secours illusoires ; l'Association range les dépenses qu'elles entraînent au nombre de ses frais généraux.

Dans le Palais Sociétaire, l'enfant trouve les salles d'enseignement au seuil des appartements de la

8

famille : il ne perd plus ses heures de leçon à flâner le long du chemin par le beau temps pour aller à l'école du village, ou à patauger dans l'eau et la boue par la bise et la neige !

Au Palais Sociétaire, rien ne peut distraire l'enfant de son entrée en classe ; tous à l'envi s'y rendent, et les parents sont aussi empressés de veiller à leur éducation, qu'ils y sont indifférents maintenant au village.

En Association, l'intérêt sociétaire commande le ton général, détermine les habitudes, et fait de l'éducation et de l'instruction une préoccupation passionnée des parents.

Quel plus beau champ d'expérience pour l'éducation que l'agglomération sociétaire : la pratique jointe à la théorie, l'expérience à côté de l'enseignement.

Dans le palais sociétaire de Fourier, non-seulement toutes les branches de l'enseignement sont ouvertes à l'enfant, mais la manufacture, la fabrique, la ferme, les cultures, les ateliers de tous les ordres sont des écoles, où il se familiarise en grandissant avec toutes les industries, par le contact journalier des faits qui se passent sous ses yeux ; et il arrive à l'enseignement industriel et agricole tout initié, déjà, pour avoir vu chaque jour les méthodes et les procédés qui y sont employés, ou même par la participation qu'il a pu y prendre dès ses premiers ans.

XIV

CHARITÉ ET FRATERNITÉ SOCIALES

Lorsque l'intérêt de l'individu est devenu solidaire de celui de la masse, l'esprit de prévoyance s'éveille, les sentiments de charité et de fraternité sociales se développent, avec toutes les institutions qui en sont la conséquence.

Le minimum nécessaire au soutien des malades, des infirmes et des vieillards a, de même que l'éducation, un chapitre spécial au compte des frais généraux. Ces dépenses sont faites par l'Association à titre de dévouement social, et servies avant tout partage de bénéfices.

Les fonds de réserve et de prévoyance sont constitués de la même façon.

Il n'en peut être ainsi tant que chaque famille vit dans l'isolement, et est obligée de tirer d'elle-même tous les moyens de son existence. L'esprit de parcimonie est la conséquence de l'exiguïté des ressources, et l'état de division des intérêts de chacun oblige chaque famille à ne penser que pour elle.

Le devoir social ne s'éveille alors que par l'aspect de la misère; ce n'est qu'à la vue du mal et de la souffrance que l'homme pense à son semblable, et lui vient en aide par l'aumône.

Mais l'aumône panse la plaie du paupérisme en avilissant les caractères, et de nouveaux désordres s'ensuivent pour la Société !

En Association, l'esprit de prévoyance est au niveau des sentiments qu'inspire la Justice ; il n'attend pas que le mal et la souffrance naissent pour y remédier : il en empêche l'éclosion.

Les devoirs de charité et de fraternité sociales sont les premiers que l'Association remplisse et non les derniers.

L'Association Intégrale conduit à l'égalité de chacun devant la jouissance des choses indispensables à la vie ; elle crée assez de richesses pour que chacun soit bien logé, bien nourri, bien vêtu ; personne ne vit plus d'aumônes, la mendicité ne dégrade plus l'espèce humaine : chacun trouve une place fraternelle au banquet de la vie, en se rendant utile à soi-même et aux autres, car l'éducation intégrale a su élever tous les hommes à l'amour du travail.

XV

RÉPARTITION

Dans le système de Fourier, l'Association assure le minimum nécessaire à l'existence.

Quand la vie, la sécurité et le contentement sont assurés à tous, que toutes les précautions sur l'avenir sont prises, et que les principes de charité sociale sont satisfaits, l'Association fait le partage des bénéfices disponibles, suivant l'importance des concours qui ont pris part à les produire.

Le Travail, le Capital et le Talent reçoivent leurs dividendes conformément à des règles consenties par tous, puisant leur origine dans la justice et l'équité, puisqu'elles sont l'émanation de la volonté des sociétaires.

L'Association rétribue chacun suivant ses œuvres et sa capacité.

Elle assure à chacun le produit réel de son travail et de ses revenus.

Tous les sociétaires qui aident aux entreprises par leur fortune, leur travail, leur capacité, leur talent ou leurs inventions, sont admis au partage des produits ou économies réalisées, dans la proportion mathématique de leurs concours.

Le problème de la Répartition, tel que Fourier l'a posé, est trop complexe pour être susceptible d'une prochaine application. Mais cet adage : *Qui peut le plus, peut le moins*, est surtout admirablement applicable à la théorie de Fourier.

Les découvertes scientifiques n'aboutissent pas qu'à une solution unique; et si les vérités de principe que Fourier a posées ne peuvent entrer dans la pratique sous les formes radicales dont il les a revêtues, il ne résulte pas moins de ses indications des notions de justice auxquelles nul avant lui ne s'était élevé, et rien n'empêche d'en déduire des formules applicables aux besoins de notre temps.

Or, l'Association du Capital, du Travail et de l'Invention n'est déjà plus une nouveauté repoussée quand même ; le principe revêt, au contraire, dans les esprits, un idéal de justice auquel on ne fait plus d'autre objection que les difficultés d'application ; faible objection, puisqu'elle ne repose que sur la paresse de l'esprit humain, s'appuyant sur la routine et sur l'ignorance des masses.

Fourier, quoique s'étant fortement préoccupé de toutes les combinaisons qui, par l'organisation du travail, doivent conduire à la justice distributive et à l'équilibre de répartition, s'est peu préoccupé des formules de comptabilité qui doivent servir à faire cette répartition.

Cela est d'autant plus surprenant qu'il. était comptable lui-même ; et pourtant la comptabilité nous paraît devoir jouer un rôle important dans l'association de tous les éléments de la production. L'abstention de Fourier ne s'explique que parce qu'il a entretenu toute sa vie l'espoir de fonder lui-même la première Association ; il avait sans doute réservé les formules de comptabilité applicables au Travail dans les diverses branches d'industrie, afin d'éviter des questions de détail peu attrayantes pour beaucoup de lecteurs.

Il est vrai de dire aussi que Fourier devait considérablement compter sur la spontanéité des élans de fraternité générale, au jour de la répartition, au milieu d'une population qu'il voyait heureuse, au sein de l'abondance, assurée de l'avenir et contente de son sort.

Pour nous, qui n'espérons pas voir réaliser spontanément ce prodige, nous devons placer au premier rang ce que Fourier a considéré comme secondaire, et rechercher comment l'Association du Travail, du Capital et du Talent peut réaliser les principes de justice distributive que sa notion générale renferme.

La comptabilité, cette branche des mathématiques trop peu appréciée jusqu'ici, servira à résoudre ce problème.

Savamment appliquée aux divisions et subdivisions du travail sociétaire, aux spécialités et aux individus, elle permettra d'atteindre facilement à la solution équitable de la répartition des fruits du travail.

Nous étudierons plus loin les moyens pratiques de répartition applicables à l'industrie, sur la base de l'Association Intégrale des trois éléments de la production : Capital, Travail et Invention, et nous éluciderons la formule de cette Répartition.

XVI

ORGANISATION POLITIQUE ET ADMINISTRATIVE

Nous avons dit, au début de ce chapitre, que nous laissions de côté la partie organique de la théorie de Fourier, pour ne nous occuper que de la partie économique ; c'est pourquoi nous avons tout particulièrement dégagé des principes théoriques d'Association qu'il a posés, la notion des applications pratiques dont la société présente peut faire usage.

Dans la même pensée, nous allons passer rapidement en revue le côté politique de sa doctrine, et ne pas nous arrêter à la discussion de la méthode ; nous ferons ensuite la même chose à l'égard de son système passionnel.

Sans tenir compte des remarques d'une vaine critique, qui n'a jamais su distinguer dans les écrits de Fourier le côté pratique de son système, — le *positif du spéculatif*, — nous examinerons comment, en ne s'occupant que de l'organisation de la Commune, il crée en même temps un plan particulier d'organisation politique des nations, mais sans en faire une nécessité de son système.

Le fait de l'Association Intégrale étant admis dans la Commune, le travail et les fonctions se divisent et s'organisent pour le plus grand avantage de l'Association. Les bandes de travailleurs se composent; les groupes se forment pour chaque branche de travail, et délibèrent sur l'ordre et l'exécution de leurs travaux ; les agriculteurs se concertent sur les cultures; les jardiniers, sur les potagers et les vergers; les charpentiers et les maçons, sur les constructions ; les artisans, sur la fabrication des meubles utiles; les fabricants, sur l'amélioration des produits de la fabrique, etc.

Les sociétaires reconnaissent bientôt le mérite particulier de chaque individu dans les divers travaux auxquels il prend part : l'adresse, la capacité et le talent s'établissent aux yeux de tous, et la hiérarchie se forme par degrés de savoir et de mérite reconnus par les membres coopérateurs.

Chaque spécialité de travail nomme ses chefs immédiats, de sorte que l'individu qui pratique différentes branches d'industrie émet son vote dans chacune d'elles.

Au jour de l'élection, chacun arrive avec la connaissance des mérites qu'il a pu apprécier au milieu des faits pratiques : chaque capacité est reconnue pour ce qu'elle vaut dans chaque genre de travail; les grades et les directions se décernent ainsi à ceux qui en sont dignes.

Le suffrage porte avec lui sa bienfaisante vertu dans l'organisation du travail; l'élection devient le mode général de promotion à toutes les fonctions; elle n'est plus seulement un rouage politique, elle devient un rouage social : c'est bien le gouvernement du peuple par le peuple lui-même ! Tel l'a pensé Fourier.

N'y a-t-il pas là des vues remplies de conséquences considérables, et grosses de pacifiques progrès dans l'organisation industrielle et politique des nations?

Le vote, tel que le conçoit Fourier, n'est plus livré aux chances du hasard, de l'ignorance, de l'indifférence ou de la captation; le vote s'exerce dans les limites où chacun est apte à le bien pratiquer, et intéressé à un bon choix, à une bonne justice distributive.

Sous l'empire de l'Association, les artisans et les travailleurs de tous les ordres n'ont plus aucun intérêt à rivaliser de concurrence jalouse : plus l'Association produit, plus il y aura de richesses accumulées, de jouissances en réserve, de profits à partager. Le mobile général est donc que chaque chose se fasse pour le mieux. Tout le monde a intérêt au succès des entreprises sociétaires, et par conséquent à ce que chacun soit à sa place.

Mais si l'on conçoit que le membre attaché à une spécialité, de travail soit apte à donner son vote à celui qui peut le plus habilement diriger les coopérateurs de la spécialité, il n'en est plus de même lorsqu'il s'agit d'un vote d'ordre supérieur, comme par exemple celui qui concerne la direction générale des rapports des diverses spécialités entre elles,. ou des intérêts généraux de l'Association.

Fourier prétend qu'ici les connaissances de l'électeur doivent s'élever d'un degré ; il faut qu'elles lui permettent de distinguer, parmi les sociétaires, les mérites hors ligne dans l'ensemble des spécialités que renferme l'Association. C'est aux chefs élus par chaque groupe de travail et d'industrie que revient alors cette élection de second degré : désignés comme les plus capables dans chaque fonction de détail, il leur appartient de désigner, à leur tour, les plus savants, parmi eux, pour diriger l'ensemble des grandes divisions du Travail et des intérêts de l'Association.

La hiérarchie du vote s'établit donc sur la hiérarchie de la capacité, et l'élection des membres de la gérance de l'Association appartient ainsi aux chefs de division des diverses branches de l'activité sociétaire.

Leur choix a toute chance d'appeler les plus capables à ces hautes fonctions ; on conçoit difficilement que la sincérité du vote, unie à la hiérarchie des capacités, puisse conduire à un autre résultat ; mais en admettant que cela puisse fortuitement arriver, le vote en Association, fonctionnant presque en permanence, doit promptement redresser les erreurs de cette nature, parce que chacun est, pour ainsi dire, constamment jugé et apprécié par ses pairs.

Ce mode d'élection concentrée dans la Commune

sociétaire peut s'étendre dans son application.

Dès que les hommes les plus intelligents, les plus instruits, et les plus capables sont élevés à la direction des Associations représentant un ensemble d'intérêts équivalant à ceux de nos communes actuelles, on comprend que les Conseils de gérance et de direction de toutes les Associations d'un canton puissent se réunir à leur tour, pour élire les Conseils Cantonaux; les conseils cantonaux se former en collège électoral pour constituer le Conseil Départemental ; et les conseils départementaux se réunir en conseil électoral régional pour élire les Conseils Provinciaux; ceux-ci éliraient alors les Conseils de la Nation ; chaque conseil nommerait dans son sein les membres qu'il trouverait dignes d'être élus aux fonctions administratives reconnues nécessaires.

On peut remarquer que le vote hiérarchique, tel qu'il vient d'être décrit, semble particulièrement embrasser le côté administratif à tous les degrés de l'échelle sociale. Le vote hiérarchique peut, suivant Fourier, servir aussi bien pour composer les Assemblées chargées de réformer nos codes et nos lois, que pour les Conseils chargés de gérer nos intérêts matériels. On peut donc concevoir par ce procédé la formation d'Assemblées Législatives, et même la création d'un Sénat des Anciens, préposé à la sanction des vérités sociales et à l'abrogation de toutes nos erreurs; ce procédé de votation peut être appliqué à l'élection de tout corps délibérant.

Fourier faisant table rase de nos préjugés, reconnaît l'intégralité des droits de la femme à la gestion des affaires sociales.

Quel admirable moyen, pour ceux qui veulent un élément pondérateur dans nos assemblées composées d'hommes, que celui d'établir un sénat de femmes sorti de l'élection générale de la nation.

Mais si ce système d'élection générale semble le plus naturel dans l'hypothèse de l'organisation prévue par Fourier, on le conçoit difficilement applicable dans notre régime industriel et social actuel.

L'Association est la base fondamentale sur laquelle la démocratie sociale, sœur cadette de la démocratie politique, fait reposer ses principes d'organisation ; et c'est en ceci que les idées de Fourier méritent la plus grande attention, car si ces principes ne comprennent d'abord que la commune, leur développement embrasse le canton, puis le département, puis l'État, et la Constitution Politique naît de la Constitution Sociale.

De l'énumération que nous avons faite des points de la doctrine de Fourier, on peut conclure que s'il est tombé dans l'exagération de quelques-uns des principes qu'il a posés, il n'en a pas moins le premier signalé la Justice et les conséquences du Principe Démocratique appliqué dans le Travail et l'Industrie. Le premier, il a établi le droit des travailleurs, de l'ouvrier et de l'ouvrière, au titre de sociétaires, ayant faculté, par la voie du suffrage, d'élire ceux et celles qu'ils affectionnent pour les guider dans la production.

Et ce droit ne peut être philosophiquement plus contesté que celui d'élire les hommes chargés de nos intérêts politiques, sinon qu'il a contre lui le tort de la nouveauté ; mais comme il est solidaire de l'application du principe d'Association, il peut être préconisé et défendu sans inspirer à l'industrie individuelle le moindre ombrage.

XVII

LES LOIS ET LES MŒURS

Pour peu qu'on médite sur l'Association érigée en principe social, on voit partout la Société se mettre en accord avec la Justice.

C'est pourquoi les études de Fourier sont si fécondes en remarques et en démonstrations dont la postérité lui sera reconnaissante.

C'est pourquoi encore, bien que nous ayons à démontrer l'existence d'un Critère Universel de Politique, de Législation et de Morale Sociale, méconnu jusqu'ici, et que Fourier lui-même n'a pas formulé, nous n'en considérons pas moins sa théorie comme la plus élevée des conceptions sociales, parce qu'elle est précisément en accord avec ce Critère. avec cette Loi Suprême qui doit servir de principes à la direction de l'Humanité.

Après avoir découvert le nouveau monde économique de l'Association Intégrale, Fourier a été conduit à en calculer le mécanisme et l'agencement.

Nous avons dit que, sur ce point, Fourier a été moins heureux dans ses recherches, et qu'il n'entrait pas dans nos vues d'aborder ces questions dans ce volume; mais il est intéressant de constater rapidement l'influence naturelle de l'Association sur la législation, sur les mœurs et les coutumes qui en sont la conséquence, influence qu'on peut entrevoir sans que l'Association soit tenue de suivre le mode d'organisation tracé par Fourier.

Un fait considérable et qui ne doit pas échapper à notre attention, c'est que l'Association Intégrale a la propriété de rendre nos lois à peu près inutiles : n'est-ce pas une première présomption en faveur de sa valeur sociale?

En supprimant nos lois, ou en les réduisant des quatre-vingt-dix-neuf centièmes, en faisant tomber toutes les barrières contre lesquelles la nature humaines lutte constamment, ne conçoit-on pas les conséquences que l'Association entraînera au profit de l'expansion générale de la liberté dans l'Humanité?

C'est là un idéal non encore possible, le temps seul en fera une réalité; mais néanmoins une vive

lumière jaillit de ce fait, et la réforme de notre
droit politique, de notre législation et de nos codes
peut y puiser d'utiles prémisses, quoique notre société présente soit loin d'être assise sur les bases
de l'Association du Capital, du Travail et du Talent.

On ne peut en effet avoir compris le régime
social fondé sur l'Association, sans concevoir la Solidarité des Individus dans la Commune, celle des
Communes dans le Canton, celle des Cantons dans
l'État; sans concevoir, en même temps, la Solidarité
des Nations entre elles, et sans faire table rase de ces
Préjugés de Nationalités qui présentent les peuples comme des Collectivités nécessairement hostiles les unes aux autres.

Les frontières et les douanes s'effacent, les peuples ne se distinguent plus que par la différence
de leur génie, de leurs produits, de leurs langues,
des zones et des climats ; et il n'est plus d'autre
rivalité entre eux que celle de l'émulation dans la
production des choses nécessaires à la vie.

Les saintes luttes du travail remplacent les abo-
minations de la guerre.

Le droit politique, marié au droit social, s'universalise , et tous les hommes sont citoyens du
monde.

Le despotisme est impuissant à détourner les
peuples de leur véritable voie : celle du Travail, de
la Liberté et de la Fraternité.

Le point sur lequel on a le plus combattu Fourier avec les armes du préjugé est celui de l'union des sexes.

Pour bien des hommes qui ont des prétentions à la philosophie, le mariage tel qu'il est consacré en France par la loi n'est pas moins respectable que s'il avait été consacré par Dieu même !

Beaucoup de critiques ont surtout attaqué l'indépendance de la pensée de Fourier sur ce point : ils lui ont reproché de fouler aux pieds les lois et la morale. Ils n'ont pas reconnu que Fourier ne voulait qu'une chose : détruire l'hypocrisie d'une fausse morale, et lui substituer la vérité et la morale suivant les lois de la nature.

Mais pour les hommes enchaînés par l'habitude au texte des lois écrites, les lois de la nature, les véritables lois de Dieu ne sont rien ; ils ne voient de respectable que les errements de la loi humaine, lesquels obligent l'individu au sacrifice de ses libertés les plus intimes, ou à la pratique de l'hypocrisie et du mensonge. Telle est la morale que violent sans cesse ceux qui la préconisent.

Une morale qui place les devoirs en contradiction avec les lois impérieuses de la nature, avec les besoins qu'elle a donnés à l'individu pour le solliciter sans cesse à accomplir la mission pour laquelle il est créé, n'est pas la morale, aux yeux de Fourier, c'est l'immoralité !

Les difficultés de détail que la société, par sa constitution actuelle, oppose à la pratique de la

9

vérité, ne peuvent prévaloir contre la vérité philosophique ; ces difficultés signalent tout simplement
des erreurs et des abus dont il faut triompher par
la science et l'étude.

Nos codes fourmillent de ces restes d'un autre
âge ; est-il rien de plus monstrueux, par exemple,
que la loi sur la paternité et la filiation, imposant
au mari des enfants qui souvent ne sont pas les
siens, classant les enfants en légitimes et illégiti-
mes, enlevant à ces derniers, qu'un même Dieu a
fait naître, leur droit à la protection maternelle et
paternelle, leur droit à tout héritage.

Est-ce la nature qui a établi cette distinction ?
Non, elle départit, au contraire, souvent le génie,
le talent et la capacité à ceux-là mêmes que la société répudie?

Fourier n'a pas commis le blasphème de mettre
la nature de complicité avec nos faiblesses et nos
erreurs ; il base la morale sur la pratique de la
vérité et de la liberté des besoins intimes et légitimes de l'individu ; il affirme que tous les enfants
des hommes sont égaux devant la nature, devant
leurs pères et mères et devant la société, et qu'ils
ne diffèrent entre eux que par les mérites et les
vertus auxquels ils s'élèvent par eux-mêmes.

A côté du père et de la mère, l'Association se
fait la protectrice de l'enfant dès sa naissance, elle
le veille dès le berceau.

La puissance paternelle ne conserve rien de cette

couleur de barbarie des temps antiques; le père et
la mère n'ont de droit sur l'enfant que pour lui
faire tout le bien que leur tendresse peut leur
inspirer; mais leur pouvoir ne s'étend plus jusqu'au droit de l'estropier de corps ou d'esprit, soit
à défaut d'éducation physique, soit à défaut d'instruction intellectuelle et morale, pour en faire
ensuite un nouvel esclave sous le régime du contrat
d'apprentissage.

L'Association est la tutrice vigilante de tous ses
enfants; tous ont une part égale à ses soins et à sa
protection; tous sont égaux devant elle.

Voilà ce que Fourier a établi, voilà ce qu'il a
affirmé. Peu importe qu'il se soit trompé dans la
forme; sans s'arrêter à cela, nos codes lui donne-
ront un jour raison, et à Dieu plaise que ce soit
bientôt pour l'inauguration de la véritable liberté,
et pour la gloire de la France !

Mais l'Association Intégrale ne met pas seulement en désuétude nos lois de droit public, politique et civil, nos lois sur le mariage, la filiation, la
légitimité des enfants et la tutelle qui leur est nécessaire; elle régénère toutes nos lois sur la propriété.

La distinction des biens individuels n'est plus
guère à faire, dès que la propriété ne repose plus
sur la chose, mais sur la valeur représentée par
des titres, analogues à ceux qui se sont multipliés
dans ce siècle pour toutes nos grandes entreprises
d'intérêt public.

Sous le régime de l'Association Intégrale, la Propriété revêt trois grandes divisions :

LE DOMAINE PUBLIC : — Chemins de fer, routes, fleuves, rivières, canaux, ports de mer, et tout ce qui est d'un intérêt et d'un usage public et général.

LE DOMAINE SOCIÉTAIRE : — Cultures, bois, prairies, palais, fabriques, usines, fermes, ateliers et outils industriels, et tout ce qui se rattache à l'exploitation des Associations.

LES VALEURS INDIVIDUELLES : — Mobilier personnel, actions et titres de valeurs de toutes sortes de la propriété mobilisée.

Ce régime qui comporte toutes les exceptions possibles, puisqu'il peut s'appliquer par voie d'expérimentation locale, subirait des modifications dans les villes dont les dispositions actuelles se prêtent peu à cette transformation de la propriété ; mais, si on conçoit ce régime se généralisant seulement sur l'industrie agricole et manufacturière, nos lois sur la propriété, faites toutes en vue du fonds, n'ont plus de raison d'être.

La richesse individuelle se transmet à peu près comme les billets de banque aujourd'hui.

Nos lois sur l'habitation, l'usufruit, les servitudes, les murs et fossés mitoyens, les bornages, les égouts des toits, les vues sur le voisin, etc.... tombent en désuétude.

En supprimant la cause, les effets disparaissent ; les perpétuelles dissensions que la propriété individuelle du fonds crée entre les hommes cessent avec la propriété sociétaire : plus de procès.

Les successions se simplifient, dès qu'il n'y a plus que des valeurs mobilières à partager.

Les lois sur l'héritage se modifient également sous un régime qui proclame la liberté en tout et pour tous ; la loi ne retire pas à l'individu la libre disposition de son bien, mais elle réserve aux enfants de l'Association la part de protection sociale que nul père ne devrait oublier.

La multiplication des formes du contrat s'efface ; c'est à peine si l'individu éprouve le besoin de contracter. Les opérations de l'Association se substituent aux opérations individuelles ; l'individu ne connaît guère d'autres engagements que ceux qui concernent son travail, et toutes les transactions ont la simplicité des opérations commerciales de nos jours ; personne n'a plus à craindre les mille surprises auxquelles sont en butte aujourd'hui ceux qui possèdent.

La vente n'existe plus que pour les choses mobilières et de commerce ; elle est, comme nous l'avons déjà expliqué, une opération sociétaire et non une fonction individuelle ; le sol et tous les immeubles de l'Association constituant le domaine sociétaire, ne relèvent que du contrôle de l'utilité générale, nul n'a plus de biens-fonds à vendre dans le

domaine des Associations, il ne peut vendre que
ses actions, donc plus de contrats.

Les priviléges et les hypothèques cessent d'être
les arcanes où l'usure et la rapine vivent aux
dépens du Travail.

L'individu en possession d'une fortune mobi-
lière peut toujours faire ressource de tout ou partie
de ses titres, suivant ses besoins; et s'il ne veut
les vendre, il obtient facilement des avances sur
dépôt de titres au comptoir de l'Association, sans
autres frais que ceux du crédit admis par décision
de l'Association entière.

Quand les lois se simplifient de cette façon, les
causes de procédure se simplifient avec elles, et
les fonctions de la magistrature deviennent aussi
claires qu'elles sont obscures aujourd'hui.

Le lecteur examinera sans nous de quelle influence serait l'Association, ainsi organisée, sur les
causes pénales et criminelles.

XVIII

LA MORALE.

Fourier a trop attaqué les moralistes, pour que
nous ne disions pas quelques mots, après le chapitre
qui précède, sur les règles morales dérivant de
l'ordre sociétaire qu'il a conçu.

Fort accommodant avec les nécessités transitoires que comporte le passage d'un ordre social, qu'il déclare pétri de préjugés, de mensonge et d'hypocrisie, à un nouvel ordre social ayant pour règle la pratique de la franchise et de la vérité, Fourier n'est impitoyable pour les philosophes et les moralistes, que parce qu'ils recommandent de pratiquer le bien sans définir le bien, et d'éviter le mal sans définir le mal : ce qui, suivant lui, les conduit à placer nos vertus sociales dans le respect de toutes les erreurs dont notre législation et nos mœurs sont entachées.

Fourier, au contraire, ne se contente pas d'une morale vague, indéterminée et insaisissable dans son but : il prétend que toute créature est sortie des mains du Créateur, assujettie à des lois naturelles propres à son espèce, et que l'homme, en conséquence, comme toutes les choses de l'univers, doit obéir à sa loi propre sous peine de faillir à son devoir.

Pour Fourier, le bonheur de l'espèce est la loi souveraine du bien, et le malheur de l'espèce la loi souveraine du mal.

Ce qui concourt à notre bonheur est *Bien;*
Ce qui contribue à notre malheur est *Mal.*

Voilà son Critère : *Il n'y a de vrai bien que ce qui concourt au bonheur du genre humain.*

D'où il suit, que Fourier trouve les idées politiques insuffisantes pour fonder l'ordre social, en rapport avec la loi de l'espèce, parce que les idées politiques ne font du bonheur de l'homme qu'un point fort indirect de leurs spéculations.

Le bonheur général n'étant pour Fourier que la somme des bonheurs individuels, il s'ensuit que l'ordre social véritable doit veiller au bonheur de chacun, en donnant essor à ses besoins, à ses ten- dances, à ses aptitudes.

C'est pourquoi Fourier donne le pas aux réformes sociales sur les réformes politiques ; c'est pourquoi il cherche les règles économiques qui doivent pré- sider à l'Organisation Domestique, dans laquelle chacun doit trouver son bonheur propre, en concou- rant au bonheur des autres.

En indiquant la recherche du bonheur comme principe de morale, Fourier en déduit une règle de conduite par laquelle l'homme peut se guider dans la vie.

C'est dans les facultés et les penchants inhérents à l'être humain, que Fourier prétend trouver cette règle ; il établit que c'est en obéissant aux attraits et aux besoins dont le Créateur l'a doué, que l'homme accomplit la loi naturelle qui lui est propre.

Pour tous les esprits qui ne sont pas faussés, par les préjugés de nos lois arbitraires, au point de tou- jours chercher le bien dans le mal et le mal dans le bien, il y a dans ces hardiesses de Fourier quelque chose qui va droit au cœur, et l'on sent que s'il n'est pas en possession de la vérité absolue, il est du moins bien près d'y atteindre.

Car il y a dans ces principes une large part des vérités qui embrassent la règle morale, ou la question du bien et du mal.

Nul n'a certainement approché de plus près que lui de la loi de la vraie morale ; malgré cela, je crois ses principes insuffisants pour embrasser les faits les plus élevés de la morale humaine, et pour en rendre compte.

Il est bien évident que l'homme qui s'inspirerait des besoins de sa propre nature pour rechercher les moyens du bonheur des autres, accomplirait une des plus belles tâches que l'esprit humain puisse concevoir.

Mais, d'un autre côté, quel sera le mérite du sacrifice devant la loi morale posée par Fourier? Comment expliquer la légitimité de l'admiration que l'humanité a eu et aura toujours pour les grands dévouements, et pour les grands courages, qui se sont offerts en sacrifice au bien de leurs semblables?

Ceux-là ont-ils failli à la loi en négligeant la recherche du bonheur pour eux-mêmes?

Non, ce sont eux au contraire qui ont le plus largement accompli la loi naturelle, et c'est pourquoi l'humanité les admire !

Dans un ordre de faits opposé, les principes de morale de Fourier tendent à une interprétation fausse dans les actes les plus ordinaires de la vie.

Car c'est précisément la recherche du bonheur par la satisfaction de nos attraits primitifs, qui conduit à ce froid égoïsme que répudie la morale, et que Fourier, plus que personne au monde, a combattu par l'exemple d'une vie de dévouement et de labeur, autant que par sa théorie.

La recherche du bonheur par l'attrait ou par la satisfaction des besoins individuels, est un fait inhérent à notre nature ; mais ce fait lui-même a sa règle morale supérieure d'équilibre dans d'autres lois naturelles.

Nous pouvons donc conclure, que si Fourier a eu le mérite de créer une nouvelle formule de la loi morale, cette formule est néanmoins incomplète.

Car la véritable formule de la loi morale doit donner place à l'explication des plus grandes, comme des plus infimes actions.

C'est ce que fera, je l'espère, le Critère du Bien et du Mal formulé dans la suite de ce volume.

XIX

PROPAGANDE SOCIÉTAIRE

Tels étaient les problèmes dont Fourier, cet immortel penseur, avait proposé la solution ; cela entrait au vif des questions qui m'avaient occupé, et en dehors desquelles je ne pouvais voir de but réel pour l'humanité. Pour la première fois, je trouvais la Pensée affirmant la Justice, et les lois de son équilibre applicables à toutes les actions humaines; Fourier avait donc immédiatement ce mérite à mes yeux, d'être le premier des réformateurs qui, écartant tout préjugé de castes, cherchait la réalisation de la justice, de la liberté et du bonheur *pour tous* sur la terre, contrairement à ce qu'ont fait avant lui tous les législateurs et les philosophes, qui, de tout temps, n'ont vu la société possible que sous le régime des priviléges d'une *minorité* s'attribuant l'autorité, la liberté et la jouissance des biens terrestres, au milieu d'une *immense majorité* subissant l'esclavage, la servitude, la subordination, la pauvreté ou la misère suivant les temps et les lieux.

Fourier ne venait pas comme tant d'autres s'insurger contre le chaos des iniquités sociales pour en reconnaître ensuite la nécessité; il venait signaler et préciser le mal avec une puissance de diagnostic à laquelle n'échappait aucun des besoins matériels, intellectuels, moraux et sociaux de la créature humaine, et donnait satisfaction à chacun d'eux.

Les solutions proposées par Fourier et enseignées par ses disciples étaient-elles exemptes d'erreurs? Cela pouvait être mis en doute, l'expérience n'en

était pas faite, mais les voies pacifiques que ces solutions exigeaient, la grandeur et la hardiesse de leur
conception, le dévouement à l'humanité dont elles
étaient l'expression, tout cet ensemble répondait
trop à mes aspirations, pour que je ne fusse pas du
nombre des hommes qui désiraient ardemment voir
le monde en possession des vérités incontestables,
et des principes d'organisation sociale proclamés
par Fourier, dût-il s'y trouver quelque erreur ; et il
était difficile qu'entraîné par l'ardeur de ses conceptions, Fourier ne fût pas tombé dans l'exagération
de quelque idée ou de quelque principe.

Ses disciples n'acceptaient d'ailleurs d'autre motif de ralliement que le progrès de la science sociale
par la propagation et l'expérience. Ce n'était pas
aux idées d'un homme qu'ils s'attachaient, mais
aux vérités que ces idées renfermaient, aussi re-
poussaient-ils les qualifications de *Fouriéristes* pour
eux-mêmes, et de *Fouriérisme* pour leur doctrine.

Disciples de Fourier, ils n'entendaient en aucune
façon croire et professer parce que le maître l'avait
dit, mais croire et professer au nom de la science
qu'ils prétendaient tenir de lui ; aussi se dési-
gnaient-ils sous le nom de membres de l'école sociétaire, faisant par là comprendre que la science
sociale et les vérités renfermées dans le principe
d'Association étaient le seul objet de leurs préoccupations.

L'école sociétaire remplissait alors un double

rôle : — la propagation des idées nouvelles d'association, de mutualité, de coopération, de solidarité — et la recherche des moyens de leur application intégrale, c'est-à-dire de leur application à toutes les fonctions de la vie usuelle réunies en faisceau.

La liberté, laissée alors à la parole et au droit de réunion, était encore suffisante pour permettre l'enseignement écrit et l'enseignement oral sous des formes très-variées. De chaleureux dévouements ne firent pas défaut à cette tâche, c'était l'élément actif de l'école.

Son élément passif était constitué de dévouements d'un autre ordre qui, par des subsides, entretenaient la propagande, et tendaient à la constitution du capital nécessaire à une expérience pratique des principes dont nous venons d'esquisser le programme.

Le courant des idées allait grandissant, la propagande attirait chaque jour de nouvelles recrues à l'école sociétaire ; celle-ci comptait des hommes de savoir et des adeptes sur tous les points du monde, et l'espérance d'une expérience pratique de la théorie de Fourier acquérait chaque jour plus de force dans l'esprit des hommes, qui considéraient cette épreuve comme l'événement le plus heureux que l'humanité pût accomplir, dans l'intérêt de la tranquillité et du bonheur de toutes les classes de la société.

Il y avait, certainement, un entraînement irréfléchi dans l'exagération des espérances de l'école sociétaire. Le progrès est lent et difficile à réaliser, et la théorie de Fourier fût-elle, en principe, complétement exempte d'erreur, que son application immédiate aurait échoué : d'abord, par l'incapacité industrielle des sociétaires exerçant plusieurs fonctions productives, comme la théorie en indique la nécessité, et plus encore par les nombreux préjugés et les habitudes invétérées qu'ils eussent apportées dans un régime social, auquel l'homme ne peut devenir propre qu'après avoir été retrempé par une éducation rationnelle sous le régime de la vraie liberté : de la liberté physique, de la liberté morale et de la liberté intellectuelle.

Mais, si l'on peut dire que l'essai de la théorie phalanstérienne eût échoué dans ses caractères les plus saillants, nul n'est en droit d'affirmer qu'il ne fût pas sorti d'une pareille expérience la démonstration éclatante de la valeur d'un grand nombre des principes sociétaires que cette théorie renferme; surtout si l'expérience avait été faite sous la protection de la liberté et à l'abri des exigences des préjugés, et si elle avait eu pour fondateur un homme fortement trempé, capable de suivre l'opération dans tous ses mouvements, et de distinguer les côtés de la théorie accessibles à une application immédiate, de ceux dont l'application aurait dû être suspendue ou complétement écartée.

Mais pour arriver à fonder la Commune sociétaire, pour arriver à réunir une population de 1,600 à 1,800 personnes, sans y admettre les incapacités pouvant compromettre le succès, il fallait former des convictions fortes et nombreuses.

Il fallait surtout amener les classes qui possèdent la richesse à comprendre : qu'il n'y a de salut certain pour personne en ce monde, tant que le bonheur de tous n'est pas assuré, et que c'est en établissant le règne de la justice et de l'équité, par une juste répartition des choses que la vie rend nécessaires à tous, que la paix et le bonheur entre les hommes peuvent devenir réels et durables.

Une fois ces convictions faites, la théorie de Fourier aurait pu trouver les capitaux, assez considérables, qu'elle exigeait pour fonder de toutes pièces une commune nouvelle, nécessaire à son expérimentation.

L'école sociétaire en était là de son action militante, lorsque les événements de 1848 vinrent détruire les fruits des travaux et des sacrifices qu'elle avait accomplis en vue de la mise en pratique de ses théories.

CHAPITRE NEUVIÈME

1848 ET APRÈS

I

PROSCRIPTION DES SOCIALISTES

La Révolution de 1848 éclata au milieu de ce mouvement des idées sociales. Ce fut une grande surprise pour tout le monde; mais les hommes animés de l'amour du progrès crurent que les événements étaient une marche en avant de la société française vers un régime de liberté, propre à rendre plus facile l'élaboration des grandes questions qui intéressent l'avenir du monde.

Les hommes jusque-là les plus opposés à tout nouveau régime, acclamaient la République, et saluaient les idées nouvelles ; ils se montraient les plus empressés à affirmer que les principes d'Association devaient désormais faire la base de notre édifice social.

Mais ces entraînements hypocrites de la peur ignorante furent de courte durée; ils servirent de voile pour cacher les intentions d'une réaction violente qui, bientôt, provoqua la persécution, l'exil et la proscription des hommes qui s'étaient occupés des études sociales, dans le seul but d'assurer le bonheur du monde.

La plupart des individus n'élèvent leurs facultés qu'à la compréhension des faits acquis, et des questions qui touchent à leur intérêt personnel.

Les idées larges et généreuses, tant qu'elles restent à l'état spéculatif, ne peuvent trouver place dans l'esprit du vulgaire : il faut, pour être comprises et acceptées, qu'elles soient entrées dans le domaine des faits.

Lorsque, dans les mouvements politiques, ces hommes dirigent la chose publique, ils sacrifient tout au présent et à leur intérêt propre, sans aucune préoccupation des intérêts de l'avenir.

Les concessions faites à l'opinion ne sont dans ce cas que des manœuvres hypocrites et intéressées.

Aussi, au moment où l'on ouvrait un crédit de trois millions en faveur des Associations Ouvrières, on inquiétait et on proscrivait les partisans des principes d'association et d'organisation du Travail.

Je fus à Guise, dès ce moment, l'objectif de la délation de certaines individualités que la peur des réformes poussait à faire du zèle, afin de s'assurer une place dans la hiérarchie d'un pouvoir dont ils avaient déjà compris les tendances personnelles.

J'avais été remarqué pour être un de ceux qui

croyaient à un progrès social possible ; et cela avait
suffi pour qu'on me présentât comme un socialiste
dangereux contre lequel il fallait sévir.

Le 2 décembre vint plus tard couronner ces espérances de la réaction ; cependant j'échappai à
l'exil, grâce à ce qu'aucune preuve ne put se faire
contre moi, et grâce aussi sans doute, au nombre
important d'ouvriers que j'occupais déjà, et qu'on
a pu craindre de priver de travail. Mais l'école sociétaire ruinée, dissoute, éparpillée, paya largement
son tribut au bannissement et à la persécution.

Des vingt années de labeur de l'école, il ne resta
dès lors que les idées qu'elle avait répandues sur le
monde touchant la fécondité et la justice du principe d'association.

II

LE TEXAS

La consternation était grande parmi les socialistes et en particulier parmi les membres dispersés
de l'école sociétaire. Il fallait voir les hommes animés de l'amour du progrès bannis ou proscrits ; il
fallait refouler au fond de son âme tant et de si sou-
riantes espérances de Liberté, de Progrès, de Paix
et de Bien-être conçues au profit du monde entier,
pour rentrer dans le giron d'une politique qui ne

laissait d'autre essor à l'activité des esprits que les
vues étroites de l'ambition individuelle.

Rien ne semblait permettre d'espérer que les
principes d'Association pussent revenir à flot de
longtemps : l'idée était tombée dans un abattement
complet, lorsqu'en 1853, M. V. Considérant ren-
trait en Belgique, rapportant d'une excursion à travers l'Amérique un projet qui venait réveiller les
espérances du petit nombre de socialistes persévé-
rants.

M. Considérant avait quitté l'Europe pour visiter
les Etats-Unis. Il revenait d'une terre de Liberté où
il avait vu les horizons splendides et les oasis ma-
gnifiques de la nature vierge ; les socialistes pouvaient aller retrouver là une liberté d'action que
notre patrie leur refusait. L'Eden, la Terre promise
s'ouvrait devant eux, ils pouvaient aller constituer
une société libre, heureuse, sans entraves et sous
l'assistance d'une nature si propice, que les richesses
de sa fécondité étaient presque suffisantes au bien-
être de l'homme.

A elles seules, ces richesses naturelles étaient
plus qu'un équivalent des sacrifices qu'ils devaient
s'imposer en quittant l'Europe, pour aller chercher
un refuge à leurs convictions.

Au Texas ! était le cri de la bonne nouvelle que
V. Considérant apportait d'Amérique en 1853. Cet
enthousiasme était partagé par un Américain qui
avait fait une promesse de souscription de 20 mille

dollars (100 mille francs) dans la société que
V. Considérant devait fonder en Europe pour cette
entreprise de colonisation.

Il est pour l'esprit humain des phases d'épreuves
singulières et qui nous disposent à des détermina-
tions extrêmes : cet appel trouvait l'école sociétaire
dans une de ces phases.

Les hommes qui cherchaient, sous les auspices
de l'étude, les solutions scientifiques de l'économie
sociale, étaient alors considérés comme des ennemis
de l'ordre.

Absorbée en elle-même depuis près de cinq ans,
l'école sociétaire était privée de tout moyen d'action. L'appel de Considérant fut pour elle un rayon
d'espérance qui lui fit oublier toutes les règles de
la prudence, et bientôt 1,500,000 francs compo-
saient le premier capital social, avec promesses
de déplacements considérables de fortune dès que
la colonie serait en état de les recevoir.

Je versais pour ma part 100,000 francs espèces
sonnantes ; le tiers de la fortune que je possédais
alors !

Jusque-là, je n'avais cru pouvoir mieux faire pour
le progrès des idées sociétaires que d'aider au mouvement qui leur était imprimé par les principaux
disciples de Fourier. L'unité de direction me paraissait une condition de succès, aussi avais-je toujours
appuyé de mon concours toutes les demandes et les

propositions faites au nom de la propagande et en vue de la réalisation.

En répondant à l'appel de V. Considérant, l'école sociétaire se plaçait sur le terrain de l'action et de l'expérience; ce n'était pas celui-là qui pouvait le moins me sourire ; je sentais combien pour ma part j'étais disposé à y remplir mon rôle ; j'acceptai donc une place dans la gérance de la société, confiant en mon utilité dans la direction des faits pratiques qu'on se proposait d'aller réaliser en Amérique.

Ma confiance n'était pas moins grande dans la capacité pratique et dans l'habileté de direction de ceux qui, jusque-là, s'étaient distingués dans la défense de l'idée par la parole.

J'étais tombé dans cette erreur, avec l'école sociétaire tout entière, de croire que l'action devait être à la hauteur du talent oratoire : en certaines situations critiques l'illusion entraîne tous les esprits.

En lisant le projet de colonisation et d'émigration au Texas de V. Considérant, en voyant une entreprise aussi largement conçue, dont l'exposé renfermait avec un enchaînement si logique, les conditions nécessaires à sa formation, à sa marche, à son développement et à son succès, les membres de l'école sociétaire ont cru qu'une intelligence supérieure des choses pratiques se révélait à eux, et qu'il ne lui avait manqué jusque-là que le moyen de se produire.

C'était une faute grave ! Tous les hommes ne sont pas aptes à réaliser les plans qu'ils ont conçus et tracés. Chaque talent a ses limites, et l'école sociétaire a payé la faute de n'avoir pas assez tenu compte des faits, de n'avoir pas assez mûri son opinion sur les aptitudes de ceux qui prenaient en main la direction de ses intérêts matériels dans cette entreprise.

Mais l'entraînement dont elle donna un singulier exemple dans cette circonstance, s'explique surtout par cet amour de la liberté, qui est la plus chère espérance de ceux qui voient le progrès social dans la réalisation des choses profitables au bonheur de tous. Ils n'hésitèrent donc pas à abandonner une patrie ingrate où on leur refusait les moyens de réaliser le bien qu'ils avaient conçu pour l'humanité.

Ce serait sortir de mon sujet de faire ici la narration des déceptions que j'ai subies, pendant ma participation à la gérance de cette malheureuse affaire ; il me suffira de dire qu'en perdant alors les illusions qui avaient motivé ma confiance, je fis un retour sur moi-même, et pris la ferme résolution de ne plus attendre de personne le soin d'appliquer les essais de réformes sociales que je pourrais accomplir par moi-même.

Dès qu'il fut établi pour moi que l'entreprise du Texas devait marcher chaque jour vers sa ruine, je me mis à travailler à la réparation du préjudice

que cette affaire avait causé à ma fortune et à mon
industrie.

Il ne restait plus aucun espoir prochain d'une
expérience quelconque des idées sociétaires : leur
dépôt était confié désormais au monde, et devait
lentement faire son chemin dans le domaine de la
pensée, comme toutes les autres idées sociales que
la première moitié du dix-neuvième siècle a vues
éclore.

CHAPITRE DIXIÈME

ÉPAVES DES IDÉES SOCIALES

I

LES ASSOCIATIONS OUVRIÈRES

Les idées d'Association avaient profondément labouré l'opinion publique avant tous ces événements, mais si le terrain avait été remué et ameubli, la semence productive n'y était pas déposée.

Malgré cela, de courageux partisans du principe en avaient planté le drapeau sur le terrain de la pratique. Des Associations avaient surgi de toutes parts.

Dès le mois de juillet 1848, malgré l'ombrage que ces Associations portaient au pouvoir, un crédit de trois millions fut voté sous prétexte de leur venir en aide, mais c'était un moyen de faire pénétrer l'intervention de l'État dans ces Associations, et d'avoir la haute main sur elles par les conditions attachées au remboursement.

Elles en comprirent le danger, et peu d'entre elles eurent recours à cette ressource.

La meilleure protection que la loi puisse accorder au principe d'association, c'est d'en consacrer le droit et de laisser aux citoyens la liberté entière de son application.

Nulle puissance au monde ne peut élever tout d'un coup le niveau de l'opinion publique à la conception des règles pratiques de l'Association Intégrale.

Nulle puissance ne peut davantage élever les individus à la hauteur des sentiments de Justice et de Fraternité nécessaires au régime sociétaire. Ce progrès ne peut être que l'ouvrage de l'expérience et du temps, agissant de concert avec des causes moralisatrices de l'esprit public, et le pouvoir lui-même doit le premier s'élever à ces vertus sociales et donner l'exemple de leur mise en pratique.

Ces causes ne pouvaient exister sous l'absolutisme d'un pouvoir qui, cherchant à briser partout ce qui n'était pas placé sous sa dépendance, augmentait ainsi les embarras que devait inévitablement éprouver l'inauguration d'un nouveau régime économique, conçu au profit des travailleurs.

Aussi la plupart des Associations Ouvrières, pour n'avoir pas accepté la prétendue protection qui leur était offerte, succombèrent sous le poids des difficultés qui leur furent suscitées.

Le cercle étroit dans lequel celles qui survécurent pouvaient se mouvoir, rendit ces expériences sans portée aucune.

Uniquement affectées à quelques professions isolées, elles constituaient un régime en participation dans un travail commun, peu en accord avec les vrais principes d'Association.

Les membres de ces sociétés n'étaient pas positivement des associés, ni des sociétaires, mais de simples coopérateurs dans un même travail pour en partager les bénéfices.

Aussi le mot d'*Association* fut-il, quelques années plus tard, remplacé par celui de *Coopération*, pour les entreprises où l'idée militante de l'Association garda quelque signe de vie.

Ce titre de coopération, nous venant de l'expérience faite en Amérique, par l'Anglais Robert Owen, fut appliqué aux Associations populaires avec un succès apparent.

Le mot d'Association était trop large et trop complet dans ses conséquences pour pouvoir garder sa place dans la presse. Ce sacrifice aux convenances du moment engagea le monde officiel à faire un dernier effort pour donner des directions à ce mouvement si tenace de l'union des intérêts populaires.

Une loi, aussi imparfaite que la science même de ses auteurs en économie sociale, fut faite pour poser les règles de la Coopération.

C'est au milieu de ces embarras que l'idée de l'Association s'est confusément maintenue sur le terrain de la pratique et de la discussion.

C'est ainsi qu'un mouvement considérable fut

enrayé; cependant les empreintes des idées de l'école sociétaire se maintinrent au milieu d'un silence de mort qui leur fut imposé pendant de longues années.

Honneur aux hommes dévoués qui savent conserver une place, si petite qu'elle soit, aux idées du progrès lorsque leur éclipse menace d'être totale !

II

LES CITÉS OUVRIÈRES

Malgré le silence imposé aux principes, il restait cette pensée, à l'état de vague sentiment, qu'il ne suffit pas de faire taire les besoins sociaux pour les faire disparaître.

On comprenait, dans les régions officielles même, que le grave problème de l'amélioration du sort des classes ouvrières restait tout entier à résoudre: que les progrès de la civilisation appelaient un remède au paupérisme.

On comprenait qu'il était anormal de voir se développer la richesse dans des proportions considérables, sans que la condition du travailleur offrît à celui-ci plus de sécurité contre les éventualités de la misère.

On comprenait que sa condition devait s'améliorer proportionnellement à la somme des richesses produites.

Ceux-là mêmes qui avaient contribué au naufrage des idées sociales, en ramassaient de tous côtés les épaves, pour construire à leur popularité un édifice de leur façon.

Sous l'empire de considérations de cet ordre, l'idée des cités ouvrières était livrée à l'opinion publique, comme apaisement au reste de ses espé‑ rances déçues.

En janvier 1852, un décret affectait dix millions à l'amélioration des logements des classes ouvrières. C'était le pendant des prêts offerts aux Associations.

Mais cette fois, ces dix millions n'étaient pas of‑ ferts en prêts aux Compagnies, ou aux industriels, qui voulaient se charger de construire des habita‑ tions; c'était un pur don qu'on leur faisait.

Pourquoi, aux travailleurs, des prêts onéreux de sommes relativement peu importantes; et pourquoi des sommes considérables données gratuitement aux capitalistes?

La cité Napoléon, qui aurait dû être un modèle, reçut 200,000 francs de subvention.

D'autres compagnies, à Paris, reçurent ensemble plusieurs millions, et de tout cela, il n'est rien sorti que l'insuccès le plus complet.

Les cités ouvrières étaient le thème circonscrit dans lequel se débattaient alors les idées sociales retirées, par leurs ennemis mêmes, du naufrage de ces grandes assises sociales qui, depuis 1830 jusqu'à 1848, avaient occupé le monde.

Les Cités Ouvrières, en même temps que les Associations, restaient comme débris des idées contre lesquelles les événements avaient prononcé un temps d'arrêt et de silence.

On était loin de ces idées d'Association Intégrale, de Fraternité, de Solidarité et d'Harmonie, constituant le fond des doctrines qui, pendant environ vingt ans, étaient restées sur le terrain militant du progrès social.

Les mots de *réformes sociales* étaient bannis du langage, mais on maintenait un intérêt apparent au sort des classes laborieuses. Aussi, songeait-on à chercher le moyen d'améliorer la condition de l'ouvrier des villes, là où le développement de la fabrique avait fait convertir caves et greniers en logements infects, où l'air, la lumière et l'espace étaient plus rares que dans les étables.

On se souvient des graves critiques que cet état de choses avait soulevées de 1830 à 1848. Cette question renfermait non-seulement un intérêt social, mais aussi un intérêt gouvernemental, et les hommes mêmes qui, naguère, s'étaient faits les proscripteurs des idées sociales, se préoccupèrent de faire tourner au profit de leur popularité les moyens d'amélioration des logements du peuple, et donnèrent leur appui à ces entreprises.

Paris vit alors s'élever, au nom de l'intérêt des classes ouvrières, des constructions d'une certaine importance; mais le régime autoritaire, servant de base et de règlement à ces fondations, leur fit décerner le nom de *Casernes Ouvrières*, et les fit répudier par ceux mêmes pour qui elles étaient faites.

Cet insuccès était une des premières chutes du règne de la prépotence sur le terrain du progrès, où l'homme ne peut avancer qu'en compagnie de la liberté.

Mais l'esprit de despotisme éblouit ceux qui s'abandonnent à ses suggestions ; ils ne peuvent croire que leur patronage ne puisse s'unir avec les faits qui ont pour but l'amélioration du sort du peuple.

Ils ne comprennent pas que la réforme architecturale, constituant la véritable habitation du travailleur, ne peut réussir que sous le patronage de la liberté et de l'indépendance, et que, sans l'indépendance et la liberté, l'architecture fraternelle, l'architecture sociale ne peut exister.

L'appui donné à la réforme de l'habitation ouvrière par des gens sans principes et avides de popularité, cessa dès que fut reconnue son impuissance à procurer les avantages honorifiques qu'on en attendait.

Il ne restait plus qu'à patronner les errements du passé en leur donnant un nouveau vernis ; il ne restait plus qu'à mieux plâtrer l'intérieur de la maisonnette antique, à rejointoyer ses murs décrépits et à vanter, pour l'ouvrier, le bonheur d'une telle demeure, quoique le confortable du palais, le charme des parcs et des jardins, et les agréments de la vie fussent nécessaires à l'opulence.

Ce n'était plus les champs et l'espace, dont jouissent de misérables demeures de campagne, qu'on demandait pour l'ouvrier; c'était une petite maisonnette avec un jardinet de quelques mètres carrés. On prétendait trouver dans cet isolement une garantie des vertus domestiques.

Mais cela ne changeait rien dans la condition de l'ouvrier : la gêne intérieure de la famille était aussi complète, et la fréquentation du cabaret restait la seule distraction de l'existence du travailleur.

III

MAISONS OUVRIÈRES

Les mêmes souffrances et les mêmes besoins, qui avaient été dévoilés dans l'existence des classes ouvrières, continuaient et s'aggravaient même dans certaines villes, où le développement de l'industrie appelait chaque jour un accroissement de population.

Dans quelques-uns de ces centres importants de fabriques et de manufactures, des chefs d'industrie se préoccupaient de cette question ; car non-seulement la santé et la vie de l'ouvrier étaient compromises, mais le sort de la fabrique avait à en souffrir.

En présence de l'insuffisance du logement et de la difficulté de vivre, l'ouvrier est peu attaché à l'atelier ; la gêne et la souffrance le font facilement et souvent changer de lieu. Il était donc d'un intérêt industriel bien compris de chercher à placer l'ouvrier dans de meilleures conditions, afin de donner plus de stabilité à la production.

Ces circonstances présentaient des conditions propices à une innovation largement conçue de l'habitation destinée au travailleur : le travail était concentré, les fabriques et manufactures s'élevaient rapprochées les unes des autres ; à côté de ces édifices servant à la conservation et au logement des instruments de travail, et sans leur céder en rien comme luxe de construction, pouvaient donc s'élever les édifices destinés à la conservation des travailleurs, au logement et au bien-être de leurs familles.

Ces circonstances propices s'étaient depuis plusieurs années révélées en Angleterre et en France, mais nul ne les avait mises à profit pour une expérimentation sérieuse d'une combinaison nouvelle de l'habitation, appropriée aux besoins des grandes agglomérations industrielles.

La construction des habitations ouvrières était depuis longtemps entrée dans la pratique ; mais elle se bornait à la création des logements indispensables autour des manufactures; l'attention publique du reste s'en préoccupait peu. En Angleterre seulement une certaine publicité avait été faite au sujet de ces habitations. M. Ch. Roberts les avait mises en relief dans son traité : " *The dwellings of the labouring classes,* " tandis que les mêmes faits produits en France n'avaient soulevé que de nombreuses remarques critiques de la presse, sans avoir été l'objet d'aucun traité particulier.

A la vérité, cela n'avait qu'un médiocre intérêt et valait à peine une description technique. L'architecture a une autre mission que de chercher à reproduire les pauvretés dont l'habitation entoure l'espèce humaine, et surtout cette partie de l'espèce qui crée la richesse et les splendeurs de ce monde.

Les ouvrages de MM. Burnet et Villermé s'occupent bien de la question du sort des classes ouvrières; mais ils traitent particulièrement de la misère, des souffrances du travail, et de l'état physique et moral des classes laborieuses.

Plus tard, MM. Audiganne, Louis Reybaud, Jules Simon, etc., ont fait une nouvelle lumière sur ces questions, mais en les envisageant encore au même point de vue.

Rien ne reste à dire après les tableaux navrants que ces auteurs ont faits des classes ouvrières; mais quant aux études pratiques, aux moyens d'amélioration positive du sort des ouvriers, aux vrais principes d'économie domestique, ils sont restés dans l'ombre ; aucune étude en architecture, aucun fait sérieux n'ont été tentés en vue d'en aborder le problème, et de chercher une réforme salutaire dans notre régime industriel.

Un sentiment de réserve avait donc été jusque-là gardé en France, à l'égard des habitations ouvrières, fondées dans différents centres miniers et manufacturiers. On ne s'occupait même pas des nombreuses constructions de ce genre que les Compagnies houillères ont fait établir dans le département du Nord, et le motif en était bien simple : l'idée n'était venue à personne qu'on pût voir, dans la pensée de ces constructions, une autre intention que celle de permettre aux propriétaires des mines d'établir, autour de leurs extractions, des logements de mineurs, dans le but d'y attirer les ouvriers.

Il n'y eut pas d'autres motifs dans la construction de ces habitations. Lorsque les villages se trouvaient insuffisants pour la population, ou trop éloignés des travaux, la force des choses indiquait la nécessité de construire des maisons, et de les louer à bas prix, pour avoir sous la main les travailleurs nécessaires.

L'objet de l'entreprise étant la mine, n'était pas celui du perfectionnement de l'habitation. Les gérants des sociétés houillères avaient un autre devoir à remplir : celui de faire rendre à l'entreprise les plus gros dividendes possibles au profit des actionnaires de leurs sociétés.

En conséquence, le plan adopté pour le logement du travailleur était toujours le plus simple possible et le moins coûteux. C'était partout la maison telle que peut la concevoir le premier maçon venu.

Souvent, on ouvrait des puits d'extraction dans des contrées où le travailleur ne pouvait vivre qu'au moyen du campement. Les villages étaient éloignés ou complétement insuffisants pour les populations nouvelles attirées par les travaux ; l'extension de ces travaux était donc subordonnée à la création d'habitations propres à héberger le personnel de la mine.

Un des plus beaux exemples donnés en ce genre fut celui du Grand—Hornu fondé en Belgique vers 1825, par M. Degorge : cet homme d'une rare intelligence, auquel on doit l'impulsion donnée aux charbonnages belges, conçut l'idée d'édifier de toutes pièces et sur un plan d'ensemble ce que, beaucoup plus tard, on désigna sous le nom de cité ouvrière.

Au milieu de la plaine, près du puits de la mine qu'il avait découverte, il traça des places, des rues parallèles tirées au cordeau, le long desquelles il fit élever avec symétrie des habitations à un étage; les rues furent soigneusement pavées, les maisons furent solidement construites.

Le Grand-Hornu réalisa donc dès son origine, par ses habitations et leur bon arrangement, des con-

ditions de salubrité et d'agrément supérieures à
celles des chaumières placées en désordre, le long
des rues boueuses du village antique.

Mais, s'il y a là le fait d'une conception large et
intelligente comparée à ce qui s'est fait plus tard,
autour de beaucoup d'autres charbonnages, où les
Compagnies moins soucieuses du bien-être de l'ouvrier firent construire des habitations avec inintelligence et parcimonie, il n'est pas moins vrai qu'on
remarque tout d'abord au Grand-Hornu ce qui sera
désormais la condamnation de la *Cité Ouvrière*, —
condamnation que renferme ce nom en lui-même,
— c'est-à-dire la séparation de ceux qui créent la
fortune par le travail, de ceux qui en jouissent par
le hasard de la naissance ou de la spéculation.

Le Grand-Hornu en effet, malgré la puissance
d'idée empreinte dans son édification, ne renferme
que des maisons d'ouvriers mineurs ; rien n'y indique
la solidarité de la fortune des propriétaires avec le
travail auquel elle doit son origine ; et pourtant il
semble à voir le Grand-Hornu que si l'existence
industrielle de M. Degorge n'eût pas été brusque-
ment interrompue par sa mort, il eût pu réaliser,
au profit de la classe ouvrière dont il s'était entouré,
autre chose qu'une amélioration dans l'état du logement.

Malgré cela, la Cité du Grand-Hornu, comme
village bien construit, a des conséquences favorables à la population : les relations y sont faciles ;

des sociétés d'amusement s'y maintiennent entre les ouvriers.

Demeurant à proximité de la mine, le mineur se rend sans fatigues inutiles du puits d'extraction à son domicile.

L'école primaire est pour les enfants d'un accès plus facile qu'elle ne l'est généralement au village ; mais abandonnée aujourd'hui à la direction des frères ignorantins, l'éducation ne peut être mentionnée que pour faire voir combien elle est éloignée d'être en rapport avec la conception du fondateur de la Cité : son œuvre est inachevée et sa pensée probablement incomprise, entre les mains de ceux qui ont hérité de sa fortune.

Peu après la fondation de cet établissement remarquable, l'industrie houillère, dans le département du Nord, se trouva dans la même nécessité de fonder des habitations ouvrières.

Des populations entières étaient à l'état de campement sur les lieux de l'extraction de la houille.

La construction de maisons y fut donc là encore une mesure ayant pour but, en réunissant les mineurs près de la fosse, d'assurer plus de régularité et d'économie dans le travail.

Deux pièces au rez-de-chaussée, une échelle de meunier ou un escalier raide et anguleux pour aller au grenier ou à l'étage, voilà ce dont se composent généralement ces logements ; ils sont construits en lignes, accolés par groupes d'une dizaine,

séparés entre eux par des passages, ce qui, en langage flamand, leur a mérité dans la classe ouvrière,
le nom de Corons (c'est-à-dire ligne de maisons).

C'est au milieu des champs que les premiers
groupes de ces maisons furent établis ; elles furent
livrées aux habitudes ordinaires de la population
qui s'y installait, sans qu'aucune pensée de prévoyance, ni d'ordre, concernant l'économie domestique, intervînt pour apporter aucun changement
ni aucune amélioration dans la vie de l'ouvrier.

Rien n'était modifié dans son existence : il quittait
l'habitation qu'il occupait au village pour prendre
une autre habitation équivalente par la sobriété de
ses dispositions, et par son petit jardin tenant à la
demeure, ou situé à quelque distance sur les terres
voisines.

Il n'y avait là rien qui pût attirer l'attention ;
aussi pendant vingt ans ces sortes de constructions
se développèrent, sans que personne supposât
qu'il pût y avoir là un bienfait pour les classes ouvrières ; le temps et l'usage, et peut-être aussi la
parcimonie des propriétaires, firent même prendre
à un certain nombre de ces corons un aspect misérable, qu'une fréquentation moins grande ne donne
pas toujours à l'habitation du pauvre des campagnes.

C'est en établissant les loyers à bas prix que les
Compagnies houillères pouvaient attirer les ouvriers près de la mine ; ce bon marché devint une

habitude, puis une nécessité, parce que le mineur considère le logement à bas prix comme partie intégrante de son salaire.

C'est là un obstacle au progrès de l'habitation, car la science du constructeur consiste, par ce fait, à rechercher les moyens d'édifier le logement aux moindres frais possibles, et non à y réunir les conditions de comfort auxquelles la créature humaine aspire. De sorte que les corons qu'on bâtit aujourd'hui sont ceux qu'on a bâtis hier et qu'on bâtira demain, jusqu'à ce que les rapports du Capital et du Travail soient modifiés, et que les Compagnies se soient élevées à une conception plus large de ce qui est à faire pour les ouvriers.

Il y eut pourtant quelques exceptions : le développement considérable de certaines Compagnies leur permit de mettre moins de parcimonie dans l'administration des logements. La Compagnie d'Anzin, par exemple, qui commençait ses premières habitations vers 1828, possède aujourd'hui plus de 2000 maisons, et elle en augmente le nombre tous les jours, et développe ainsi la ville de Denain.

Les habitations ouvrières y formèrent des rues parallèles et perpendiculaires les unes aux autres : ces constructions ont successivement composé la plus grande partie des agrandissements de la ville, et elles ont fortement contribué à donner à sa population l'importance qu'elle a aujourd'hui.

Denain, vers 1830, n'avait que 1500 habitants;

sa population est actuellement de 12000 âmes environ. Les habitations ouvrières renferment les 2/3 de cette population.

Les causes qui ont donné lieu à la construction de ces habitations dans le Nord, nous l'avons vu, n'étaient étayées d'aucune pensée sociale : ce n'était ni une réforme, ni un progrès qu'on cherchait; on obéissait à un besoin; l'atelier de production y trouvait son compte dès l'origine, mais le régime de la vie de l'ouvrier ne pouvait immédiatement trouver avantage à cette agglomération des habitations.

Chaque famille y apportant les habitudes contractées dans l'isolement, les fumiers, les ordures, les eaux ménagères se multiplient avec le nombre des habitations. Ces agglomérations ouvrières, abandonnées à elles-mêmes, ne peuvent donner que de médiocres résultats domestiques. Pour qu'il en soit autrement, il faut qu'une administration intelligente sache organiser les services d'hygiène, de propreté et de salubrité extérieure que la population est impuissante à prendre à sa charge; il faut encore que cette administration sache prendre les mesures d'économie domestique, concernant les approvisionnements des choses indispensables à la vie, et les dispositions nécessaires à l'éducation et à l'instruction de l'enfance.

Aussi est-ce à partir du moment où les Compagnies songèrent à porter leur attention de ce côté,

qu'on put voir disparaître les inconvénients attachés aux concentrations ouvrières abandonnées à
elles-mêmes, et voir se produire les avantages que
comporte une population agglomérée et bien dirigée.

C'est ainsi que du jour où la Compagnie d'Anzin fonda des institutions d'utilité commune, on
vit s'améliorer l'état physique et moral de la population ouvrière qu'elle occupe.

Le service de salubrité et de propreté de l'abord
des habitations, ainsi que d'autres services publics,
furent pris à la charge de la société, et s'organisèrent
avec des gardes de ville ; une bonne surveillance
fut établie dans l'intérêt des familles.

Des écoles, des salles d'asile furent ouvertes et
assidûment fréquentées par les enfants, et des cours
de dessin formèrent des élèves remarquables. Dès
lors, les Corons devinrent dignes d'attention.

Car le niveau intellectuel et moral, comme l'aisance et le bien-être des populations ouvrières,
s'élève en raison de la part faite aux institutions
d'intérêt public, sur les bénéfices de la production.

Les Corons devinrent donc à Denain des habitations profitables aux ouvriers et à leurs familles ;
quand, sur d'autres points, des agglomérations
semblables avaient un aspect misérable, dont souf-
fraient les classes ouvrières par suite de l'indifférence et de l'incurie auxquelles les habitations étaient
abandonnées.

I V

LES CITÉS DE MULHOUSE

Une expérience pratique de trente années, sur les petites maisons d'ouvriers, devait être suffisante pour juger la portée sociale de la Cité Ouvrière. Il y avait quelque chose à tenter dans une autre voie; mais les faits ne suffisent pas toujours quand la puissance des intérêts commande et que la science fait défaut.

En présence de l'échec éprouvé dans la fondation des Cités Ouvrières tentées à Paris, il ne restait plus, pour la popularité du patronage, qu'à chercher le succès dans une autre voie.

Les centres industriels de l'Est en offraient l'occasion. Les petites maisons isolées furent, en conséquence, signalées à l'attention publique, comme une nouveauté considérable.

Des hommes animés du désir de réaliser quelque amélioration dans l'existence de l'ouvrier prirent l'initiative, et se signalèrent à Mulhouse, à Guebviller et à Colmar.

Les cités de Mulhouse surtout furent mises en évidence par une subvention de 300,000 francs accordés par le chef de l'État. Mais en s'occupant du logement des classes ouvrières, songeait-on à une innovation architecturale, propre à introduire dans l'économie domestique des conditions capables de transformer l'existence de l'ouvrier?

L'habitation allait-elle être autre chose, pour la famille, que deux ou trois pièces, étrangères à tout ce qui fait le comfort de la vie, éloignées de tout ce qui en fait le charme et l'agrément?

Allait-on, au contraire, réunir dans une conception nouvelle de l'habitation les conditions d'hygiène et de salubrité, et les moyens de rendre accessibles à tous, également, les commodités de la vie?

Allait-on réunir, au profit du logement, les bienfaits qui peuvent ressortir de l'application des découvertes que la science et le travail ont rendues applicables au bien-être de l'homme?

Allait-on, par un ensemble des édifices, par une concentration bien comprise de toutes les choses d'un usage public et général, mettre chaque habitation dans des conditions égales pour en jouir?

Allait-on réaliser un progrès en architecture, capable de donner en permanence à la classe ouvrière, des moyens communs de jouissance et de satisfaction, que la fortune seule peut réunir?

Pour cela, il fallait sortir des errements de la routine; il fallait, par un nouvel effort, rattacher le travail à la fabrique; il fallait innover; il fallait rompre avec les liens de l'habitude qui nous attache si puissamment au passé, et concevoir d'autres

habitations que celles édifiées dans la plus complète ignorance des véritables conditions architecturales, réclamées par le progrès social.

Mais le problème n'était pas aussi largement
posé, quoiqu'on donnât alors à ces habitations
l'importance d'une question sociale.

On lit en effet dans les rapports faits à la société
industrielle de Mulhouse sur les études de ce projet :

« Ce qui nous a particulièrement guidés dans
« le choix du plan que nous vous soumettons au-
« jourd'hui, c'est le désir que vous partagerez avec
« nous, d'améliorer d'une façon notable la con-
« dition des ouvriers de la ville et de la campagne ;
« car le genre d'habitations que nous proposons ne
« conviendrait pas moins aux uns qu'aux autres.
« Si dans les campagnes, en effet, les logements
« ont déjà l'avantage d'être isolés, on sait d'autre
« part qu'ils pèchent parfois par une mauvaise dis-
« tribution, et trop souvent par le défaut de pro-
« preté, de lumière et d'air salubre.

« La commodité, la propreté d'un logement in-
« fluent plus qu'on ne le supposerait d'abord peut-
« être, sur la moralité et le bien-être d'une famille.
« Celui qui ne trouve en rentrant chez lui qu'un
« misérable taudis, sale, en désordre, où il ne res-
« pire qu'un air nauséabond et malsain, ne saurait
« s'y plaire, et le fuit pour passer au cabaret une
« grande partie du temps dont il dispose. Ainsi son

« intérieur lui devient presque étranger, et il con-
« tracte bientôt de funestes habitudes de dépenses
« dont les siens ne se ressentent que trop, et qui
« aboutissent presque toujours à la misère. Si au
« contraire nous pouvons offrir à ces mêmes
« hommes des habitations propres et riantes ; si
« nous donnons à chacun un petit jardin, où il
« trouvera une occupation agréable et utile ; où,
« dans l'attente de sa modeste récolte, il saura
« apprécier à sa juste valeur cet instinct de la
« propriété que la Providence a mis en nous,
« n'aurons-nous pas résolu d'une manière satisfai-
« sante un des problèmes les plus importants de
« l'économie sociale? n'aurons-nous pas contribué
« à resserrer les liens sacrés de la famille, et rendu
« un véritable service à la classe intéressante de
« nos ouvriers, et à la société elle-même? »

Cet extrait d'un rapport sur les études faites à
propos du projet de construction des habitations
ouvrières de Mulhouse, indique des intentions plus
larges que le plan proposé ne le comporte.

Il est, en effet, difficile de concevoir comment une
habitation ayant 6 mètres de largeur sur 5 mètres
25 de profondeur, espace dans lequel doit être
compris l'escalier pour la cave et pour l'étage,
puisse être présentée comme modèle à l'usage de
la ville et de la campagne; un tel logement peut
tout au plus être offert comme étant à la convenance d'une famille limitée dans son personnel,

mais il ne peut même convenir à toutes les familles ouvrières.

Deux jeunes époux sont plus à leur aise dans une seule pièce que ne le serait une famille de six personnes dans ces habitations étroites; à plus forte raison ces habitations sont-elles insuffisantes pour des familles plus nombreuses.

L'habitation modèle doit se prêter à toutes les dimensions nécessaires au développement de la famille, et ne rien lui donner d'inutile.

Peut-on concevoir davantage qu'un jardin de 12 mètres de largeur, passage de l'habitation compris, sur une moyenne de 12 mètres de profondeur, situé sur la rue, bordé d'une simple palissade, et en vue de tous les passants, soit un réel complément de bonheur attaché à une telle habitation?

Nous venons de voir l'influence que peuvent exercer les habitations d'ouvriers en étudiant celles des houillères du Nord et du Grand-Hornu ; leur plan ne le cède en rien à celui des habitations de Mulhouse, au contraire ; la plupart sont certainement bien supérieures en commodité et en salubrité.

A Mulhouse, tout en préconisant le système de l'habitation isolée, on a fait le plus grave compromis qu'il soit possible de faire avec la communauté des rapports et la dépendance de la chose d'autrui.

Ce n'est pas en effet la maison indépendante qu'on a édifiée, mais au contraire l'habitation assujettie aux convenances du voisin : quatre maisons n'en

formant qu'une seule, et toutes les quatre ne pouvant prendre d'air et de lumière que sur la façade
et le pignon.

. On a multiplié les escaliers ; chaque logement a
le sien pour monter à l'étage ou au grenier, mais
en revanche, la moitié des murs sont communs et
la ventilation est interdite de ces côtés.

Un assez grand nombre des habitations du Nord
et celles du Grand-Hornu ont, sur les maisons de
Mulhouse, l'avantage de disposer de l'espace compris
devant et derrière le logement ; elles sont à double
chambre au rez-de-chaussée et au premier : les
unes ayant jour sur la rue, les autres sur le jardin
qui est derrière. Cette disposition permet d'avoir la
lumière des deux côtés de l'horizon, et de ventiler
les appartements aussi largement que possible :
avantages que n'offrent pas les habitations de
Mulhouse.

Pourtant, trente années d'existence n'ont pu faire
que le Grand-Hornu et les Corons du Nord servissent
de modèle pour une autre destination que celle des
besoins de l'industrie.

Il ne faut pas se bercer d'illusions plus longtemps
sur le mérite des maisons d'ouvriers ; ce n'est pas
sur elles que repose le légitime honneur qui appartient aux fondateurs des cités de Mulhouse, et de
celles des autres centres industriels.

En fondant des Cités Ouvrières, on obéissait à la
force des circonstances, à Mulhouse comme ail-

leurs. Le logement était devenu rare dans les centres où l'industrie avait pris des proportions qui dépassaient la vigilance des spéculateurs sur le loyer ; il y avait donc urgence à s'occuper de la question des logements d'ouvriers. Mais ce n'était pas une œuvre d'architecture nouvelle qu'on concevait, c'était la maison à bon marché, c'était le logement dans toute sa sobriété; ce qui le distingue, c'est qu'il constitue le quartier à part de la pauvreté, aligné sur des rues tirées au cordeau.

Une différence assez notable existe entre la manière dont les Compagnies houillères du Nord et les Manufactures de l'Est appellent les familles ouvrières à faire usage des habitations qu'elles ont construites à leur intention. Dans le Nord, on loue à un prix réduit, et jamais les Compagnies ne vendent leurs maisons; elles restent ainsi maîtresses des modifications qu'elles jugent à propos d'y introduire.

Plusieurs motifs ont engagé la société mulhousienne à entrer dans une autre voie. Elle a jugé à propos d'appeler les ouvriers à la propriété en leur vendant les maisons qu'elle faisait construire; elle attachait ainsi au pays les ouvriers acquéreurs, et avec le capital de la vente, elle pouvait construire des maisons nouvelles, sans augmenter le capital social.

On a eu le tort de présenter cette idée de faire de l'ouvrier un propriétaire, comme une véritable panacée sociale, et comme un puissant moyen de moralisation.

Ne s'est-on pas exagéré la portée de cette mesure, et ne deviendra-t-elle pas un jour l'objet de graves difficultés par suite des conditions attachées à la vente?

C'est ce que l'avenir révélera. En attendant, la société a compris qu'elle ne pouvait faire des ouvriers acquéreurs que des demi-propriétaires, ou qu'elle devait courir les risques de voir promptement la Cité se modifier, et transformer les habitations modèles de toutes sortes de manières.

Pour éviter ce dernier inconvénient, il est imposé par le contrat de vente à l'acheteur de la maison : de conserver toujours l'immeuble dans le même état;

De tenir le jardin en bon état de culture et de n'y élever aucune construction nouvelle;

De ne pouvoir revendre ni sous-louer pendant dix ans, etc.

Ce sont là, certainement, des restrictions bien gênantes pour un propriétaire, et qui affaiblissent bien fortement les idées romantiques qu'on peut se faire sur la propriété d'une petite maison.

Si le droit de propriété a été bien défini lorsqu'on a dit de lui qu'il est le droit d'user et d'abuser, il faut convenir que les ouvriers acquéreurs des maisons de la société mulhousienne ne seraient guère propriétaires; et pourtant il fallait qu'il en fût ainsi

pour ne pas voir immédiatement renverser l'ordre
et l'arrangement de la Cité.

Si l'ouvrier était librement propriétaire, on verrait de suite s'élever à côté de plus d'une habitation
des loges à porcs, à lapins, des fumiers remplacer
le jardinet pour servir à fumer les jardins loués
hors ville ; la spéculation s'introduirait au sein de
la Cité, et parmi les propriétaires il y en aurait qui,
convertissant l'habitation actuelle en remise, voudraient bâtir façade à rue pour établir des magasins de vente, des estaminets, etc.

Ce sont là des inconvénients inhérents à l'isolement, au morcellement auxquels il sera bien difficile
de toujours se soustraire ; il sera bien difficile de
faire toujours que le véritable propriétaire ne puisse
disposer de son bien, et alors la symétrie des constructions actuelles sera gravement compromise ; la
ville ouvrière aura l'aspect de la plus grande confusion.

L'idée d'attacher l'ouvrier à la propriété immobilière, comme l'a fait la société mulhousienne, a
donc ses écueils.

Chercher à inspirer à l'ouvrier le goût de l'économie en l'attachant comme propriétaire, est certainement une intention louable ; mais cette idée
n'atteint que bien imparfaitement son but, par rapport à la masse ouvrière, parce qu'elle ne s'adresse
qu'à un petit nombre. Elle n'est bonne, en effet, que
pour celui à qui les économies sont possibles. Les

ouvriers chargés de famille qui gagnent à peine pour vivre, sont privés de cet avantage, et ce sont ceux-là pourtant qui forment le grand nombre, et pour lesquels les moyens moralisateurs sont les plus nécessaires.

Admettant pour un instant qu'au milieu des mobiles si multiples auxquels la nature de l'homme obéit, l'instinct de la propriété ait le mérite suprême de guider l'individu dans la voie du devoir et du bien, nous dirons que cet instinct est inefficace pour celui qui est dans l'impossibilité d'acquérir une propriété ; que, par conséquent, au point de vue de l'amélioration véritable du sort de l'ouvrier, et du bien-être de la famille, l'expédient des petites maisons, propriétés individuelles, manque son but : car c'est à la famille à laquelle le logement est le plus difficilement accessible par la voie des économies, qu'il est le plus urgent d'en assurer la jouissance et le bienfait.

Mais n'est-il pas des exemples assez nombreux que la propriété ne suffit pas pour rendre l'homme moral et digne? Combien n'est-il pas d'individus qui dissipent celle qu'ils possèdent, ou font un mauvais usage de celle qu'ils ont acquise ? Combien d'hommes chez lesquels l'instinct de la propriété constitue un sentiment aveugle, auquel ils sacrifient toutes les vertus sociales? La propriété n'est donc ni un talisman contre le désordre, ni un gage de vertu privée; l'amour de la matière est, hélas ! trop invétéré chez l'homme : mieux vaut l'appeler à l'amour de ses semblables.

Que ceux-là qui ont la fortune, et de l'or dans leurs coffres, songent à en accroître la masse par des économies nouvelles, cela se conçoit, surtout parce que cela se fait souvent sans peine pour eux : l'homme désire toujours plus qu'il n'a ; que ceux-là pensent que l'économie puisse devenir la passion de l'ouvrier, cela se conçoit encore, puisque cette passion est celle qu'ils éprouvent : on suppose facilement chez les autres la passion qu'on a soi-même.

Qu'on ait eu l'idée de donner pour objectif à cet instinct d'économie une jolie petite maison, on conçoit que l'idée trouve des partisans. Combien de personnes n'ambitionnent pas davantage ! Une petite maison tout élégante et proprette, un petit jardin tout coquet : c'est là l'idéal de ceux qui n'ont que des maisons sales et mal bâties, quoique possédant le nécessaire et des économies.

Mais pour ceux qui ont à peine l'indispensable, les désirs changent de nature, les besoins du corps commandent ; et ceux-là qui ont à peine le pain du jour, ne songent qu'à s'assurer le pain du lendemain. Ne leur parlez pas de faire des économies : mais offrez-leur le moyen de vivre et de vivre dignement du fruit de leur travail. Ne demandez pas à ces déshérités de la fortune de créer encore le capital nécessaire à leur soulagement : ce capital existe, le travail l'a déjà produit cent fois, appliquez-le avec intelligence et conformément aux Lois de la Vie.

Aussi, est-ce bien moins par la consistance de l'œuvre des habitations ouvrières que les fondateurs des cités de Mulhouse méritent attention, que par les institutions dont ils les ont accompagnées, en vue de contribuer au développement physique, industrieux, intellectuel et moral de la population.

Les cours professionnels, les écoles, les asiles, les crèches, d'un facile accès à toutes les familles ; les lavoirs, les buanderies, les bains, les piscines, l'hygiène, la propreté des trottoirs et des rues, la suppression des parasites, etc..., la fondation de cuisines alimentaires, de restaurants, de magasins et débits d'approvisionnements, mettant tout ce qui est nécessaire à la vie à l'abri de la fraude commerciale : voilà les véritables tendances vers l'Association des forces dans le bien, qui honorent les expériences faites à Mulhouse, et dans les autres centres industriels, où l'agglomération de la population ouvrière a permis ces sortes d'institutions.

Mais, sans ces institutions, les Cités de l'Est n'auraient présenté aucun intérêt; elles n'auraient pu être remarquées que par la parcimonie apportée dans l'architecture de l'habitation.

On peut donc organiser une protection plus efficace de la vie humaine, et tout reste à faire, après ces exemples, pour l'émancipation des classes laborieuses et la réforme architecturale de l'habitation humaine.

DEUXIÈME PARTIE

CHAPITRE ONZIÈME

LA MORALE PUBLIQUE

I

LE GÉNIE DU MAL

La tourmente survenue au milieu des idées nouvelles n'avait pas permis de former le moindre embryon d'un enseignement profitable à la reconnaissance des droits du travail, et avait jeté dans une prostration complète les facultés sociales de la France.

L'énervement politique du pays exerçait une influence considérable sur les esprits : pour les uns, les idées de Progrès Social n'apparaissaient plus que comme un rêve, et les réalités les plus tristes semblaient seules raisonnables à leurs yeux ; pour les autres, il devenait plus que jamais évident que malgré les vérités nouvelles dont le monde était mis en possession, rien ne servait comme principe supérieur, comme loi morale souveraine, pour guider les esprits.

Le gouvernail faisait défaut aux idées sociales, comme aux idées morales, comme aux idées politiques.

Le sentiment humanitaire qui avait, pendant un quart de siècle, revêtu tant de formes dans l'esprit des novateurs et de leurs disciples, était profondément éclipsé.

Ces formules :

« A chacun suivant sa Capacité,

« A chaque Capacité suivant ses Œuvres,

« A chacun suivant ses Besoins,

« Tous pour Chacun, Chacun pour Tous, »

étaient écartées des préoccupations générales.

On ne se disait même plus « que les institutions sociales doivent avoir pour but d'assurer le bien-être des classes les plus nombreuses; » à plus forte raison perdait-on de vue les problèmes de l'Organisation du Travail et de son Association avec le Capital.

L'étude et la recherche des principes fondamentaux de l'Ordre Social et de l'Ordre Moral se voilaient au plus grand nombre; il ne s'agissait plus de trouver le remède aux abus et aux erreurs de ce monde; il s'agissait de conserver au peuple la patience de la Pauvreté!

Telle était la voie dans laquelle conduisait, sinon le calcul, du moins l'état des choses.

Le Travail continuait à créer la Richesse, et le travailleur restait privé des avantages et des biens que la richesse procure.

Le Travail continuait à produire tout ce qui contribue à rendre la vie agréable, et la vie du travailleur restait entourée de dégoûts.

Le Travail continuait sa tâche de fatigue et de peine, et le travailleur ne pouvait jouir des douceurs nécessaires au repos.

Le Travail augmentait de plus en plus ses forces productives en les concentrant, et le travailleur était isolé au contact de la misère.

Le Travail créait les édifices grandioses des Fabriques et les merveilles de l'Usine, mais l'habitation du travailleur restait dans les conditions élémentaires des premiers âges : ce n'était, et ce n'est encore, qu'un réduit privé de tout ce que l'Art, l'Architecture et la Science ont imaginé pour rendre l'habitation agréable, et, souvent, ce logement suffit à peine pour y entasser la famille.

Le Travail, enfin, plus que jamais, faisait appel au concours de la Science, et l'éducation comme l'instruction du peuple restaient placées au dernier rang de nos institutions publiques.

Les tentatives privées, faites sur quelques points pour améliorer l'enseignement, faisaient ressortir davantage combien l'instruction, en général, était entourée de difficultés, propres à faire peser sur les populations l'ignorance la plus profonde.

Malgré cela, toutes les illusions des hommes aux aspirations généreuses n'avaient pu disparaître.

En voyant les peuples se donner rendez-vous dans ces grandes Expositions Universelles pour la lutte pacifique du Travail; en voyant grandir dans des proportions considérables les relations internationales de tous les peuples; en voyant se confondre Français, Anglais, Allemands, Italiens, Espagnols, Russes, dans les gares de chemins de fer, dans les hôtels, dans les restaurants, aux mêmes tables; en voyant ce commun échange de la vie des peuples, la Paix entre les Nations semblait être un fait accompli.

Les amis du Progrès, de la Paix et de la Liberté pouvaient croire que, si la Fraternité Sociale n'avait pas trouvé son essor, le progrès de l'industrie et du commerce était au moins le grand pacificateur qui accomplirait, par lui-même, la Fraternité des Peuples et des Nations.

Ils pouvaient croire que toutes les voies de progrès restant ouvertes à l'Industrie, elle allait développer sans obstacle le bien-être général par le Travail, et assurer le progrès de l'esprit du peuple par la Science mise à la portée de Tous.

Mais c'était oublier que deux forces se disputent le gouvernement du monde :

Le Despotisme d'un côté,

La Liberté de l'autre :

Le Despotisme se soutient par l'asservissement de la pensée humaine et par la Guerre ;

La Liberté conquiert le monde par l'élévation des intelligences et par le Travail.

Et tant que la Liberté n'aura pas vaincu le Despotisme, la Guerre anéantira les bienfaits du Travail, et sera la ruine et le malheur des peuples.

Or, le despotisme est encore tout-puissant sur la terre, parce que l'ignorance des peuples y est grande.

La logique du despotisme, c'est d'assujettir l'homme de travail à la peine, pour lui faire supporter, avec une plus facile résignation, les fatigues de la guerre; c'est de le maintenir dans l'ignorance du juste, afin de le rendre plus propre aux horreurs du plus grand des forfaits et des crimes que la raison humaine puisse concevoir : — le Crime de la Guerre.

Voilà pourquoi l'Instruction du Peuple a toujours été l'objet de l'aversion du Despotisme, même au milieu d'une Civilisation qui attend toutes ses conquêtes des efforts du Travail sur la Matière.

L'Instruction du Peuple est contraire aux gouvernements qui ont la Force pour Principe, et qui considèrent la masse humaine comme une chose dont ils peuvent disposer à leur gré.

L'Instruction du peuple serait le signal de sa souveraineté, et les peuples instruits et souverains, s'inspirant des intérêts du Travail et de la prospérité des Nations, banniraient le Despotisme et l'Esprit de Guerre, pour faire place à la Liberté et à la Paix, par la Fédération des Peuples.

Mais il faut pour cela découvrir la Loi Morale qui condamne le Despotisme et la Guerre ; il faut que cette loi montre à tous les yeux les maux exécrables dont la guerre et le despotisme sont cause, au point d'en faire reculer d'horreur les despotes eux-mêmes !

II

LA GUERRE

Nous étions alors en 1854 : l'horizon de la paix s'assombrissait sur la Crimée, et bientôt l'Europe put comprendre que l'Esprit de Guerre couvait encore dans son sein des malheurs futurs pour les Nations.

Je ne sais sous quel empire des lointains frémissements du carnage et du sang versé, je vis se dresser devant moi l'Esprit de Guerre comme étant le spectre hideux duquel est sorti le Mal dans l'Humanité.

Je vis la Guerre, génie de la destruction, luttant contre le Travail, génie de la production.

Je vis la Guerre, génie de la mort, luttant contre le Travail, génie de la vie.

Je vis la Guerre ruinant le Travail et dressant des

obstacles à la Liberté des Nations : le passé de l'humanité se présentait devant moi, déroulant les horreurs de ce long martyre du Travail sous le joug de la Force et de l'Ignorance.

Et la Guerre, avec toutes ses terribles conséquences, se présentait à moi, et j'embrassais tous les détails de son effroyable histoire.

Car la Guerre, c'est l'histoire de l'Impunité de tous les Crimes ;

C'est l'histoire de toutes les Monstruosités dont l'Homme est capable ;

C'est le côté bestial de tous ses mauvais instincts surexcités !

La Guerre, c'est l'histoire du vol et du pillage autorisés sur terre et sur mer ;

C'est la gloire des meurtriers, des corsaires et des forbans ;

C'est la course aux navires, le vol des marchandises, le coulage bas des vaisseaux ;

C'est l'anéantissement du Commerce et des Échanges ;

La Guerre, c'est l'état de siége ; c'est la suspension des lois ; c'est la force imposant des rançons, des réquisitions forcées, et toutes les vexations imaginables ;

La Guerre, c'est la dévastation et la ruine des Nations ;

C'est le vol, le pillage et l'incendie des villages et des villes ;

C'est l'histoire du sacrifice des innocents, des femmes violées, des enfants torturés, des populations entières passées au fil de l'épée et taillées en pièces;

La Guerre, c'est l'histoire de tous les meurtres horribles, de toutes les violences inouïes;

C'est l'histoire de tous les excès du Mal dont la terre est couverte, c'est la Perversité du Sens Commun à sa plus haute puissance;

C'est la négation violente de tous les Droits de l'Homme, c'est le bouleversement des Sociétés et l'anéantissement de toutes les Conquêtes du Progrès!

Aussi la Guerre est-elle le fléau avec lequel les Sociétés roulent de ruines en ruines, en entretenant sur la terre la source de tous les égarements subversifs dans lesquels l'homme est entraîné;

C'est l'affaissement des Principes de toute Morale et de toute Religion, non-seulement des religions qui s'abaissent jusqu'à bénir les instruments du carnage, et jusqu'à chanter des actions de Grâces après l'enterrement des cadavres, mais c'est aussi la plus grande violation de la Religion Vivante de l'Humanité!

La Guerre, c'est la souillure de toutes les mœurs, le renversement de toutes les notions du Juste et du Vrai, des Droits du Travail et de la Propriété;

La Guerre, c'est le Crime de Lèse-Humanité qu'il faut effacer du monde, c'est le Cancer qu'il faut extirper des Nations!

La Guerre ne peut jamais avoir une juste origine; la guerre défensive même est provoquée par l'agression despotique d'un voisin, par la violation de droits acquis, ou par celle de droits naturels méconnus. C'est la conflagration du Mal, par l'agression du Mal, provoquant le Mal.

La Guerre n'a lieu que parce que la notion de Morale Universelle est incomprise du Monde.

L'Horrible Violation de la Vie Humaine par la Guerre suffit, à elle seule, pour démontrer que les principes de morale supérieure qui doivent guider les hommes chargés du gouvernement des sociétés, font complétement défaut.

La Morale existe-t-elle seulement pour conseiller, à ceux qui possèdent, de faire l'aumône à ceux qui ont faim; et pour recommander, à ceux qui n'ont rien, le respect du champ du voisin?

La Morale existe-t-elle seulement pour défendre la violence et l'homicide aux individus?

La Morale n'existe-t-elle pas aussi pour les Droits Sacrés du Travail devant la Richesse?

La Morale n'existe-t-elle pas aussi pour l'Inviolabilité de la Vie Humaine devant les Rois?

C'est un Crime d'attenter à la vie d'un homme, et de le dépouiller de tout ce qu'il possède; mais, ô! tristesse de l'humanité! ce qui est un forfait pour l'Individu dans la Société, n'en est-il plus un pour les Rois, lorsqu'ils contraignent les Peuples à s'entre-tuer par centaines de mille hommes pour satisfaire l'iniquité de leur orgueil et de leur ambition !

Quoi ! tant de femmes délaissées, de mères éplorées, d'enfants sans pain et sans ressources ! tant de familles dans la misère, tant de malheurs enfin, pourraient être le fait de la volonté des hommes, sans avoir pour origine un Crime Exécrable !

Quoi ! ces champs ravagés, ces villages détruits, ces villes démantelées, l'industrie ruinée, le travail suspendu, la richesse des nations dispersée, ne provoqueraient pas un jour contre ceux qui en sont cause, l'Anathème des Nations ?

Quoi ! tout ce sang versé, tous ces membres brisés, toutes ces existences humaines qui s'élèvent vers le ciel, dans les vapeurs du sang, du carnage et de la mort, n'attireraient pas sur le Despotisme et la Guerre l'Exécration et la Malédiction des Peuples, comme la Malédiction et l'Exécration de la Justice Éternelle !

Que faudrait-il donc estimer la Morale et les Lois Humaines, si tous les maux que la Guerre fait peser sur les peuples ne valaient à leurs auteurs la plus terrible des expiations que l'existence de l'âme humaine ait à subir ?

Le Créateur a suffisamment marqué son anathème sur la Guerre, par tous les maux qui en jaillissent sur les Peuples et les Nations.

Mais pour les fauteurs de Guerres, pour les fauteurs de ces crimes de Lèse-Humanité, l'Expiation est subordonnée à la Loi Morale Vivante, et c'est au pilori de la Justice Divine qu'ils subissent la Dégradation qui leur est réservée dans la Vie. Car ceux-là se trompent, qui pensent que toutes les actions humaines ne trouvent pas leur équilibre devant la Justice Eternelle. Rien du Vrai Bien que l'homme sait accomplir ne sera sans récompense ; mais rien du Mal fait à l'Humanité ne sera sans expiation ! Chacun dans la Vie s'élève en raison du Bien qu'il a fait, ou descend proportionnellement au Mal dont il a chargé son existence.

C'est cette Loi Morale qu'il faut apprendre au Despotisme comme à l'Humanité entière.

III

NÉCESSITÉ D'UN PRINCIPE

Tant que le principe de la Véritable Morale est ignoré des hommes, les Sociétés subissent les conséquences de leur Résistance à la Loi Naturelle qui leur est propre.

En vénérant le Mal, elles en vénèrent la source, et donnent par cela même, à tous les despotismes et à toutes les tyrannies, l'appui qui leur est nécessaire pour maintenir les peuples dans les voies de l'Erreur.

Tant que les Sociétés humaines honorent la Guerre, la Morale n'a pas de base ; car une Morale qui honore le Mal, c'est la perversion du Sens Commun, c'est la perversion de la Conscience Humaine.

La Morale est Une : elle ne peut avoir que le Bien pour objet.

La Véritable Morale ne peut exister qu'à l'aide d'un principe éternel, invariable ; qu'à l'aide d'une cause commune à tous les hommes, non-seulement accessible à la raison, mais dont le but soit sensible, palpable, et incontestable pour tous.

Ce principe et cette cause de la morale doivent assigner un but à tous les faits, et permettre d'apprécier les actions humaines de manière à les justifier ou à les condamner.

Si ce principe n'existait pas, le Bien et le Mal ne seraient que chimères ;

Les plus mâles vertus seraient à l'égal des plus grands forfaits :

La Tyrannie vaudrait la Liberté ;

Le Despotisme serait aussi légitime que la Volonté du Peuple ;

La Liberté n'aurait pas plus de raison d'être que la Servitude ;

La Force serait aussi légitime que la Raison ;

La Paix, l'Union, et la Fraternité entre les peuples, ne seraient pas plus justes que le Carnage et la Guerre fomentés par l'ambition des despotes ;

Le Législateur serait, pour toujours, condamné à onder la Loi Humaine sur l'Arbitraire ;

Le Fait serait le Droit ;

L'Art de capter l'Opinion serait le Devoir ;

Et le Pouvoir de la Force serait la Justice !

Il n'en est pas ainsi : le *Bien et le Mal ne sont pas même chose*.

Aussi la Nature nous inspire-t-elle le sentiment d'un principe placé au-dessus de notre faiblesse et duquel relèvent tous les actes de la créature humaine. C'est pourquoi l'homme a toujours cherché, dans une cause supérieure à lui, une loi commune, une règle suprême, du Droit, du Devoir et de la Justice.

Les Religions ont présenté Dieu aux hommes comme étant ce principe et cette cause, mais aucune d'elles n'a dévoilé le lien qui unit l'homme à Dieu, ou à la Loi Morale qui dérive du principe de tout ce qui est.

Aussi toutes les erreurs et tous les égarements imaginables se sont produits au nom de la Divinité ; les doctrines les plus diverses ont été professées, et l'idée de Dieu n'a été qu'un moyen de tracer aux hommes des règles arbitraires, presque toujours en désaccord avec la vérité du Droit, du Devoir, et de la Justice dans l'Humanité.

La loi à découvrir, c'est donc la grande Loi du Droit, du Devoir et de la Justice, à laquelle tous les hommes doivent se soumettre, et à laquelle les plus puissants doivent être les premiers à obéir !

La Morale à faire, c'est la Morale Universelle, la

morale des grands comme des petits ; c'est la Morale de l'Humanité, celle qui doit relier les hommes et non les désunir ; qui doit protéger les faibles et non les sacrifier ; qui doit inspirer aux puissants l'amour de la conservation des hommes, et non le désir de les détruire.

J'avais cherché en vain le principe de cette Morale dans toutes les Philosophies, et dans toutes les Religions ; je l'avais plus vainement encore demandé aux Lois Humaines ; partout je n'avais trouvé que le néant en face des Grands Crimes de la terre.

En présence de cet état d'incertitude de l'Esprit Humain, en voyant mon pays que j'aime, — au milieu de l'Humanité que j'aime, — ignorant de la Loi Morale, je remontai à la Sphère des Principes ; je me demandai s'il n'existait pas un Critère naturel, invariable, certain, du Droit, du Devoir, et de la Justice ; Critère que toutes les doctrines philosophiques n'ont pu jusqu'ici découvrir, pas plus que ne l'ont fait les doctrines religieuses ; et, reconnaissant que la véritable Loi Morale n'était pas connue des hommes, j'en invoquai la formule avant de céder aux inspirations dont mon passé avait été souvent traversé.

Je ne cherchai plus seulement quelle était la Destinée de l'Homme, mais aussi quelle était sa Loi, quel était le But de sa Création.

CHAPITRE DOUZIÈME

L'HUMANITÉ ET SA LOI

Des hauteurs où je m'étais placé, dans ma recherche de la Loi Morale, mon regard embrassait le Monde : je voyais les habitations humaines groupées à la surface de la terre, le plus souvent au sein des vallées, sur le bord des fleuves, des rivières ou des ruisseaux ; et, jetant un regard sur les âges, je voyais à travers les siècles, les mêmes chaumières détruites par l'action du temps, et se renouvelant par la main de l'homme, et je voyais l'homme naître, croître, et mourir sur les mêmes lieux.

Pourquoi? et dans quel but?

Si loin que mon regard put pénétrer, l'Humanité se livrait à cette perpétuelle activité. En descendant les âges, l'Humanité travaille, travaille toujours ; elle semble prédestinée au Travail : l'activité lui est nécessaire, le travail lui est indispensable, et pourtant le travailleur souffre, et le Travail est asservi, méprisé, avili, par ceux-là mêmes qui jouissent de ses bienfaits !

Et je me demandais s'il n'y avait pas là le plus grand oubli que l'Homme pût faire des Lois de la Nature et de sa Propre Loi ?

Je voyais les Despotes et les Tyrans, dans leur ignorance et leur méchanceté, arracher les hommes au travail bienfaisant et les conduire à tous les égarements des luttes de la Guerre. Je voyais les produits du Travail anéantis, les villes et les villages saccagés, les peuples réduits aux seules ressources d'une terre inculte, se traînant malheureux, asservis, dans la Pauvreté et la Misère !

Et les Peuples, à travers les âges, recommençant toujours avec la même ardeur, à réparer leurs pertes, à se relever par le Travail, et, par le Travail seul, recouvrant le Bien Perdu !

Et je me demandais encore : le Travail n'est-il pas la Loi dans laquelle l'Homme doit trouver sa Règle Suprême ?

Le Travail ne renferme-t-il pas la base de la Justice dans l'Humanité ?

Et aux questions qui se succédaient dans mon esprit sur le Travail et le but de l'activité humaine, une Voix Intérieure me dit :

Écoute !

Le Travail est saint, trois fois saint; par lui l'Homme et l'Humanité s'élèvent vers la pratique de la Justice, car le Travail c'est la production des choses nécessaires à la Vie, dont l'homme doit réaliser la Consommation Equitable et la Juste Répartition.

Le Travail étant le principe de la Production, de la Consommation et de la Répartition, il est l'une des Faces de la Loi, mais il n'est pas toute la Loi.

Le Travail a mille sentiers dans lesquels l'Homme peut s'égarer longtemps, s'il n'est guidé par la lumière de la Loi Souveraine de l'Humanité.

Et je demandai à cette Voix de la Pensée qui influençait mon âme :

Quelle est cette Loi Souveraine?

Et la Voix me répondit :

Cette loi, c'est la VIE !

Je tombai dans une longue et profonde méditation, pendant laquelle mon âme était dévorée du désir de comprendre.

Puis la Voix ajouta :

La Vie est la Loi des Lois,

La Loi Supérieure de l'Univers, de l'Humanité et de toutes les Créatures.

La Vie Humaine est un appoint donné par l'Être à la Vie Universelle.

L'Homme accomplit-il donc sa loi, me dis-je, s'il ne fait que vivre ; mais alors quelle est sa Loi Morale? qu'est-ce que la Vie? quelle est sa source? quel est son principe?

La Voix de la Pensée me répondit :

L'Homme ne peut vivre sans Activité ; l'Activité

c'est le Travail ; le Travail c'est la Production, la
Consommation, la Répartition : c'est l'aliment de la
Vie. L'homme accomplit sa loi quand il fait tout ce
qu'il peut pour le plus grand bien de la Vie, car
alors c'est qu'il a employé toutes ses forces au
profit de ses semblables et de lui-même.

II

L'INFINI

Un nouveau silence se fit dans mon âme, je sentis
mon cœur et mon esprit s'ouvrir à une lumière nouvelle, et tout mon être s'identifier à l'infini.

Puis la Voix de la Pensée continua ainsi :

Il ne te suffit pas de connaître la Loi de l'Homme :
tu désires t'élever à son Principe, tu veux remonter au principe de la Vie même ; mais l'humanité a
surtout besoin d'apprendre l'objet de sa mission
sur la terre, c'est là le côté de sa destinée le plus
pressant et le plus utile à lui faire connaître.

La connaissance de l'Infini est au-dessus des
forces humaines, elles ne peuvent en embrasser
qu'une notion incomplète, et les langues humaines
sont encore plus impuissantes à en rendre l'idée,
que l'intelligence de quelques hommes ne l'est à la
concevoir.

Car les mots sont une image incomplète de la

pensée, et leur valeur se modifie suivant le sens que chacun leur donne.

La Connaissance de l'Être en général ne peut s'acquérir que par l'effort de la pensée; il faut que l'homme apprenne à se connaître lui-même avant de songer à approfondir l'Infini.

Il doit commencer par étudier sa Loi; il doit avant tout comprendre les Lois de la Vie et les respecter.

Ces Lois, il les renferme en lui-même et elles sont sensibles pour lui; l'Infini, au contraire, et les causes premières lui échappent; malgré cela, il n'est pas inutile que l'Humanité étudie ce qu'elle peut concevoir de l'Unité de sa Loi avec celle de l'Infini.

Suis-moi donc, puisque tu le veux, dans ces profonds problèmes.

III

LE PRINCIPE DES CHOSES

Le Principe Universel de toute chose, c'est l'Être.
Ses existers ou attributs sont :
L'Esprit. — La Vie. — La Substance.
Ils ont pour coexisters :
Le Temps. — Le Mouvement. — L'Espace.
L'Esprit dirige, la Vie agit, la Substance obéit.

Le Temps détermine, le Mouvement transforme, l'Espace renferme.

L'Esprit et le Temps sont attributs d'Existence.

La Vie et le Mouvement sont attributs d'Action.

La Substance et l'Espace sont attributs d'État.

Ces attributs éternels de l'Être infini sont, pour les êtres finis, des sphères différentes d'existence, d'action, d'état ; car les êtres finis sont des Modes de la Vie dans l'Être Infini.

L'Exister ou mode d'existence propre à chaque sphère des êtres finis, constitue leur Loi Suprême.

Les Existers de l'Être varient dans toutes les Sphères de l'Infini :

Dans l'Être où la substance domine, la Matière est sensible, la Vie est faible, et l'Esprit presque nul ;

Dans l'Être où la Vie s'élève, la Substance s'épure et l'Esprit agit ;

Dans l'Être où l'Esprit domine, la Vie est active, la Substance est subtile et la Matière disparaît.

L'homme émerge particulièrement de la Substance ; la Vie est pour lui le lien éternel de la Substance et de l'Esprit, de l'Espace et du Temps.

IV

LA VIE, LOI SUPRÊME

L'Exister ou attribut de l'Être dans la Nature, dans l'Univers, dans l'Infini, associé à l'Esprit pour agir sur la Substance : voilà la Vie.

La Vie, c'est la fonction organique de l'Être Infini à laquelle toute existence doit concourir.

Tout Être a la Vie pour but et pour fin, et la vie entière de chaque Être, soit d'un Monde, soit d'une Créature, n'est qu'une métamorphose dans la Vie Universelle.

La Créature Humaine tient à l'Être par l'Esprit, par la Vie et par la Substance ; elle est subordonnée : au Temps, par la durée de son existence terrestre ; au Mouvement, par son activité ; et à l'Espace, par sa place et sa fonction dans la Vie.

Mais l'Infini a de profonds mystères dans lesquels la pensée humaine peut plonger sans pouvoir entièrement les embrasser, et encore moins les démontrer. La Vie en est le côté le plus sensible pour elle, parce que c'est à l'Œuvre de Vie que l'homme doit la participation la plus directe de son rôle dans l'Infini.

La Créature est faite pour la Vie, c'est là le mystère de chaque existence.

L'Humanité n'a d'autre mission sur la Terre que d'y faire prospérer et fructifier la Vie. La Vie est sa première Loi.

La Vie Humaine est une mission de l'Être, nécessaire à la Vie Universelle.

Par la Vie, l'homme élève la Matière à la Substance Active, et la Substance Active à la Vie de la **Pensée.**

C'est pourquoi la vie humaine la plus obscure est encore un des faits les plus dignes de respect de la part des hommes.

Dans l'Humanité, la Vie a pour coefficient le Travail.

La Vie et le Travail sont la Loi suprême de l'homme sur la Terre, car Vie et Travail ne sont qu'UN.

L'homme a la Vie pour travailler, et le Travail pour accomplir la Loi de Vie.

Le Travail fait la supériorité de l'homme sur l'animal, du civilisé sur le sauvage ; mais cette supériorité, acquise par le Travail, est une conquête que l'homme fait au profit de la place qu'il se prépare dans la Vie, en même temps qu'il travaille pour le bien de l'Humanité.

Par le Travail, l'homme est institué le Collaborateur de la Nature, il féconde partout les effets de la Vie par la transformation de la Matière, par la culture des végétaux, par le soin et l'utilisation des animaux, et par le soin particulier qu'il prend de lui-même et de ses semblables.

Le Travail est l'action par laquelle l'Homme unit la Substance à l'Esprit, et sollicite la Matière au mouvement et à l'activité; il assimile la Substance à la Vie Organique, à la Vie Instinctive, à la Vie Intellectuelle ; il accumule sur la Terre la Pensée et l'Intelligence, par lesquelles l'Humanité rassemble les éléments de perfection terrestre réservés au bonheur des générations futures : voilà le problème de la Vie Humaine.

Le Travail accompli par amour du bien de nos semblables est la part la plus méritoire que l'homme puisse prendre dans l'Œuvre de Vie.

La connaissance du principe des choses, c'est-à-dire de l'Être, conduit donc l'homme à la Loi de Vie et de Travail, loi de sa destinée; pour lui, Loi Suprême et sensible qu'il peut étudier et observer, et par laquelle il peut s'élever, sans erreur, à la connaissance des Vérités Supérieures.

Alors la Lumière se fit dans mon Esprit.

C'est une Vérité, me dis-je, qui par sa trop grande évidence a passé jusqu'ici inaperçue.

La Créature Humaine est faite pour l'Œuvre de Vie : c'est là l'explication de cette énigme jusqu'ici indéchiffrable de l'inutilité apparente de certains êtres.

L'Humanité, dans la voie du progrès, se comprend déjà à peine au milieu de ses erreurs et de ses misères; mais combien plus encore pourrait-on se demander quel est le rôle, quelle est l'utilité, quel est le but, de l'existence des êtres qui ne trouvent que douleurs et misères sur la terre; des peuples restés sous le poids de leur ignorance et de leur misère primitives, si la Vie Matérielle n'était elle-même un fait utile à l'Être.

Pourquoi des Cafres et des Hottentots?

Pourquoi l'existence de l'Esquimau vivant dans les cavernes qu'il se creuse sous la neige? Quel est le but de la vie de ces peuples qui, depuis leur origine, n'ont pu faire autre chose que passer leur misérable existence à chasser l'ours, ou à attendre, sur des glaçons, l'occasion de prendre le poisson qui est presque leur seule nourriture, comme la peau de l'ours est leur principal vêtement?

Et au sein du monde civilisé, pourquoi tant de victimes de la Tyrannie et du Despotisme Social et Politique?

Si la Vie est la Loi de l'Humanité, n'a-t-elle pas aussi sa Loi Suprême d'Harmonie dans laquelle le dur labeur de ces existences trouve sa compensation?

La part de ceux qui ont créé tous les biens de ce monde, au profit de ceux mêmes qui leur en refusaient la jouissance, doit-elle toujours rester inférieure à celle de leurs oppresseurs?

Toutes ces tristes existences auraient-elles une explication possible, si elles n'étaient utiles à la Vie

même, et si la part qu'elles prennent à la Vie n'était
le fait principal que le Créateur attend d'elles, et
une préparation à un autre rôle dans lequel elles
jouiront de la liberté et des compensations dont elles
ont été privées ici-bas ?

Mais ce rôle, quel est-il ? En attendant que la Justice s'intronise sur la terre, quelle place la Justice
Éternelle fait-elle à l'Homme dans la Vie au delà
de ses labeurs terrestres ?

Que ton intelligence et ton cœur soient satisfaits, me dit la Voix de l'Esprit et de la Pensée.

Maintenant l'activité de ton âme va pénétrer le
Secret de la Vie en dehors de la Matière !

Et je pénétrai les Métamorphoses de la Vie !

Des yeux du corps, je vis d'un côté le champ de
labeur de l'homme sur la terre ; et de l'autre, au
regard de mon esprit, était offert le spectacle des
existences supérieures auxquelles chaque intelligence est appelée.

Je vis l'Activité Humaine transformée au sein de
la Substance Invisible de l'Espace, et je compris
qu'elle accomplissait une œuvre nouvelle de Vie,
proportionnée aux mérites terrestres qu'elle avait
su conquérir.

La Continuité de la Vie fut sensible pour moi !

Je vis des yeux de l'âme que les Vertus et les
Mérites accumulés par la Créature, dans le travail
du progrès de la Vie Matérielle, sont la richesse

propre que chacun emporte aux trésors de la Vie
Supérieure.

Je vis l'auréole de l'homme de bien resplendis-
sante du respect et de l'amour de la Loi de Vie, et
sa marche illuminée du progrès qu'il avait réalisé
sur la terre au profit de la vie de ses semblables et
de l'humanité.

Et je vis encore que l'absence de ces mérites et
de ces vertus causait, au sein de cette existence,
les regrets et la pauvreté des êtres attardés dans le
progrès de la Vie.

Avec les yeux de l'âme, j'embrassai le spectacle
glorieux auquel participe la créature obéissant à la
Loi Souveraine de l'Infini, et mon cœur ému
d'un saint amour, à l'aspect du but divin de la
Créature, était animé du vif désir d'enseigner aux
hommes le dévouement à la Loi Suprême.

Et la Voix de l'Esprit et de la Pensée continua à
me parler ainsi :

Vois et comprends encore !

A vingt siècles de distance, le Gaulois a sa chaumière où il se met à l'abri des intempéries ; il tue
les animaux pour en manger la chair et se vêtir
de leurs dépouilles ; il laboure la terre, il en récolte les moissons ; les vaches au pâturage lui donnent le lait et le fromage; de la laine des moutons,
du lin qu'il récolte, il fait le fil propre à tisser ou à
coudre ses habits.

Et tout cela pour Vivre !

Les générations succèdent aux générations, réparent leurs maisons délabrées, labourent de nouveau leurs champs, recommencent cet incessant travail que leur postérité recommencera à son tour.

Pourquoi? pour Vivre!

Pour entretenir la Vie!

Chaque année, un certain nombre d'entre les hommes terminent leur carrière, des enfants naissent et prennent leur place, et, ainsi, de génération en génération, se perpétue, à travers les âges, jusqu'à nous, la Vie Humaine!

Pourquoi?

Pour continuer et entretenir la Vie.

Ainsi, depuis l'origine du monde, existent encore aux mêmes lieux des populations qui, sans cesse et toujours, ont employé leur activité à se nourrir, se loger, se vêtir, se reproduire.

Les méthodes du Travail se perfectionnent par le développement des idées, mais le but reste le même : VIVRE, pour le progrès de la Créature et la continuité de la Vie.

Mais cette Œuvre n'est pas une œuvre stérile l'Homme est l'interprète de la Nature pour aider au développement et au progrès de la Vie au sein de la Matière, il est appelé à la régénérer par le Travail et à en faire surgir la Vie de l'Idée et de la Pensée, au profit de son Avancement et du Bien de l'Humanité.

La Vie est donc un fait et un but, une tâche et

une mission; la Vie est la loi de tout Être et de toute Créature ; la Vie est la Loi Suprême de l'Humanité.

Nulle Créature n'a reçu autant que l'homme les moyens de coopérer à la Vie ; aussi ne lui est-elle pas imposée seulement comme un fait qu'il doit subir, mais aussi comme étant la base des lois qu'il doit prendre pour guide dans l'ordre physique, dans l'ordre intellectuel et dans l'ordre moral.

V

CRITÈRE DU BIEN ET DU MAL

La Vie, Partout et Toujours ;
La Vie, Cause, But et Fin de l'existence humaine ;
La Vie, Loi de l'Individu ;
La Vie, Loi des Sociétés ;
La Vie, Loi des Peuples et des Nations;
La Vie, Loi de l'Humanité ;
La Vie, Loi du Globe;
La Vie, Loi de l'Univers et de l'Infini.

La Vie, enfin, voilà le Critère du Bien et du Mal propre à chaque degré de l'Être; Critère tant cherché par les sages et les philosophes ; principe et loi morale de l'ordre politique et de l'ordre social, en même temps que fanal propre à guider chacun dans la voie du bien.

Car la Loi de Vie de chaque espèce, c'est le Bien de l'espèce ;

Pour l'homme, le Bien c'est tout ce qui est en accord avec la Vie Humaine ;

Le Mal, c'est tout ce qui est contraire à la Vie Humaine.

. . . .

Et je compris la Loi du Bien et du Mal en Tout et Partout ; je compris que le Bien est conforme aux besoins de la Vie, et que le Mal est contraire aux besoins de la Vie.

Je compris que la loi humaine n'était légitime qu'autant qu'elle protégeait la libre expansion de la Vie dans l'Humanité, dans la Société et dans l'Individu.

Je compris que la Vie, Loi Suprême, a ses Lois Secondaires, et que la Créature Humaine doit les étudier et apprendre à les connaître pour y obéir.

Je compris que l'homme transgresse les Lois de la Vie, lorsqu'il fait obstacle, soit en lui-même, soit en ses semblables, au cours naturel des fonctions de la Vie.

Et la Voix de l'Esprit et de la Pensée continua ainsi :

Hommes qui vous posez cette question en rentrant en vous-mêmes : quel est le but de mon existence ?

Vous avez donc la réponse :

Le but de votre existence, c'est la Vie.

Oui, l'existence de la Créature est un tribut **dont**

elle s'acquitte envers la Vie. Voyez au sein de la Nature entière, depuis l'insecte jusqu'à l'homme, comme toutes les créatures s'agitent sans cesse ni trêve, et pourquoi? pour ramasser, brin à brin, grain à grain, leur subsistance : pour *vivre*, pour *élever la matière à la Vie*.

Espère donc, jeune enfant, ta mère te prodigue son lait pour entretenir et conserver la Vie en toi, en attendant que tu te développes et progresses, en équilibrant et en harmonisant tes forces par le bon usage que tu feras de la Vie.

Alors et toujours, Conserver, Développer et Équilibrer la Vie en toi et autour de toi, pour tes semblables comme pour ta personne, sera ta Loi Suprême, et tous tes actes compteront pour toi dans la Vie, suivant ce qu'ils auront valu pour la Vie même.

Console-toi donc, enfant du peuple, qui fais ton entrée dans le monde par le rude chemin du Travail; ta place est marquée dans l'échelle des Êtres qui s'élèvent, car non-seulement tu feras sortir l'Intelgence du pain dur que tu mangeras, mais aussi par le Travail tu mettras la matière en mouvement, tu la transformeras pour la rendre utile : tu laboureras le champ, tu le féconderas, tu en feras fructifier les récoltes, tu centupleras leurs produits au profit de la Vie de l'Humanité et de l'Émancipation future de tes frères !

Voilà ton rôle, enfant du peuple, et ce rôle te

sera acquis comme un progrès de plus dans la *Vie Éternelle!*

Et vous, hommes du génie, de l'idée et du labeur secret de la pensée, vous, dévoués au sacrifice de votre personnalité, marchez, marchez toujours; l'avenir est devant vous, radieux de consolations : car, des progrès que vous aurez fait réaliser à l'humanité sur la Terre, la Gloire vous suivra dans la Vie !

Et vous, satisfaits de ce monde, qui passez votre existence à distiller au sein de votre alambic corporel le produit du Travail de vos frères, tâchez que votre cerveau en fasse surgir la pensée utile, car pour vous aussi l'usage de votre existence s'inscrit dans la Vie.

Tout compte ici-bas, tout sert comme appoint au mouvement de la *Vie Universelle,* et chacun s'y classe suivant l'utilité de ses œuvres pour la Vie elle-même.

Tout pour la Vie, Tout par la Vie, c'est le Critère Universel qui désormais doit guider l'Humanité.

Le but de la Vie est supérieur à celui des passions qui nous agitent. Ce perpétuel renouvellement d'efforts et de misères de notre humanité ne s'arrête pas aux faits insignifiants que chaque individualité se propose; cette action sans cesse renaissante, et qui semble s'effacer dans la nuit du temps, c'est la Loi de Vie que l'Être accomplit sur la Terre, loi d'entretien et de développement, accumulant sans cesse dans l'Humanité les forces d'une Vie Nouvelle, et s'affirmant à divers intervalles par des Œuvres qui poussent l'humanité dans la voie du Progrès, et tendent à établir l'Harmonie de la Vie sur la terre. Ces Œuvres-là surtout s'inscrivent à la gloire de l'Homme, et sont l'élément de son progrès dans l'Éternité de la Vie, en même temps qu'elles sont un appoint ajouté au Travail de l'affranchissement de l'Homme, et de l'inauguration de sa Liberté sur la Terre.

VI

LOIS PRIMORDIALES

Et la Voix me dit ensuite :

Tu as compris que la Vie est la Loi efficiente de l'Humanité comme de l'Univers, mais entends encore :

La Loi Suprême et Universelle de Vie, loi efficiente de tout ce qui est, a trois coëfficients qui, à leur tour, sont les Lois Primordiales de l'Homme, de la Société et de l'Humanité.

Ces Lois Primordiales sont :

La Loi de Conservation, d'Entretien et de Durée de la Vie Humaine ;

La Loi de Développement, de Progrès et de Perfectionnement de la Vie Humaine ;

La Loi d'Équilibre, d'Accord et d'Harmonie de la Vie Humaine.

Ces Lois sont, avec la Loi Suprême de Vie, les Lois Souveraines et Primordiales des Individus, des Sociétés, et de l'Humanité entière.

Elles s'imposent ainsi au respect de l'Individu, au respect de la Société, et au respect des Nations, en leur donnant pour mission d'Entretenir, de Développer, et d'Équilibrer la Vie dans l'Individu, dans la Société, dans l'Humanité, et par toute la Terre !

LA LOI SUPRÊME DE VIE DOMINE TOUTE LOI.

Elle est la Loi de l'Individu, elle est aussi la Loi de l'Espèce, et par conséquent, elle impose à l'Espèce sa Conservation, son Développement, son Équilibre.

Mais la Loi de Vie n'est pas seulement la Loi de l'Individu et de l'Espèce, elle est aussi la Loi Générale et Universelle, d'où résulte la solidarité de l'Individu et de l'Espèce avec l'Univers.

L'homme doit donc, pour ne pas enfreindre la loi suprême de son existence, veiller à la conservation, au développement, et à l'équilibre de sa vie propre ; mais la loi de ses mérites étant de concourir à la plus grande somme possible de vie, il ne lui suffit pas de travailler pour lui-même, il doit aussi travailler pour entretenir, développer, et équilibrer la vie dans ses semblables, et autour de lui dans la Nature. Car le but de la Vie Humaine, c'est le Progrès, c'est le Développement de la Vie Générale sur la terre, concourant à l'Entretien et à l'Équilibre de la Vie Universelle, dont chaque Individualité Humaine est tributaire.

Telle est, sommairement posée, la base inébranlable de la Morale de l'Humanité, depuis si longtemps cherchée par tous les libres penseurs, par tous les hommes animés de l'amour du Bien de l'Humanité.

Ce grave problème de la Vie Humaine, si obscurci jusqu'ici, est pourtant aussi simple que le sont tous les grands problèmes de la Nature : *la science de Dieu, c'est la simplicité des moyens.*

VII

DROIT, DEVOIR ET JUSTICE

De l'obligation de Vivre, d'Entretenir la Vie, de la faire Progresser, et de la Pondérer, dérivent immédiatement pour l'espèce humaine les notions rectrices :

Du Droit,

Du Devoir,

Et de la Justice.

Il n'y a pas de Droit sans Devoir, ni de Devoir sans Droit ; le Droit et le Devoir sont subordonnés à la Justice ; et la Justice est l'équilibre du Droit et du Devoir.

Mais le Droit a plus particulièrement pour base la Matière et la Loi de Conservation.

Le Devoir a surtout pour base la Vie et la Loi de Développement.

Et la Justice a pour base l'Esprit et la Loi d'Équilibre.

De sorte que le Droit s'accentue surtout dans ce qui se rattache aux besoins substantiels ou de de la vie organique; le Devoir, dans les besoins de la vie affective, sociale et intellective; et la Justice, dans les besoins et les tendances supérieures de la vie morale et religieuse.

Mais tous trois sont solidaires, et ne peuvent exister l'un sans l'autre, quoiqu'ils s'accentuent plus ardemment dans la Vie de l'Humanité, suivant la prédominance des besoins matériels, sociaux et intellectuels ou religieux.

Sous le régime des besoins pressants de la vie matérielle, l'homme fait sans cesse appel au Droit sacrifié par la violence et la force ;

Sous le régime d'une sociabilité plus avancée, lorsque les tendances affectueuses prennent plus d'essor, il fait appel au Devoir, en l'oubliant le plus souvent, pour sacrifier aux préjugés et à l'erreur.

Et, lorsque le règne de l'intelligence apparaît, l'homme fait appel à la Justice; mais ce n'est qu'à l'avénement du règne définitif de l'Esprit que l'homme saura harmoniser tout à la fois le Droit, le Devoir et la Justice, qui ne peuvent réellement exister l'un sans l'autre,

Voilà les Vérités que la Science doit confirmer par l'étude de l'Organisme Humain.

Le *DROIT* réel, c'est tout ce que la nature rend nécessaire dans la Vie Matérielle, dans la Vie Intellectuelle et dans la Vie Morale pour la Conservation, le Développement, le Progrès et l'Équilibre de la Vie dans l'Individu, dans la Société et dans l'Humanité.

Le Droit, c'est la Liberté, car c'est dans l'exercice du Droit, suivant la Loi de Vie, que l'homme peut trouver la liberté d'user sans obstacle de ses facultés physiques, intellectuelles et morales pour son bien propre et celui de ses semblables.

Le Droit, c'est l'Égalité, car c'est dans l'application du Droit, suivant la Loi de Vie, que se trouve l'*Égalité de Satisfaction* des facultés de chacun.

Le règne du Droit, c'est le règne de la Liberté et de l'Égalité dans la plénitude des facultés naturelles dont chacun dispose pour l'accomplissement des Lois de la Vie.

La Liberté n'existe donc que par le respect du Droit établi par la Nature et par Dieu même, au profit de chaque individu.

Et l'Égalité Humaine se trouve également dans le respect du Droit, car chacun jouit ainsi, par l'usage de ses propres facultés, des satisfactions qu'elles comportent dans leurs sphères pour le plus grand bien de la Vie.

Le *DEVOIR* réel, c'est la protection et le respect

dus à la pratique des Lois de la Vie ; c'est l'application de ces mêmes lois à la Conservation, au Progrès et à l'Harmonie de la Vie dans l'Individu, dans la Société et dans l'Humanité.

Le Devoir, c'est là Charité, car la Charité c'est l'amour que les grands, les forts, les savants et les puissants doivent porter aux petits, aux faibles, aux ignorants, aux peuples et aux travailleurs, pour leur ménager, à tous, les moyens d'accomplir les Lois de la Vie, dans la plénitude des facultés que chacun possède.

Le Devoir, c'est la Fraternité ; car la fraternité c'est l'Union des Hommes dans l'amour du bien public ; c'est l'Émulation dans le progrès de tous les moyens propres à concourir à la Conservation, au Développement et à l'Harmonie de la *Vie au profit de Tous.*

Le Devoir, c'est la Charité et la Fraternité, car c'est le devoir qui dirige nos aspirations, nos tendances, nos actions vers le progrès social, et vers le bien à faire aux hommes, en vue de leur rendre facile leur participation à l'OEuvre de Vie.

La *JUSTICE* réelle, c'est la pondération du Droit et du Devoir par le respect de leur usage à la libre pratique des Lois de la Vie; elle ménage, à tous, les moyens de concourir à l'Entretien, au Progrès et à l'Harmonie de la Vie, dans la mesure des forces et de la capacité dévolues à chacun, et elle assigne à chaque chose la destination la plus utile à la Vie.

La Justice, c'est la Vérité ; car la vérité dans l'ordre moral, c'est ce qui est conforme aux Lois de la Vie, aux Besoins de la Créature et à son Activité ; la Vérité, c'est la réalité des faits et des besoins sur lesquels la Justice opère pour répartir entre les hommes les biens nécessaires à la Conservation, au Développement et à l'Équilibre physique, intellectuel et moral de chacun.

La Justice, c'est la Solidarité de tous les hommes dans la Vie : l'harmonie et le bonheur sur la terre sont à ce prix. Mais la Solidarité est aussi la base de la Justice suprême dans la Vie Générale ; elle est le ressort de la Loi d'Équilibre qui fait que chacun s'élève ou descend, selon la spécificité de ses Œuvres, c'est-à-dire, suivant le mérite ou le démérite de ses actions dans la Vie.

Voilà, me dit la Voix de la Pensée, les principes Fondamentaux, dérivant de la Loi de Vie pour unir l'homme à ses semblables et à la Vie Universelle et Infinie. Ces principes sont la base de la Religion Véritable de l'Humanité, c'est-à-dire le Lien, le Principe d'Union et de Morale Universelle qui doit présider dans tous les actes de la Vie de l'Humanité.

A ce titre, ils doivent servir de fondement à la Loi Sociale et à la Loi Politique des peuples et des nations.

Ces Principes doivent être au frontispice des Codes de l'Humanité, c'est aux amis de la Liberté et du Progrès Social qu'il appartient de bientôt les y inscrire.

VIII

BUT DE L'ORGANISME

La Loi Universelle de Vie étant révélée, je compris qu'il restait à en établir les règles propres à l'Humanité ; je compris que cette tâche incombait à l'homme lui-même par l'étude de sa propre organisation physique et morale ; *car chaque espèce est subordonnée à la Vie suivant des lois propres à son espèce.*

Ce sont ces lois que je vais entreprendre de définir en m'appuyant sur les besoins natifs de l'homme, remettant à un autre volume l'étude et l'analyse plus complètes des facultés, dans lesquelles ces besoins puisent leur origine.

Les facultés ne seront donc en question, dans ce chapitre, que pour faire comprendre qu'elles sont la cause particulière des besoins de l'être ; mais c'est dans le volume des *Solutions Morales*, devant faire suite à celui-ci, que nous traiterons des facultés en particulier.

Les *Solutions Sociales* nous ont paru exiger, avant tout, l'étude de l'homme au point de vue de ses besoins.

La Nature ne se contente pas d'imposer des lois à la Créature, elle lui donne les moyens de les pratiquer ; et, à cette fin, elle a pourvu l'homme des

facultés ou des penchants natifs, propres au rôle
qu'elle attend de lui dans la Vie.

C'est là le côté trop peu étudié de la Nature Humaine.

Les hommes, à force de vouloir faire de la science,
se sont écartés de la véritable science, de la science
véritablement humaine, de celle qui, nous élevant à
la connaissance des besoins réels de notre nature,
doit concourir à leur satisfaction.

Mais l'homme croit toujours au-dessous de lui
les simples leçons de la Nature et du bon sens. Au
lieu d'étudier les réalités de la vie, il a voulu creuser les profondeurs d'une métaphysique obscure,
pour y découvrir la loi humaine, quand cette loi
tombait sous ses sens.

Ne commettons plus cette faute. La Loi de Vie
nous étant dévoilée comme Loi Universelle de l'Être
et de l'Humanité, étudions la Vie Humaine telle que
le Créateur la montre à nos regards. Respectons les
voies qu'il lui a ouvertes par la faculté et le besoin,
et cherchons, sous les indications que ces besoins et
ces facultés renferment , les Lois de la Vie Sociale,
les Lois de la Morale et de la Vertu.

Il est admis en principe, aujourd'hui, par tous les
bons esprits, que les Lois, les Institutions et les Sociétés doivent être faites pour donner satisfaction
aux besoins des hommes, et non pour se mettre en
contradiction avec la Liberté Humaine.

Il est de principe dans la Science, que l'homme

doit étudier les OEuvres de la Nature pour en découvrir les lois et pour s'en faire un guide ; malgré cela, la Science a peu étudié l'Homme pour chercher en lui les règles indiquées par sa nature et par son organisme même.

L'ignorance humaine, au contraire, a régné en souveraine sur la condition sociale de l'homme, pour lui imposer toutes sortes de restrictions en contradiction avec ses tendances. La conciliation de sa nature morale et de sa nature physique a toujours été présentée comme impossible, sans la lutte permanente du Moral sur le Physique.

La Science enfin, qui partout s'évertue à découvrir l'harmonie des lois de la Nature, ne s'est refusée à reconnaître cette harmonie que dans l'Espèce Humaine

Pourtant nos besoins sont soumis aux lois constantes de la Nature, tandis que les lois humaines émanent du caprice des hommes.

On reconnaît que chez les animaux mêmes, chaque organisme correspond aux besoins de l'espèce, et que la satisfaction de ces besoins constitue la raison d'être des individus et l'harmonie de leur existence. Pourquoi l'homme ferait-il exception à cette loi ? Pourquoi les facultés supérieures dont il est doué ne seraient-elles pas aussi la loi d'harmonie de son existence sociale, au lieu de susciter les conflits et les privations imposés par les lois des hommes ?

Si les lois humaines sont une cause de désordres, c'est parce qu'elles sont le renversement et la contradiction des Lois de la Nature, que l'homme n'a pas su comprendre.

L'Organisme de l'être humain n'est certainement pas moins complet que celui des autres créatures terrestres, et l'accord parfait constaté dans les fonctions de son Organisation physique n'est pas moindre dans les fonctions de son Organisation intellectuelle et morale. Les dérangements auxquels les fonctions morales sont soumises, sont analogues aux dérangements des fonctions physiques.

La Vie Organique, pour agir en santé, a besoin d'aliments convenables à sa nature ; il en est de même de l'Organisme de nos Fonctions Morales : le jeu n'en peut être régulier qu'autant qu'il lui est offert un aliment capable d'entretenir et de développer toutes les facultés de l'esprit.

Mais si l'homme est parvenu à créer un art culinaire approprié à son alimentation physique, parce qu'il a sous ce rapport suffisamment étudié les besoins de sa nature corporelle, il n'en est pas de même de sa nature morale ; il n'en a pas assez compris les besoins pour lui ouvrir le champ d'action nécessaire au jeu régulier de ses fonctions.

C'est pourquoi, de même que dans la vie organique, malgré l'harmonie des rapports qui y existent, les fonctions de notre organisme physique tombent en désordre, si l'alimentation lui est contraire ; de même, notre organisme moral ne donne que de mauvais résultats, s'il n'a pour champ d'action qu'un milieu contraire au bon exercice de nos facultés.

Il est donc indispensable de posséder la Science des Besoins de l'Esprit et du Cœur, comme il est indispensable de posséder la Science des Besoins du Corps : afin de donner à tous ces besoins, sans distinction, les satisfactions qui doivent conduire l'homme dans les voies réelles de la Vie.

C'est ce sujet que nous allons aborder.

IX

NOS BESOINS ET LEURS LOIS

L'Être *EST AVANT* son incorporation à la Matière, il *EST ENCORE* après avoir quitté la Matière.

La présence de l'homme dans l'existence matérielle est pour lui une étape dans la *VIE GÉNÉRALE*, où il est appelé à mettre en jeu les ressorts de la *VIE MATÉRIELLE* pour servir aux fins de la *VIE UNIVERSELLE*.

L'Homme, étant particulièrement préposé au gouvernement de la Matière, a surtout besoin de s'étudier dans les facultés par lesquelles son esprit entre en relation avec la vie matérielle. L'Esprit Humain lui-même n'est induit à sa propre connaissance, que par celle des facultés qui l'unissent à la Matière.

C'est par l'Organisme du Corps que l'homme agit sur la Matière ; cet organisme est proportionné aux vertus et aux mérites acquis par l'Esprit dans la Vie.

L'Esprit est le principe moteur de l'Être ; il agit sur la Matière par les Facultés, dont il est un assemblage, car la Faculté est une fraction de l'esprit ; et la Faculté se manifeste dans la Vie à l'aide de l'Organe.

LA FACULTÉ FAIT A CETTE FIN SON ORGANE ; C'EST A LA TENDANCE ET A LA PUISSANCE DES FACULTÉS QUE SONT DUS LA FORME ET LE MÉRITE DE L'ORGANISME.

La faculté constitue le degré de puissance qu'a l'esprit pour se manifester dans la vie matérielle, et y imprimer sa volonté par l'Action, dès qu'il est en possession de l'organisme qui lui est propre.

Les facultés sont, par conséquent, les forces vivantes qui constituent l'esprit et par lesquelles l'esprit agit sur la matière ; elles se manifestent au moyen des organes ; l'ensemble des organes constitue l'organisme, ou la forme de l'Être, et la mesure de son action dans la vie.

L'Organisme, par son assemblage, forme le Corps ; mais le corps a un centre d'organes qui servent l'action motrice de l'Être, pour le diriger dans la vie matérielle.

L'Organe est l'instrument de la Faculté ; par lui l'Être agit sur la vie extérieure, et entre en rapport avec les phénomènes qu'elle comporte.

Des rapports entre les organes et la vie exté-

rieure, naissent les besoins de l'organe; et, par conséquent,— en raison de la liaison intime créée par
la Vie entre l'Esprit, la Faculté et l'Organe, — les
besoins de l'organe provoquent les désirs de l'Esprit,
comme les désirs de l'Esprit peuvent éveiller les
besoins du Corps.

Car le *Désir* est un mouvement de l'Esprit, agissant sur les facultés par lesquelles il peut mettre
en jeu les organes du corps, et provoquer leurs
rapports avec la matière pour les fins de la vie :
c'est l'action directe de l'Être dans ses fonctions
vivantes.

Le *Besoin* est au contraire l'action inverse de la
Vie sur l'Être ; le besoin relève des liens qui unissent le corps à l'action extérieure de la vie matérielle, et sollicitent sans cesse les organes et les
facultés pour éveiller le désir, afin de faire agir
l'Esprit sur le Corps pour le conduire dans les voies
de sa destinée.

Dès que la satisfaction du Besoin suit le Désir,
les conditions normales de la vie sont remplies.

Mais si le Désir et le Besoin ne peuvent trouver
leur satisfaction, le désir et le besoin engendrent
la Passion.

La *Passion*, c'est l'irritation provoquée par la
Nature contre les obstacles opposés à l'usage naturel des facultés et des organes, dans la satisfaction de nos désirs et de nos besoins.

Sous l'empire de la Passion, la Faculté, surexcitée, est tout entière au rôle qui lui est ravi, elle appelle toutes les forces de l'Être pour vaincre ou tourner l'obstacle ; c'est dans ces luttes que l'équilibre se rompant dans la Vie Individuelle, la Passion produit des écarts dont, sauf de rares exceptions, la Société est la première coupable.

Par la Passion, la Nature appelle l'homme à obéir aux besoins qui sont la conséquence de sa Loi. La pluie fécondante, faute d'être utilisée par de sages dispositions, forme un torrent dévastateur, au lieu de fertiliser les campagnes ; ainsi la Passion marque par ses désordres et ses écarts l'urgence pour la Société de tirer parti des forces que la Nature a déposées en nous, en leur donnant essor.

La Faculté, le Désir, le Besoin, la Passion sont donc les différents aspects d'une seule et même chose, envisagée à des états différents de Mouvement et d'Effervescence dans la Vie.

Le Contentement, la Joie, le Plaisir, le Bien-être et le Bonheur naissent de nos facultés et de nos organes satisfaits, dans les désirs, les besoins et les passions que nous éprouvons.

L'Ennui, la Tristesse, le Chagrin, la Douleur et le Malheur naissent, au contraire, des obstacles que nos facultés et nos organes éprouvent pour satisfaire nos désirs, nos besoins et nos passions.

X

DIVISIONS DU CERVEAU

Pour agir dans la Vie Matérielle, les Facultés de l'Esprit doivent être intimement liées à la Matière, et les Besoins de l'Être doivent s'identifier à elle ; c'est, en effet, ce qui a lieu dans la Créature terrestre.

L'homme a le corps pour instrument de manifestation : les membres et les organes extérieurs sont les agents de son action ; mais l'âme a besoin d'un centre d'organes pour établir le siége de ses facultés : ce centre, c'est le cerveau chez les vertébrés.

Le Cerveau est le siége d'où l'Esprit met en jeu les forces de la Vie Organique, pour manifester sa volonté dans la Vie Matérielle, et établir ses rapports avec la Matière.

De ces rapports naissent les besoins qui constituent la Vie Humaine ; ils sont subordonnés aux lois que la Nature a instituées et sur lesquelles la Vie Sociale doit se régler.

C'est un fait peu ou point contesté, aujourd'hui, que la tête est le siége des facultés de l'âme. Les personnes les moins exercées dans l'étude de la Phrénologie, science encore à l'état embryonnaire, peuvent facilement reconnaître combien la forme du cerveau a d'influence sur celle du caractère et des aptitudes, et sur la dominance des besoins de l'individu.

C'est sur la tête que nos regards se dirigent pour recevoir les premières impressions des personnes avec lesquelles nous nous trouvons. C'est à la vue de la tête que nous jugeons d'un animal s'il est docile ou méchant, doux ou féroce ; nos jugements ne diffèrent guère en cela sur les hommes. La forme et l'expression de la tête sont pour beaucoup dans nos impressions.

Mais ce qui n'a pas encore été remarqué , c'est que la division du crâne n'est pas le résultat d'un accident, et que, se reproduisant la même chez tous les individus, elle doit être la représentation d'une intention du Créateur, dans la distribution de nos facultés et dans le caractère de nos besoins.

C'est en effet ce qui a lieu : *La boîte osseuse du crâne subit l'influence de nos tendances natives;* elle se moule sur les forces de notre esprit , et en représente les tendances suivant le développement que prennent les diverses parties du cerveau.

Le crâne humain comprend cinq grandes divisions correspondantes aux séries principales des organes de nos facultés et de nos besoins ; ces divisions sont représentées dans la figure N° 1.

Fig. 1.

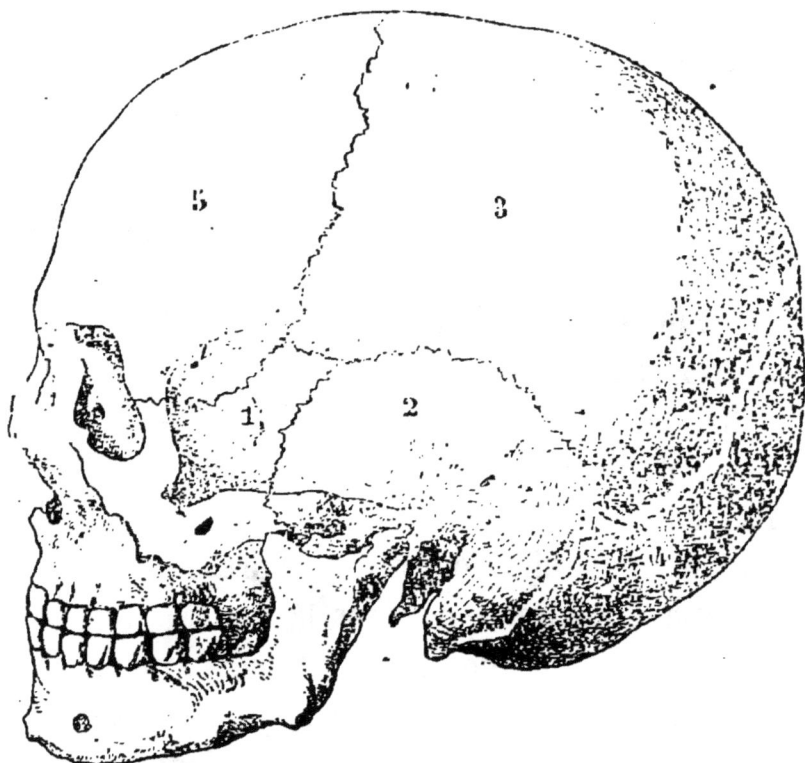

Divisions du crâne correspondant aux organes de nos facultés
et de nos besoins.

1. Le Sphénoïde et l'Ethmoïde, siége des organes de la Sensibilité.

2. Les Temporaux, siége des organes de l'Activité et de la Vie
Organique.

3. Les Pariétaux, siége des organes de la Volonté et de nos Intérêts dans la Vie.

4. L'Occipital, siége des organes de la Mémoire et de nos Affections, de nos Sympathies et de nos Antipathies dans la Vie.

5. Le Frontal, siége des organes de l'Intelligence, des Connaissances Physiques, des Connaissances Abstraites et des Connaissances
Morales.

XI

FACULTÉS SENSITIVES OU ORGANIQUES

L'Appareil des Organes Sensitifs est le foyer où se perçoivent les phénomènes de la Vie Organique dans ses rapports avec la Matière. Les organes du Tact, du Goût, de l'Odorat, de la Vue, de l'Ouïe, du Générat en composent le système. Ils sont groupés au-dessus de la voûte palatine sur le Sphénoïde, l'Ethmoïde et le Trou Occipital.

Cet appareil forme ainsi la base centrale du cerveau en lui donnant pour principe constitutif les besoins du corps. Les ramifications nerveuses se dirigent par tout l'organisme, afin de se faire les agents de tous les besoins physiques, auxquels la Nature a assujetti chaque individu.

C'est aux fonctions de cet appareil, et par conséquent à la satisfaction des besoins qui en dérivent, qu'est subordonnée l'existence de la créature. C'est aux besoins de l'Existence Individuelle que la Nature consacre ce premier groupe d'organes; par conséquent elle en fait pour l'Être un guide dans la vie.

Il est facile de constater que la Nature procède à la constitution de l'Existence Matérielle de l'Être, par le développement de ces premières facultés et des besoins qui en surgissent. Les animaux, placés au bas de l'échelle vivante, ont le cerveau limité à ces organes, et tellement aplati et étroit qu'il n'y a que la place suffisante pour servir de point d'attache au système sensitif.

XII

FACULTÉS VITALISTES OU IMPULSIVES

Mais à mesure que la Créature s'élève dans l'échelle de la Vie, le cerveau se développe.

La série des organes sensitifs s'entoure immédiatement de l'appareil des Organes Vitalistes qui est placé sous les Temporaux. C'est à la possession de ces organes que la Créature doit l'Activité et les Énergies nécessaires pour pourvoir à sa conservation et à ses besoins.

Aussi l'élargissement des Temporaux est-il le signe de la présence des facultés et des organes qui font rechercher tout ce qui correspond aux besoins propres à l'Individu et à l'Espèce.

C'est dans ces organes que se trouve la notion des moyens propres à satisfaire les besoins de notre Existence Physique.

Les facultés temporales sont la représentation la plus directe des forces vitales engageant chaque Créature à satisfaire les besoins qui l'unissent à la Vie Matérielle.

Les organes, compris sous les Temporaux, sont enfin le siége des facultés qui poussent l'Individu et l'Espèce à la recherche et à la défense du Droit Individuel et Collectif de satisfaire les besoins de la Vie.

XIII

FACULTÉS RECTRICES OU VOLITIVES

Les pariétaux surmontent les temporaux; ils sont le siége des organes servant aux facultés rectrices de la créature; c'est à l'aide de ces organes que l'homme s'élève aux Combinaisons de la Vie Matérielle et Morale, intéressant l'Individu et l'Espèce.

C'est par eux que s'établissent les Rapports des Intérêts Humains, et c'est avec l'aide de ces organes que nos facultés embrassent la sphère d'activité qui élève l'homme à la Vie Sociale.

Cette série d'organes est le centre impulsif de la Volonté; elle est le foyer recteur du MOI, elle gouverne nos actions; son influence sur les autres séries de nos facultés tempère ou active la vigueur de nos désirs et de nos besoins, et constitue par cela même le Caractère Individuel.

C'est dans la série des facultés pariétales que se trouvent les auxiliaires de la Raison qui nous guide dans les actes de la vie.

C'est dans les facultés pariétales que se trouve le Siége de la Vie Morale et Sociale, et c'est à elles qu'en correspondent les besoins.

XIV

FACULTÉS AFFECTIVES OU SYMPATHIQUES

Mais à côté de la série des organes du Moi, se trouve placée celle de nos Sympathies et de nos Affections, donnant naissance à des besoins d'un autre ordre ; ces organes sont placés sous l'Occipital.

Le développement de l'Occipital est le signe du Caractère Affectueux, de l'Attachement, que nous portons aux choses et aux êtres avec lesquels nous vivons.

Les facultés affectives réfléchissent les impressions que nous éprouvons des choses extérieures ; elles nous attachent aux faits en conformité de nature avec nous, et nous inspirent de la répulsion pour ceux de nature opposée ; mais les impressions des uns et des autres se gravent au sein de nos organes affectifs et sympathiques, et y laissent leurs traces pour le souvenir.

C'est pourquoi la Mémoire est d'autant plus vive que nos organes affectifs ont été plus vivement impressionnés.

Mais le Souvenir est un rôle accessoire du groupe
de nos facultés affectives, il semble tenir plutôt du
mode de leur organisation que de l'importance de leur
développement. Le rôle principal assigné à ces organes, consiste à relier entre eux les Individus de
la même Espèce, et à attacher l'Homme à la Nature
entière par des liens sympathiques, inhérents à sa
propre organisation.

Par les facultés affectives, l'homme a besoin de
la Vie en dehors de lui-même ; il a besoin de donner à ses actions un but moins étroit que celui de
son individualité ; il a besoin de diriger ses facultés
d'une façon profitable aux êtres auxquels il est
attaché par les liens de la sympathie ; c'est par ces
facultés enfin qu'il est uni à ses semblables, et au
milieu qu'il a choisi.

XV

FACULTÉS INTELLECTIVES OU SCIENTIFIQUES

Les Organes de l'Intelligence complètent le cerveau humain. Tout le monde est d'accord que le
front est le signe de l'Intelligence ; c'est en effet
sous le Frontal qu'est le siége des organes de nos
Connaissances Physiques et Abstraites, des organes
de Perception et de Conception de la Matière et de

ses propriétés, de l'Espace, du Temps et du Mouvement, ainsi que de la Réalité et de la Vérité des phénomènes généraux de la Vie Physique et Morale.

Ces organes se divisent, comme dans les autres séries que nous venons d'énumérer, en divers groupes concourant à la connaissance des rapports de la Vie Universelle avec la Créature.

La Créature Humaine étant faite pour travailler au Progrès de la Matière vers la Vie, en travaillant à son progrès propre, doit être pourvue de facultés Perceptives, Conceptives et Intellectives, en concordance avec les Propriétés de la Matière ; c'est pourquoi les Organes de l'Intelligence sont en nous les déterminants du Besoin de Connaître.

Les facultés frontales sont acquises par l'homme pour pénétrer les secrets de la vie ; c'est par elles que pénètre la lumière intellectuelle qui sert à éclairer nos autres facultés.

XVI

INFLUENCE DES FACULTÉS

Les Organes qui distinguent les Facultés présentent les Assemblages les plus divers, et donnent au Cerveau une conformation particulière à chaque Individu, suivant le développement de telles ou elles Facultés.

Ces différences de développement constituent le Caractère Originel de chaque espèce, de chaque race, et de chaque Individu dans la Vie.

La division naturelle du Cerveau démontre que les Organes de l'Intelligence, des Sympathies, des Intérêts, greffés sur ceux du Vitalisme ou Instinct de Conservation, et sur ceux des Sens, font la supériorité de l'Homme sur les autres Créatures terrestres, et le distinguent des autres Êtres en donnant à son Cerveau une exceptionnelle ampleur.

Les Facultés Primitives : Sensitives et Vitalistes qui sont les moteurs de la Vie chez les Créatures Inférieures, ne sont plus dans l'Être Humain que les Auxiliaires des Facultés Supérieures, constituant l'Être raisonnable, aimant et intelligent.

Toutes les Facultés sont acquises par l'Être, suivant le Travail qu'il accomplit dans la Vie.

Les Facultés Sensitives, ou Sphénoïdales, embrassent d'abord les Convenances et les Rapports des Créatures avec la Matière et la Nature Extérieure.

Les Vitalistes, ou Temporales, agrandissent le cercle de la Vie par l'Activité propre à chaque individu dans la recherche des choses nécessaires à son existence.

Les Volitives, ou Pariétales, combinent les Rapports de la Vie, mesurent l'étendue de nos besoins, discernent les intérêts de l'Être, et sont les rectrices de toutes nos autres facultés.

Les Affectives ou Occipitales déterminent nos Sympathies ; par elles la Vie ne nous suffit plus en nous-mêmes, nous cherchons à en étendre le cercle par une communauté d'existence de tous les instants avec les choses qui nous entourent.

Les Intellectives servent de flambeau à l'ensemble de nos facultés ; ce sont elles qui, des qualités et des propriétés de la matière, conduisent l'homme dans les profondeurs ignorées de la Vie intellectuelle et morale.

C'est dans la créature humaine seulement que la Loi de Développement et de Progrès voit naître les facultés supérieures, propres au rôle que la Vie Générale attend de l'Être Humain.

C'est en lui seul, qu'après avoir traversé l'échelle animale tout entière, les facultés réalisent l'Organisation qui doit réunir toutes les perfections de la Vie Matérielle, afin d'en élever la quintessence aux destinées que l'homme doit accomplir, dans la Vie Universelle, en se faisant le collaborateur de la Nature dans le développement de la Vie Matérielle, Intellectuelle, Morale et Sociale sur la Terre.

XVII

SUPERPOSITION DES ORGANES

Les cinq séries de Facultés et d'Organes que nous venons d'indiquer se prêtent entre elles un concours

proportionné à leur développement — signe indi-
cateur de leur puissance; — mais il est dans les lois
de la Créature que ce développement se produise en
s'élevant des besoins physiques aux besoins pro-
gressistes, et de ceux-ci aux besoins moraux. C'est-
à-dire, en suivant cet ordre des lois primordiales et
générales dont nous avons précédemment posé les
bases :

Loi de Conservation et d'Entretien de la Vie ;
Loi de Développement et de Progrès de la Vie;
Loi d'Équilibre et d'Harmonie de la Vie.

Nous ne pourrions faire ici une étude complète des
facultés de l'homme, sans consacrer à cette matière
des développements qui nous écarteraient des questions pratiques que nous voulons traiter dans ce
volume; ces développements seront donc reportés
au volume suivant.

Nous devons nous attacher spécialement à la
théorie des Besoins qui surgissent de nos Facultés,
afin d'embrasser immédiatement les liens qui unissent l'Homme aux Lois Générales de Conservation,
de Progrès et d'Équilibre, Lois qui, à raison des besoins qui en dérivent, déterminent la base du Droit,
du Devoir et de la Justice dans l'humanité, et sont
les fondements de la Loi Sociale propre à la Nature Humaine.

C'est cette division que les trois zones de la figure
N° 2 représentent :

Fig. 2.

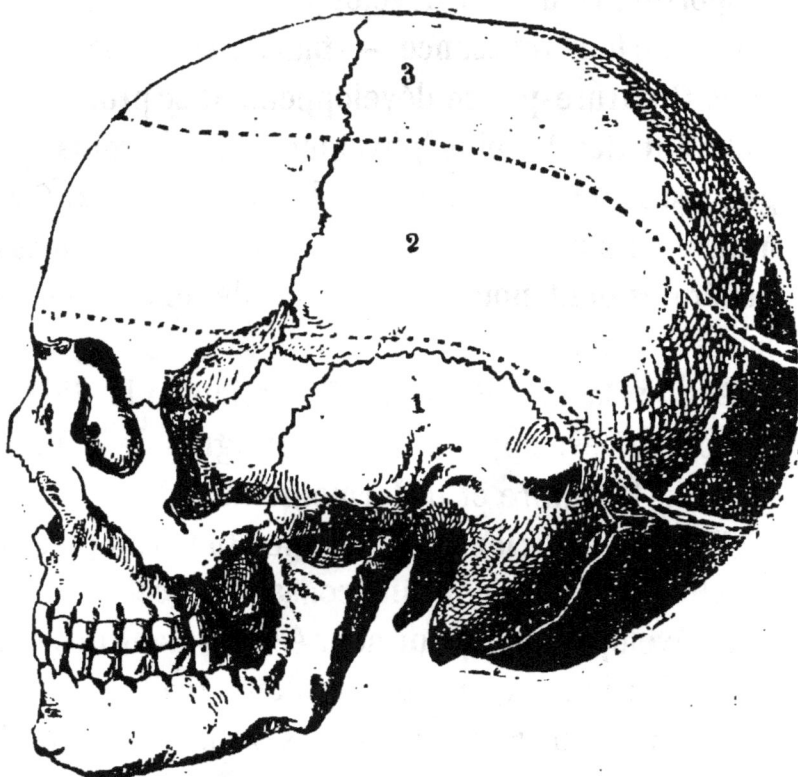

Ordre du développement naturel des facultés et des organes.

1. *Organes du Droit*, Facultés et Besoins de Conservation et d'Entretien de la Vie ;

2. *Organes du Devoir*, Facultés et Besoins de Développement et de Progrès de la Vie ;

3. *Organes de la Justice*, Facultés et Besoins d'Équilibre et d'Harmonie de la Vie.

La Nature semble nous indiquer ses intentions par cet arrangement même des organes de nos facultés. Elle a placé dans la Créature humaine, les organes inhérents à la Loi de Conservation à la base centrale du cerveau, sous les attaches musculaires qui relient la tête au tronc.

Mais le Développement et le Progrès de la Vie étant moins individuels, la Nature a placé les organes des facultés qui y correspondent dans les parties occupant le pourtour latéral de la tête. Ces facultés rayonnent ainsi sur l'horizon, sur la Nature terrestre, et sur les objets qui entourent la Créature.

Les facultés qui ont pour objet la Loi d'Équilibre et d'Harmonie de la Vie, embrassant la Vie d'une façon plus générale, la Nature leur a assigné en conséquence la partie supérieure de la tête, où elles rayonnent vers l'Espace.

XVIII

BESOINS DE CONSERVATION

Les Besoins de Conservation et d'Entretien de la Vie, dont la Nature nous a fait une première loi en nous donnant les Organes et les Facultés propres à ces besoins, sont ceux de :

Zone inférieure.

Section Occipitale : } La Génération.

Section Sphénoïdale :
{
La Nourriture.
Le Logement.
Le Vêtement.
La Lumière.
L'Espace libre.
L'Air pur.

Section Temporale :

{
La Durée de la Vie.
L'Entretien de la Vie.
La Conservation de la Vie.
L'Activité.
Le Repos.
}

Section Ethmoïdale :

{
La Propreté.
La Salubrité.
L'Hygiène.
}

Ces besoins physiques sont des rapports nécessaires de la Vie Humaine avec les combinaisons organiques de la Matière; ce sont les liens qui élèvent la Vie de la Matière à celle de l'Esprit ; la Nature y a assujetti tous les hommes, en les douant des facultés et des organes qui donnent lieu à ces besoins.

L'Être Homme n'existe que par le mode dans lequel ces besoins se manifestent en lui : supprimez les besoins physiques, il n'est plus un homme : car ces besoins sont l'expression de son existence physique; ils constituent son existence organique ou corporelle. L'Esprit n'agit en l'Homme que par la Pensée et le Désir, tandis que le Besoin et l'Action sont le fait du Corps.

La Conservation de l'Individu, comme celle de l'Espèce, est subordonnée à la satisfaction de ces premiers besoins. La Nature en a fait par cela même le fondement du Droit Individuel et du Droit Social Légitime.

Le Droit de Vivre est atteint dans son principe,

si le contentement de ces besoins' primitifs n'est pas assuré aux individus; c'est une condition indispensable au rôle vivant que l'homme est appelé à remplir sur la terre ; il ne peut devenir capable de s'élever à l'usage des facultés supérieures, s'il souffre dans la satisfaction des besoins qui l'unissent à la Matière. Il est obligé, sans trêve ni merci, de s'occuper des moyens d'y satisfaire :

C'est la Loi dans la Vie Matérielle.

L'Homme doit satisfaire aux Besoins de la Vie Physique pour être en état de s'occuper efficacement de la Vie Morale; aussi doit-il, avant de savoir pratiquer la Justice, être en état de consacrer l'alliance du Droit et du Devoir, c'est-à-dire qu'en s'accordant les satisfactions matérielles réclamées par ses besoins, il doit savoir protéger dans ses semblables les mêmes satisfactions.

XIX

BESOINS DE DÉVELOPPEMENT

La Créature ne peut avoir d'objet plus déterminé que le soin de son existence propre, puisque participer à la Vie est le but de cette Existence, et que c'est en veillant à sa conservation qu'elle peut accomplir la Loi de sa Destinée.

Mais ces besoins étant satisfaits, et la Vie de l'Individu étant liée à celle de son Espèce ; l'Œuvre de Vie ne peut s'accomplir que par la Vie entière de la grande famille humaine : la Vie de l'individu doit donc servir à aider la Vie dans ses semblables.

C'est ce qu'accomplissent les facultés concourant à la Loi du Progrès dans la Vie. Plus élevées que les premières, elles n'ont plus seulement le besoin pour mobile, elles ne sont plus les simples interprètes de la Vie Organique, elles sont aussi les interprètes de la Vie de l'Esprit. Elles combinent la Pensée et le Désir avec l'Action et le Besoin, de sorte qu'elles sont un premier pas fait vers la Vie Morale; elles ouvrent à la Créature la voie du Devoir, parallèlement à celle du Droit.

Les facultés donnant naissance à nos Besoins de Conservation, et constituant la base du Droit Individuel, servent aux rapports de l'Individu avec les choses matérielles ; mais les facultés correspondantes à la Loi de Progrès et de Développement, embrassent les faits qui unissent l'existence de l'individu à celle de ses semblables.

C'est pourquoi les faits de leur domaine participent des Besoins de l'Esprit, en même temps que de ceux du corps ; c'est pourquoi au Droit, ils unissent le Devoir ; à la Loi de Conservation, la Loi de Développement et de Progrès.

Les facultés desquelles résultent les désirs et les besoins de cet ordre ont pour tendances invincibles:

Zone moyenne.

Section Occipitale :
- L'Amour, Union des sexes par sympathie ; Obéissance aux attraits du Cœur.
- L'Amitié, Union des Individus ; Égalité, Fraternité.
- L'Éducation, Famille, Soins maternels dus au jeune âge ; Protection de l'enfance.
- L'Instruction, Enseignement de la Science, de l'Industrie et des Arts.
- Le Patriotisme, Habitude, Amour du pays, Patrie ; Attachement à tout ce qui a vécu autour de nous.

Section Pariétale :
- La Sécurité, la Protection, l'Association, la Solidarité.
- La Répartition, l'Échange, les Transactions.
- La Consommation, la Propriété, la Richesse.
- La Production, le Travail, l'Industrie, l'Idée.

Section Frontale :
- La Science de la Matière et des Arts.
- La Science de l'Espace, du Temps et du Mouvement.
- La Science des Rapports, des Causes et des Effets.

Voilà les différents buts assignés dans la Vie aux facultés et aux organes de la deuxième zone du cerveau.

La première zone est individuelle avant tout ; la seconde est individuelle et sociale.

La première est l'affirmation du Droit, la seconde est affirmative du Droit et du Devoir.

La marche naturelle des facultés à travers les Évolutions de la Vie nous conduit ainsi de l'instinct du Droit Individuel au sentiment du Droit Collectif.

En agrandissant le cercle des droits de l'homme, les facultés concordantes à la Loi de Développement et de Progrès de la Vie, lui ouvrent en même temps le champ du Devoir. Toutes les facultés de cet ordre, ainsi que les besoins qui en naissent, font sentir à la Créature Humaine la présence de son Espèce autour d'elle, et la nécessité de ses rapports avec elle.

Ce sont les *facultés sociales* comme ce sont les *besoins sociaux ;* ce sont les Droits comme ce sont les Devoirs dévolus par la nature à l'Homme en Société.

Ce sont les Droits et les Devoirs que nul ne peut enfreindre sans faillir à sa Mission dans la Vie. Tous, nous devons, dans la mesure de nos forces, faciliter l'éclosion de ces besoins et de ces facultés en nos semblables, comme en nous-mêmes, car ces facultés et ces besoins constituent le fondement du Droit et du Devoir Individuel, et doivent être le fondement du Droit et du Devoir Social.

XX

BESOINS D'ÉQUILIBRE ET D'HARMONIE

Quand l'Homme a su s'élever au complet essor de ses facultés progressives, il peut faire usage des facultés moralitives d'Équilibre ou de Pondération, composant la zone des facultés qui caractérisent surtout l'Espèce Humaine, et marquent doublement la supériorité de son rôle sur la terre, parmi tous les autres Êtres de la Création.

Ces facultés, contrairement à celles de Conservation, empruntent particulièrement leur mobile des impulsions de l'Esprit; elles sont surtout les instruments du Désir avant d'être ceux du Besoin. Leurs organes occupent toute la partie supérieure de la tête, indiquant par cela même la supériorité de leurs fonctions dans la Vie, et l'élévation des aspirations de la personnalité humaine.

C'est à cette zone supérieure des organes du cerveau que correspondent les désirs et les besoins :

Zone supérieure.

Section Occipitale :
{ De se rendre utile;
{ De se distinguer;
{ De se dévouer au Bien Social ;

Section Pariétale :
- De Direction et de Commandement ;
- De Souveraineté, de Liberté et de Dignité ;
- De Justice et d'Équité ;
- D'Appel aux Lois Générales et aux Forces de la Nature ;
- Enfin, de Recherche de l'Intelligence qui préside à toute chose ;

Section Frontale :
- Du Vrai,
- Du Bon,
- Du Bien,
- Du Beau,
- Du Juste.

Créer l'Harmonie en tout et partout, tel est le but final assigné par le Créateur aux forces organiques supérieures de l'Homme ; telle est la mission permanente qu'elles s'attribuent, même au milieu des écarts d'interprétation dont elles sont malheureusement encore trop souvent capables.

Car il est à remarquer que tous les hommes ont la commune prétention de faire usage de leurs facultés de la façon la plus louable ; la différence de leurs actions tient donc *à la différence du degré de Progrès Vivant* , dans lequel se trouve leur Esprit.

Par ce fait même, nos désirs et nos besoins sont sujets aux directions les plus opposées, et aux actions les plus contradictoires, suivant que l'homme fait usage de ses facultés pour obéir aux Lois de la Vie, ou pour en intervertir la marche.

C'est pourquoi les Désirs et les Besoins, correspondant aux organes supérieurs du cerveau, sont la plus large expression du caractère de l'Homme, soit dans la voie du Bien, soit dans la voie du Mal ; car c'est par le progrès moral que l'homme a accompli dans la Vie, que ses désirs et ses besoins individuels prennent des directions nuisibles ou utiles au Progrès Individuel et Social.

A cette latitude des facultés humaines, les désirs et les besoins, ayant moins pour but les satisfactions du Corps que les satisfactions de l'Esprit, sont appelés à se dégager des vues d'intérêt personnel pour entrer dans celles de la Vie Morale, inspirées par l'Intérêt Social.

Mais les organes du cerveau, comme les organes du Corps, sont susceptibles d'acquérir l'adresse de leur fonction par l'exercice que leur imprime l'Esprit.

C'est pourquoi, bien que le rôle de ces facultés soit de créer l'Harmonie sur la Terre, et que leurs véritables besoins soient la Fraternité, l'Ordre, le Désir d'être utile, la Dignité, la Souveraineté, la Liberté, la Justice, le Respect et l'Union parmi les hommes, il n'est pas moins vrai que l'homme se sert longtemps de ces forces pour se diriger dans les voies de l'erreur ; car l'Esprit d'Accord et d'Harmonie Sociale ne germe dans l'Humanité que par l'expérience des conflits et des malheurs que l'imperfection humaine nous crée dans la Vie.

C'est à l'absence d'exercices de ces facultés dans les masses, et au criminel emploi qu'en font les indignes ou les incapables, que sont dus tous les malheurs des peuples et des nations.

C'est par l'assujettissement dans lequel sont encore placées les facultés supérieures des peuples, c'est par la domination des facultés ténébreuses de quelques hommes, que les Sociétés sont conduites dans les voies inverses de la vraie Vie.

C'est pourquoi l'on voit encore le triste spectacle de la direction et du commandement distribués par la faveur, et accaparés par les habiles, au lieu d'être l'émanation de toutes les forces sociales et la mission réservée au Mérite.

La Justice n'a ni règle, ni base, et la Religion est un pur métier, aux mains de ceux qui jouent le rôle de la représenter.

Les sentiments du Bon, du Vrai, du Bien, du Beau, sont pervertis, et la destinée des peuples est livrée au hasard des circonstances, ou au caprice de quelques-uns.

Ah ! il n'en serait pas ainsi si les facultés humaines jouissaient de leur liberté, et de leur véritable essor : les vrais mérites pourraient alors se faire jour, et l'on ne verrait plus, dans le gouvernement des sociétés présentes, le spectacle de toutes les turpitudes.

Par la perversité des facultés de haute morale, l'Ambition ne prend pas son essor dans la voie des désirs qui doivent imprimer à l'humanité l'amour du Travail et de la Paix. La direction insensée des souverains pousse les Peuples à des armements formidables, dont la conséquence inévitable sera la destruction des Nations par la Guerre, pour les criminelles satisfactions de l'amour-propre des dynasties royales.

Si les facultés moralitives de haute puissance reprenaient, au contraire, le rôle qui leur est assigné parmi les Peuples, elles balayeraient de leur souffle les intérêts princiers qui font le malheur des Nations, en entretenant, entre les rois et leurs familles, des rivalités ambitieuses dont les peuples paient les terribles conséquences de leur travail et de leur sang !

Usant de leur souveraineté, les Peuples inaugureraient la Fédération des Nations : alors serait pour toujours établi le règne du Travail et de la Paix, le règne de la Tranquillité et de la Prospérité des Peuples.

XXI

PRINCIPES DES LOIS HUMAINES

L'étude de l'Homme est de toute nécessité pour approfondir les problèmes d'Organisation dont la solution importe au Bonheur Social.

C'est par la connaissance des besoins véritables

de l'Espèce, qu'on arrivera à la réforme des erreurs et des abus que renferment les mœurs et les lois. La législation ne peut s'épurer qu'en s'inspirant des Lois de la Nature, et surtout qu'en respectant celles qui régissent la Vie Humaine. C'est en mettant les Lois Humaines en accord avec les Lois de la Vie, que la Justice ne sera plus une fiction dans les Sociétés.

La Législation dans nos Sociétés s'est surtout fait remarquer jusqu'ici par son opposition constante à la libre expansion des Besoins de l'Homme, et par les obstacles qu'elle s'est évertuée à créer à sa Liberté.

Car la Liberté, cette aspiration universelle des Sociétés Modernes, que serait-elle sinon l'expansion pleine et entière de tous les Désirs et de tous les Besoins légitimes de l'Homme ?

Que serait-elle, si elle ne devait pas effacer toutes les restrictions portant sur les faits qu'une saine philosophie ne peut reconnaître coupables, c'est-à-dire contraires aux Lois de la Vie ?

Le principe de la Liberté veut que les Désirs et les Besoins, inhérents à la Nature Humaine, soient considérés comme des Obligations que le Créateur nous a imposées. Toutes les institutions humaines qui sont en contradiction avec les lois de la Nature, toutes celles qui déclarent imparfaite l'Œuvre du Créateur, sont contraires au principe de la Liberté, car la Liberté c'est le Droit suivant la Nature.

Tout obstacle opposé à la Liberté, et à la libre expansion de l'Individu est donc une atteinte au Droit et au Devoir.

Les Désirs et les Besoins sont partout l'Émanation de Droits Naturels à satisfaire. Le Devoir, pour l'Individu et pour la Société, consiste à en rechercher la satisfaction par des moyens en accord avec la volonté de la Nature; et la Justice consiste à appliquer la Loi de cette satisfaction, de façon à établir l'Harmonie de la Vie Humaine, par le parfait accord entre les Besoins de l'Individu et les Institutions Sociales.

Voilà ce que la Société doit s'évertuer à réaliser au lieu d'instituer des Lois et des Mœurs en révolte permanente contre les tendances de la Nature Humaine.

Les Forces de la Vie placées en nous sont susceptibles d'essors différents. Créées en vue d'assurer la Conservation, le Développement et l'Équilibre de la Vie, ces facultés peuvent prendre des directions contraires à leur but final, si la direction des peuples est mauvaise; la Loi Humaine doit donc intervenir, non pour entraver, mais pour régler l'essor de nos facultés, suivant les Fins de la Vie.

Par exemple, les facultés du Travail et de la Production, au lieu de s'appliquer uniquement à des créations utiles au bonheur de l'Espèce, sont pendant bien longtemps détournées de leur voie pour créer les engins de guerre, de destruction et de massacre de l'humanité elle-même.

De même, l'Esprit de Réserve, d'Économie et de Propriété est souvent entraîné par de cupides tentations, faute d'Institutions Sociales donnant essor aux tendances de cette faculté, et lui assurant satisfaction dans les limites qui empêchent les écarts de la Passion.

Et il en est ainsi pour toutes les forces vives placées en nous ; le milieu en fait l'éducation, et les circonstances en provoquent l'usage ; le caractère des institutions politiques et sociales est donc le point de départ, agissant sur l'essor subversif ou harmonique des facultés humaines.

Jusqu'ici, la Loi ne s'est occupée ni des Droits, ni des Devoirs dérivant de nos Facultés ; son rôle s'est borné à accepter, à consacrer et à sanctionner les faits accomplis, à en protéger la tradition par la Force substituée au Droit, et par l'Égoïsme substitué au Devoir. La Force est devenue la seule règle de ceux qui ont fait la Loi : les droits des faibles ont été partout sacrifiés, il n'y a eu d'autre règle à leur égard que le bon plaisir, et leur place sociale n'a plus été que ce que le puissant l'a bien voulu faire.

Notre Législation Moderne, quoi qu'en pensent ses admirateurs, n'est que la tradition d'un passé dont nos Révolutions Économiques et Politiques n'ont pu effacer d'un seul coup toutes les traces. La Législation des Peuples Antiques et Barbares y

a partout laissé son empreinte d'oppression, de
préjugés et d'erreurs ; c'est pour corriger les défauts d'origine de cette Législation que la Société
est en ce moment en travail.

Les Lois Civiles et Politiques de presque tous les
peuples de la terre sont faites au mépris des Lois de
la Vie.

Les Lois Civiles et Politiques ont été conçues le
plus souvent au profit de Minorités qui, de près ou
de loin, ont toujours accumulé les trésors créés par
le Travail, sans autre compensation pour le travailleur que la pauvreté.

Les Lois Civiles et Politiques doivent être la sauvegarde du Progrès de la Vie Sociale, par la protection de la Vie dans chaque Individu, au lieu d'être,
pour quelques-uns, la protection de l'abus des
jouissances et d'un luxe contraire aux besoins de
la Vie.

Les Lois Civiles et Politiques sont des iniquités
quand elles consacrent des régimes qui font que
tous les biens créés par le Travail passent aux
mains de quelques-uns pour abuser de la Vie,
quand la grande masse des travailleurs est privée
du nécessaire.

Les Lois Civiles et Politiques doivent faire que,
dans la Vie Sociale, nul ne puisse s'approprier, sans
juste compensation, le bien produit par le travail
d'autrui.

La Loi Politique est un mal, lorsqu'elle crée des

obstacles à la libre expansion de la Vie des Peuples et des Nations.

La Loi Civile est un mal, lorsqu'elle fait obstacle au libre essor de la Vie dans l'Individu.

La Loi Civile est un mal, lorsqu'elle est en con-tradiction avec les tendances que la Nature a placées dans l'individu, comme Forces de sa Mani-festation dans la Vie.

La Loi Humaine n'est légitime, qu'à la condition d'être l'interprétation des Volontés de la Nature dans l'Individu, dans la Société et entre les Nations ; et cette interprétation doit toujours concourir à l'Entretien, au Progrès et à l'Harmonie de la Vie.

La Loi s'étant mise en contradiction avec les Droits et les Devoirs dérivant des Facultés et des Besoins de l'Homme, il faut que la Loi se relève de ces écarts; il faut qu'elle inaugure la Justice Véritable à la place de la Justice Factice et de convention ; il faut qu'elle donne, ou plutôt qu'elle laisse à chaque créature humaine, la place sociale qui lui est assignée par les facultés que la Nature lui a départies.

XXII

POUVOIR ET MAGISTRATURE

La Justice ne peut exister dans les décisions des pouvoirs, et dans les arrêts des juges, qu'autant que la

17

loi est l'expression de la Justice Même, et non celle d'une Législation Arbitraire, et contraire aux vœux de la Nature.

Pour que les magistrats et les tribunaux veillent à la protection des droits de chacun, il faut que ces Droits soient inscrits dans la Loi.

C'est là une vérité dont la plupart des politiciens du jour ne sont pas encore suffisamment pénétrés. Combien, parmi eux, croient en effet trouver une panacée sociale dans la modification politique des pouvoirs exécutif, administratif et judiciaire, ne comprenant pas qu'en changeant les hommes, sans changer les lois, il sera du devoir des hommes nouveaux d'appliquer les lois anciennes. De nouveaux juges et de nouveaux administrateurs rendront la justice de la même façon, et maintiendront les errements d'un passé que la raison réprouve, parce que le législateur ne leur aura pas tracé d'autre voie.

Il ne faut donc pas seulement attribuer à la constitution du pouvoir et de la magistrature la manière dont la Justice se rend dans les Sociétés. La Loi est ce que le progrès des idées l'a faite, et les magistrats se prêteront aux abus, tant que le législateur, dans sa faiblesse, n'aura pas su donner à la Loi le prestige que la Vérité entraîne avec elle.

Tant que le magistrat n'a pas le sentiment de ce fait, que la Justice repose sur des principes immuables, consacrés par la Nature même, la Loi n'est entre ses mains qu'un instrument de direction, soumis au caprice des circonstances, et le despotisme lui offre souvent le moyen le plus simple d'avoir raison de la résistance des passions humaines.

Engagée sur cette pente, la magistrature n'est qu'une profession pour celui qui l'exerce, profession dans laquelle trop souvent le juge a moins d'intérêt à faire justice, qu'à se prêter aux erreurs de l'opinion, ou aux vues des pouvoirs sans principe et sans foi dont il relève.

Aucune règle invariable ou juste n'étant établie, la Raison Publique est impuissante à redresser les écarts qui se renouvellent sans cesse; sous l'empire de cet état de choses, la puissance des intérêts compromis soulevant la conscience publique, vient seule, par intervalles, en arrêter les excès, par la Révolution.

La Réforme de nos Codes et l'étude des Principes Fondamentaux de la Loi sont, à l'époque présente, le premier Besoin Social et Politique qu'il faut satisfaire, sous peine de marcher de chute en chute, et de ruines en ruines.

C'est par la reconnaissance des véritables droits de tous, que chacun pourra, en respectant et en protégeant ces Droits, accomplir ses propres Devoirs; et c'est seulement ainsi que régnera l'application de la saine Justice.

XXIII

DROIT DE VIVRE

Un Code est à faire pour garantir le Droit de Vivre, le Nécessaire, et l'Indispensable à la Vie, pour assurer enfin la Satisfaction des Besoins Sensitifs et Vitalistes dévolus, par la Nature, à l'Individu pour sa conservation.

La Société doit Protection, Aide et Assistance à la Créature Humaine dès son entrée dans la Vie. Ce n'est que par un coupable oubli du droit, qu'elle laisse un certain nombre de ses membres abandonnés au hasard des circonstancès, en ce qui concerne la satisfaction des besoins corporels.

Pour que le Droit Naturel, le Droit à la Vie, ne soit pas frustré par la Société, il faut que le Droit à la Subsistance soit inscrit dans la Loi et dans les mœurs; il faut que la Législation protége les moyens pratiques qui ont pour but de donner à tous, en satisfaction de nos besoins sensitifs :

La Subsistance,

Le Logement,

Le Vêtement,

L'Air Pur,

La Lumière,

L'Espace libre,

La Propreté,

La Salubrité,

L'Hygiène.

Il faut que la Société veille à la Durée, à l'Entretien et à la Conservation de la Vie Humaine.

Il faut que tout ce qui est Nécessaire et Indispensable à la Santé, soit garanti par les Institutions.

Il ne faut pas qu'il puisse exister des Créatures Humaines privées de Soins et de Protection.

Le premier devoir de la Loi doit être, d'accord avec la volonté de la Nature, de veiller à la Conservation et à l'Entretien de la Vie Physique dans l'Être Humain ; par conséquent de protéger et de développer toutes les institutions tendant à lui en assurer les moyens.

La Loi, au contraire, a beaucoup fait pour conserver à ceux qui ont déjà; mais elle n'a rien fait pour accorder l'indispensable à ceux qui n'ont rien.

La Législation ne peut rester plus longtemps oublieuse de ses devoirs ; les faits accomplis dans la voie du Développement et du Progrès de la Vie ne peuvent rester plus longtemps sans influence sur notre législation; l'immense création de Richesses que la Société Moderne parvient à réaliser, nous ouvre la possibilité de satisfaire aux besoins physiques de chacun, de donner à tous le nécessaire d'obéir largement à la Loi de Conservation, envers nous-mêmes et envers les autres.

D'un autre côté, le Progrès des Idées Philosophiques ne comporte plus dans nos lois le maintien
de ces Erreurs que la Raison réprouve, que la
Conscience Humaine répudie, et avec lesquelles les
tendances sociales sont en complète contradiction.

XXIV

LES INTÉRÊTS SOCIAUX

Les Codes sont à refaire dans l'ordre des Intérêts
et des Rapports Sociaux; il faut que la loi consacre
au profit de tous :

Les Droits à la Production :
   Au Travail, à l'Industrie;
   A l'Invention, à la Science ;
Les Droits à la Consommation :
   A l'Économie, à la Possession;
   Au Bien-Être, à la Justice ;
   A la Souveraineté, à la Liberté ;
Les Droits à la Répartition :
   Au Contrôle, à la Participation ;
   Aux Fonctions, aux Directions;
Les Droits à la Protection sociale :
   A la Sécurité, à l'Affiliation ;
   Aux moyens de se distinguer;
   De se rendre utile.

En consacrant ces Droits, dans toute leur étendue, la Loi assurera, par contre-coup, la pratique
des Devoirs qui ont les mêmes facultés pour base :

Les *Devoirs de la Production*, inspirant à chacun
le désir de créer : par le Travail et l'Industrie, les
ressources utiles au développement de la Vie dans
la Société et dans l'Humanité ; par l'Invention et la
Science, les moyens de Progrès propres à élever
l'Homme à des destinées supérieures, en donnant
à chacun les moyens d'être utile à ses semblables ;

Les *Devoirs de la Consommation*, faisant à chacun
une mission de la Prévoyance Individuelle, unifiée
à la Prévoyance Sociale, afin d'assurer à tous : les
Moyens d'Existence, les Satisfactions de la Vie,
l'Accès à la Possession et aux Avantages de la Richesse, unis aux sentiments de Justice, d'Équité,
de Dignité, qui relèvent les droits du citoyen, en
possession de sa Souveraineté et de sa Liberté, ces
biens précieux au Progrès Social ;

Car c'est par la Liberté que l'homme peut obéir
aux Lois de la Nature, et par conséquent accomplir
les Devoirs qu'elle lui impose dans la Vie. La Liberté
est le corollaire indispensable de tout développement et de tout progrès dans la Vie Humaine.
Sans elle, il n'est pas d'équilibre possible dans la vie
sociale ;

Les *Devoirs de la Répartition*, inspirant le désir général que chacun soit mis en possession de la place
et de la part qui lui sont dues dans les fonctions

;ndustrielles et sociales, afin de pouvoir concourir
brement au Développement, au Progrès et à l'Harmonie de la Vie Sociale, enfin à tout ce qui intéresse
l'Existence Humaine ;

Les Devoirs de la Protection Sociale, assurant la Sécurité et la Tranquillité de tous : par l'appui que
chacun donne au Droit des autres, par le concours
que chacun apporte aux intérêts communs, et par
le désir que chacun a de se rendre utile.

Voilà ce que l'esprit de la Loi de Vie doit incar-
ner dans l'esprit des masses, et ce que la Loi écrite
doit préparer par les Institutions.

XXV

BESOINS AFFECTIFS

Un Code est à faire pour mettre la Législation en
accord avec la Loi Naturelle de nos Besoins Affectifs, afin de mettre les Institutions Sociales en harmonie avec ces Besoins.

La Procréation,
L'Amour des sexes,
La Paternité et la Maternité,
La Filiation,
L'Union entre les hommes,
L'Attachement à nos habitudes,
Le Patriotisme,
La Fraternité

sont les tendances du cœur humain, que la loi écrite a constamment violées.

Tout est à régler sur l'union des sexes suivant le vœu de la Nature, suivant la liberté des attraits du cœur, de façon à séparer l'Amour des Contrats d'Intérêts.

Il faut effacer les préjugés introduits dans la Loi, sur la Famille, la Paternité et la Maternité.

Il faut effacer de la loi cette monstruosité qui exclut encore l'Enfant de l'Amour de ses droits à la Protection Paternelle et Maternelle, et à l'Héritage de son père et de sa mère, au mépris du bon sens et des plus saines raisons de la philosophie.

Tous les enfants sont légitimes devant le même Dieu qui ordonne leur existence ; leur légitimité doit être reconnue devant la mère qui leur a donné le jour, et devant le père qui les a fait naître.

La Loi qui oblige la Paternité et la Maternité à se cacher, est un crime social dont le Législateur doit compte devant la Vie.

L'Éducation et l'Instruction de l'Enfance sont oubliées ; les Lois qui doivent veiller sur elles sont à faire. Le droit de propriété de l'homme sur son semblable est effacé de nos mœurs, mais le Droit d'Abus pèse encore sur l'Enfant, faute d'institutions propres à le protéger.

A Paris, cette capitale du monde civilisé, le tiers des enfants nouveau-nés est envoyé à une mort certaine sans que la loi les protége : la nourrice à la campagne moyennant 15 fr. par mois, c'est le droit de livrer l'enfant nouveau-né à la mort, sans que la police intervienne.

L'homme se faisant législateur a cru pouvoir disposer de la liberté de son semblable ; il ne s'est pas contenté de fausser l'Amour et la Famille, il a créé par la loi mille obstacles à la Liberté de Réunion et d'Association, aux essors et aux entraînements de l'Amitié.

Mais c'est surtout à l'Affective la plus élevée que les législateurs ont porté la plus grave atteinte ; ils n'ont pas craint de briser violemment, par les Lois de la Guerre, tous les liens de l'habitude qui attachent l'Homme au pays qui l'a vu naître, au sol qu'il cultive, à la profession qu'il exerce, aux personnes avec lesquelles il vit, brisant ainsi en lui toutes les plus saintes affections du cœur pour l'enrôler au service des querelles de ses tyrans.

Et c'est au nom du Patriotisme que le Despotisme des pouvoirs prétend entreprendre toutes ces guerres contraires aux intérêts des peuples; c'est quand il a brisé au cœur de l'homme les plus douces affections du patriotisme dans leur utile essor, qu'il en invoque la puissance pour les mettre au service du Mal.

Peuples ! le Vrai Patriotisme, c'est le véritable Amour du pays ; il veut sa grandeur développée par le Travail et la Paix. Le vrai patriotisme dérive de l'Amour de l'Humanité; devant lui, tous les peu-

ples sont frères, ils désirent chacun de leur côté la
prospérité des lieux qu'ils fécondent ; mais cette
prospérité ils ne la désirent pas par la guerre, ils ne
la désirent pas par la spoliation de leurs voisins :
ils la veulent par le Travail Utile, afin de pouvoir
recevoir les autres peuples en amis et en frères, au
sein de leurs Conquêtes Pacifiques.

Le Code des Lois en accord avec nos besoins affectifs est donc à faire, pour donner à la Créature Humaine la Liberté à laquelle elle a droit pour tout ce
qu'il y a d'Amour en elle dans son attachement aux
autres et à la Nature entière. Philosophes et Penseurs, guerre aux préjugés qui assiégent le Monde
pour le Malheur de l'Humanité !

XXVI

BESOINS INTELLECTUELS

Un Code est à faire pour les Besoins de l'Intelligence, afin de mettre à la portée de tous :

L'Éducation et l'Instruction,

L'Étude de la Matière,

L'Enseignement du Travail, c'est-à-dire de l'Industrie, de l'Agriculture, des Arts, de la Science.

C'est en facilitant tous les moyens de progrès du
savoir humain, qu'on mettra à la portée de tout le
monde, l'emploi des découvertes accomplies, et

qu'on facilitera aux hommes la recherche des secrets que la Nature tient en réserve, pour le Progrès
et le Bonheur de l'Humanité dans la Vie.

XXVII

DÉSIRS ET BESOINS RELIGIEUX ET MORAUX

Un Code est à faire comme sanction des Lois
Sociales et des Institutions qu'elles comportent,
pour donner à la Souveraineté, à la Liberté et à
toutes les tendances supérieures de l'Homme leur
constitution naturelle, nécessaire pour fonder la
Hiérarchie Sociale sur le Mérite, la Science et la
Capacité ; pour assurer la mise en pratique de la Loi
de Justice et d'Harmonie Sociale, à laquelle nos facultés supérieures aspirent par les désirs et les
besoins suivants :

La Fraternité,

Le Désir d'être utile,

La Hiérarchie des Fonctions, l'Ordre,

La Souveraineté, la Liberté, la Dignité,

La Justice, la Loyauté, l'Équité,

La Confiance au Bien,

Le Choix de la Supériorité et du Mérite,

Le Vrai,

Le Bon,

Le Bien,

Le Beau,

Le Juste,

Tous ces besoins enfin qui, dans l'homme, sont appelés à le conduire à l'Union, à l'Accord et à l'Harmonie Sociale.

Ce Code doit assurer au Libre Examen la faculté de proclamer les Vérités Supérieures de la Religion et de la Morale de l'Avenir, en même temps que la faculté de combattre les Préjugés et les Erreurs des Fausses Doctrines qui retiennent l'Esprit Humain dans les ténèbres de l'Ignorance.

Enfin ces Codes seront ceux de la recherche des Harmonies Sociales, proclamant la Loi Humaine subordonnée aux Lois de la Nature, et fondant sa légitimité sur sa puissance à réaliser le Bonheur du Peuple, des Nations et de l'Humanité ;

Déclarant la Loi toujours modifiable et imparfaite, tant qu'elle se mettra en opposition, sur un point quelconque, avec ce triple but.

XXVIII

APPLICATION DES PRINCIPES

J'arrête, ici, cette rapide esquisse de la doctrine qui sert de base aux théories et aux faits exposés dans ce livre. Si elle est insuffisante au point de vue des preuves psychologiques, elle suffira, je l'espère, pour établir, quant à présent, la Règle Sociale, la Règle Politique et la Règle Morale de cette doctrine elle-même.

La Loi du Bien et du Mal n'y sera plus un mystère ; car je crois avoir suffisamment démontré que le Bien, c'est tout ce qui concourt à l'essor des lois primordiales de la Vie, et que le Mal, c'est tout ce qui y fait obstacle.

Mon ouvrage ne sera que la recherche de l'application de ces principes dans l'Humanité.

Prenant la Créature Humaine telle que Dieu l'a faite, et la satisfaction de ses besoins physiques, affectifs, moraux et intellectuels comme Loi de la Vie, nous marcherons d'un pas d'autant plus assuré dans la voie des Solutions Sociales que nous avons à étudier, que nous aurons mieux vu la Vérité sur les besoins de l'Homme.

Partant des principes qui précèdent, chacun a devant soi quelque chose à accomplir pour avancer dans les voies de la vie, pour obéir à la Loi du Bien ou du Mal.

Car ces deux voies :

Être utile à la Vie Humaine, ou être nuisible à la Vie Humaine, sont les seules placées devant nous.

Être utile à la Vie Humaine, c'est travailler par les moyens que la Nature nous offre, à répandre les choses nécessaires au Bien-Être, au Progrès de l'Individu et de l'Espèce, et à faciliter l'Essor des Facultés et la Satisfaction des besoins de tous.

Être nuisible à la Vie Humaine, c'est sacrifier à l'égoïsme d'un petit nombre ce qui peut contribuer au bonheur d'un plus grand ; c'est retenir au profit d'un Seul, ce qui pourrait servir à la libre expansion des facultés, et à la satisfaction des besoins de Plusieurs.

Le Bien, ainsi compris, ouvre un champ libre à toutes les âmes pour le pratiquer. Chacun dans sa sphère peut concourir au Bien de la Vie Humaine par des voies différentes, suivant sa position, les moyens dont il dispose, et la mesure de son action dans la Vie.

Il est néanmoins, dans la constitution de nos Sociétés, beaucoup de points inaccessibles à l'action individuelle, et sur lesquels on ne peut agir d'une façon appréciable que par l'influence du raisonnement.

Ce sont les Institutions que la Loi Humaine a enfermées dans un cercle immuable, et pour lesquelles elle s'oppose ainsi à toute innovation.

Les progrès à faire pénétrer dans ces arcanes, réputés sacrés, sont du domaine de ceux qui agissent sur le monde par la discussion ; les garanties de première urgence qu'il est nécessaire d'introduire dans ces Institutions sont surtout du ressort de la Législation.

Mais bien que la Loi enferme dans un cercle de fer presque tous les éléments dont la Société se compose, il n'y en a pas moins un certain nombre qui, par leur essence, ressortent de l'action individuelle, et sont pàr cela même plus sujets aux influences de la direction de chacun.

Le Travail, l'Industrie et ses Produits, la Propriété et son usage, sont surtout de ce nombre; ils correspondent en outre aux besoins les plus pressants de la Vie Sociale. C'est donc dans leur cercle que, suivant la doctrine placée en tête de ce livre, je devais en ma qualité d'ancien ouvrier d'abord, et de chef d'industrie ensuite, étudier plus particulièrement les progrès possibles en vue de l'amélioration de la Vie Humaine.

Mes recherches, dans cette voie, occuperont à ce titre la première place dans les études positives dont l'exposé va suivre.

TROISIÈME PARTIE

—

CHAPITRE TREIZIÈME

LOI DES ÉVOLUTIONS SOCIALES

I

BUT DIVIN DU TRAVAIL

Les progrès et les découvertes de l'Esprit Humain confirment que la Loi Universelle de Vie est la Lo Suprême vers laquelle tout converge, à laquelle tout aspire, par laquelle tout agit. La Loi de Vie est le lien des Univers et des Mondes : elle s'étend à tous les Êtres, et chaque chose est en elle, depuis l'Atome jusqu'à Dieu.

Tout est lié dans la Vie par la Vie même, mais l'Être s'y classe par la Puissance d'action de ses facultés sur la Substance.

C'est à l'Action exceptionnelle que l'Homme exerce sur la Matière, à la surface du Globe, qu'il doit sa supériorité. C'est le Travail qui l'élève au-dessus de tous les Êtres de la terre.

L'Homme n'est pas seulement appelé à la Vie comme les autres Créatures pour élaborer la Matière par l'Alimentation, mais il lui est donné l'Intelligence pour travailler aux progrès de la Substance Matérielle sous toutes ses formes. C'est par le Travail qu'il devient le coopérateur direct de la Nature dans l'Œuvre de la Vie sur la terre ; aussi la Créature Humaine ayant conquis la faculté du Travail comme moyen de son avancement dans la Vie, le Créateur a voulu qu'elle ne pût oublier le lien qui l'unit à lui-même. Pour cela, il a donné à l'Homme des besoins solidaires du Travail, et afin de l'empêcher de faillir à sa mission, il lui a fait du Travail une Nécessité, jusqu'à ce que, devenu assez sage, l'homme en fasse son titre de Gloire.

Nécessité et Gloire : tels sont les deux pôles d'activité sur lesquels Dieu a fait reposer le Travail Humain.

La Nécessité attachée au Travail est le pôle des âges d'ignorance, des âges du Travail Manuel et des Économies Matérielles : c'est le mobile de l'enfance de l'humanité, c'est la Misère et la Pauvreté faisant agir la grande majorité des hommes, c'est le mobile de la Constitution du Capital ou des Réserves Matérielles, dont le monde s'enrichit par la prévoyance individuelle, pour avancer, à son insu, plus sûrement dans la Voie de l'Avenir.

Le pôle de la Gloire du Travail est au contraire celui des conquêtes de l'Homme sur la Matière; c'est la Matière elle-même élevée au service de l'homme, c'est le mobile de l'humanité intelligente créant le Bien-Être et la Richesse par le Travail, les Machines, et les instruments de toute espèce : c'est le mobile de la Constitution de la Science ou des Réserves Intellectuelles que l'Humanité accumule pour suivre la Voie du Progrès qu'elle a su découvrir, afin d'accomplir glorieusement sa destinée terrestre, à ses propres yeux comme aux yeux du Créateur.

Tant que l'Homme ne peut s'élever à la notion de l'étendue des Devoirs et de la Responsabilité qui pèsent sur lui aux yeux du Créateur, il ne peut comprendre ce qu'est le Travail qu'il doit accomplir sur la terre, aussi s'est-il rendu coupable de Blasphème en avilissant le Travail, et en le considérant comme une peine et un châtiment.

Il n'est pas, au contraire, de Travail, si infime qu'il paraisse, qui ne soit supérieur à l'Oisiveté la plus entourée d'honneurs; et une journée de travail bien remplie, vaut mieux que toute une existence inactive.

Mais les phases diverses du Travail sont bien loin de revêtir à leur origine la sainte apparence du but divin qui leur est assigné. Le Travail est le moyen par lequel l'Humanité s'élève, mais c'est lentement et péniblement qu'elle acquiert les Connaissances par lesquelles chaque progrès se réalise, et les vertus sublimes du Travail, à peine comprises aujourd'hui, ne sont alors nullement pressenties.

Car l'assujettissement de l'Homme à la Matière, tant qu'il n'a pu se faire aider des forces de la Nature, l'empêche de voir, pendant bien longtemps, tout ce qu'il doit espérer en se plaçant sous leur protection par le Travail Intelligent.

Si le Travail est difficile sur la terre, c'est surtout à son Ignorance que l'homme le doit. Les difficultés qui restent à vaincre sont, aux yeux de la Raison, une œuvre de dévouement que l'Homme doit à la Vie, plutôt qu'un châtiment infligé à sa nature.

Le Travail cessera d'être un fardeau, et sa peine aura l'attrait d'un devoir accompli, du jour où l'Homme aura compris que le Travail est une Mission Divine dévolue à la Créature Humaine, pour son avancement dans la Vie Infinie.

Et le Travail ne sera plus un simple moyen de satisfaire à l'égoïsme du besoin des sens et des passions organiques : il sera le champ du Grand Concert des Intelligences, des Cœurs et des Ames pour la conquête de la Liberté, de la Fraternité et de la Justice sur la terre.

Alors l'Activité de l'Homme sera sans cesse productive des Biens qui créeront, pour tous, les moyens de participer dignement aux bienfaits de la Vie, et l'abondance effacera rapidement les traces du Mal et des iniquités du passé.

Le Travail des âges a développé un contingent

d'idées propres à guider l'Humanité vers l'Interprétation religieuse et vivante du Travail : les vérités qui le concernent se montrent, une à une, depuis plus d'un demi-siècle; mais combien d'erreurs restent encore entassées devant elles, et s'opposent à leur application sociale.

Le Travail participe à l'Œuvre divine de la Vie; c'est l'élément du Progrès des Nations et de l'Émancipation des Peuples; c'est là ce que nous espérons démontrer, en même temps que nous indiquerons la voie de la mise en pratique des vérités qui permettront à l'homme de pénétrer dans le champ infini des perspectives de son avenir, et des vues de Dieu.

II

PHASES DES INDIVIDUS ET DES SOCIÉTÉS

Les Lois qui président au Mouvement et à la Marche de la Vie dans l'Humanité, sont analogues à celles qui président à la marche de la Vie dans l'Individu.

Les Sociétés Humaines ont des caractères et des tempéraments divers, suivant l'âge de leur développement social; chaque phase de la Vie des Sociétés correspond à l'expression de facultés et de besoins particuliers, comme chaque phase de la Vie des Individus à ses tendances particulières.

En effet, si l'on étudie le développement des fonctions de la Vie dans l'Homme et dans les Sociétés humaines, on reconnaît l'analogie de leurs mouvements : la Société, c omme l'Individu procèdent tous deux en sens inverse de la Justice : leur marche suit l'ordre des lois primordiales ; elle s'appuie d'abord sur la Conservation Individuelle, Loi du Droit à la Vie ; ensuite sur le Progrès Individuel, Loi du Devoir dans la Vie, avant de pratiquer la Loi d'Équilibre qui est celle de Justice dans la Vie.

Ainsi les fonctions, soit dans la Vie Individuelle, soit dans la Vie Sociale, procèdent toujours du Droit pour s'élever à la notion du Devoir, et de celle du Devoir pour s'élever à la notion de la Justice.

Si nous considérons l'Homme dans les phases successives de son existence, nous le voyons d'abord, enfant, recevant de la tendresse maternelle les soins nécessaires à son entrée dans la Vie : fort de son droit, c'est par des cris et des pleurs qu'il les appelle. Puis l'enfant grandit, il veut s'affranchir de ses lisières ; il éprouve le désir de disposer par lui-même des choses vers lesquelles ses besoins l'entraînent ; il veut l'indépendance ; il aspire à faire acte de possession sur ce qui est à sa convenance : l'Esprit de Propriété s'agite en lui ; il recherche la satisfaction de ses besoins, avant de raisonner le droit des autres ; incapable cependant de créer ses moyens d'existence, il les attend encore des choses créées sans son intervention, puisant dans les affinités inconscientes de sa nature, la raison du droit qu'il réclame.

Consommer et agir est le fait de son Existence, et son Droit s'appuie uniquement sur le Devoir d'autrui, sans se préoccuper s'il y a Justice.

Bientôt l'enfant se fait homme, il entre dans la phase du Travail ; alors il arrive à son Émancipation naturelle ; ce qu'il attendait des autres, il sent qu'il peut le tirer de lui-même ; il n'est plus indispensable pour lui d'invoquer son Droit Naturel à la Protection de ses semblables, ni de tout attendre de leur Devoir. Le Travail lui ouvre une phase nouvelle de la Vie : il crée, il produit, il use de ses Œuvres, et il devient même le dispensateur des biens nécessaires.

C'est alors le moment où l'Homme voit, dans le Travail produit, le fruit de son Action sur la Matière, et dans les économies et réserves qu'il a faites, des garanties pour l'avenir ; garanties sur lesquelles il peut d'autant plus compter qu'elles sont l'œuvre de son action personnelle.

Les énergies de la Morale Primitive se développent alors en lui, parallèlement à celles du Travail ; le sentiment de la Propriété se joint à celui de la Sécurité, à celui de la Famille et de l'Amour.

Les sentiments des Individus, resserrés dans ce cadre, imposent à la sociabilité de très-étroites limites : l'Homme n'aime que lui et son entourage ; il ne vit que pour ce qu'il connaît, et il est hostile à tout ce dont il est resté éloigné. Mais malgré cela le sentiment du Devoir s'ajoute à celui du Droit : l'homme sent qu'après avoir reçu des autres, le moment est arrivé de leur rendre à son tour ; son amour du bien des autres s'élève en raison de ses progrès dans la Vie.

La fréquence des rapports avec ses semblables adoucit avec le temps l'esprit d'individualisme, parce qu'elle fait entrer en fonction les facultés supérieures de l'Homme, à mesure que le cercle de ses relations s'agrandit. L'expérience lui fait concevoir la nécessité de l'équilibre des rapports, non-seulement dans la vie individuelle, mais aussi dans la vie sociale ; et alors la phase de la raison naît en lui, en même temps que le sentiment de l'Application de la Justice aux actes humains, dans la mesure de ce que son intelligence en embrasse.

C'est ainsi que les Idées Sociales de l'Être Humain s'étendent, de la Famille à la Cité, de la Cité au Canton, du Canton à la Province, et de la Province à la Nation, pour s'étendre ensuite à l'Humanité.

Mais c'est à travers mille épreuves que ce Travail Moral s'accomplit, et c'est à peine si quelques esprits, aujourd'hui, sont affranchis du Préjugé des Nationalités et des Frontières.

Les Évolutions Morales que nous venons de constater dans l'Homme, parallèlement au Développement de ses Facultés, sont les mêmes dans la Vie des Sociétés Humaines ; ce n'est que lentement, et peu à peu, qu'elles s'élèvent de la notion du Droit à celle du Devoir, et de celle du Devoir à celle de la Justice.

Dans les Sociétés Primitives, les Hommes sont les Enfants de la Nature : ils trouvent en elle les moyens d'existence qu'ils sont incapables de se créer par eux-mêmes. Attachés puissamment à la Matière par les liens de l'Organisme, c'est le côté matériel qui fait l'objet de leur première expérience.

, Le Travail est d'abord le Résultat Instinctif des Besoins Individuels : la Nécessité commande, l'Homme obéit ; et la conquête des choses les plus nécessaires à l'existence est presque son unique occupation.

Mais les Besoins dépassent la limite de ce que le Travail peut donner, l'Homme manque d'Expérience et de Savoir, et Dieu a placé en lui un levain de Désirs qui doivent grandir, jusqu'à ce que le Travail ait créé sur la terre les progrès qui doivent donner à chacun l'abondance de toutes choses. Alors, sous l'empire de leurs Besoins Inassouvis, les hommes, tout en invoquant le Droit comme base de leurs actions, le font bientôt reposer sur la Force, et le Droit perd ainsi le caractère de sa première origine : les hommes ne se contentent plus d'accepter de la Nature les choses nécessaires à leurs besoins, ils cherchent les moyens de s'emparer du Travail de leurs semblables, et de s'approprier par la Violence la part des autres. Cette pensée cupide fait dévier de sa route l'activité humaine : le Travail crée dès lors les instruments de guerre et de carnage.

La Destruction, le Vol, l'Esclavage, l'Asservissement de l'Homme par l'Homme, font leur entrée dans le monde, et causent le malheur des peuples jusqu'à ce que le sentiment du Travail Utile vienne remplacer ces Égarements de l'Humanité.

C'est alors le règne du Droit, fondé sur l'instinct brutal de la Conservation Personnelle, et se soutenant par l'Accaparement et la Conquête. Aussi la Société humaine offre-t-elle le spectacle d'une guerre incessante. L'Homme sillonne sa marche dans la Vie de l'Humanité par les innombrables erreurs de son Activité Subversive.

Avant de comprendre la Loi de Solidarité qui l'unit à ses semblables, l'Homme n'écoute que l'instinct puissant de ses propres Besoins.

Incapables de s'unir dans le Bien, les individus s'unissent dans le Mal ; le concert pour l'attaque provoque l'intérêt de la défense : il en résulte que la méchanceté et la convoitise poussent à la guerre une humanité ignorante, et lui font une loi du *travail collectif* dans un but de résistance et de conservation. C'est ainsi que le progrès s'accomplit même par la voie du Mal.

Dieu permet que la sottise et la méchanceté des hommes servent indirectement à l'accomplissement de leur destinée, en développant leur intelligence par un emploi, quoique mauvais, de leur activité.

Cette période de dégrossissement social ne présente que des phases successives d'un travail confus. C'est la famille dans l'isolement, dans la misère, abandonnée à elle-même, travaillant sans prévoyance et sans mesure, épuisant ses forces à un travail ingrat, préparant obscurément le règne du Devoir, mais sans autre intérêt apparent que celui des individus.

On trouve difficilement dans l'histoire les traces des progrès accomplis par le Travail; l'homme est tellement fasciné par le régime de la force, par le contact des armes, qu'il s'est rendu indifférent à tout ce qui n'avait pas le glaive pour symbole. Autant l'histoire a enregistré de guerres, d'invasions, de batailles, de massacres, de persécutions, d'assassinats, d'empoisonnements et de faits qui seront bientôt pris en horreur par les nations, autant elle a oublié de nous parler du Bien que l'Homme a fait, en élevant la Matière au rang des auxiliaires qui doivent l'aider dans la tâche laborieuse du Progrès de la Vie Terrestre.

L'origine de toutes les découvertes utiles, dans les sciences et les arts, disparaît, le plus souvent, dans le silence, à moins que l'invention n'ait donné lieu à quelque persécution pour son auteur.

A travers toutes ces difficultés sociales, le Travail accumule lentement et obscurément, dans l'Humanité, les conquêtes qu'il fait sur la Matière.

Peu à peu, la Loi du Devoir surgit de la réciprocité des Faits : les Sociétés reconnaissent que la Violence appelle la Violence, et que la Nature leur a fait, pour condition première de tranquillité humaine, une nécessité de mutuels égards et d'une mutuelle assistance.

Bientôt, le sentiment du Devoir domine à son tour celui du Droit, et les abus mêmes de la Force s'inspirent en apparence de la pensée du Devoir.

Cependant l'homme subordonne encore au respect du Droit la notion du Devoir, et surtout celle de la Justice qu'il comprend à peine, et dont le règne n'est pas encore venu.

Les Sociétés continuent ainsi de s'élever à la Richesse par le Travail ; au milieu de leur pauvreté première, elles construisent des édifices publics qui transmettent aux générations suivantes leur contingent de Travail, avec les idées que portent en elles les formes revêtues par la Matière.

Le Travail crée des moyens de locomotion et de transport ; il met, par la construction des navires, les rivières, les fleuves et les mers au service de l'homme ; il établit ainsi les échanges et les relations entre les peuples ; il constitue parallèlement la Science en ouvrant, par les faits qu'il accumule, la voie des Réserves Intellectuelles.

Car la Science à laquelle l'Esprit Humain peut atteindre, est proportionnelle aux progrès que l'Homme a faits dans le Travail ; sans le secours du

Travail des générations qui l'ont précédé, l'Homme est bien peu de chose : ses facultés ne prennent une véritable étendue que lorsqu'elles peuvent s'aider des moyens d'observation que l'instrument du Travail permet et a permis.

Enfin, arrive le jour où la Société se surprend à reconnaître qu'elle doit au Travail ce qu'elle est, qu'elle lui doit Tout !

C'est alors que dans la Société, comme dans l'homme viril, la loi d'Équilibre et de Pondération de la Vie permet d'ordonner les faits humains d'après la notion de Justice.

Quand les Sociétés se sont élevées à ce niveau par les facultés du Travail, le caractère des forces morales qui les guident se modifie, et c'est de la Justice que ces Sociétés tendent à s'inspirer. Elles procèdent alors en sens inverse des Sociétés Primitives; au lieu de faire dériver du Droit, la notion du Devoir et celle de la Justice, elles font dériver de la notion de Justice celles du Devoir et du Droit.

Notre phase sociale est dans ce cas : son tempérament diffère de ceux des phases qui l'ont précédée. Les besoins qui s'y agitent dérivent des facultés productrices des intérêts composant les liens sociaux, et le Travail est la Force qui aspire à imprimer au monde un mouvement nouveau. Aussi, les réformes sociales, nécessaires à notre époque, doivent-elles avoir pour but d'organiser les moyens d'assurer aux masses tout le comfort que le Travail peut enfanter à leur profit.

C'est là le seul moyen de légitimer l'emploi de la Richesse, et de placer les positions sociales, qui en dépendent, sous la sauvegarde de la Loi d'Équilibre et de Justice, qui assurera la paix définitive du monde.

Nos Sociétés ont traversé leurs phases d'enfance ; possédant le sentiment véritable du Droit et du Devoir, elles pressentent les règles de la Justice et leur mise en pratique ; aussi veulent-elles, pour y atteindre, faire tomber toutes les barrières qui se dressent devant la Liberté, afin de créer l'Unité Sociale des Individus, des Nations et des Peuples.

CHAPITRE QUATORZIÈME

ÉLÉMENTS DE LA PRODUCTION

I

ACTION DE LA NATURE ET DE L'HOMME

Le Travail est le principal aspect de la Vie sur la terre; c'est la Forme, le Mouvement et la Pensée imprimés à la Matière.

La Nature fait les premiers frais du Travail; elle en crée les éléments qu'elle met au service de la Vie de toutes les Créatures, et particulièrement au service de l'Espèce Humaine.

Au Travail de la Nature, l'homme ajoute son propre Travail pour améliorer sa position dans la Vie.

Le Travail que l'Homme ne consomme pas reste, sous le nom de Richesse, comme Réserve au profit de la Vie.

La Richesse se compose donc de deux éléments :

Le Travail de la Nature,

Le Travail de l'Homme.

La Richesse résultant du Travail de la Nature

c'est ce que le Créateur a fait, et ce que la Nature nous donne pour l'usage commun de l'espèce.

L'Homme est appelé à prendre part sous deux formes différentes aux Richesses Naturelles communes à l'Espèce :

La première, qui est obligatoire pour tous les hommes, c'est la forme passive : elle consiste dans l'usage personnel que l'Individu est obligé de faire des produits de la Nature pour entretenir son existence : c'est le Droit de l'Individu sur les produits naturels, c'est le Droit à la Vie.

La deuxième, c'est la forme active : elle consiste à produire, et complète la première ; c'est l'action du Travail et de l'Intelligence, s'appliquant aux Œuvres de la Nature, et agrandissant la sphère de la Vie Matérielle ; c'est le Droit de l'Individu aux Produits de son Activité.

La Richesse résultant du Travail de l'homme, c'est ce qui constitue son Droit Individuel à la Propriété.

En effet, dès que l'homme ajoute à la Matière brute des qualités nouvelles, le sentiment de la propriété naît en lui ; il sent et il voit son action sur la matière ; les choses soumises à son activité reflètent une partie de lui-même, sa pensée est passée en elles par le travail de son intelligence et de ses mains ; elles appartiennent à l'Individu comme l'individu s'appartient lui-même : tel est le sentiment du droit qui s'agite dans l'Esprit Humain, aussitôt qu'il fait acte d'intelligence sur la nature extérieure.

Le Droit de Propriété est donc corrélatif de celui du Travail, ou parallèle à ce droit; en d'autres termes, le Droit de Propriété n'est autre que celui du Travail.

Telle est l'idée que l'homme attache à la possession des choses, et leur valeur est d'autant plus grande qu'elles représentent plus de Travail.

Mais, à côté du droit individuel créé par le Travail de l'Homme, existe le droit aux choses créées par le Travail de la Nature, droit que la Justice doit faire renaître, *au profit de tous*, après des siècles d'oubli et d'oppression.

II

RICHESSES NATURELLES

Lorsque l'homme-enfant est encore ignorant des procédés du Travail, que sortant des mains de la Nature, il n'est encore doué que des idées nécessaires à sa conservation, les produits naturels sont le partage de chacun : la terre, les fruits qu'elle porte, les animaux dont elle est couverte, sont un fonds commun, où chacun puise suivant ses besoins, et sur lequel aucun privilége n'est établi.

Chacun, au nom de ses besoins, peut ramasser la pierre qu'il trouve propre à faire un tranchant, couper l'arbre pour se faire un arc, cueillir la grappe mûre, et tuer l'animal au passage pour satisfaire son appétit; *mais la terre et ses fruits, le travail du Créateur et celui de la Nature enfin, restent le fonds commun sur lequel les générations qui suivent, à l'égal de celles qui les ont précédées, conservent le droit de pourvoir à leurs besoins et d'exercer leur intelligence.*

C'est là un Droit Primordial, qui subsistera aussi longtemps que l'Humanité elle-même, et auquel il n'est porté atteinte que parce que, dans son ignorance primitive, l'homme méconnaît les Lois de la Vie, de l'Association et du Travail.

L'Homme n'est que l'Ouvrier de la Nature pour le Progrès de la Vie sur la Terre; il n'intervient que pour une bien faible part dans le travail immense que les forces naturelles accomplissent chaque jour pour donner à tous les hommes les Biens qui leur sont nécessaires; et si, un seul instant, cette protection nous était retirée, l'Humanité périrait aussitôt. Il y a donc, à côté des Produits du Travail de l'Homme, les Produits du Fonds Commun.

Il faut donc distinguer ce qui est l'ouvrage des puissances créatrices placées au-dessus de nous, de ce qui est l'ouvrage de l'homme; il faut faire la part due au concours partiel de chaque individualité humaine, et celle due au travail général des éléments, et à la production que la Nature crée pour nous.

La Nature est soigneuse de l'Espèce : tous les hommes sont ses enfants; devant eux, elle étale les Biens qu'elle peut leur offrir : *les produits naturels n'étant l'œuvre de personne sont le partage de tous.* La Nature consacre ainsi le droit primordial de chacun aux choses nécessaires à la Vie, aussi avons-nous vu qu'elle donne à tous les hommes des facultés et des besoins analogues pour faire usage de ses dons.

L'Action de la Nature est antérieure à l'Action de l'Homme, et elle nous suit dans tous nos travaux. Nul Individu ne peut prétendre être le premier principe des choses sur lesquelles son activité s'exerce; avant lui, la Nature en a créé les éléments; avant son action, une action première était accomplie; mais, en outre, l'homme ne peut rien faire de nouveau sans le concours de la Nature.

L'Homme n'a créé ni la terre, ni l'eau, ni l'air, ni la lumière ; il n'a pas fait davantage les matériaux du sol ni de la mine : la Matière, enfin, n'est pas son œuvre; la Nature a créé toutes ces choses pour exercer l'activité de l'Homme, et pour satisfaire aux besoins de l'espèce.

Les pluies et les rosées entretiennent sur la terre les sucs nourriciers qu'elles abandonnent aux végétaux ;

L'air porte partout en abondance les propriétés vitales qu'il tient de la Nature ;

Le soleil entretient chaque jour la lumière, la chaleur et la vie dont notre globe a besoin ;

Les plantes croissent, les fruits mûrissent, et la vie animale se multiplie au profit de l'humanité.

L'ouvrier fond les minéraux et les convertit en métaux, les triture, les étire, les allonge, en crée des instruments de travail, en fait des machines ; mais il accomplit ces travaux à l'aide des ressources que la Nature tient en réserve ; il lui emprunte les matériaux, l'air et le feu ; sans cette assistance de la Nature, l'homme ne pourrait rien faire.

Le laboureur récolte la graine et sème son champ ; mais, si le travail de la Nature ne venait le faire fructifier, qu'en résulterait-il ?

La Nature accorde à l'Homme la faculté de disposer pour ses besoins personnels des biens qu'elle prépare pour lui ; *mais elle ne donne et ne confère à personne*, par aucun signe particulier, *le privilège d'accaparer ses biens. De l'assistance qu'elle accorde, elle fait un droit pour tous les hommes à une part du produit qui en résulte ;* par conséquent le domaine naturel est inaliénable. Son aliénation n'a lieu que par une violation du droit naturel, violation malgré laquelle tous les hommes conservent, de génération en génération, leur droit imprescriptible au Fonds Commun de la Nature, et à une part des choses créées par son travail.

Les limites de chacun à l'usage de ces dons sont tracées par la satisfaction des besoins physiques, et par le libre exercice des facultés de l'Intelligence.

La Société ne peut avec justice faire obstacle à ce droit ; *elle ne peut en modifier l'usage qu'en donnant à l'individu des droits sociaux supérieurs à ceux qu'il tient de la Nature ; c'est-à-dire en convertissant son Droit aux Produits Naturels, en un Droit Sociétaire dans les Produits du Travail.*

III

RICHESSES DU TRAVAIL

Jusqu'à ce que des hommes aient imposé à leurs semblables des restrictions et des règles sociales, plus ou moins conformes aux intentions de la Loi Naturelle, chaque individu trouve, dans son droit au Fonds Commun de la Nature, la part nécessaire à ses besoins.

Jusque-là, la Nature a fait tous les frais, c'est à elle seule que l'homme doit les premières ressources dont il dispose ; le droit de propriété individuelle se réduit, pour chaque individu, à la possession de lui-même, et de ce qu'il s'assimile comme nécessaire à ses besoins.

Mais la mission de l'homme est d'approprier la Matière à son usage, de la transformer et d'ajouter

au travail de la Nature son propre travail : *là commence le Droit de Propriété Individuelle.*

Ce que l'Homme ajoute au travail de la Nature
lui appartient en propre : c'est l'OEuvre qui le grandit dans la Vie ; le fruit de son travail est le rayon-
nement de lui-même : c'est une extension de son
être.

L'Homme ne peut faire acte de Propriété sur son
Travail sans se trouver obligé vis-à-vis de ses semblables. La propriété lui impose des devoirs, puisque l'Aliénation de la Matière au profit de l'Individu
se ferait au préjudice du Droit de Tous, si l'ap-
propriation individuelle n'entraînait le Devoir
d'une Compensation, pour ceux que cette appro-
priation prive de l'exercice de leur droit de participation au Fonds Commun, et à ses fruits naturels.

Mais, investi du besoin de la possession, l'Homme
n'a pas fait de distinction entre son Travail et l'OEuvre de la Nature à laquelle ce travail a été appliqué.
Pour conserver la Propriété de son Travail, il s'est
approprié, en même temps, les fruits naturels et le
Fonds Commun qui n'appartiennent qu'à l'Humanité.

Et l'Homme ayant méconnu les véritables principes du Droit, les Sociétés en ont méconnu l'usage ;
elles se sont dessaisies de toute action sur la Richesse, parce que l'Activité Humaine l'avait rendue
Individuelle.

Pourtant l'impôt pourrait être considéré comme

un indice du Droit que la Société a conservé sur la
Propriété ; mais, loin d'avoir ce caractère de Droit
Social, il semble au contraire consacrer l'Aliénation
du Fonds Naturel sur lequel reposent les Richesses de
l'Homme.

Mais les Lois du Progrès ne peuvent permettre
aux Sociétés de perpétuer indéfiniment cette erreur
sociale : le droit de propriété issu du travail de
l'homme, ainsi que la plus-value qu'il a su donner
aux choses, doit être distingué de ce qui provient
du Fonds de la Nature, fonds sur lequel l'Humanité conserve sa part de droit.

CHAPITRE QUINZIÈME

LA GRANDE INDUSTRIE

I

PROGRÈS DU TRAVAIL

C'est par la transformation, ou la modification des conditions matérielles de ses ressources présentes, que l'Homme prépare le progrès pour l'avenir. Il n'y aurait ni amélioration, ni progrès possibles, si tout ce qui est devait invariablement conserver sa forme : or, il n'y a aujourd'hui que les hommes atteints de cécité sociale, pour nier que la transformation de nos Sociétés soit inéluctable.

Il faut donc déterminer les conditions de ce progrès. Quand un édifice a vieilli outre mesure, la prudence commande de ne pas attendre qu'il soit écroulé avant d'étudier les plans de sa réédification. Notre état social est dans cette situation, et si la prévoyance humaine ne fait le nécessaire, il peut s'amonceler en ruines avant que rien soit préparé pour permettre à la Société de continuer son œuvre.

Il importe donc de voir si l'état social peut accomplir les progrès vers lesquels il tend, sans apporter une modification considérable dans les conditions du Travail et de l'existence des masses ouvrières.

Tout progrès dans l'Humanité est la conséquence d'un fait nouveau sur lequel repose le progrès qui s'accomplit. Pour opérer un progrès social au profit de la vie des masses ouvrières, il faut donc songer à réaliser quelque chose de nouveau dans ce qui compose leurs moyens d'existence, et dans le milieu où cette existence s'écoule.

Leur moyen d'Existence, c'est le Travail.

Le milieu où leur existence s'écoule, c'est l'Atelier et l'Habitation.

Toute tentative de Réforme Sociale sera donc illusoire, si elle ne change rien aux conditions du Travail.

Toute tentative de Réforme dans le Travail sera impuissante et insuffisante, si une Réforme Architecturale ne crée, au profit des classes ouvrières, le milieu habitable, propre à la satisfaction de leurs besoins, et aux jouissances de la vie sociale dont toute créature humaine doit être mise en possession.

Les matériaux de cette transformation se sont élaborés au sein de l'atelier ; c'est par les progrès de l'Industrie que le problème a commencé à rece-

voir ses solutions préparatoires. Et il devait en être
ainsi, car pour répartir, il faut produire ; pour créer
le bien-être au profit de tous, il faut que les éléments nécessaires en existent. Or, le Travail seul
pouvait les enfanter, et depuis que la Mécanique
et la Vapeur se sont mises de concert avec l'Homme,
pour exécuter ce que l'intelligence demande à la
machine, la Production n'a plus de limite que celle
de la Consommation Humaine.

Sans remonter bien loin dans l'examen des procédés industriels en usage, nous trouvons naguère
dans la petite industrie chaque artisan créant isolément l'instrument de travail et les produits nécessaires. L'Atelier est petit, les moyens sont bornés
à la force et à l'adresse de l'ouvrier, aussi l'outil
est-il imparfait, grossier et peu propre à son
usage ; la Culture des terres souffre de l'insuffisance
des moyens, autant que l'Industrie elle-même.

L'Homme, livré ainsi à ses seules forces et à ses
seules inspirations, ne fait usage que des méthodes
compliquées et anti-économiques ; la production et
le travail reposent sur la routine de procédés dont
l'état d'isolement des capacités industrielles permet
difficilement de sortir.

Les produits alors sont rares et les moyens d'é-
change difficiles, ceux de transport sont presque
nuls ; mais le moment arrive où les transports à dos
d'âne et de mulet font place aux transports par
voies carrossables, puis les canaux et les chemins de

fer étendent, dans des proportions incomparables, les moyens d'échange et de production.

Alors, l'Échoppe de l'artisan et le petit Atelier s'effacent rapidement devant l'Usine et la Manufacture : la Grande Industrie se constitue.

Les combinaisons de la mécanique sont bientôt appliquées, de façon à assurer l'action des forces motrices de la nature, pour aider l'homme dans tous ses travaux, et pour centupler ses facultés productives.

Les moyens d'action se concentrent, les fonctions du Travail se divisent, et l'homme en arrive à exécuter les choses nécessaires à la vie à des conditions de bon marché et de perfection qu'il n'eût jamais réalisées dans le petit atelier; car il lui eût été impossible de réunir les trois facultés productives : Capital, Travail et Capacité à un degré suffisant pour se livrer à une production sérieuse. Aurait-il eu le Capital et le Génie, que les bras lui auraient fait défaut, et qu'il eût toujours été condamné à l'impuissance du simple travailleur.

En l'absence de règles sûres, la Production s'organise dans la Grande Industrie, en raison des intérêts qui en profitent; les halles de l'Industrie s'élèvent et sont ouvertes à l'activité du travailleur : les engins de culture approfondissent le sillon, ies produits jaillissent chaque jour de la terre et des machines, avec une abondance et une perfection nouvelles; partout l'Intelligence imprime son action aux faits de la Production, mais le Travail n'a qu'une part indirecte aux avantages qui en découlent.

La Grande Industrie est néanmoins un progrès considérable que l'Esprit Humain réalise en ce siècle ; c'est une évolution préparatoire dans les méthodes et les procédés de la Production Générale, évolution nécessaire à l'Émancipation prochaine du Travailleur par l'Association.

En attendant cette transformation de la condition du travailleur, les moyens nouveaux de production créent le développement de la richesse indispensable à la réalisation du bien-être dans l'humanité, et rendent déjà accessibles aux masses, des étoffes, des denrées, des objets de consommation de toute espèce, dont jadis les princes des peuples étaient privés.

Il est bon de rappeler que, pendant bien des siècles, nos pères n'avaient point de chemises ; que leur plus grand luxe consistait à se vêtir d'une simple tunique, lentement filée entre les doigts de leurs femmes, et que la plupart n'avaient que des peaux d'animaux pour se couvrir.

II

PROGRÈS DE L'ARCHITECTURE

Les progrès que l'Intelligence humaine a réalisés dans les moyens de Production ne sont pas les

seuls; elle a également élevé l'Architecture à la
hauteur des nouveaux besoins de l'Industrie Moderne, et l'art de construire a suivi le progrès de
l'Usine sur le petit Atelier.

C'est à l'Architecture Moderne qu'on doit ces
constructions remarquables, ces édifices où la laine
et le coton, le lin et le chanvre semblent se filer
comme par une puissance magique, où la mécanique tisse les étoffes les plus variées sous le regard
inspecteur de l'homme ; ces halles immenses où les
métaux, sortant des fournaises ardentes, sont cou-
lés, broyés, étirés, laminés, par des forces si impo-
santes, que la fable antique du travail des cyclopes,
dans les forges de Vulcain, disparaît comme une
Ombre devant la Réalité : ces merveilles attestent la
Royauté de l'Homme sur la Matière et la puissance
du Travail sur la Terre.

La transformation des voies de circulation et de
transport a, de son côté, sollicité le génie du Travail à des efforts nouveaux, pour créer les édifices
et les monuments utiles : au lieu des édifices du
passé qui, par leur masse et leurs matériaux, sont
le symbole de l'immobilité, de la fixité, et des
contemplations stériles, quand ils ne sont pas l'expression de l'asservissement des peuples — la
Civilisation du Travail et de la Paix demande à
l'Architecture et à l'Art, la légèreté, l'espace, et la
liberté dans l'édification de ces monuments du
Travail Moderne où les peuples se rapprochent,

s'unissent et se confondent par flots de population, que les rapides convois versent chaque jour
de ville à ville, de province à province, et de nation
à nation.

L'Architecture, l'Art et l'Industrie se concertent
pour donner aux Débarcadères de ce grand mouvement pacificateur du monde, l'aspect grandiose que
méritent ces monuments de la fusion des peuples,
avant de porter leur action régénératrice sur la condition de l'Homme.

Honneur au Capital et aux Talents qui se sont
voués à cette Œuvre ! L'humanité leur en sera
reconnaissante, et elle ne verra pas en eux, au jour
de la Justice de l'histoire, de simples capitalistes et
spéculateurs ; elle verra en eux des Bienfaiteurs de
l'Humanité !

On peut donc tirer hardiment cette conclusion
des faits établis : c'est que la transformation de la
Production entraîne celle des applications de l'Architecture à l'Industrie, et que l'Architecture, après
avoir créé les édifices nécessaires aux progrès de la
Production, doit concevoir l'idée de l'Habitation
propre à réaliser le Bien-Être au profit des masses,
en permettant le plus juste emploi possible des
profits du Travail.

Toutes ces études se font, et les faits se prépa-
rent par la seule force des choses ; car les idées de
Participation et d'Association prennent naissance

dans l'esprit des peuples, et deviennent une nécessité sociale, quand l'Évolution du Travail est suffisamment avancée pour que l'Association dans la Production fasse au travailleur la place à laquelle il aspire.

CHAPITRE SEIZIÈME

RÉPARTITION

I

LE TAUX DES SALAIRES

Le Salaire est à l'homme ce que le charbon est au foyer de la machine, et l'huile à la lubrification de ses organes ; le charbon et la graisse entretiennent la marche de la machine, le salaire entretient l'existence de l'homme nécessaire au travail.

Le Salaire n'est donc guère que la simple représentation de ce que l'homme prend au Fonds Commun de la Nature avant que la Propriété en ait envahi le domaine. Il laisse le travailleur dans une situation analogue à celle de l'homme primitif ; celui-ci est assujetti aux hasards des privations, des accidents de la vie errante et sauvage ; le travailleur est assujetti à toutes les fluctuations du salaire et du chômage : aucune garantie de l'avenir n'existe pour l'un ni pour l'autre.

Le Salaire, loin de permettre l'accès aux satisfactions que le Travail sait créer, ne garantit pas sou-

vent le nécessaire au travailleur ; il faut conclure
de ceci que le Capital ne remplit pas tous ses devoirs envers le Travail.

Dans l'état actuel de l'Organisation de l'Industrie,
l'élévation des salaires rencontre dans la pratique
de grandes difficultés, même pour les chefs d'industrie les mieux disposés en faveur des classes
ouvrières.

La Concurrence illimitée en est la principale
cause ; car la concurrence, c'est la lutte de l'Industrie sur le prix de revient des produits, et le prix
de revient se compose :

Du prix de la Matière Première ;

Du Salaire ;

De l'Intérêt des Capitaux nécessaires à la fabrication du produit ;

Et de l'Usure ou de la Dépréciation de ces Capitaux.

L'emploi économique de ces divers éléments
trouve souvent ses solutions les plus heureuses dans
la découverte de procédés nouveaux ; mais c'est là
le partage du génie, et toutes les industries n'ont
pas constamment à leur tête les hommes capables
de faire avancer chaque jour d'un pas leurs procédés de fabrication.

En l'absence de moyens ingénieux qui perfectionnent le Travail, et permettent de faire une part
plus forte au Salaire, le chef d'industrie qui sait
réduire ou obtenir au plus bas prix possible un

ou plusieurs des éléments ci-dessus, est en état de vendre à meilleur marché, et de réaliser des bénéfices impossibles à ceux qui ne font pas comme lui.

La Concurrence Industrielle produit donc une tendance permanente à la Baisse des Salaires, et cette tendance n'est combattue que par la Résistance incessante du Travail.

Le Chef d'Industrie perd de vue que le Travail a pour unique but d'améliorer la Vie, et que c'est par l'amélioration de celle des travailleurs qu'il serait juste de commencer. Il ne voit que les nécessités de son industrie, que le besoin d'écouler ses produits. De là, difficulté d'élever les salaires quand les autres industries ne les élèvent pas.

Les Ouvriers, de leur côté, ne peuvent tenir compte d'un état de choses qui est la négation de la Justice et de leurs Droits. Ils y résistent, et, faute de pouvoir décréter le minimum de salaire d'une manière générale pour chaque genre d'industrie, ils organisent des grèves locales qui n'ont guère d'autre influence que celle de montrer le mal profond du travail moderne, et l'antagonisme déplorable qui existe entre les Chefs d'Industrie et les Ouvriers.

Les Économistes du *statu quo* et du bon marché ne voient qu'une chose à faire : contenir, réprimer et comprimer les grèves ; les Économistes du laisser-faire, sans principes arrêtés, demandent la liberté pure et simple des Ouvriers comme des Patrons ;

mais les hommes qui pénètrent plus profondément dans l'avenir, sentent que ce moyen est insuffisant et que la solution du problème des rapports entre Ouvriers et Patrons ne se trouve que dans l'accord des divers éléments de l'Industrie.

La Liberté mettra les intérêts opposés en présence pour la revendication de leurs droits, mais ce ne sera qu'après avoir découvert la Règle de leur mutuel accord que l'apaisement s'établira. Or, il se produira inévitablement, au milieu des conflits que fera naître la liberté des intérêts longtemps sacrifiés, des résolutions dans lesquelles les représentants du Travail auront pris la plus forte place et feront loi.

Ne serait-il pas en conséquence raisonnable et sensé de ne pas attendre le moment extrême des conflits qu'une transition sans ménagements fera naître, et de commencer par avance à provoquer, très-loyalement et très-sincèrement, la manifestation et la représentation des vœux du Travail, et de faire chaque jour un pas dans la voie des Réformes auxquelles il a droit.

Tel est mon avis, et c'est pourquoi, chef d'industrie, j'ai cherché à apporter dans cette grave question mon contingent d'études pratiques, là où elles m'ont été possibles, au milieu des difficultés que nos lois opposent au progrès des idées et des faits.

Les questions touchant les rapports du Capital et du Travail font sentir leur urgence : les Droits du Travail surgissent et se posent; l'influence de l'élévation ou de l'abaissement des salaires, en même temps que le principe pouvant servir de base au règlement de la main-d'œuvre, sont partout l'objet de la discussion des Ouvriers; mais les principes économiques.que ces questions renferment sont encore à démontrer.

On a peu compris jusqu'ici l'influence que le taux du salaire exerce sur l'activité de l'Industrie en général, et l'on comprend encore moins ce que serait, pour la Société, une Participation Équitable du travailleur aux profits de l'Industrie.

Une plus juste part faite au Travail créerait des Consommateurs à la Production; l'Industrie n'aurait plus besoin d'en chercher au dehors, sinon pour ses échanges nécessaires, et pour les produits d'usage général et international. Elle aurait suffisamment, autour d'elle, de quoi mettre en usage le travail produit; ce serait la Gloire de la Vie dans les Nations et dans l'Humanité.

Telle est pourtant la destinée de l'Homme : il a pour première fonction de produire, et pour seconde de consommer; mais si, comme nous l'avons précédemment constaté, il se réalise de notables progrès dans la voie de la Production, rien n'a été fait pour organiser la Consommation ou l'usage des produits.

La Rétribution accordée au Travail, quelle que soit sa forme, est en fin de compte la part qu'il lui est accordé de prendre dans les produits du Travail Général.

Mais, dans nos Sociétés, il ne suffit pas d'avoir beaucoup travaillé pour avoir droit au produit du travail ; il faut que l'Ouvrier reçoive un signe d'échange, la monnaie, pour avoir le droit d'acquérir le produit.

La monnaie que le travailleur reçoit en échange de son travail constitue son salaire.

Or, le salaire peut être faible, quoique le travail effectué soit considérable ; le travail n'ayant pas coûté cher, le produit peut être bon marché.

Mais la grande majorité n'a que son salaire ; si le salaire est faible, elle possède peu.

Celui qui possède peu, acquiert peu et consomme peu, tandis que celui qui possède beaucoup, peut acquérir et consommer beaucoup.

La faculté de l'usage est donc presque nulle pour le travailleur, *quand même le produit serait bon marché.*

Le Pauvre ne peut en acheter que suivant ses ressources, tandis que le Riche peut en acheter des quantités d'autant plus considérables qu'il possède davantage, et que les produits sont à bas prix ; d'où il résulte que le Capital peut presque tout consommer et le Salaire presque rien.

Mais, diront les défenseurs des salaires à bas prix : — Si vous doublez les Salaires, les Produits doubleront de valeur ; le Riche sera obligé de diminuer sa

Consommation, d'où suivra une diminution dans la Production, et l'Ouvrier souffrira de l'absence de travail et sera privé de tout gain, ce qui est plus grave que de ne trouver qu'un faible salaire. — Cette objection n'est que spécieuse : la classe riche achetant moins, paierait malgré cela le même prix pour une moins grande quantité de produits ; un moindre travail de l'Ouvrier lui aurait fait satisfaire un même nombre de personnes, et le reste de son travail serait consacré à satisfaire ses propres besoins ; les produits du Travail, au lieu de passer au superflu de quelques-uns, seraient accessibles aux masses pour la satisfaction de leurs besoins.

Les Salaires doubleraient-ils, que le prix des Produits de l'Industrie ne doublerait pas pour cela. L'Industrie des Etats - Unis d'Amérique, où l'Ouvrier se paie assez ordinairement 3 dollars par jour (15 fr.), en est la preuve ; les États-Unis luttent de bon marché avec les autres nation .

Cela est dû à ce qu'à côté du Travail de l'Homme, il y a le Travail de la Nature et celui des Machines ; ceux-ci ne renchérissent pas dans la même proportion que celui-là, et tendent à se développer chaque jour davantage, sous l'influence d'un travail rémunérateur : d'où il suit que le Salaire augmenté permet à l'Ouvrier une Consommation plus grande, et qui dépasse énormément l'amoindrissement qui peut en résulter dans la consommation de la classe riche.

Quelques-uns prétendent que l'augmentation du salaire est sans influence sensible sur la vie de l'Ouvrier ; c'est là une erreur profonde, inspirée par l'égoïsme que les Lois de la Vie et les faits condamnent sans réplique ; mais chiffrons un exemple des résultats qui doivent se produire, sans en référer autrement aux faits nombreux qui, dans la Société, confirment la nécessité de l'augmentation des Salaires.

Supposons que le revenu d'un Capitaliste lui permette de consommer : 100
et que le salaire de l'Ouvrier ne lui permette que de consommer 1 ; il faudra *cent* Ouvriers pour consommer. 100

Total 200

Le Capitaliste consommera une part égale à celle de *cent* Ouvriers.

Mais, si le même Capitaliste consommant avec ses revenus 100
nous supposons que les Salaires des Ouvriers s'élèvent à 2 ; *cent Ouvriers* consommeront. 200

Total 300

La Consommation sera augmentée, mais le Capitaliste qui, dans le premier cas, consommait la moitié des produits, ne pourra plus en consommer que le tiers, dans le second : l'augmentation des salaires élevant le prix des produits, la Consommation aug-

mente au profit du Travail et diminue à l'égard du
Capital.

D'où il suit que, si on admet la quantité de produits consommables représentée, comme dans le
premier cas, par. 200 00
le Capital ne pourra plus consommer
que 66 66
et le Travail consommera. 133 34

La diffusion de la Richesse s'établit donc par
l'Élévation des Salaires, comme sa raréfaction par
leur Abaissement.

Mais, dira-t-on, les instruments du travail ne pourront se créer qu'à plus grands frais, de sorte que
la valeur du Capital-Outil s'élèvera, et la balance
se rétablira pour mettre Capital et Travail au
niveau précédent !

Non, la valeur de l'instrument du travail ou
Capital-Outil augmentera, il est vrai, mais au lieu
de contribuer à l'augmentation de la valeur du
produit, la machine donnera un résultat contraire,
et le résultat final ne pourra affecter en rien les conséquences salutaires pour l'Ouvrier de l'augmentation des salaires.

Il y a plus, l'Abaissement des Salaires est une
faute grave que la Loi doit, dès maintenant, ériger
en Délit.

Lorsque l'Industrie éprouve un encombrement
de Produits et que, par cela même, elle a avili le
prix de la Production, c'est une action coupable de

songer, dans de pareils moments, à mettre à contribution les besoins de l'ouvrier pour exiger de lui
un travail à prix réduit, qui augmente encore le stock
encombrant, et prolonge ainsi indéfiniment la Crise.

Le Travail exécuté dans ces circonstances n'est
souvent qu'une Honteuse Spéculation à gros bénéfices, sur lesquels l'Exploitant compte au jour de la
reprise des affaires, reprise qu'il peut facilement
attendre, pendant que les privations accablent le Travailleur.

L'Industrie, en pareille circonstance, a des devoirs à remplir, et au lieu d'aggraver le mal, elle en
devrait chercher le remède.

L'Augmentation des Salaires est donc une Loi du
Progrès Industriel, autant qu'une Loi de l'Émancipation du Travail.

Dans le système économique actuel de nos Sociétés,
les matières métalliques d'or et d'argent étant la
représentation des facultés de chacun à la Participation de la Richesse, on ne persuadera jamais
au Travailleur qu'il ne sera pas plus aisé en recevant 10 francs de cet or ou de cet argent, qu'en ne
recevant que 5 francs, puisque la première somme
représente deux quantités, au lieu d'une, de toute
chose consommable et de toute autre valeur.

Il y a là, en réalité, un déplacement véritable de la
Richesse Générale : les valeurs d'or et d'argent sont
en nombre limité ; ce qui est aux mains des uns
n'est plus aux mains des autres. A mesure que les

valeurs monétaires sont dans un plus grand nombre
de mains, la circulation devient plus active, et elle
trouve moins de motifs d'arrêt que quand toutes les
ressources du Capital sont concentrées chez un petit
nombre de détenteurs qui, plus impressionnables
aux événements, aux oscillations politiques, donnent lieu à des Crises Industrielles fréquentes, par
arrêt de la Production d'abord, et de la Consommation ensuite.

Il est des lois économiques que la Société subit
fatalement; les mutations de la Richesse sont de ce
nombre; la Richesse Nobiliaire s'efface devant la Richesse du Négoce et de la Spéculation, comme celle-ci
à son tour s'effacera devant la Richesse du Travail
producteur et créateur. La place de la RICHESSE
COLLECTIVE des Travailleurs se prépare lentement
à côté de celle de la Richesse Individuelle.

Mais ces métamorphoses ne se produisent pas
sans que quelques économistes en aient prophétisé
mille malheurs, et le fait est d'autant plus redouté
que son arrivée est plus vraisemblable; cependant,
une fois le fait accompli, la Société se regarde, se
trouve encore debout, et reconnaît même bientôt
qu'un progrès nouveau s'est réalisé.

Le fait le plus considérable qui résultera tout
d'abord d'une plus Juste Répartition des fruits du
Travail, sera de reporter vers les Champs et l'Atelier,
ou plutôt de leur laisser les fruits d'un travail dont
une richesse oisive et dissipée fait regorger les

villes, au grand préjudice des fonctions du corps social..

Il est vrai que la Consommation d'un Luxe futile et improductif absorbera une moins grande part du Travail Général; mais la Production se reportera sur les choses de Consommation Usuelle, et la Part du Peuple s'élèvera aux proportions du Bien-Être; les jouissances de la vie lui seront accessibles.

Les lieux de Production s'embelliront alors; cet aspect de pauvreté et d'indigence des Campagnes et des Pays Manufacturiers disparaîtra. Le Travail verra sortir autre chose qu'un maigre salaire de l'énormité des Richesses créées sous sa main; l'Atelier et l'Habitation du travailleur, jusqu'ici délaissés des faveurs de la fortune, verront disparaître les traces que les courants de l'habitude ont conservées d'un passé, pendant lequel le Travail a toujours été l'objet de l'oubli et du mépris de ceux qui l'ont tenu en servitude.

La Liberté des Manifestations sera acquise au Travail, et comme le Négoce et la Spéculation ont su prendre place à côté de la Noblesse, le Travail à son tour prendra, dans la Société, la place qu'il ambitionne et à laquelle il a droit.

Ce sont là les aspirations générales du Travail ; elles se traduisent et se traduiront par des demandes, soit d'augmentation de salaires, soit de réduction du nombre d'heures passées à l'atelier, et la Grève sera le moyen de revendication de l'Ouvrier, jusqu'à ce que la Règle de Justice donnant satisfaction à tous les intérêts, soit trouvée et appliquée.

L'augmentation des salaires, pas plus que leur diminution, ne produira la fusion et l'accord des intérêts divers qui concourent à la Production ; la Loi de cet accord n'est pas dans l'Antagonisme de ces intérêts, elle est dans leur Association, dont le premier terme sera le Droit de Participation.

Du jour où le travailleur aura pris part aux décisions qui auront accordé au Capital l'intérêt reconnu nécessaire, et au Salaire la part légitime qui lui est due ; du jour où il aura en outre la certitude de participer aux Bénéfices de l'Entreprise dans la mesure de son mérite, il n'y aura plus de grèves possibles, mais il y aura des Ouvriers dévoués au succès des fabriques, des usines, des chantiers et des exploitations agricoles dans lesquels leur intérêt sera en parfait accord avec le but de l'Entreprise, par l'espoir d'un dividende proportionné à l'activité qu'ils auront déployée, et au travail qu'ils auront accompli.

L'Ouvrier changera un système d'hostilité permanente aux intérêts du Patron, en une attention soutenue à la prospérité et au succès d'une Industrie à laquelle il sentira son intérêt solidairement attaché. Alors, la fabrique élèvera sans peine ses produits au plus haut degré de perfection, car tous les intérêts étant unis, Ouvriers et Patrons seront bientôt animés de cet Esprit de Corps qui porte tous les Individus à soutenir l'Honneur du Drapeau.

II

LE PAUPÉRISME

Des progrès considérables se sont réalisés dans
la plupart des branches de l'Industrie, mais leurs
effets ne se sont manifestés que sur les produits et
sur les moyens de produire.

La condition de l'homme, au lieu de s'en améliorer, a donné naissance à cette nouvelle forme du
paupérisme, qui assiége tous les Centres d'Industrie ;
et, par une anomalie singulière, c'est sur les points
où l'activité humaine est le plus grande, sur les points
où l'on crée avec le plus de promptitude les choses
nécessaires à la Vie, qu'on voit le plus de misères
accumulées les unes sur les autres.

Et pourtant il est élémentaire que là où l'homme
travaille et produit beaucoup, il crée les moyens
de l'aisance ; et que s'il est misérable au sein
du travail même, cela tient évidemment au renversement de toutes les notions d'une bonne Organisation Industrielle et des plus simples notions
d'Équité Sociale.

Quand les moyens de Production Agricole et Manufacturière en sont arrivés au point où notre Civilisation nous les montre, quand les prodiges de la
Mécanique sont au service de l'homme, à quoi
servira la Production que la Civilisation enfante

chaque jour, si elle ne tourne au profit de la Sociabilité de l'Espèce? Cette production sera un mal si
elle n'a pour conséquence que de permettre à quelques-uns toutes les jouissances d'un raffinement
poussé à l'extrême, tandis que le grand nombre
s'abrutira dans le désordre du milieu confus où la
force des choses le condamne à passer sa vie, et où
tout manque pour élever l'âme et ennoblir le
cœur.

Le mal n'est-il pas assez visible? L'Angleterre
n'a-t-elle pas assez de misères à côté de son opulence, pour établir qu'il y a urgence à chercher un
remède à ce triste et douloureux contraste ?

Personne ne conteste au Travail la fonction suprême qui lui est assignée par le Créateur ; personne
ne lui conteste ses vertus essentiellement moralisatrices, et pourtant, encore en ceci, les résultats
obtenus sont souvent en contradiction manifeste
avec les Lois de la Nature.

L'état de l'Industrie actuelle, au lieu d'élever
l'Homme par le Travail, en arrive à conduire les
masses à la misère ; l'oubli de la dignité morale en
est la conséquence.

Ces effets, entièrement opposés à ceux que le
Travail doit produire, ont leur cause dans l'inappli-
cation des vrais principes de l'Organisation du Travail, et de la Loi de Justice des rapports des hommes
entre eux, loi qui consiste à consacrer le Travail au
progrès de la Vie de Tous.

La plupart de ceux qui se sont occupés de l'état des populations industrielles de notre époque, ont été surtout frappés de l'affaissement moral que produit la misère sur un certain nombre des classes ouvrières. Cet état, que la concentration des masses pauvres met en relief, est-il propre seulement aux Centres d'Industrie, et pour être moins visible dans l'isolement des Campagnes, en est-il moins réel?

Non, les mêmes causes produisent partout les mêmes effets : où les ressources et la direction du Travail se sont concentrées en un certain nombre de mains, la Pauvreté existe à côté de la Richesse.

Mais la différence qui se constate, c'est que l'esprit d'émulation ou d'excitation propre aux grandes réunions d'hommes, a pour résultat, quand il ne peut trouver essor dans l'ordre des facultés utiles, de conduire les individus à des excitations nuisibles, par dégoût de leur genre de vie, et par dérivation des forces de l'esprit qui ne peuvent trouver leur utile emploi.

En voyant la misère se produire plus ostensiblement dans les Centres d'Industrie, beaucoup en ont conclu que les grandes agglomérations sont productrices de cette démoralisation. D'un effet apparent, ils ont cru pouvoir déduire une cause invariable, et l'attribuer au milieu lui-même, c'est-à-dire à la Concentration Industrielle.

Ils ont oublié qu'il est dans la loi de toutes les forces, aussi bien morales que physiques, que les grandes puissances sont capables de beaucoup de bien comme de beaucoup de mal, suivant la direction bonne ou mauvaise de ces forces.

Les grandes agglomérations humaines sont dans ce cas ; elles deviennent des foyers de perfection industrielle et morale, quand la direction de leurs forces est bonne ; ou elles marchent à des résultats contraires, si elles sont assujetties à un emploi abusif.

C'est donc à un Vice d'Organisation qu'il faut imputer, par exemple, la facilité avec laquelle, dans les Centres d'Industrie, le travailleur s'abandonne aux écarts de l'intempérance, quand, au contraire, l'homme livré au travail des champs et l'artisan du village sont plus sobres.

Pour ceux-ci, l'isolement laisse les ressorts de l'esprit le plus souvent dans l'inaction, les causes d'excitation ne s'offrent guère à eux : les facultés restent inactives.

Mais, pour l'Ouvrier de l'Usine et de la Manufacture, le contact incessant de ses semblables tient en éveil toutes ses facultés, et si des motifs nobles et élevés ne viennent servir d'aliment à sa pensée, on comprend combien les excitations du cabaret lui seront faciles, puisque, jusqu'ici, le principal savoir-faire qui se soit surtout exercé dans les Centres Manufacturiers, en dehors et autour de l'Usine, a été de créer à l'Ouvrier les occasions de dissipation les plus multiples.

Rien n'est fait pour lui rendre facile un bon usage de ses gains, mais, au contraire, toutes les basses spéculations se réunissent pour l'entraîner à la consommation inintelligente et abusive de ses salaires, déjà insuffisants pour les besoins de sa famille.

Rien n'est fait pour rendre attrayant à l'Ouvrier le Logement où vit la Famille; logement souvent désolé par l'absence du nécessaire, et presque toujours repoussant par ses dispositions sordides.

Il n'est donc pas étonnant que l'Ouvrier se laisse aller à la faiblesse de préférer le séjour des lieux de tentations publiques qui lui sont offerts.

III

NÉCESSITÉ DU PARTAGE DES BÉNÉFICES

La Question Sociale comprend la Production, la Répartition et la Consommation : ces trois parties de la Vie Sociale sont solidaires les unes des autres, et les questions qui surgissent de chacune d'elles ne peuvent se résoudre sans le secours des deux autres; il n'y a donc de solution définitive et possible du Problème Social que dans l'Organisation qui donnera à la Production, à la Répartition et à la Consommation les directions les plus favorables au Progrès et au Développement de la Vie Humaine.

L'état de gêne des Classes Ouvrières est aujourd'hui la plus grave question qui se pose à la Société, car elle soulève celle de la Répartition et de l'Usage des Produits du Travail.

Jusqu'ici, la plupart des hommes n'ont vu, dans les progrès de l'Industrie, que le développement de la Production; il y a autre chose à y voir : il ne suffit pas d'assister à ce bouillonnement de l'activité humaine pour en examiner les effets : il faut en définir le but, et, s'inspirant de l'amour du Vrai Bien, il faut chercher les moyens d'ouvrir à l'activité humaine la voie progressive dans laquelle elle doit entrer, pour éviter les périls que présenteraient les obstacles inutiles qui lui sont opposés.

Il ne faut donc pas seulement que le génie moderne s'occupe des moyens de progrès dans la Production; il faut en même temps concevoir la nécessité de l'emploi et de l'usage de cette production, il faut Organiser le Travail sur des Bases Équitables de Répartition, il faut introduire la Justice dans le Partage des Bénéfices; il faut, en outre, créer le milieu capable de donner à l'Ouvrier et à sa famille la possibilité de faire, des fruits du travail, l'usage le plus intelligent, et le plus conforme aux fins de la Vie.

L'Activité Humaine peut tout pour le salut du monde, mais c'est à la condition que cette activité prenne une direction en accord avec les Lois de la Vie. Cette direction, le passé ne l'a pas offerte dans les péripéties de la guerre, puisque la Guerre n'est que la Destruction de la Richesse créée par le Travail, en même temps qu'elle est la Destruction de l'Homme lui-même.

L'Homme en lutte permanente avec ses semblables détruit, mais n'édifie rien pour son bien-être ; la Guerre entraîne avec elle tous les malheurs propres à détourner les Sociétés des idées bienfaisantes qui peuvent conduire à une bonne direction du Travail Général, et à l'union des efforts, vers le but assigné à l'humanité pour le Salut de Tous.

Et la Guerre, c'est tout le Passé de l'Humanité !

Mais l'ambition et l'aveuglement des princes des nations en sont arrivés à leur terme ; bientôt, ils ne disposeront plus des peuples comme de troupeaux qu'on mène à la boucherie ; la Société a besoin de respirer sous l'influence du Travail et de la Paix ; ce ne sera plus bientôt contre les maux venant du dehors par les guerres, suscitées par la sottise ou la méchanceté des gouvernements, que les nations auront à se défendre, mais contre les maux résultant du mauvais usage des Produits du Travail, et du défaut d'ordre à l'intérieur dans la Répartition des avantages de la Richesse.

Riches, honorons le Travail et avisons à ce qu'il donne à ceux qui l'exécutent une Part Proportionnelle au Bénéfice qu'il a créé, comme nous le désirerions pour nous-mêmes si nous étions travailleurs.

Travailleurs, respectons la Propriété aux mains de

ceux qui la possèdent, et consacrons nos efforts à la rendre plus productive, afin d'augmenter la Richesse et de la rendre accessible à tous.

Hommes de Génie, Pionniers de l'Humanité, continuons notre mission rénovatrice, apportons généreusement le levain de nos œuvres au sanctuaire du Travail, et réclamons toujours, et pour tous, la Justice et l'Équité.

Le temps est venu d'organiser ; il ne suffit pas d'attaquer l'iniquité des faits dus à l'ignorance du Passé, il faut chercher les moyens de salut pour l'Avenir : il ne suffit pas de connaître le mal, il faut y appliquer le remède.

Le premier remède est dans le Concert et l'Accord des Forces Productives.

Le concert et l'accord des forces productives est dans l'Équité de Répartition des Résultats du Travail.

L'Équité de Répartition, c'est l'Obéissance aux Lois du Droit et du Devoir.

Les satisfactions de l'Opulence nous montrent ce à quoi aspire le perfectionnement de la Vie Individuelle ; ce n'est donc pas pour l'Opulence qu'il faut modifier l'état des choses.

La Misère et la Pauvreté sont au contraire le mal social dans sa laideur ; c'est à ce mal social qu'il faut appliquer le remède pour faire disparaître la misère, et donner à la pauvreté libre accès à une existence convenable.

Dès que les dehors sales et grossiers de la Misère auront disparu, le Travail et la Richesse se sentiront moins éloignés.

Les rapports et les relations entre les hommes seront plus faciles, plus agréables et plus sympathiques, l'Humanité aura conquis la condition sociale pour laquelle le Créateur l'a faite.

Que fera la France? fera-t-elle comme l'Angleterre? se contentera-t-elle d'une profonde indifférence sur le sort des masses? Laissera-t-elle passer le moment propice du développement de la Grande Industrie, sans inaugurer la Répartition Équitable des Bénéfices résultant du Travail, et sans opérer la Réforme Architecturale de l'Habitation qui doit créer le Foyer Moralisateur à côté de la Fabrique? négligera-t-elle de mettre, enfin, le milieu habitable au niveau des besoins que font germer, dans l'esprit des masses, l'Activité et le Travail industriels?

Si le bon sens des intérêts et les directions de la Science ne se portent de ce côté, la France, comme l'Angleterre, verra promptement s'accroître chez elle les proportions de la Misère et de l'Abrutissement dans la Classe Ouvrière.

CHAPITRE DIX-SEPTIÈME

ASSOCIATION DU TRAVAIL ET DU CAPITAL

I

ÉLÉMENTS DE LA RÉPARTITION

Nous avons vu précédemment que la Nature devance l'Homme dans la Production des choses nécessaires à son espèce ; elle a prévu ce dont il a besoin et créé les choses sur lesquelles il peut agir : c'est ainsi qu'elle a établi le Droit Primordial de Tous aux Choses Naturelles.

Les transformations que l'Homme fait subir à la Matière par le Travail, ne sont qu'un complément ajouté aux choses déjà existantes : c'est un élément de Vie Nouvelle dont l'homme enrichit la Vie Générale.

A mesure que, par le Travail, l'homme s'empare davantage des Éléments de la Nature, il fait un usage plus grand des ressources qu'elle tient en réserve ; le Droit Primordial de Tous aux Richesses de la Nature se confond dans les Richesses créées par le Travail : d'où il résulte que ce Droit Primordial se transforme pour chacun en un Droit Social sur la Richesse créée, et que le Droit Social aux avantages de la Richesse s'accroît, comme les besoins de l'homme, à mesure que celui-ci fait davantage usage des ressources de la Nature dans ses méthodes de Travail.

La Production Naturelle représente donc ce qui provient de l'Action des Éléments ou du Fonds Commun de la Nature ; c'est ce que la Société en reçoit directement pour servir à la Production des choses nécessaires à la Vie Humaine, ou à la Création de la Richesse.

Mais l'Action de la Nature, étant Universelle, se confond avec celle de l'Homme, et si *elle affirme clairement l'existence du droit de tous à un minimum*, elle ne peut se spécialiser dans la Production Humaine, ni s'évaluer que par les besoins qu'elle a pour but de satisfaire.

Le Travail de l'Homme succède aux Forces Productives de la Nature ; les travailleurs de corps et d'esprit à tous les degrés, les travailleurs de l'Agriculture, des Usines, des Manufactures, de l'Industrie, de l'Enseignement, des Sciences et des Arts forment le Contingent Humain de la Production.

Le Travail représente les forces productives de l'homme, les bras vigoureux qui fécondent la Matière ; c'est la fonction active de la Production.

Le Travail exécute, produit, fait naître et croître les choses nécessaires à l'Existence ; considéré dans son action générale, il embrasse toute l'activité humaine, l'activité utile à la Vie surtout, mais il qualifie particulièrement l'activité de l'homme employée à modifier et à transformer la Matière.

Le Travail précède la Richesse, comme il précède la Science.

La Science et la Richesse procèdent du Travail.

Le Génie, la Capacité, le Talent ajoutent au Travail la puissance de leur action, en dotant la Société de Découvertes et Inventions utiles, qui agrandissent le cercle de l'Activité Humaine, et constituent la Réserve ou Économie Intellectuelle, désignée sous les noms de Science, Invention et Industrie, suivant la forme que revêt l'Activité Humaine dans son application au bien de la Vie.

Le Génie se rend utile au Travail et au Capital par ses découvertes, par les moyens de perfection, et par l'assistance qu'il donne au développement de la Production.

L'Invention est une conception du Génie traduite en action ; elle représente les découvertes de l'Intelligence, et développe l'action du Travail en lui venant en aide ; la Société lui doit des ressources toujours nouvelles, et de nouveaux moyens de produire les choses utiles.

La Science et l'Industrie sont les Œuvres du Génie amassées dans l'Humanité, pour nous assurer les moyens faciles de la Transformation de la Matière.

Lorsque les ressources de l'Activité Humaine sont

matérielles, c'est-à-dire lorsqu'elles sont de nature à servir sous une forme quelconque à l'usage de nos besoins, les Réserves ou Économies qui en résultent se désignent sous les noms de Richesse ou Capital.

Le Capital représente le Travail fait antérieurement ; c'est l'équivalent d'un travail épargné et tenu en Réserve : n'étant pas entré dans la Consommation, il peut utilement servir, et aider à un travail nouveau.

Le Capital vient en aide à la Création de la Richesse, en mettant à la disposition d'une Production nouvelle les ressources créées par le Travail antérieur.

Dans la Production, le Capital remplit un rôle utile, en donnant au Travail les moyens plus faciles de l'application des Découvertes de l'Invention et du Génie. Mais le rôle du Capital est entièrement passif ; son influence utile ne se manifeste, dans la Production, que sous l'impulsion active que lui impriment le Travail et la Capacité.

Le Capital, soit la Terre, la Fabrique, l'Outil ou la Matière première, a besoin du Travail pour être fécondé, et du Génie pour découvrir les moyens de tirer le meilleur parti de toutes choses.

Les Besoins de la Vie dans l'Humanité relient ces différentes sources de la Production dans une étroite solidarité ; nous devons donc, après avoir défini ces éléments de la Richesse, chercher les moyens de leur union dans le principe d'une *Répartition Équi-*

table, conforme au droit naturel, et proportionnelle à la part de concours de chacun.

La Justice Distributive doit présider à leurs rapports ; c'est là le Problème Social qu'il importe de résoudre.

II

URGENCE DE LA RÉPARTITION ÉQUITABLE

Dès que l'Industrie ou la Production prend un certain développement, elle donne lieu, sous une forme ou sous une autre, à la réunion de ceux qui possèdent le Capital, de ceux qui ont la faculté du Travail, et de ceux qui ont la Capacité Organisatrice.

Il existe donc une étroite solidarité entre toutes les facultés de la Production : elles ne peuvent rien de remarquable l'une sans l'autre.

Voyons donc comment se fait la Répartition entre ces facultés.

Le Capital fait sa place en souverain maître, sans admettre aucune Intervention, ni du Travail, ni de la Capacité, dans les Bénéfices de la Production.

La force des choses a toujours fait accorder au Travail de quoi nourrir le travailleur ; le Salaire représente aujourd'hui le droit de tout travail employé au service des autres ; mais est-il juste que le

Travail soit ainsi tenu à l'écart de toute participation directe, et que son intervention dans la Production ne soit due qu'aux lois de la nécessité et du besoin ?

Celui qui possède les ressources acquises profite ainsi de la supériorité de sa position ; mais cela ne justifie point l'abus qu'il en peut faire.

L'Invention a rarement été distinguée du Travail ; confondue avec lui, elle subit les mêmes lois, et elle reste la proie des forts, quand l'Inventeur ne peut lui-même tirer parti de sa découverte.

L'Invention est pourtant le plus puissant levier de l'Industrie Moderne ; partout où elle trouve sa place, elle crée la Prospérité Industrielle. Mais il lui est indispensable d'avoir à son service l'assistance du Travail et du Capital.

Travail, Capital et Invention sont donc indispensables à la Production des Richesses : il serait juste, quand ils sont si indispensablement nécessaires l'un à l'autre pour créer les choses utiles, qu'ils soient unis pour le partage des avantages auxquels ils donnent lieu ; il n'en est rien cependant ; l'une des parties jouit à elle seule des résultats obtenus : le Capital absorbe Tout.

Les parties intervenantes ne sont pas sous une loi commune ; deux d'entre elles manquent d'un intérêt direct aux résultats définitifs.

C'est pourquoi, si le Capital intéressé aux bénéfices est soigneux des opérations, on voit le plus souvent le Travail y apporter la plus complète indifférence, quand il n'y est pas hostile.

Ce sont là des résultats dus aux erreurs dans lesquelles est encore le monde sur les principes de l'Organisation Vraie du Travail.

La Répartition des produits du Travail, telle qu'elle existe, est une œuvre de tâtonnement social ; aucune règle, aucun principe ne lui sert de base.

Si, dans la pratique actuelle des faits de la Production, il paraît équitable d'accorder un intérêt au Capital en reconnaissance du service rendu par celui qui s'en dessaisit en faveur d'autrui ; s'il paraît également juste de rémunérer les œuvres du Génie et du Travail, suivant l'importance de leur utilité ; il n'est pas équitable, lorsque ces trois facultés s'unissent dans un fait de production collective, que l'une d'elles puisse s'arroger tous les bénéfices de l'entreprise dépassant le prix des salaires et les émoluments du talent et du génie ; cela n'a rien de conforme à la raison et blesse la justice. Aussi le sentiment des masses invoque-t-il l'Équité de Répartition dans les produits du Travail.

Ce sentiment est entré profondément dans les idées de notre époque ; il serait du plus grand intérêt social que les Sociétés, pouvant lui donner satisfaction, n'en négligeassent pas les moyens !

Le contraste de misère et d'opulence dû à la Répartition Actuelle est trop évident, pour que le bon sens des peuples n'exige pas bientôt de profondes modifications dans cette Répartition. Il appartient à l'intelligence humaine d'en chercher les moyens d'application dans le calme et la paix, pour que cette Répartition Équitable ne serve pas de motif à une Évolution sociale douloureuse.

L'Équité dans la Répartition des produits du Travail doit être désormais la base de l'Ordre au sein des Sociétés ; non de l'ordre imposé par la force, mais de l'ordre vrai, de l'ordre consenti, de l'ordre durable, de l'ordre reposant sur la satisfaction de toutes les facultés ayant, de par la volonté du Créateur, droit aux produits du Travail. L'Équité de Répartition est le premier pas à faire pour écarter les brandons de discorde parmi les hommes ; sa pratique nous apprendra à être bons et justes, à appliquer à nos actes le principe de la vraie morale, à protéger dans les autres, comme en nous-mêmes, tout ce que la Vie réclame.

III

PRINCIPE DE RÉPARTITION

C'est à la réunion des quatre éléments producteurs : Travail, Capital, Invention et Production Naturelle qu'est dû tout ce qui est nécessaire à la Vie Humaine.

Ces quatre sources de la Production concourent ensemble à la création des choses utiles ou de la Richesse : c'est en elles qu'il faut trouver la quotité représentative du droit de chacun de ces éléments producteurs; ce sont donc les quatre termes à unir et à accorder dans une Répartition Équitable.

Les règles pour établir le Droit de Participation des éléments réunis de la Production sont à chercher, puisque jusqu'ici ces éléments ont agi sans lien bien caractérisé.

Cherchons à établir comment, par des moyens pratiques et simples, le régime d'une RÉPARTITION ÉQUITABLE peut surgir de notre état industriel, et se mettre en accord avec les Lois de la Vie.

Le Prix du Travail se règle par des conventions, lorsqu'il se rapporte à une œuvre exceptionnelle ou inconnue. Il se règle par des tarifs et des usages, lorsqu'il s'agit d'un travail souvent renouvelé, dont l'objet et la valeur sont bien déterminés, ou encore suivant la durée du temps qui y est employé.

Le Capital qui se livre ou se prête, rend à la Production un service qui se reconnaît par l'intérêt. Cet intérêt varie suivant l'importance du service, il est sujet à des fluctuations dont les banques marquent le taux; il se règle par des conventions, et même, à défaut de convention, par la loi.

L'Invention, le Génie, la Capacité, ont droit à une prime proportionnée à l'importance des nouveaux produits qu'ils ont découverts ou rendus plus faciles à exécuter.

La Production Naturelle légitime le DROIT SOCIAL DE CHACUN ; elle constitue la part nécessaire pour assurer la protection due aux faibles, et le respect de la Liberté et du Progrès de la Vie en chacun de nous.

Dans l'état actuel de nos sociétés, l'impôt, les assurances et les fonds de secours mutuels en sont une faible représentation.

Mais le Travail, le Capital et l'Invention étant les moyens de Production propres à l'homme, c'est sur la PROPORTIONNALITÉ de leur concours que la Répartition peut s'établir ; le droit social de tous, étant la représentation du droit à la Production et au Fonds Commun de la Nature, il a pour mesure le MINIMUM INDISPENSABLE aux besoins de ceux qui ne peuvent vivre de leurs ressources personnelles.

Ces principes généraux une fois posés, on peut concevoir leur application dans la Répartition.

Les salaires, l'intérêt et les primes sont prélevés, avant tout, sur la partie disponible des produits ; les Bénéfices Généraux sont ensuite répartis à la Réserve Sociale, au Travail, au Capital et à l'Invention, proportionnellement à leur droit légitime représenté par :

Les Salaires du Travail,

L'Intérêt ou Loyer du Capital,

Les Primes de l'Invention,

La Part des Besoins Sociaux.

De sorte que sur les bénéfices restant des opérations après tous frais payés, la Répartition Équitable donnera dans l'avenir :

A la Prévoyance Sociale, le MINIMUM INDISPEN-SABLE pour assurer chacun contre le malheur ;

Aux Travailleurs, un DIVIDENDE PROPOR-TIONNEL AUX SALAIRES, appointements ou émoluments qu'ils auront reçus pour le prix du travail exécuté ;

Au Capital, un DIVIDENDE PROPORTIONNEL A L'INTÉRÊT, ou au loyer convenu, soit pour le champ, la ferme, l'usine, l'outil ou la matière première qu'il aura fournie ;

Aux Inventeurs, un DIVIDENDE PROPORTION-NEL AUX PRIMES accordées à leurs découvertes.

I V

EXEMPLES DE RÉPARTITION

Donnons un premier exemple d'application transitoire dans laquelle le Capital, conservant la faculté d'arrêter les conditions de la Participation, s'est réservé un intérêt très-élevé : 15 %, tout en consentant l'application des principes de Répartition indiqués ci-dessus.

Dans une usine, l'exercice clos établit qu'il a été payé pendant l'année :

Pour Salaires et appointements de 250 ouvriers et employés, deux cent vingt-cinq mille francs, ci . . . . . , ...   225,000

Pour intérêts dus au Capital de 1,000,000 à 15 %, cent cinquante mille francs, ci .   150,000

Pour Invention et Direction, vingt-cinq mille francs, ci   25,000

Total représentant les concours :   400,000

Il a été fait, dans le cours de l'exercice, un bénéfice net de soixante mille francs; ci : .   60,000

Sur cette somme, on prélève d'abord, au profit du Fonds de Réserve et de Prévoyance, correspondant au Droit Naturel des valeurs prises sur la Nature, une somme que la pratique et l'expérience indiquent; nous la supposons de 5 % de la valeur représentative des concours, soit de 20,000 francs; reste 40,000 francs à partager.

C'est 10 pour % à répartir à toutes les sommes acquises dans le cours de l'exercice à titre {de rémunération première. Le Capital représente ses coupons d'intérêts, les Travailleurs et les Inventeurs représentent leurs carnets de salaires, et chacun reçoit 10 centimes pour franc des sommes à lui payées : l'opération est faite.

Sous le régime actuel de l'Industrie, le Capital seul aurait prélevé les 60,000 francs.

Sous le régime de la Participation de tous les concours, il serait fait à la Prévoyance Sociale, une réserve de fr.   20,000

    Le Travail prélèverait.   22,500

    L'Invention   2,500

    Et le Capital   15,000

                   Total   60,000

Dans cet exemple, le Travail apporte pour deux cent vingt-cinq mille francs de valeurs qui ont créé les produits ;

Le Capital a apporté un million de matériaux : bâtiments, instruments de travail, qui ont servi à fabriquer ces produits ;

L'Invention et l'Administration, vingt-cinq mille francs de valeurs pour assurer le succès.

Les 225,000 fr. de salaires sont payés lorsque le Travail délivre le produit ;

Le Capital rentre dans son million à la vente des produits.

Et les 25,000 fr. dus à l'Invention d'abord, puis à l'Administration, sont prélevés sur les recettes disponibles.

Car cette Répartition suppose que les Inventeurs et les Administrateurs sont considérés comme travailleurs, et ont à ce titre un minimum d'appointements.

Le mérite de l'Invention et de la Capacité Administrative ne se justifiant que par le succès des opérations, il est fondé que ce qui doit leur revenir pour cela ne leur soit compté qu'après la preuve de l'accomplissement de leur mission : l'absence de bénéfice serait un grief suffisant pour qu'il ne leur fût rien accordé.

Tout Établissement d'Industrie, toute Entreprise Industrielle, peut facilement faire des conditions analogues de Répartition dans son exploitation, et faire de ses Salariés des Participants, en attendant qu'ils deviennent des Associés.

La plus grave difficulté proviendra de ceux qui comptent sur le bas prix des salaires pour lutter de concurrence par l'avilissement du prix des produits. Les partisans du bon marché ne savent pas que leurs théories ont pour conséquence la gêne ou la misère des travailleurs, et qu'il serait bien préférable de voir le produit bien vendu, par suite d'une bonne rémunération de l'Ouvrier, que de chercher à produire à des prix qui ne peuvent être obtenus souvent qu'en enlevant au travailleur la juste rémunération qui lui est due ; ce qui le met ensuite dans l'impossibilité de faire usage des créations du Travail.

Cherchons dans un autre exemple des combinaisons plus avancées dans la voie de l'Association de tous les éléments producteurs.

Un Établissement d'Industrie, occupant mille ouvriers et employés de différents ordres, veut opérer sur les principes complets de l'Association Industrielle du Travail, du Capital et de la Capacité. Ces trois éléments sont appelés à régler les bases de la Répartition.

Les Salaires et les Appointements sont fixés suivant les cours en usage; le capital offert est de trois millions de francs; il est reconnu que deux millions seraient suffisants pour la marche régulière des opérations. Mais, d'un autre côté, les intéressés admettent que si l'on accepte un million de capital supplémentaire à celui comprenant : les bâtiments d'usine, le matériel et le fonds de roulement strictement nécessaire, ce million aurait le mérite de permettre, dans les moments les plus favorables, les achats de matières premières payables comptant et avec escompte sur facture ; qu'il permettrait en outre d'attendre les échéances des marchandises livrées, et de ne pas escompter les traites de l'établissement, faisant jouir ainsi d'un profit qu'il faudrait laisser aux banques d'une part, et ne pas trouver, de l'autre, sur les matières premières : les trois millions sont donc admis à la répartition au taux de 6 % comme intérêt.

Le Travail est généreux en faveur du Capital sous le régime de la Répartition Équitable, parce qu'il connaît le Capital par les services qu'il lui rend.

Ces premières bases fixées èntre les parties intéressées, par leurs mandataires délégués à cet effet, le reste n'est plus qu'une simple question de comptabilité dans l'établissement.

Indépendamment des livres de la Comptabilité

Générale, ayant rapport à la marche des affaires et à la direction industrielle et commerciale, il est tenu un livre auxiliaire spécial où toutes les parties intéressées ont leur compte de salaire ou de rémunération quelconque. Chaque participant possède en outre un carnet de comptabilité, sur lequel sont inscrits chaque jour ses salaires acquis, ou autres droits à la Participation, de manière à laisser en ses mains le double de son compte.

De cette façon, au jour de l'inventaire, la Comptabilité de l'établissement présente sans difficulté les droits acquis à la Répartition.

Nous les supposons établis de la façon suivante :

Les Intérêts à 6 % de trois millions : cent quatre-vingt mille francs, ci. 180,000

Les Salaires, appointements des mille ouvriers, comptables, employés et administrateurs, payés pendant l'exercice : un million, ci. . 1,000,000

Les Primes aux Inventions et la rémunération aux Capacités administratives : quatre-vingt mille fr., ci. 80,000

Les droits à la Répartition sont au total d'un million deux cent soixante mille francs, ci 1,260,000

Il a été vendu pendant l'exercice pour deux

millions cinq cent mille francs de produits pré-
sentant, après balance d'écritures, un bénéfice
net de quatre cent quarante et un mille francs,
ci 441,000

Mais la somme due à la Prévoyance Naturelle comme Minimum
ou équivalence du droit naturel de
chacun aux dons de la Nature, étant
estimée à 5 % du principal des
concours, sur fr. 1,260,000 c'est
soixante-trois mille francs, à prélever sur les bénéfices avant tout
partage, ci 63,000

Reste à partager trois cent
soixante-dix-huit mille francs, ci . . 378,000

En divisant cette somme de trois cent soixante-
dix-huit mille francs de bénéfices partageables, par
celle de douze cent soixante mille francs, montant
des droits acquis à la Répartition par le Travail, le
Capital et la Capacité, on a 30 % de dividende à
répartir à toutes les sommes ayant droit à la
Répartition.

Mille francs de Salaires, mille francs d'Appointements, mille francs d'Intérêt, mille francs de Prime
aux inventeurs ou aux capacités, tous ont droit à
trois cents francs de dividende.

V

ÉLASTICITÉ DU PRINCIPE D'ASSOCIATION

Le principe du Droit de Participation de tous les concours, fondé sur ces bases, est de sa nature un principe libre, et d'une application facultative.

Les conditions de son application, en supposant l'accord exprimé ou tacite des facultés concourant à la Production, sont essentiellement variables. Les taux de l'Intérêt, des Salaires et des Primes sont sujets à des variations qui se déterminent librement, par le besoin que les facultés productives ont les unes des autres : mais une fois que ces facultés ont fixé leurs droits respectifs , suivant leur utilité dans la production, elles restent sur le pied de l'égalité dans la Répartition des bénéfices supplémentaires, elles interviennent proportionnellement à l'importance de la rémunération acquise, ce principe doit être invariable ; un franc de salaire viendra toujours au même titre qu'un franc d'intérêt, mais le taux de l'Intérêt, le taux du Salaire et des Primes de l'invention seront arrêtés par avance, par des conventions ; faute de conventions, l'intérêt légal et les cours des salaires serviraient de règles.

Qu'on ne perde pas de vue ici que l'Égalité du

Salaire et de l'Intérêt dans la Répartition des bénéfices, marche parallèlement avec la Proportionnalité
des Concours.

Qu'on ne perde pas de vue non plus que, malgré
l'égalité des droits du Salaire et de l'Intérêt au jour
de la Répartition des bénéfices, les parts du Capital
et du Travail, dans la Production, n'en restent pas
moins variables à l'infini suivant la volonté des Sociétaires.

Telle industrie pourra Réserver 5 % d'intérêt au
Capital, telle autre 10 %, etc., de sorte que des différences considérables peuvent s'établir dans les
relations du Capital et du Travail, sans qu'il soit besoin de déroger au principe de l'Égalité des Droits
de l'Intérêt et du Salaire dans les bénéfices nets de
la Production.

Des objections contre l'Égalité du Salaire et de
l'Intérêt dans la Répartition seraient donc sans fondement. Il faut éviter de compliquer inutilement la
Répartition : un franc de salaire vaut un franc
d'intérêt.

Lorsque plusieurs parties contractantes se sont
reconnues indispensables dans une œuvre, que leurs
éléments se sont reconnus réciproquement nécessaires l'un à l'autre, à des conditions débattues, ces
parties doivent avoir un droit proportionné à leur
concours dans l'entreprise, et bénéficier suivant l'u-
tilité de leur intervention.

L'Intérêt, le Salaire et les Primes consenties sont

le signe du concours que chacun a apporté dans la Production.

Le Capital, comme le Travail, débat ses conditions à l'avance. Si l'intérêt du Capital s'élève, le Travail touchera moins ; si c'est le Salaire, les dividendes du Travail seront plus forts. L'abaissement ou l'élévation de l'Intérêt, du Salaire et des Primes peuvent satisfaire par leur mobilité à toutes les combinaisons.

Il est inutile de compliquer la Répartition ; si le Salaire, ou l'Intérêt, a des raisons de se plaindre, c'est l'Intérêt, ou le Salaire lui-même qui est mobile; en en variant le taux, les dividendes varient proportionnellement : il n'est donc pas besoin d'établir des différences gênantes dans les droits aux bénéfices.

Capital et Travail, tout en s'unissant sous l'abri d'un principe qui les intéresse au succès de toute entreprise, n'en restent pas moins l'un et l'autre libres de leurs mouvements.

Le Travail ira sans gêne là où le Capital sera moins exigeant, comme le Capital de son côté se portera là où le Travail lui donnera des résultats avantageux.

Mais, dans une entreprise, tous les capitaux seront-ils admis au même titre ? Où l'on admet la liberté des conventions, il n'est pas de règle absolue; chaque Association ou Participation fera ses conditions, établira ses règles, les modifiera. Par exemple, des Obligations garanties pourront toucher un intérêt fixe et n'avoir aucun droit aux bénéfices, les Actions du matériel toucher plus ou moins que celles du fonds de roulement. L'expérience et le besoin sauront inspirer à chaque entreprise les combinaisons qui lui seront propres.

De même que chaque Ouvrier doit conserver le droit de débattre son Salaire, de même aussi le Capital doit conserver le droit de débattre ses conditions.

Il n'y a aucune difficulté à l'inauguration du Principe Équitable de la Participation aux Bénéfices de la Production, d'après la Proportionnalité des concours du Capital, du Travail et de la Capacité, reconnus et admis par des conventions ou par les usages.

Il n'y a aucun changement à faire dans la marche actuelle de l'Industrie et de la Production : il ne faut que déterminer à l'avance l'intérêt des capitaux engagés dans l'entreprise, si l'on ne veut pas que celui déterminé par la loi, en l'absence des conventions, fasse règle.

Ensuite, administrateurs, directeurs, comptables, chefs de fabrication, contre-maîtres, ouvriers, chacun discute ses émoluments, ses appointements, son salaire, chacun prend part à la Production, et s'en retire à sa volonté, ou suivant ses conventions, sans troubler en rien ni les fonctions, ni la marche des Industries. En se retirant, chacun conserve ses droits à la Répartition des bénéfices, suivant le chiffre de la rémunération qui lui est acquise, comme en entrant tardivement chacun aura des droits suivant l'importance de la rémunération qu'il recevra jusqu'au jour de la Répartition ; en se séparant d'un établissement d'industrie, le fonctionnaire, comme l'ouvrier, cesse de participer.

Mais tout principe nouveau a peine à faire son entrée dans le monde ; l'Association du Capital, du Travail et du Talent, dans les ressources de la Production, aura donc ses résistances, qui céderont cependant devant l'évidence et la force des motifs que le sentiment public verra dans la justice de son application.

VI

GARANTIES NÉCESSAIRES

Du jour où la Grande Industrie s'organise, le principe de Participation du Travail devient un droit social, plus vivement senti qu'il ne l'était antérieurement, parce qu'il se confondait alors dans l'exercice individuel du droit de chacun à la possession de ses outils et des produits de son travail. La Grande Industrie, venant enlever au travailleur l'instrument du travail, et concentrer la Production, doit, en raison des progrès accomplis, restituer au Travail un droit équivalent et supérieur en ressources et en bien-être.

L'Association du Travail, du Capital et de la Capacité est un progrès social à réaliser parallèlement au Progrès Industriel, et loin de se nuire, ces deux progrès doivent marcher de concert à la conquête de tous les autres.

C'est d'ailleurs l'Association qui constituera le remède aux plaies apparentes de notre progrès industriel : c'est en elle que sont renfermées les véritables principes d'Organisation Industrielle sur lesquels reposera la prospérité future des nations ; la Participation du Travail et de la Capacité n'est pas une formule vague, ce n'est pas une de ces formules dont le sens pratique est insaisissable comme l'étaient naguère, par exemple, ces mots : Droit au Travail, jetés au vent de la publicité.

Le Droit de Participation du Travail n'a rien de plus difficile à concevoir que le Droit de Participation du Capital ; c'est une question de comptabilité et de chiffres des plus faciles.

Le Droit de Participation du Travail n'aggrave en rien les charges de la Production, il ne gêne en rien la marche de l'Industrie : il peut s'appliquer à toutes les entreprises, sans en modifier la direction ; il peut par conséquent s'introduire dans l'industrie actuelle, sans autres difficultés que celles des résistances aveugles du préjugé qui seront, comme en tout progrès, les seuls obstacles à vaincre.

Si les garanties de différents ordres dont l'existence de l'Ouvrier a besoin d'être entourée se présentent à l'esprit lorsqu'on songe à le rendre participant aux bénéfices de l'industrie, aucune d'elles n'est néanmoins susceptible de faire obstacle à l'inauguration du nouveau régime. Elles sont déjà toutes plus ou moins entrées dans la pratique industrielle sous l'influence du désir qu'ont des chefs d'industrie de chercher un remède aux souffrances de l'ouvrier malheureux.

Le principe de Participation ne fait que consacrer toutes ces tendances à la bienfaisance et à la justice envers l'Ouvrier.

Aucune difficulté ne s'oppose donc à la mise en pratique du principe de Participation du Travail et de la Capacité dans les bénéfices de la Production, conjointement avec le Capital.

Ce principe, librement accepté, se fera peu à peu sa place en gravitant vers l'Association de toutes les forces humaines; alors, effaçant l'individualisme, et l'égoïsme qui en est la conséquence, et qui pousse sans cesse l'homme au mépris du droit des autres, le principe de Participation inspirera chacun de sentiments plus humains, sauvegardant les droits de tous.

Mais un principe trop longtemps méconnu, c'est celui des droits du Travailleur à la Retraite; c'est-à-

dire à un minimum en cas d'incapacité de travail.
C'est peut-être le premier des droits sociaux du
Travail à inaugurer dans la pratique, et à opposer
à l'anarchie de la concurrence, et par suite à l'avilissement du prix des produits.

Ce Droit, fondé sur ce que la Nature entre pour
une part dans tous les résultats de l'activité humaine, doit donner lieu à un prélèvement social
au profit de tous, proportionnel à la valeur du
Travail affecté à la création du produit.

Non-seulement l'atelier de production doit payer
le salaire dû au Travail, mais il doit payer à la Prévoyance sociale la Réserve destinée à accorder aux
travailleurs dans le besoin le minimum appartenant à tous, au nom du droit de vivre, du droit de
conservation et d'entretien de la vie, droit que les
Sociétés auront bientôt à consacrer.

L'importance de ce prélèvement s'ajouterait ainsi
directement au prix de revient des produits, au lieu
d'être pris sur le salaire, comme cela a été pratiqué
jusqu'ici pour les Caïsses de Secours fondées dans
quelques usines. La retenue appliquée sur le salaire
diminue directement la part consommable du
travailleur, ce qui est contraire au droit.

En faisant peser le prélèvement dû à la Réserve
Sociale sur les frais généraux de la Production, la
diffusion de cet impôt s'opère sur la masse des
produits, et proportionnellement à leur valeur;
il est supporté par conséquent par ceux qui en font

usage : le salaire de l'ouvrier lui reste entier, et lui permet à son tour d'user et de consommer les produits en rapport avec ses besoins.

N'importe à quelle entreprise le Capital se livre dans le domaine de l'Industrie, la première chose qu'il doit faire, c'est de verser au Travail le salaire qui fait vivre l'ouvrier. Mais le produit du travail doit servir aussi à nourrir les masses. Il est donc indispensable d'ajouter au principal des salaires, une proportion nécessaire en faveur des Réserves de Prévoyance; car si l'Ouvrier doit vivre en travaillant, la justice exige encore qu'il soit à l'abri du besoin, si une incapacité de travail lui survient, et sa famille doit vivre quoi qu'il arrive.

Il faut donc que le prix brut de la Production supporte ces charges en tout pays, et que les Caisses de Réserve pour l'éducation, de Secours et de Retraite pour le travailleur, ne restent pas une exception.

Combien de vaines craintes s'empareront des esprits timorés ou égoïstes, en entrevoyant la réduction possible des profits du Capital ; qu'ils se rassurent, cette réduction aura ses compensations. Car si le Travail trouve dans l'Équité de Répartition des avantages légitimes, la prospérité nouvelle dont toutes les industries jouiront sous l'heureuse influence de ce changement, et la sécurité dont le Capital se sentira assuré, seront des compensations qui dépasseront bien grandement quelques justes sacrifices qu'il peut faire aux intérêts généraux.

Le Capital industriel aujourd'hui est en butte à l'hostilité du Travail ; il n'échappe aux effets de cette hostilité que par une administration vigilante, mais combien d'Industries succombent sous le poids des frais imprévus qu'occasionne l'absence d'unité dans la Production ! Il n'en sera plus ainsi sous le régime du Droit de Participation ; on verra les ouvriers eux-mêmes s'organiser en corps d'inspection de l'atelier, et empêcher les malfaçons des travailleurs, non plus hostiles, mais maladroits et insouciants.

L'objection qu'on oppose pour contester au Travail son Droit de Participation ne manquera pas de se produire ici ; dans toute entreprise, dira-t-on, le Capital court les chances, c'est à ses risques et périls qu'elle marche ; s'il perd, le Travail ne vient pas l'indemniser ; si l'entreprise est favorable, le Capital doit par conséquent jouir de ses avantages, comme il aurait, dans le cas contraire, supporté le poids du revers.

Ce raisonnement est celui du lion se partageant la proie, mais la Justice doit un jour faire la part des faibles, et le moment approche où il faudra accorder au Travail cette part, à laquelle l'équité proclame ses droits dans les fruits de la Production.

L'argument par lequel on déclare inadmissible le Droit du Travail à la Participation des Bénéfices de l'Industrie n'est du reste que spécieux.

Il n'est pas vrai, en effet, que le Travail ne soit assujetti à aucune chance de perte ; ses pertes se produisent sous une autre forme que celles du Capital, mais elles n'en sont pas moins réelles pour cela.

N'est-ce pas une perte pour le Travail, quand l'Industrie opère la réduction des salaires ?

N'est-ce pas une perte pour le Travail, quand le chômage arrive, et que le salaire cesse, par la fermeture des ateliers ?

Le travailleur, dans ces circonstances, n'est-il pas obligé d'épuiser les ressources qu'il possède, en attendant que l'Industrie ait besoin de lui ; et s'il n'a pas de ressources, il doit souffrir toutes les privations.

Le Capitaliste ne souffre dans les phases défavorables de l'Industrie que de l'absence de bénéfices ou de l'amoindrissement de son Capital.

Le Travailleur, au contraire, souffre des fluctuations de l'Industrie, par le sacrifice de ses économies, par la détresse, et souvent dans sa santé : il paye ainsi jusque dans sa personne.

Capital et Travail ont donc chacun leur part dans les vicissitudes de la Production, il est juste de donner à chacun leur part dans la prospérité. Le principe de Participation dans les plus-values des fruits de la Production en est le moyen équitable, il appartient au xixe siècle d'en inaugurer l'institution.

Mais la Répartition Équitable n'est qu'un des termes du problème des réformes sociales ; aussi, arrivés à ce point de notre exposé, croyons-nous utile de dire que, restreintes à ces seules données, les Réformes seraient imparfaites et fort loin de produire des améliorations sociales, proportionnées à l'importance de l'évolution industrielle qui en serait résultée.

Il est dans les Lois de la Vie que l'homme organise le Travail et la Production ;

Il est dans les Lois de la Vie qu'il organise la Répartition :

Mais il est aussi dans les Lois de la Vie qu'il organise l'Usage et la Consommation des Richesses produites ; et l'organisation de l'emploi de la Richesse est le complément nécessaire et indispensable de la Loi de Vie dans l'Humanité : sans cela le progrès humain manquerait d'impulsion et de motifs.

La création de la Richesse et sa Répartition, impliquant son emploi et son usage pour le plus grand progrès de la Vie Humaine, impliquent par conséquent l'organisation du bien-être dans l'humanité, par la préparation du milieu propre à le produire.

Il faut, en conséquence, que l'homme réalise, pour l'emploi de la Richesse, un progrès équivalent à celui qu'ont exigé les moyens de la produire ; et c'est en créant le palais des travailleurs, *le Palais Social*, à côté de l'usine, et au sein des cultures, que ce progrès s'accomplira, et que l'Association donnera ses meilleurs fruits.

CHAPITRE DIX-HUITIÈME

ÉTAT SOCIAL ET HABITATION

I

EMPLOI DE LA RICHESSE

Nous avons recherché les Lois du Travail et de la Production, nous avons vu leurs raisons d'être dans le besoin que l'homme a de la Richesse pour satisfaire les facultés et les besoins par lesquels il participe à la Vie.

Nous avons vu que, la Nature et le Travail créant la Richesse nécessaire à l'homme, la Répartition de la Richesse fait nécessairement partie des Lois de la Vie Sociale.

Mais il ne suffit pas de travailler, de produire et de créer la Richesse ; il ne suffit pas d'accomplir des merveilles d'Industrie et de Travail, ni d'user inconsidérément des objets qu'ils enfantent ; il ne suffit même pas que les hommes se répartissent entre eux la Richesse créée par le Travail ; tout cela est insuffisant pour assurer le véritable progrès de la vie dans l'humanité.

Le Progrès de la Vie étant le but de l'espèce humaine, il faut, quand l'homme a abordé sérieusement l'Organisation de la Production, qu'il résolve, non-seulement le problème de la Répartition, mais aussi celui de la Consommation.

Quand l'Industrie en est arrivée à posséder les moyens de produire en abondance ce qui est nécessaire à la vie, il importe que tous les membres de la société soient mis en état de consommer avec aisance, de la façon la plus profitable au bien-être, et la plus digne du rang que l'espèce humaine occupe sur la terre.

De l'abondance de la Production à l'abondance de la Consommation, il reste un travail social considérable à faire. Produire, et mal consommer, c'est encore la voie inintelligente de la Vie. Produire la Richesse et en faire un bon et juste emploi, telle est la loi de notre destinée.

Consommer pour consommer, c'est accomplir le simple rôle des êtres inférieurs de la création ; Consommer avec Intelligence, c'est s'élever au niveau que Dieu assigne à l'homme sur la Terre, c'est s'élever au niveau que la Vie peut atteindre, c'est s'élever au niveau de l'amour et de la fraternité, car la Consommation Intelligente ne pourra se faire que sous l'égide de l'Amour du Prochain.

Qu'est-ce donc que la Consommation, si ce n'est la Vie, l'aisance, le bien-être des masses par la possibilité pour elles de jouir des choses nécessaires à l'existence? Et si, jusqu'ici, la Consommation a ses moments de ralentissement, de suspension, n'est-ce pas surtout parce qu'elle manque de toute Organisation, parce que le moyen qui doit la régulariser n'est pas encore créé?

Nous avons vu que la Production ne se perfectionne que par la réforme des méthodes, qu'elle ne devient sérieuse que quand l'homme s'élève en intelligence, et qu'il peut atteindre par un moyen quelconque à réunir et à concentrer ses forces et son travail, et le travail et les forces de ses semblables.

Le progrès de la Production Agricole exige des fermes intelligemment édifiées et organisées, des cultures savamment combinées ; la Production Industrielle exige les conceptions de la mécanique et la réforme architecturale de l'atelier, par l'édification de l'Usine et de la Manufacture ; ces conditions sont indispensables au véritable progrès du Travail.

C'est par l'invention des voies ferrées que les échanges et les relations sont devenus faciles ; et c'est par une bonne organisation comptable des droits de chacun que l'Équité de Répartition s'établira.

Le bon emploi et le bon usage de la Richesse sont de même astreints à des conditions qui leur sont propres, conditions sans lesquelles la puissance de la Production et de la Répartition, même fondée sur les principes de la justice, ne peut réaliser le véritable progrès de la vie humaine.

L'usage et l'emploi de la Richesse n'atteignent un but conforme aux Lois de la Vie qu'en créant le milieu dans lequel ils peuvent réellement produire le bien-être au profit de tous, et concourir au progrès de la vie humaine, par le complet développement des facultés de chacun.

Mais ce milieu, quel est-il? La Production a le sien, c'est l'Atelier ; ses moyens de progrès sont ceux de l'Industrie : la construction et l'agencement des usines, des fermes et des manufactures, etc. ; mais, dira-t-on : « la Consommation, l'usage et l'emploi de la Richesse ne relèvent que de l'action individuelle, et ne peuvent donner lieu à une organisation spéciale. »

C'est là qu'est l'erreur.

La Consommation, comme la Production, pour produire de bons résultats, exige des combinaisons savantes et bien ordonnées. Jusqu'ici, au contraire, la Consommation domestique n'a été l'objet d'aucune étude, elle est restée dans le cercle étroit des intérêts de la famille, opérant par des moyens restreints, comme le faisait naguère le petit atelier, par rapport à la Production.

C'est à la bonne Organisation de l'Atelier qu'est dû le progrès de la Production et du Travail ;

C'est à la bonne Organisation de l'Habitation que sera due la réalisation du bien-être, par la Consommation bien comprise des Produits du Travail.

La Production est incomplète et imparfaite, tant

que l'atelier reste dans l'obscurité et l'isolement ; les produits en sont rares et de médiocre mérite.

La Consommation est abusive, mal répartie et mal faite, tant que l'Habitation est le résultat du caprice et de l'ignorance de chacun : la misère et la pauvreté tiennent la place du bien-être que la Consommation pourrait produire par une Organisation savante des Combinaisons de l'Habitation.

Il faut donc que la science réalise les moyens économiques du bon emploi des fruits du travail, il faut qu'elle mette les jouissances de la Richesse à la portée de tous ; il faut qu'elle réalise la Réforme Architecturale de l'Habitation, comme elle a réalisé celle de l'Usine, de la Manufacture, de la Fabrique, des moyens de Culture et des Chemins de fer.

Le progrès social est solidaire de ces progrès dans le Travail, et la Réforme Architecturale de l'Habitation doit en être le couronnement par l'édification du *Palais Social.*

L'état de la société se peint dans l'habitation. On peut reconnaître par le degré de perfection qu'elle atteint, le degré de bien-être des peuples et celui de leur avancement dans la vie.

C'est ce que nous allons chercher à déterminer dans la fin de ce chapitre, pour arriver à cette démonstration que *l'habitation véritablement progressive, c'est le* PALAIS SOCIAL.

II

HUTTES ET CAVERNES

Dans toutes les phases de l'humanité, les travaux d'architecture élevés à la surface de la terre marquent les tendances des âges; ils sont la plus sûre mesure de l'état du progrès social, et le premier signe du degré d'avancement et de bien-être dont les peuples jouissent.

L'homme primitif n'a point de demeure, mais des abris que le terrier de l'animal et le nid de l'oiseau égalent en intelligence.

Pendant cette période de l'humanité, l'homme subit toutes les intempéries; vivant en hordes réunies contre les dangers extérieurs, il ne construit d'abri que pour se garantir des surprises et des bêtes féroces, pendant ses heures de repos.

Les cavernes ou les huttes, dans lesquelles un certain nombre d'individus peuvent se tenir réunis, correspondent au degré des premiers besoins des hommes et de leur ignorance d'un mieux possible; ce sont là les lieux de refuge, les abris des peuples primitifs, vivant presque nus, et se nourrissant des produits naturels : fruits, racines, gibier et poissons.

Une étroite ouverture forme l'entrée de ces antres, et l'intérieur va en s'élargissant à une certaine profondeur sous le sol, de manière à servir de lieu de repos et d'asile à la horde chasseresse.

Fig. 3.

Cavernes des Boschismens (*Afrique méridionale*).

Le nu du rocher, ou la terre étayée de bâtons, forme les murs et la voûte de ces sombres asiles. L'entrée en est défendue, pendant la nuit, contre les surprises des bêtes féroces, par quelques pierres ou par des bâtons entrelacés.

Chercher un rideau, un pli de terrain, le flanc d'un coteau, pour y creuser une caverne, un terrier, est le premier mouvement instinctif de l'industrie primitive : une anfractuosité de rocher dont l'homme ferme l'entrée de débris, de pierres, constitue pour lui un abri dont il est fier.

Les grottes naturelles dans le roc étaient une bonne fortune pour nos premiers pères : c'était pour eux le suprême confortable. Aussi est-ce là que leur industrie a fait ses premiers progrès. Trouvant dans ses antres une sécurité plus grande, l'homme s'exerça près de ces lieux, avec un intérêt plus soutenu, au progrès du Travail.

Les caractères des abris primitifs, que l'homme commence à construire, sont l'imitation artificielle de la caverne.

Fig. 4.

Wigwam fuégien, Patagonie (*Amérique méridionale*).

Une enceinte circulaire dans laquelle plusieurs personnes peuvent se réunir; une ouverture, la plus étroite et la plus basse possible, permettant d'y entrer en rampant; quelquefois, à la partie supérieure du toit, un autre trou pour servir à la ventilation, ou pour laisser échapper la fumée du feu fait au milieu de la hutte, quand la rigueur du temps l'exige; tels sont les types misérables de l'habitation humaine que nos tendances instinctives révèlent, et qu'on retrouve chez les peuples les plus malheureux de la terre.

Quant à la manière de construire ces huttes, elle varie suivant la nature des matériaux dont l'homme dispose. Du temps d'Hérodote, les peuples de la Libye habitant l'Atlas, construisaient ces huttes avec des blocs de sel, parce que le sel était en roches abondantes dans ces lieux à la surface du sol, et que c'était sans doute un moyen pour les naturels de trouver de la fraîcheur dans leurs réduits, sous le soleil brûlant de ce climat. Ils trouvaient aussi l'avantage de cimenter facilement ces matériaux, puisqu'un peu d'eau séchant au soleil suffisait à les faire adhérer les uns aux autres.

Les Libyens nomades, au contraire, construisaient leurs huttes portatives d'asphodèles entrelacés de joncs.

Néarque nous rapporte que les Ichthyophages construisaient leurs habitations avec des os de baleines et de grands poissons.

D'où l'on peut conclure que, dans les temps primitifs comme de nos jours, l'homme a eu recours pour bâtir aux matériaux qui se trouvaient sous sa main, et que ce ne sont pas seulement les matériaux qui font la supériorité de l'habitation, mais que cette supériorité dépend des dispositions plus ou moins heureuses que la Science de la Vie permet à l'homme d'apporter dans l'édification de sa demeure.

De nos jours, des peuples vivent encore au sein de cette pauvreté primitive sous toutes les latitudes du globe.

Les parties méridionales de l'Amérique et de l'Afrique offrent, à mille lieues de distance, des peuples vivant sous des huttes à peu près semblables, construites de branches d'arbres, d'herbes et de terre.

Le même instinct guide l'homme d'un pôle à l'autre. Aussi trouvons-nous au Nord les Esquimaux logés une grande partie de l'année dans des cavernes qu'ils se creusent dans la neige, ou qu'ils se bâtissent avec des blocs entassés.

Fig. 5.

Huttes de neige des Esquimaux (*Amérique septentrionale*).

Le sol est de neige, les murs sont de neige et le toit est de neige. C'est dans ces tristes demeures qu'habite la famille, n'ayant pour se chauffer, et pour faire cuire les aliments, qu'un feu d'huile de poisson, et pour nourriture que la chair du poisson, de l'ours et du renne.

Sous ces latitudes, l'espèce humaine ne subsiste que par l'action du plus dur labeur. Toute l'existence, absorbée par les besoins de la vie physique, est fermée à tout autre progrès par les exigences de la nourriture, et par celles des vêtements que la famille doit se faire avec les peaux et les fourrures des animaux, pour se soustraire à la rigueur du froid.

Nulle accumulation de richesses n'est possible pour ces êtres : l'homme, soit par le fait de son ignorance, soit par le fait de la rigueur du climat, borne son activité à satisfaire ses besoins de chaque jour.

Près des pôles, l'homme ne peut consacrer son travail à édifier en vue de l'avenir : la lutte permanente des éléments est un obstacle trop grand pour ses forces.

Sous les zones tropicales, l'habitation n'a guère fait plus de progrès par des motifs contraires. Une fois l'abri construit, l'homme, trouvant en suffisance, et sans presque aucun soin, de quoi se nourrir dans les produits naturels, reste indifférent à un mieux qui le conduirait dans la voie du progrès.

C'est pourquoi on trouve, sous les tropiques, des huttes aussi primitives que celles que nous venons de décrire, et un état de pauvreté aussi grand chez ceux qui en font usage.

Fig. 6.

Hutte en pierre, île de Pâques (*Océanie*).

Fig. 7.

Hutte des îles Canaries (*Océan atlantique*).

Partout ces réduits ne sont autres qu'un moyen de garder les enfants, et de trouver quelques instants de repos à l'abri des surprises du dehors.

Ces deux extrémités de la vie primitive sont donc un obstacle au progrès de la vie humaine, chez les uns par l'indolence dans laquelle leur permet de vivre un climat sous lequel les besoins sont trop facilement satisfaits, chez les autres par les rigueurs

de la nature contre lesquelles l'homme doit incessamment lutter.

C'est sous les zones tempérées que l'homme a
trouvé le climat propre, non-seulement à exciter
suffisamment ses besoins pour le pousser au travail
et à l'industrie, mais aussi pour lui laisser les loisirs
nécessaires au progrès de son existence par l'é-
tude et par la pensée.

Dès que l'homme a su construire un tranchant,
soit de pierre ou de métal, la hutte de troncs d'arbres, de lattis, d'herbes sèches, a été celle adoptée
par toutes les peuplades pour lesquelles le bois
était abondant.

Quelques perches plantées en terre, et réunies
en faisceau, ont offert le moyen le plus simple
d'établir un toit pour abriter la famille ou la horde.

Fig. 8.

Huttes des Taïtiens (*Océanie*).

Ces huttes se retrouvent chez toutes les peuplades sauvages du globe, et elles sont assurément

celles que les Gaulois, nos pères, ont commencé par construire, partout où les forêts leur en offraient les moyens.

L'idée du toit véritable prit naissance dans les mêmes conditions : c'était un mode différent de planter les perches en terre et de les réunir à leur extrémité supérieure.

Fig. 9.

Hutte des Taïtiens (*Océanie*).

Cette construction exigeait un peu plus d'intelligence de l'usage de la hart et de l'outil tranchant.

Certaines peuplades construisent aussi leurs huttes en cerceaux : ce sont de longues perches liées ensemble, pliées en demi-cercle, et plantées en terre des deux bouts.

Fig. 10.

Hutte de l'île de Tanna (*Australie*).

24

Toutes ces huttes sont généralement couvertes de paille, d'herbes sèches, ou de roseaux liés au lattis qui couvre ces frêles charpentes.

Les incommodités poignantes que ces tristes demeures font incessamment sentir à leurs habitants, sont un aiguillon toujours agissant pour les stimuler à rechercher un peu de bien-être, et chaque variante de l'habitation, si l'on en étudiait le motif, témoignerait d'un effort de l'esprit humain pour apporter une amélioration dans ses conditions d'existence, afin de progresser dans la Vie.

C'est dans l'Océanie, au milieu de ses îles nombreuses, et au centre des continents où la civilisation n'a eu jusqu'ici aucun accès, que se retrouvent les habitations dont l'Europe antique fut couverte.

L'habitation primitive s'y trouve encore sous toutes ses formes : les unes sont construites en vue

Fig. 11.

Hutte de la Louisiade (*Grand Océan équinoxial*).

de procurer un peu d'ombre et de fraîcheur pendant

les ardeurs des chaleurs excessives du jour ; d'autres ont pour intention de soustraire leurs habitants aux reptiles venimeux, pendant le sommeil, ou de rafraîchir, par la brise, l'aire de l'habitation en l'isolant de terre, par un plancher construit de troncs d'arbres.

Mais partout la hutte n'est considérée que comme un gîte où l'on trouve un instant de repos ; elle est trop imparfaite pour être considérée comme le premier instrument de bien-être dont l'homme a besoin.

Se représente-t-on ces abris enfumés, dépourvus de tout mobilier et de toute vaisselle, dans lesquels une grossière jarre de terre cuite sert à faire bouillir quelques viandes et des racines sans assaisonnement, et où le plus souvent la viande et les poissons, grillés sans art devant les charbons ardents d'un feu de bois, sont, avec les fruits sauvages, l'aliment dont la horde se nourrit.

Les peaux des animaux sont les seules choses dont, pendant bien des siècles, l'humanité peut se faire des habits grossiers, jusqu'à ce que l'art de tisser les étoffes soit inventé. Aussi, ces habits de peau ne sont-ils mis en usage que par les peuples des zones froides et humides, ceux des zones tempérées ou chaudes restent nus.

C'est dans de semblables conditions, et dans de semblables retraites, que vivent pêle-mêle un certain nombre de familles de la tribu. Souvent des trous creusés dans le sol, à l'intérieur de ces refuges, ser-

vent à contenir la litière sur laquelle couchent ces
malheureux. Au centre de l'habitation, est placé
le foyer dont la fumée se dégage par tout l'intérieur
de la hutte, et c'est au sein de cette atmosphère que
doivent respirer ces groupes humains, quand le
temps inclément leur interdit de faire du feu au
dehors.

Les gens qui voient partout la perdition de
l'espèce humaine pour le moindre changement proposé à nos habitudes de civilisation, peuvent se demander comment, quand l'espèce a dû commencer
par des phases semblables à celles qui nous occupent, elle a pu se perpétuer au milieu de cette promiscuité générale ; et pourtant, c'est du milieu de
tout cela que l'humanité s'est élevée à la vie industrielle et à la sociabilité présente.

Ce sujet mérite aussi la méditation des Philosophes et surtout celle des Physiologistes.

III

TENTES ET HUTTES PORTATIVES

Chez les peuplades qui se sont instruites à l'é-
lève du bétail, et au soin des troupeaux, le besoin du
déplacement fait une nécessité de la tente. La hutte,
de fixe qu'elle était, doit devenir portative : les matériaux dont on la recouvre doivent pouvoir se re-

plier et s'emporter avec les étais qui servent à établir la tente.

Le cuir des animaux est alors, pour ces nomades, d'un utile emploi : il sert de couverture à l'habitation. Les feuilles de certains arbres, les écorces, les tissus grossiers de paille, de joncs et de roseaux servent aussi au même usage.

Les tentes empruntent leurs diverses formes à celles des huttes de ces mêmes peuples.

La tente est encore l'habitation très-commune de beaucoup de peuples de l'Asie.

L'Exposition Universelle, en 1867, nous a offert un spécimen des habitations des nomades du Nord, couvertes en écorce de bouleau.

Fig. 12.

Ourassa des Iakouts nomades (*Sibérie*).

La tente tartare est conçue avec plus d'art : non-seulement l'entrée peut en être fermée, mais aussi l'ouverture du sommet de la tente. Elle a de plus l'avantage de se transporter tout d'une pièce sur des chariots.

Fig. 13.

Tente tartare (*Asie*).

Les tentes de l'Asie centrale sont la représentation d'un toit posé en terre.

Fig 14.

Tente de l'Altaï oriental (*Asie centrale*).

L'Amérique du Sud présente moins de recherches dans la construction de la tente : celle-ci n'y est en

général qu'un misérable abri, fait de peaux étendues
sur des bâtons.

Fig. 15.

Tente des indiens Charruas (*Amérique du Sud*).

Fig. 16.

Tente des Patagons (*Amérique méridionale*).

L'homme, devenu pasteur, a plus de temps à
consacrer aux recherches du Travail : il s'initie à
l'art de filer la laine, à tresser les herbes, les joncs
et les roseaux, et à divers ouvrages qui augmentent
le comfort de son intérieur.

Les forces animales que la tribu pastorale a su
mettre à son service, lui permettent de transporter
ses ressources, et de vivre dans une aisance relati-

vement supérieure à celle des tribus chasseresses.

Mais l'habitation n'ajoute rien au comfort de la vie, tant que l'homme n'a pas su donner plus de stabilité à ses moyens d'existence ; il ne jouit guère jusque-là que des ressources naturelles : il se les ménage et se les rend plus profitables, mais il y ajoute encore fort peu par le travail.

Dans ces conditions, si la consommation peut atteindre à l'abondance sous certains rapports, le bien-être est néanmoins privé de son principal élément : — l'habitation commode ; — et la nature humaine souffre de l'absence de ce qu'elle est appelée à créer par le travail.

IV

CASES ET MAISONS

Lorsque l'expérience a enrichi l'intelligence de l'humanité par ces différents états de la vie humaine, l'homme se livre à la culture du sol. Alors la famille s'y attache et s'y fixe : la hutte devient cabane.

Elle est faite avec plus de solidité et de recherche dans les moyens de construire, mais lentement elle avance dans la variété des formes, et longtemps encore, chez des peuples jouissant d'une certaine organisation politique, on retrouve les formes primitives.

Fig. 17.

Habitation du Chili (*Amérique méridionale*).

L'idée de planter des pieux en terre pour faire les côtés latéraux de la hutte, révèle un progrès dans l'art de bâtir. C'est ce que les Germains et les Gaulois pratiquaient déjà du temps de l'invasion des Romains. Ces pieux étaient entourés de cercles de fines perches liées de harts aux poteaux qui servaient à fixer le chaume ou le mortier, composé de foin et d'argile, dont les murs étaient revêtus.

Fig. 18.

Habitation des Germains.

Ces cabanes se retrouvent à peu près aujourd'hui dans l'Océanie, où les peuplades vivent à deux mille ans en arrière de nous.

Fig. 19.

Case de la Nouvelle-Calédonie (*Ocean Pacifique*).

Des variantes de cette forme de l'habitation existent chez les divers Indiens de l'Amérique.

Fig. 20.

Maison des Indiens à Saint-Dominguc (*Antilles*).

Chez les peuplaples guerrières et anthropophages, on trouve l'idée de la forteresse autour de l'habitation. L'inquiétude que ces populations portent chez leurs voisins, leur fait comprendre pour elles-mêmes l'absence de sécurité, et leur fait entourer la hutte de palissades.

Fig. 21.

Case de la Nouvelle-Calédonie (*Océan Pacifique*).

La condition, comme le caractère des peuples, se peint ainsi dans la construction de leurs habitations.

Mais dans les endroits où les circonstances établissent, au profit de l'homme, la tranquillité, la sécurité et la paix, l'habitation prend des formes plus stables et plus durables. L'amour du travail fait concevoir des façons différentes de construire ; c'est ce qui a lieu chez les peuples paisibles et agriculteurs.

Fig. 22.

Habitation de Taïti (*Océanie*).

La cabane n'a pas encore de cheminée, le feu se fait au centre ou contre l'un des murs de la seule pièce dont l'habitation se compose, et la fumée s'élève librement pour s'échapper par une ouverture pratiquée à l'extrémité des toits.

La forme rectangulaire prend naissance : l'habitation avec ses murs droits, bien que construite d'une façon tout aussi élémentaire que les précédentes, est mieux appropriée au germe d'industrie agricole qui se développe chez les habitants.

La culture du sol, alliée au soin des bestiaux, consacre cette nouvelle forme de l'habitation, forme plus appropriée aux besoins de l'espèce humaine et au soin des animaux, mais fort éloignée encore de ce qu'elle doit être un jour, et différant peu de ce que l'homme édifie pour ses bestiaux.

Fig. 23.

Habitation de Vanikoro (*Océanie*).

Dans quelques contrées, le sol de l'habitation est élevé à une certaine hauteur, afin de laisser l'air circuler dessous, et de se soustraire aux reptiles dont on craint l'approche pendant le sommeil.

Fig. 24.

Habitation des Iles Mariannes (*Océanie*).

Mais toutes ces habitations n'ont que le toit pour plafond, et il n'y a souvent, pour laisser penétrer la

lumière, que l'ouverture de la porte et celle pratiquée dans le toit pour la sortie de la fumée du foyer.
Des pierres brutes servent à supporter la marmite
sur ce foyer primitif.

L'habitation a néanmoins revêtu la forme du
parallélogramme, et quelques petits trous pratiqués
dans le haut des murs servent à faire pénétrer à
l'intérieur une lumière sombre, et l'air indispensable aux personnes qui habitent ces chaumières.

Ces demeures s'espacent de distance en distance
pour servir à l'exploitation des terres de chacun ;
la bourgade apparaît.

La phase industrieuse se développe lentement
dans ces habitations éparses sur le sol ; l'homme
reste concentré dans un étroit individualisme ; chacun est cantonné dans le cercle des maigres ressources qu'il peut se créer, et cherche à les conserver du mieux qu'il peut. L'isolement est la loi
volontaire à laquelle les hommes se condamnent,
par ignorance de leur destinée, même avant que la
tyrannie les divise pour régner sur des esclaves
et des serfs.

Sous certaines influences topographiques : la fécondité du sol, la proximité de matériaux divers, etc., les habitations se groupent par esprit de
sécurité et forment le village. L'homme, même
sous l'empire des premiers appétits de sa nature,
éprouve le besoin de la société de ses semblables.

Dans le fait de l'agglomération des habitations,

il est du reste des causes naturelles qui tiennent aux satisfactions de notre nature physique ; une source, un ruisseau, en ont été souvent le premier motif.

L'eau est un des éléments indispensables de notre alimentation. De combien de peine, de travail, son approvisionnement est cause au sein de nos campagnes ! De nos jours encore, une infinité de ménages sont obligés d'aller jusqu'à un kilomètre de distance pour puiser à la source ou au ruisseau l'eau nécessaire, faute de puits ou d'autre moyen de se procurer cet élément indispensable à la vie.

On peut donc se représenter, par l'état des habitations des différents peuples de la Terre, et de celles encore si arriérées de nos campagnes, la pauvreté dans laquelle l'homme se trouvait au début des premiers âges, quand aujourd'hui même, en beaucoup d'endroits, il est logé dans des maisons qui ne sont encore construites que de pieux, plantés en terre, soutenant les murs d'argile et le toit de chaume.

Dans les premiers âges, le travail des métaux était inconnu, et les outils rares et difficiles à établir ; tout, ou presque tout, dans le travail du bois, devait être fait à la hache de silex ; que de peines pour débiter un arbre, pour faire une planche !

L'habitation n'a donc été généralement , pendant de longs siècles, que de misérables huttes grossièrement construites, et cela autant par le fait des difficultés que l'homme rencontre dans le travail, tant qu'il n'a pas découvert les ressources de l'industrie, que par les entraves dont il sème lui-même sa route par ignorance des Lois de la Vie.

V

MAISONS DES SERFS

Au point où nous venons de voir l'habitation, la famille devient l'alvéole sociale ; c'est en elle que se résume cet intérêt qui pousse la créature humaine au travail ; elle est le lien puissant qui engage l'individu à suivre l'œuvre incessante du Travail pour conquérir sur la nature les choses nécessaires à la Vie.

La vie matérielle serait ainsi satisfaite, et marcherait chaque jour vers un nouveau progrès, si l'esprit de guerre n'était venu pervertir les peuples.

Mais la soif des jouissances dépassant chez certains hommes la mesure du bien-être dont ils sont capables de créer les éléments par eux-mêmes, le génie du mal leur inspire l'idée de la conquête. Ils propagent la même pensée autour d'eux, et organisent la guerre contre leurs voisins pour les dépouiller du fruit de leurs travaux.

Le vol, le brigandage, prennent alors des proportions considérables, et sont glorifiés sous le nom d'art de la guerre, les peuples sont divisés en vainqueurs et en vaincus, en oppresseurs et en opprimés, en tyrans et en asservis.

L'esclavage des uns sert à créer la richesse des autres, et toutes les lois de la nature, comme toutes les notions de la Justice, sont renversées dans l'humanité.

La vie laborieuse et productive est ainsi troublée dans son essor, et la Richesse créée par le Travail est détournée de son emploi naturel.

Il ne faudrait pas prendre la grandeur des monuments de l'antiquité parvenus jusqu'à nous, pour mesure du bien-être des peuples qui les ont édifiés ; ces constructions, au contraire, sont le résultat des exactions commises par une impitoyable tyrannie sur les peuples opprimés.

Les monuments des vainqueurs sont la dépouille des vaincus, et dans tous les temps, la misère publique et les douleurs de la vie laborieuse ont été proportionnelles au luxe dont les pouvoirs se sont entourés : c'est le peuple qui paie de son travail la splendeur dont les princes s'environnent.

Ce serait donc bien à tort que des magnificences de l'antiquité, sur quelques points de la Terre, nous en arriverions à conclure que la condition des peuples était à ce niveau.

Rome, par exemple, nous montre encore ce qu'était le luxe déployé chez les Romains, peuple enrichi des dépouilles de cent nations diverses ;

mais ses monuments et son architecture, par leur
fastueuse recherche et leur grandeur même, affir-
ment davantage la misère des autres peuples qui,
de tous les points de la terre, avaient été obligés de
contribuer de leurs rançons ;et de leur esclavage à
l'érection de ces témoins de leur servitude, tandis
que des misérables habitations des peuples travailleurs il ne reste rien.

La splendeur des restes des civilisations antiques ne
se traduit par aucun fait qui témoigne du bien-être
général des populations ; ce qui en reste prouve, au
contraire, que toute la Richesse créée par le Travail —
au lieu de s'appliquer au développement du bien-être
du travailleur, au lieu d'être un moyen de lui
permettre de s'élever à des progrès nouveaux dans
la voie des découvertes utiles, au lieu d'être répandue sur la société entière et par tout le pays qui la
produisait, — se trouvait partout absorbée par un
petit nombre, vivant au sein de la mollesse et de
l'opulence, véritables sangsues du corps social sou-
tirant toutes les économies du travail par la voie
des impôts, des taxes, des corvées, et de l'esclavage, pour les faire servir aux goûts effrénés de
luxe dont les oppresseurs des peuples ont toujours
été tourmentés.

Tandis que la grande masse des humains asservis
et presque nus n'avaient que des peaux pour se
couvrir, et des huttes misérables pour demeure, des
temples et des palais splendides s'élevaient sur

quelques points privilégiés par la présence des tyrans, des princes et des prêtres, mais pour servir
davantage à l'asservissement des masses.

A l'ombre de ce faste, il est vrai, l'art germait
dans l'humanité ; et, des sacrifices énormes de cette
longue suite de générations, il nous reste à étudier
les ruines de l'Égypte, de l'Assyrie, de la Grèce et
de Rome. Mais est-ce bien là que tant de travail
humain devait aboutir, si l'humanité plus sage avait
compris sa loi ?

Non, et la ruine de tout ce passé de l'humanité
n'a eu lieu que parce que l'homme s'était fourvoyé
sous les directions les plus mauvaises, et les plus
contraires au Progrès de la Vie dans l'Humanité.

VI

LE CHATEAU FÉODAL

Tant que l'homme est en proie aux vicissitudes
incessantes de la guerre, il ne peut que chercher à
créer au jour le jour ce qui est indispensable à son
existence. Les prévisions de l'avenir n'entrent dans
son esprit que pour y laisser pénétrer la crainte de
l'anéantissement de ses œuvres; rien ne l'encourage
à s'occuper d'autre chose que de ses besoins les
plus pressants : l'image de la destruction est toujours présente à sa pensée, et les moyens d'attaque

ou de défense épuisent les ressources de son intelligence.

Une pareille instabilité des choses humaines ne peut produire qu'un état de pauvreté profonde chez les peuples.

C'est ce qui devait se passer au sein du chaos politique et social des civilisations antiques. Toute notion de Justice était absente de la Terre, le Travail était complétement sacrifié. Les vainqueurs des peuples n'étaient occupés qu'à faire affluer, sur quelques points de prédilection de leurs états, toutes les économies que la force et la violence pouvaient enlever aux nations conquises : et ces richesses, ravies aux travailleurs qui les avaient produites, allaient s'engloutir dans la construction et la prodigalité des châteaux féodaux, destinés à maintenir les peuples en servitude.

De tout temps, les hommes qui ont accaparé le gouvernement ont fait servir, à l'embellissement de leurs résidences, la plus belle partie des Richesses accumulées par le Travail.

De tous les monuments rêvés par le caprice des princes, et par les oppresseurs des peuples, pour attester leur vaine gloire, le château féodal est le plus triste exemple que le passé nous ait légué.

Fig. 25.

Château féodal.

Repaire de spoliation et de rapines, le château féodal est la contradiction la plus extrême que l'architecture ait pu produire de l'habitation conforme aux intentions du Créateur.

Construit en vue de maintenir la domination du vainqueur et l'asservissement des peuples vaincus, le château féodal est la traduction de tous les instincts de la convoitise humaine au profit de la tyrannie.

C'est dans ces habitations maudites qu'allaient s'engloutir toutes les richesses créées par le Travail: c'est là que toutes les ressources du peuple s'accumulaient pour servir aux jouissances du chef et de ses favoris. Quant à ceux qui arrosaient la terre de leur sueur et de leur sang, rendus en masse taillables et corvéables à merci, ils n'avaient plus d'autre perspective que la misère jointe aux exactions du suzerain et de ses gens de guerre. Ni pour l'homme, ni pour la famille, aucun droit n'était respecté : l'espèce humaine était traitée à l'égal de la bête par ses oppresseurs.

Une fois le château féodal élevé, le progrès de l'habitation des campagnes était impossible; il n'y avait plus de place que pour de misérables chaumières, le bien-être était effacé pour les populations, le progrès de la vie humaine était tari dans sa source, tous les raffinements de la vie se concentraient au château, et les privations étaient le lot du paysan ruiné pas les exactions des seigneurs et,

surtout, par les guerres incessantes qu'ils se faisaient entre eux.

L'isolement des habitations des paysans facilitait
cette domination à outrance : il n'était pas de
vexations conçues au château contre lesquelles les
serfs pussent résister. Abandonnés à leurs seules
forces, au milieu des champs, ils se trouvaient sans
protection contre le plus affreux arbitraire.

C'est le sort de l'homme dans l'isolement de
servir d'instrument au despotisme, et d'être à la
merci de son action.

VII

LA VILLE AU MOYEN AGE.

Si l'isolement fait la faiblesse des hommes, l'u-
nion fait leur force. Aussi est-ce dans les villes que
les populations ont pu, au moyen âge, maintenir une
petite place à la Liberté. Retranchées dans leurs
rues, étroites à tel point qu'elles n'étaient que des
ruelles où l'on pouvait, des étages, écraser les enva-
hisseurs, les populations pouvaient s'opposer aux
exactions qui désolaient et ruinaient les campagnes.

Les gens du fisc se risquaient peu volontiers
dans ces passes dangereuses, et la résistance s'or-
ganisant, il en résulta plus de liberté pour les habitants des villes. C'est dans l'association de leurs

forces que les hommes ont toujours trouvé la protection qui leur convient.

Mais ce ne fut pas sans inconvénient que des agglomérations considérables se formèrent ainsi, car lorsque la science et les moyens de l'hygiène manquent à l'humanité, lorsque l'esprit des populations est impuissant sur les questions de salubrité, les causes d'encombrement capables de concentrer et de réunir les effets de la malpropreté et de l'insouciance des familles sont à craindre.

L'habitation humaine est soumise aux lois de l'hygiène auxquelles on ne peut contrevenir sans en être victime.

Quand l'administration publique, inintelligente et sans vigueur pour le bien, est incapable d'une bonne police de l'hygiène, l'habitation, placée dans les meilleures conditions, est naturellement celle qui peut le plus facilement se passer de la direction intelligente qui fait défaut.

Les maisons des campagnes, placées à distance les unes des autres, dans des conditions suffisantes d'air et d'espace, rendaient moins dangereuse l'incurie de leurs habitants : les fumiers et les ordures entourant l'habitation, la malpropreté intérieure même, ne pouvaient produire des foyers délétères aussi dangereux que sur les points où la concentration était plus intense.

Pour avoir contrevenu aux lois de l'hygiène, les villes, au moyen âge, ont été de tristes exemples des effets, sur la santé publique, d'une concentration, sans règle, des populations.

Les rues étroites, sans alignement, étaient le réceptacle fangeux des détritus industriels, des eaux ménagères et de toutes les ordures que chacun y déposait.

Ces rues, sans égouts et sans pavés, plantées de perches servant à étendre les braies, les tuniques et les peaux, formant les vêtements de chaque famille, devenaient des foyers d'infection.

Les émanations délétères de tant d'immondices accumulées, donnaient naissance à des pestes et des épidémies effroyables, et à toutes sortes de maladies étranges et cruelles. Telles étaient les variétés de lèpres couvrant l'homme d'ulcères au point d'en faire un objet d'horreur pour ses semblables ; tel était le mal des ardents qui, en un jour, en une nuit, consumait le corps, ou des parties du corps, comme si un feu invisible était venu les brûler jusqu'à en faire tomber les chairs en morceaux.

L'éléphantiasis était encore une autre de ces terribles maladies : les perturbations qu'elle apportait dans l'économie étaient si considérables, que les membres inférieurs prenaient des proportions d'enflure telles que les jambes de l'homme ressemblaient à celles de l'éléphant. Et avec cela, la peste venait par intervalles couronner ce tableau d'affliction en décimant des populations tout entières, au point qu'il ne restait plus de vivants pour enlever les morts.

VIII

VILLES ET VILLAGES AFFRANCHIS

A mesure que la liberté a repris sa place parmi les peuples, les rues des villes se sont élargies, elles se sont pavées. L'industrie s'est développée, l'habitant des campagnes a retrouvé la sécurité nécessaire pour cultiver son champ, et pour restaurer le toit de sa cabane.

C'est l'habitation dans sa pauvreté primitive : le sol nu, quatre murs en terre et en bois, un toit de chaume, voilà pour l'habitation de la famille, en même temps que pour les bestiaux qu'elle possède, car la famille et le bétail vivent à peu près ensemble.

Fig. 26.

Cabanes des serfs au moyen âge.

Une cloison de terre sépare la pièce servant d'habitation de celle servant d'étable, mais elles sont en communication par une porte, et l'étable sert au coucher de la famille en même temps qu'à celui des bestiaux. A côté de la cabane, s'élèvent ainsi les éléments de l'exploitation agricole; une grange vient s'y joindre pour resserrer la récolte, et nous avons la ferme du moyen âge restaurée, dans laquelle renaît pour la famille l'espérance de vivre du fruit de son travail; elle n'est préoccupée de rien autre : le fumier des étables est devant sa porte, les eaux des toits tombent sur le sol et rendent les abords de l'habitation sales et boueux : ces eaux croupissent dans la fosse voisine; peu importe, ce qu'il faut, c'est créer du pain.

Enfin, l'éternelle liberté renaît des cendres du despotisme. Le Travail, au champ comme à la ville, finit par trouver, dans les mœurs et dans la protection de la loi, un peu de la sécurité nécessaire à son développement.

La maison prend alors des formes plus appropriées aux besoins de la famille : elle est pourvue de cheminée, une poutre et des soliveaux recouverts de pisé, séparent le rez-de-chaussée du toit et forment le grenier, en faisant de la maison un plus sûr abri. Des croisées ferment les fenêtres et remplacent les torches de paille servant à boucher les trous qui en tenaient lieu. La cave sert à la conservation des légumes et des boissons; le bien-être commence à se faire sentir un peu sous l'empire des progrès de l'habitation.

Fig. 27.

Maisons de village.

L'industrie se développe parmi les populations redevenues plus confiantes en leur sécurité. Les progrès du Travail relèvent peu à peu la société de son abaissement, et créent lentement les éléments d'une civilisation plus humaine.

C'est donc au Travail seul que reviennent les premiers droits à la reconnaissance du monde ; la société lui doit sa marche en avant, c'est le Travail qui lui fraie le chemin par ses découvertes, par les Richesses qu'il enfante, et par l'élévation, au premier rang de la société, des classes autrefois asservies.

Le Travail et l'industrie détruisent peu à peu les traces de l'hostilité parmi les hommes. Le château féodal et ses créneaux tombent en ruines, la construction des remparts s'arrête, les fossés des villes se comblent lentement, les fortifications râlent leur suprême agonie, en attendant que l'heure de la Paix Générale les fasse complétement disparaître, en sonnant l'avénement pacifique des masses travailleuses à l'Émancipation Sociale et au Bien-Être.

Mais nous l'avons déjà dit, un progrès nouveau est à réaliser : il faut tarir la misère et combler sa source. Il faut remplacer ces masures, fruit de longs siècles d'ignorance et de servitude, par l'habitation vraiment sociale ; il faut que l'architecture fasse un nouvel effort pour créer l'habitation qui doit être au progrès de la sociabilité, ce que les chemins de fer sont à celui de la circulation.

IX

PROGRÈS DE L'HABITATION

Tant que les hommes manquent des inspirations de la véritable justice et de celles de la liberté, les fruits du Travail suivent sans règle et sans mesure les courants des abus. Les habitations du peuple sont l'image de la confusion et du désordre dans lesquels se trouvent les intérêts individuels et sociaux.

Aucun lien ne rattache les familles les unes aux autres : les habitations sont isolées, placées avec incohérence, sans ordre, sans alignement, mal construites, basses, malsaines, en matériaux grossiers et sans valeur.

Rien au monde n'a conservé jusqu'ici le cachet de l'ignorance, de l'incurie et de l'absence de tout progrès, autant que l'habitation du peuple.

L'habitation des campagnes n'est-elle pas encore, pour un trop grand nombre, à peu près ce qu'elle était pour les Gaulois nos pères ?

L'architectonique s'étudie encore sur les travaux des siècles passés pour tout ce qui a rapport à l'habitation humaine, ou plutôt elle ne s'étudie pas du tout pour ces millions de masures qui couvrent les pays les plus civilisés.

Le village avec ses maisons en pans de bois, ses murs en terre ou en pierre brute, ses toits de chaume, ses rues boueuses, ses fumiers et ses mares, est le tableau de la confusion. C'est aux yeux du Créateur une tache de misère au sein de la verdure des bois et des prairies.

Lorsque le niveau intellectuel et moral est suffisamment élevé pour bien diriger les choses d'intérêt public, l'isolement des habitations devient alors non-seulement inutile, mais nuisible à la société : il constitue le plus grand obstacle au progrès des lumières et à l'organisation du bien-être. Aussi, avec quelle lenteur le progrès s'accomplit-il au milieu de ces populations disséminées sur le sol, le long de rues ou de chemins boueux et impraticables, comme l'étaient naguère tous les villages de France.

L'influence du rapprochement des habitations sur la sociabilité est un fait bien caractéristique, qui se constate dans la comparaison des villes et des campagnes ; chez les populations condensées où le milieu habitable s'est le plus amélioré, le niveau intellectuel s'élève et l'esprit de progrès se développe, tant a de puissance l'effet du rapprochement des individus, même lorsque les hommes n'ont encore compris leur devoir ni dans le Travail, ni dans le perfectionnement et le progrès de leur existence.

Sous l'influence du rapprochement, l'habitation revêt dans les villes un caractère nouveau, quoique l'incohérence et la confusion soient encore empreintes dans son architecture. Les matériaux sont de meilleure qualité, les étages s'élèvent, et malgré l'état de tohu-bohu des maisons hautes et basses, de leurs formes disparates, des cours et des rues étroites, des impasses, malgré les quartiers repoussants que les villes recèlent encore, quelques rues tirées au cordeau, les hôtels, les palais, les jardins et les édifices publics, indiquent les tendances de l'homme vers la perfection du milieu habitable, et montrent ce dont il est capable en architecture.

Fig. 28.

Maisons de ville.

Mais si les habitations des villes renferment déjà, dans leur état actuel, un grand progrès dans l'art de construire, on peut facilement concevoir des améliorations considérables à y introduire, auxquelles s'opposent différentes causes : absence d'unité de vue dans leur édification, absence d'unité dans la propriété des maisons, et quelquefois même dans celles de leurs différents étages, etc.

Si l'on suppose pour un instant cette multiplicité d'intérêts, qui concourent à l'érection et à la possession partielle des habitations urbaines, unis sous forme actionnaire, convertis en association, on concevra de suite que le plan de construction des maisons et des rues serait tout différent lorsqu'il s'agirait de construire un quartier neuf.

Il n'y aurait plus de ces escaliers étroits où les entrées de logements s'entassent les unes à côté des autres sur les mêmes paliers; plus de ces couloirs sombres et sans air, avec des cuisines incommodes, des cabinets et des tuyaux de descente impossibles. Il ne s'agirait plus de réaliser, dans un espace donné, les vues plus ou moins heureuses d'un propriétaire, mais de réaliser le logement, dans les meilleures conditions que la science puisse concevoir, en donnant partout l'air, la lumière et l'espace nécessaires.

C'est là certainement un point essentiel qui a fait défaut dans l'érection récente des quartiers neufs des villes qu'on rebâtit. Quelques grands hôtels cependant font exception; fondés par des sociétés, ils laissent apparaître une grande pensée architecturale : mais ce qui a été fait pour des hôtels pouvait être fait pour la création de rues entières, et c'est seulement ainsi que l'unité aurait pu se produire dans les habitations urbaines, au lieu de cette incohérence qui existe encore dans les plus beaux quartiers.

Mais c'est moins de l'habitation des villes que nous avons à nous occuper ici, que de celle à créer en vue du bien-être général, et surtout au profit des classes pauvres.

Ce que nous avons voulu établir par ce court examen des divers états de l'habitation chez les différents peuples, c'est que la mesure du bien-être dont l'homme peut jouir est proportionnée aux avantages et aux ressources dont l'habitation est entourée ; cela est si vrai que l'habitation perfectionnée des châteaux et des palais est ce qu'ambitionnent tous ceux qui veulent goûter les raffinements et les satisfactions de la vie.

L'habitation doit donc, pour répondre aux aspirations de la vie humaine, être un lieu de liberté, de calme, de paix, de tranquillité ; elle doit être entourée de tout ce qui est commode et agréable, elle doit surtout rapprocher les hommes et les unir dans une même pensée d'intérêt général.

Les faits démontrent, d'accord avec la Loi de Vie, que l'homme, dans l'isolement, est incapable de rien réaliser de durable, et qu'il ne progresse réellement que sur les points où il s'est réuni à ses semblables, où il a concentré son travail et son activité.

Mais il ne faut pas se laisser éblouir à la vue de quelques belles rues et de quelques palais : que cela nous serve, au contraire, de point de comparaison pour apprécier combien les idées de ceux qui se sont occupés des réformes à introduire dans l'habitation, au profit des masses, sont restées éloignées des véritables conceptions propres à réaliser ces réformes. L'esprit de routine et de tradition a seul servi de guide en cette matière.

X

MAISONS D'OUVRIERS

Frappés des misères que renferme encore l'habitation humaine, quelques hommes aux bonnes intentions se sont occupés de la maison qu'on pouvait édifier au meilleur marché possible, et ils ont préconisé la petite maison et le petit jardin.

Ils ont certainement raison aux yeux du grand nombre, car une petite maison, un petit jardin, peuvent être l'objet des rêves de celui qui n'a rien. Mais s'agit-il ici de flatter les désirs irréfléchis de l'ignorance? Non, la question sociale nous impose la recherche de la vérité.

Au milieu des progrès modernes de la science et de l'industrie, il est nécessaire d'étudier ce qu'il convient de faire en architecture pour ériger l'habitation la plus convenable aux besoins de l'homme, dans l'intérêt de son bien-être et de l'amélioration de sa condition.

L'expérience des petites maisons et des petits jardins n'est-elle pas faite depuis l'origine du monde? N'est-ce pas là ce que, naguère encore, le pauvre allait chercher dans les villages où l'on pouvait placer son habitation sur des communaux, dont l'administration municipale était peu soucieuse? Chacun y prenait son carré de terrain et la

maison se bâtissait par le concours gratuit des voisins; il n'y avait ni loyer à payer, ni achat à opérer, c'est ainsi que bien des hameaux se sont formés.

Qu'en est-il résulté? Rien, que la misère; ces
maisons ont toujours offert et offrent encore le
spectacle de toutes les privations, de l'ignorance
la plus profonde, et d'une manière de vivre qui est
tout le contraire de ces rêves et de cet idéal familial que des écrivains aux bonnes intentions, sans
doute, se complaisent à décrire sous des formes en-
traînantes pour le vulgaire, parce qu'elles flattent
le préjugé et l'habitude, mais qui n'en sont pas
moins dénuées de raison et de vérité.

Les prôneurs des petites maisons ne remarquent
pas qu'en descendant un peu, à partir de la petite
maison, on voit poindre la hutte du sauvage, mais
que la condition du sauvage étant impossible dans
notre civilisation, c'est la hideuse misère qui en
prend la place : dans les campagnes, le mendiant
en haillons possède un toit et un jardin.

Le mérite des petites maisons et des petits jardins n'existe donc que dans les livres des hommes
qui n'ont fait qu'effleurer ce grave sujet. La petite
maison peut avoir de l'attrait pour le Parisien qui,
après avoir passé six jours de la semaine dans un
bureau, ou dans le fond d'une arrière-boutique
avec sa famille, sera content d'aller le dimanche
respirer l'air de la campagne, mais, de besoins
nés dans de semblables circonstances, il ne faut

pas induire des règles de réforme architecturale.

Nous avons déjà traité ce sujet au chapitre X :
Épaves des idées sociales, et nous avons vu que le
village du Grand-Hornu et les Corons du Nord n'ont
pu servir de base à un principe d'architecture de
l'habitation, remplissant les conditions nécessaires
à la vie sociale.

Fig. 29.

Maisons ouvrières du Grand-Hornu et Corons du Nord.

Tout en réunissant les éléments nécessaires aux
plus pressants besoins des populations ouvrières,
ces habitations se prêtent peu aux améliorations
successives que réclame la condition des ouvriers ;
elles développent, dans des proportions affaiblies, les

habitudes de la ville au lieu de celles de la campagne, mais sans permettre de pouvoir réaliser les véritables conditions du bien-être des familles et de la sociabilité des classes ouvrières.

C'est même vers les habitudes du village que les intéressés à la construction de ces maisons se sont de plus en plus rangés, parce qu'en l'absence de mesures propres à donner aux classes ouvrières une somme de bien-être, jusqu'ici inconnue pour elles, l'indépendance est le meilleur des biens dont elles désirent jouir.

Aussi, après avoir construit les maisons en ligne, comme le représente la figure qui précède, la compagnie d'Anzin, par exemple, a donné la préférence au modèle suivant :

Fig. 30.

Maisons ouvrières de la Compagnie d'Anzin.

Ce ne sont plus que des maisons deux à deux, mais ayant toujours vue devant et derrière.

Ce modèle d'habitation est moins assujetti à la police de la rue ; l'habitant ayant jardin devant et derrière, n'a plus à redouter les remontrances des gardes de ville, ni les plaintes du voisin pour avoir embarrassé le trottoir ou la voie publique ; la famille n'est plus assujettie à une police aussi sévère pour les abords de sa demeure ; et, en l'absence de dispositions architecturales et de mesures administratives qui rendent la demeure de l'ouvrier exempte de questions de voirie, l'habitant préfère être chez lui sans contrôle et indépendant.

Mais par cet isolement des habitations, la population se dissémine sur le sol ; les écoles, et toutes les institutions d'utilité commune, s'éloignent des habitations : ce n'est plus rien autre que le village construit à neuf.

Nous avons vu comment à Mulhouse, à Colmar, et dans d'autres centres d'industrie, on a édifié une variante des petites maisons faites longtemps auparavant en Belgique, en Angleterre et dans le Nord de la France.

Fig. 31.

Maisons de Mulhouse.

Nous avons vu les motifs qui ont fait présenter ces maisons pendant quelque temps comme une panacée sociale, motifs qui, en 1867, leur ont encore valu les honneurs de l'Exposition Universelle.

Il était nécessaire de préconiser la supériorité des petites maisons, dès que l'empereur entrait en lice. Aussi les organisateurs du tournoi n'y voulurent pas recevoir de champions pourvus d'une autre arme que celle des petites maisons ; l'empereur devait avoir le grand prix. Le Familistère de Guise ne put se faire admettre à l'Exposition, ni en relief, ni en plan, ni en gravure.

Mais, dans une pensée facile à comprendre, on y

admit des maisons construites de toutes pièces, comme celles-ci :

Fig. 32.

Maisons d'Anvers, pour ouvriers agricoles, Exposition Universelle de 1867.

Fig. 33.

Maison danoise, Exposition Universelle de 1867.

De semblables demeures pourraient se concevoir s'il s'agissait d'améliorer des huttes de sauvages ;

mais présenter cela comme des modèles à imiter
en vue d'améliorer la condition des classes ouvrières
en Europe, c'est faire comprendre l'ignorance dans
laquelle on est de la question.

Toutes ces petites maisons ne contiennent aucune
innovation, ne renferment que ce qui est commun à
la plus simple chaumière, ou du moins pas autre
chose que ce que contiennent la plupart des maisons au village.

Les petites maisons, vendues ou louées aux ouvriers dans ces conditions, sont sans influence sur
les mœurs, sur l'aisance, sur le bien-être des populations. La vie ouvrière y est celle de tous les centres d'industrie.

L'influence de l'habitation, sur la condition de
l'ouvrier, est partout subordonnée au sentiment
d'équité avec lequel on a plus ou moins vite travaillé à inaugurer les choses qui constituent le progrès de la vie physique, intellectuelle et morale.

C'est moins du fait des petites maisons que résultent les améliorations qu'on a pu constater, que de
celui des institutions dont ces maisons ont été entourées. Lorsque ces institutions ont été absentes,
les maisons d'ouvriers n'ont rien changé à l'existence
habituelle des classes laborieuses.

Nous ne pouvons donc nous en occuper davantage, si ce n'est pour constater que l'économie
domestique est une science à faire, et que jusqu'ici
les mots et les phrases en ont tenu la place.

N'a-t-on pas vu, en effet, accepter l'idée des logements à bon marché comme la plus rationnelle et la seule pratique, lorsqu'il s'agit des logements des classes pauvres, des ouvriers et de leur famille ?

Et pourtant c'est par la pratique de cette idée que jusqu'ici la misère des classes laborieuses s'est perpétuée. Qu'est-ce en effet que le logement à bon marché, sinon la masure antique ou l'habitation dans laquelle de nos jours une spéculation mesquine cherche à caser les familles aux moindres frais possibles ? Rien de ce qui peut contribuer au charme de la vie n'est prévu dans ces logements.

Que ceux-là qui veulent se rendre compte de la valeur de l'idée du bon marché en matière d'habitation ouvrière, aillent visiter les quartiers où la spéculation a bâti des maisons d'ouvriers, soit en France, soit en Angleterre, et ils verront que le bon marché, en semblable question, est la négation de tout sentiment de charité, et qu'il ne laisse place qu'à l'exercice d'un intérêt sordide.

Mais, sans nous déranger, ne trouvons-nous pas partout l'exemple de ce qu'est le logement à bon marché pour l'ouvrier ? Ce logement, n'est-ce pas celui dans lequel gisent tant de misères et de souffrances ?

Que peut-on de meilleur marché que ces réduits de toute espèce, sans valeur aucune, tant aux champs qu'à la ville, et faut-il songer encore à faire des théories pour les augmenter ? que ferait-on pour égaler le chaume et la masure du pauvre villageois, et les caves ou les mansardes des vieux quartiers des villes ?

Que le logement à bon marché se fasse pour héberger les animaux; mais il est temps de ne plus songer à le faire pour l'homme, il est bien assez de logements qui ne servent qu'à perpétuer les tristes habitudes de la misère ; cherchons à réformer ce milieu qui corrompt l'âme et le corps des masses, et nous aurons fait un grand pas pour relever l'homme de son abaissement.

Que la pauvreté relative soit une des nécessités de la société humaine, soit ; la nature procède par différences en toutes choses.

Mais que la misère doive y être éternelle, c'est là une erreur accréditée qu'il faut extirper des préjugés de notre temps.

Pour résoudre le problème social du Juste Emploi de la Richesse, il ne suffit point d'augmenter le nombre, déjà trop grand, des demeures qui condamnent l'homme à la stricte possession de l'abri, par un entassement sordide de sa famille; il ne suffit point de faire pour l'ouvrier des maisonnettes composées de deux ou trois chambres, avec grenier, cave et jardinet. Non, tout cela c'est le passé de l'humanité, et cela ne correspond qu'à la possibilité bien restreinte pour la famille de trouver place pour manger et dormir. Un tel logement, presque insuffisant pour la complète satisfaction des besoins du corps, est à plus forte raison insuffisant pour les satisfactions de l'intelligence et du cœur.

Il est vrai que le travailleur est souvent condamné à être privé même du strict nécessaire en fait d'habitation, et que les maisons ouvrières ont au moins le mérite de réunir l'indispensable. Mais est-ce bien là que se trouve l'idéal du progrès dont l'architecture soit capable en faveur des classes laborieuses, et le Capital qui est engagé de cette manière ne pourrait-il trouver un meilleur emploi dans une forme architecturale supérieure, qui serait aux petites maisons ce que la grande usine est au petit atelier ?

C'est là le problème ; c'est l'établissement du bien-être accessible à tous, conformément aux Lois de la Vie ; c'est l'organisation, sur une vaste échelle, de tous les avantages domestiques, de toutes les commodités, de tous les plaisirs, et de tous les agréments nécessaires aux délassements honnêtes de la famille ; c'est l'installation, au profit de tous, des institutions nécessaires aux soins du corps, au progrès intellectuel et moral, au développement de l'intelligence, de l'esprit et du cœur ; c'est, enfin, l'habitation ayant à côté d'elle tout ce qui est nécessaire à la Conservation, au Progrès et à l'Équilibre de la Vie Humaine, qu'il faut réaliser.

Le progrès matériel donne à l'homme les éléments de son avancement dans la vie : chaque progrès de l'homme social exige son milieu propre.

Les progrès accomplis par la Grande Industrie exigent, aujourd'hui, que l'homme crée les conditions de la vie intelligente et progressive ; il faut qu'il s'élève au bon emploi et au parfait usage de la Richesse, sans cela il n'accomplirait qu'une partie de sa mission sur la terre.

Le bon emploi et le bon usage de la Richesse exigent leur milieu spécial ; ils exigent l'invention d'une nouvelle organisation domestique, ils exigent la conception architecturale de l'habitation unitaire, pouvant donner à tous les conditions du bien-être nécessaire à la vie humaine.

Ce n'est donc pas le logement à bon marché qu'il faut créer, car le logement à bon marché est le plus onéreux pour l'homme ; ce qu'il faut édifier, c'est le logement de la véritable économie domestique, c'est l'atelier du bien-être et du bonheur humain, c'est le *Palais Social* enfin qu'il faut ériger au Travail, pour élever les classes ouvrières au degré de dignité et de bien-être auquel elles aspirent, et pour donner à l'usage et à l'emploi de la Richesse, créée par le Travail, une direction conforme aux Lois Primordiales de Conservation, de Progrès, et d'Harmonie de la Vie Humaine.

CHAPITRE DIX-NEUVIÈME

ARCHITECTURE SOCIALE

I

INFLUENCE DES DISPOSITIONS MATÉRIELLES

C'est une vérité trop peu connue que l'ordre moral est intimement lié à l'organisation matérielle ; tant que les institutions propres à mettre les hommes dans la voie pratique du bien ne seront pas fondées, les efforts tentés pour réaliser l'ordre moral seront marqués d'une impuissance proportionnelle à l'écart où l'on sera de la véritable organisation matérielle de ces institutions.

Pendant plusieurs siècles, l'enseignement religieux et une philosophie fausse et incertaine ont fait naître mille préjugés contraires aux besoins matériels imposés à la créature humaine, en voulant détacher la masse du peuple des choses terrestres, au grand profit de ses oppresseurs ou des propagateurs intéressés de ces doctrines.

Sous l'empire de préjugés semblables, certains lecteurs encore pourront croire superflues les don-

•nées pratiques dans lesquelles je vais entrer pour indiquer la voie des Lois Vivantes auxquelles l'homme est assujetti.

Quant à nous, au lieu de prêcher aux hommes le mépris des biens terrestres, nous enseignons que leur premier devoir est de chercher à en réaliser le complet usage au profit de tous.

Nous avons établi que l'humanité est prédestinée au Progrès de la Matière vers la Vie ; elle n'accomplira véritablement sa mission que du jour où elle aura réalisé les institutions pouvant concourir à la Conservation, au Développement, et à l'Équilibre de la Vie Humaine.

Car la créature humaine ne peut concourir à la vie matérielle que par l'action de son organisme, et la puissance de ce concours est subordonnée à la Force, à la Santé, et à la Perfection de son Être.

La perfection du corps et celle de la santé ne peuvent être obtenues qu'en plaçant la créature humaine dans un milieu conforme aux besoins de sa nature physique. Quand l'homme souffre au physique, les fonctions du moral et de l'intelligence souffrent ; or la santé véritable n'existe qu'avec le bien-être, et le bien-être ne peut se réaliser que dans l'habitation convenable.

Rappelons-nous que les besoins physiques de l'homme sont de deux ordres différents :

Les besoins externes,

Les besoins internes.

Les premiers réclament le comfort ; les seconds, l'aliment.

Remarquons en outre que, privé de l'une ou de l'autre de ces conditions indispensables à la vie physique, l'homme n'est pas en état d'équilibre : il est amoindri dans son existence, et incapable de la plénitude de ses facultés ; au lieu de s'élever alors à la vie intelligente et morale, son esprit est circonscrit dans les seules préoccupations de la vie physique.

L'homme doit triompher des obstacles de la matière pour s'assurer le plein exercice de l'esprit ; la conquête du bien-être matériel est la plus sûre garantie que l'humanité puisse avoir de sa liberté morale.

La conclusion naturelle de ce qui précède, c'est que les combinaisons de l'architecture sont nécessaires pour la satisfaction des besoins externes, et que l'habitation perfectionnée est particulièrement indispensable aux complètes satisfactions des besoins internes.

Les vêtements les plus chauds et les mieux faits seraient, en effet, insuffisants pour les satisfactions externes, si l'homme n'avait pas d'abri ; et, d'un autre côté, les préparations culinaires nécessaires aux besoins internes, seraient imparfaites sans l'habitation, dans laquelle l'homme peut réunir les moyens de bien faire les préparations alimentaires.

L'habitation est donc naturellement placée au

premier rang des choses matérielles nécessaires à la Conservation et au Progrès de la vie humaine, et les Progrès de l'Architecture, dans tous les édifices qui servent de lieu de réunion à l'espèce humaine, sont un élément de progrès social apporté à l'humanité.

L'habitation est, dès lors, d'autant plus parfaite et plus en accord avec le but de la vie, qu'elle réunit autour de l'homme, et sans confusion, tout ce qui permet les manifestations des divers aspects de l'existence humaine, et surtout les moyens du bien-être externe et du bien-être interne.

L'habitation ne vaut, par elle-même, qu'autant qu'elle augmente le bien-être de l'homme par ses dispositions, ou qu'elle entraîne et facilite le développement d'institutions concourant au progrès de l'espèce.

L'habitation est variable dans sa construction, mais c'est surtout par l'ensemble que les habitations forment entre elles, que s'exerce leur influence sur l'état social et sur la condition du travailleur dans l'humanité.

De même que la hutte correspond aux besoins de la vie sauvage, la tente à la vie pastorale, la maison isolée à la vie agricole et artisane, l'Architecture Unitaire de l'Habitation correspond à la constitution de la Grande Industrie, de la Grande Culture, de la Fabrique et de la Manufacture.

Les conceptions architecturales correspondent

aux évolutions sociales des peuples ; et, en effet, si l'on y fait attention, on verra qu'il faut, aux cultes, aux réunions des croyants : l'Église ou le Temple ; qu'il faut pour l'Éducation et les soins à donner à l'Enfance : la Crèche, la Salle de garde, et l'Asile ; pour l'Instruction : des Écoles, des Colléges, etc. ; le Travail a des Usines et des Ateliers ; enfin tout ce que l'homme fait est subordonné à la création du milieu matériel propre à en faciliter l'exécution ou la pratique, et les résultats sont proportionnels aux dispositions créées pour les produire.

L'architecture de l'habitation nouvelle doit être, en conséquence, la représentation de l'Union parmi les hommes, autant comme elle a été jusqu'ici l'image de la Division qui règne parmi eux.

Il suit de ces déductions que du jour où l'habitation humaine sera conçue sur un plan réunissant tout ce qui est nécessaire au progrès de la Vie, la condition de l'homme devra promptement s'en ressentir.

Disons plus, disons que l'État Social peut certainement passer par des améliorations bien diverses, mais qu'il n'entrera véritablement dans sa voie régulière et définitive qu'avec la conception architecturale la mieux comprise pour faciliter, au peuple tout entier, l'accès à tous les avantages de la vie sociale.

Les véritables institutions sociales sont celles qui se traduisent, dans les faits matériels, par des fondations durables, et servant, par elles-mêmes, au maintien de ces institutions ; en dehors de cela, tout est éphémère et sans consistance : les principes restent sans application, les théories les plus vraies sont sans portée, et les aspirations les plus généreuses, sans effet durable sur le sort du peuple.

II

CONDITIONS DU BIEN-ÊTRE

Quelle sera donc l'Architecture de l'Habitation? Quelles seront sa construction, sa forme et ses dispositions ? Tel est le problème dont la solution importe à celle de la Répartition Équitable des biens de ce monde, et qu'il est dans les conditions du progrès de notre époque de résoudre.

Un problème bien posé est à moitié résolu, dit un adage vulgaire : il est aussi vrai de dire que les problèmes sont bien souvent différés, faute de connaître les éléments de leur solution.

Assurer le bien-être aux classes pauvres , aux classes ouvrières, est le vœu de tous les philanthropes; mais bien peu d'entre eux ont commencé par rechercher en quoi consiste le bien-être ; ils se sont bornés à émettre des théories hasardées qui, ne tenant aucun compte des lois véritables de la question, sont le plus souvent faites pour obscurcir le véritable but à atteindre.

La science du bien-être ne repose pas sur des conceptions de l'imagination, elle repose sur la connaissance vraie des besoins de la Vie Humaine. Il ne suffit pas que des vues intéressées vantent certains plans préconçus, pour que ces plans deviennent des vérités. Le fond de la Nature Humaine est immuable ; le bien-être a ses conditions obligatoires auxquelles l'Habitation doit satisfaire.

Les lois du bien-être sont inhérentes à l'espèce humaine ; il n'est pas besoin de faire de profondes théories pour déterminer en quoi elles consistent : aussi est-il surprenant que ces lois soient si méconnues en théorie, quand elles sont si bien connues dans la pratique.

Il suffit d'examiner comment la créature humaine recherche et pratique le bien-être pour en avoir une juste idée. Les faits existent, ils sont patents ; à côté des privations imposées aux besoins de l'existence ; à côté de la Pauvreté qui manque des choses pouvant rendre la vie agréable, ne voyons-nous pas la Richesse pour laquelle abondent toutes les choses nécessaires à la vie ? Il suffit donc d'énumérer ce que la famille riche s'ingénie à réaliser à son profit, pour reconnaître, sauf les variantes exigées par les latitudes et les climats, que c'est dans les avantages matériels, dont elle est entourée, que cette famille trouve les satisfactions en dehors desquelles tout bien-être disparaîtrait pour elle.

La richesse jouit des biens matériels, ce sont eux qui constituent le bien-être :

Pour elle, l'alimentation est saine et abondante ;

Les vêtements sont beaux, propres et bien faits ;

L'habitation est commode et agréable, la propreté y règne ;

Les pièces habitables ne sont livrées à aucune fonction gênante ;

Les soins de la famille sont rendus faciles par les gens de service ;

Des pièces particulières sont consacrées aux soins de l'enfance ;

D'autres pièces sont consacrées aux soins et aux fonctions du ménage ;

Des salles sont réservées aux amusements ;

Des jardins, des promenades, entourent l'habitation et constituent le charme extérieur.

Tels sont les principaux éléments concourant à procurer le bien-être matériel : la pauvreté, dans son isolement, ne peut atteindre à rien de semblable.

Personne ne contestera que les satisfactions matérielles sont plus grandes pour le riche que pour le pauvre ; personne ne contestera davantage que la richesse n'a de mérite que par les satisfactions qu'elle procure.

Si, en effet, on privait la famille du millionnaire d'une nourriture suffisante et convenable ;

Si on la dépouillait de ses habits pour la couvrir de haillons ;

Si, au lieu d'un château pour habitation, on l'obligeait à n'avoir qu'une chaumière ;

Si, dans cette chaumière, la principale pièce habitable servait à la fois de cuisine, de buanderie et de chambre à coucher pour le père, la mère et les enfants ;

Si les soins des enfants en bas âge restaient, jour et nuit, à la charge du père et de la mère :

Dans de telles conditions, quel bien-être resterait-il à cette famille riche à millions ?

Il ne serait même pas nécessaire d'user de tant de restrictions pour que la vie ait perdu tout son charme. Supposons pour un instant que cette famille ait continué à jouir d'une nourriture satisfaisante, et qu'elle ait conservé l'usage de ses vêtements habituels, mais qu'elle soit restreinte au régime de l'habitation que nous venons de lui assigner, ne serait-ce pas encore pour elle un supplice à peu près égal ?

L'habitation et son régime constituent donc une des parties essentielles du bien-être, et des satisfactions de l'existence ; ils marquent le degré de sociabilité auquel la créature humaine a su s'élever.

Les animaux sauvages ont les grands arbres des bois, ou des terriers pour abris, ils ont pour couches l'herbe des champs ou la terre froide ; mais déjà pour les animaux domestiques, on construit la loge, l'étable et l'écurie.

L'habitation de l'homme ne doit point pouvoir se confondre avec celle des animaux; pour l'Être qui s'associe le plus intimement par le Travail à l'Œuvre du Créateur, pour l'Être qui est la manifestation de l'Intelligence sur la terre, l'habitation doit être un Palais; cette vérité est tellement dans les besoins de la Nature Humaine, que c'est à cela qu'aspirent ceux qui arrivent à la fortune : une habitation dans laquelle sont réunies toutes les ressources nécessaires à la vie est toujours le couronnement de la richesse.

Si nous avons remarqué qu'en enlevant une à une à la famille riche les jouissances que procure une habitation convenable, on la prive du bien-être dont elle jouit, — ne pouvons-nous pas hardiment conclure que, si nous réunissons tous les avantages de l'habitation du riche autour de la famille du pauvre, nous aurons créé au profit de celle-ci une somme de bien-être dont elle est privée?

Combien d'hommes, animés du reste de bonnes intentions, ont vanté malgré cela, et vantent encore, de nos jours, l'urgence de l'isolement de la famille du travailleur, comme seul moyen de conserver aux mœurs les formes d'un idéal impossible, objet des rêves de leur imagination; de petites maisons, un petit jardin, voilà pour beaucoup de philanthropes tout le bien-être qu'ils souhaitent à la famille de l'Ouvrier.

Il ne suffit point cependant d'avoir un toit pour que les conditions propres à assurer le bien-être des masses soient réalisées? Non, cela suffit pour donner le jour à de malheureux petits êtres pour lesquels il n'est, dès la naissance, que privations et tortures ; mais cela ne fait point que ces pauvres petits soient chaudement logés dès leur entrée en ce monde; cela ne fait point qu'ils soient bien vêtus, bien soignés et qu'une propreté constante soit faite autour d'eux; cela ne fait point qu'une bonne garde leur soit assurée pour guider leur petits pas, pour les préserver de tout accident, pour répondre à leurs questions, et pour créer des distractions utiles à leur éducation, par des occupations en rapport avec le besoin de mouvement dont ils sont sans cesse agités.

Ah! combien ils se trompent ceux-là qui veulent laisser à la famille pauvre, qui a besoin de son travail de tous les jours et de tous les instants, la charge des fonctions les plus assidues, les plus délicates, et les plus saintes de la vie! Quel contre-sens de vouloir que l'enfant ne relève que de sa famille, quand les pères et mères ne peuvent obtenir le salaire qui les fait vivre que par des occupations actives, les obligeant à négliger les soins dus à l'enfant !

Ne voyons-nous pas que la famille riche, dont le pain du jour est tout gagné, a des bonnes pour soigner ses enfants, des précepteurs pour les ins-

truire, et que c'est là une condition de bien-
être et de tranquillité pour les pères, les mères et
les enfants? Ne faisons donc pas de raisonne-
ments contraires aux faits, profitons des leçons de
l'expérience; les misères des familles pauvres, et
abandonnées à leurs propres forces, sont trop
traditionnelles depuis l'origine du monde, pour
qu'il ne soit point déplacé de vanter encore le régime de l'isolement familial, et la pauvreté des
conceptions de l'architecture domestique imaginées
jusqu'ici.

III

LES ÉQUIVALENTS DE LA RICHESSE

Nous avons vu quelles sont les conditions véritables de l'habitation dans laquelle la classe riche
trouve le bien-être ; nous avons vu que c'est en
concentrant tout ce qui est nécessaire à l'usage des
personnes, en mettant à côté des besoins de chacun les moyens propres à les satisfaire, que le riche
trouve dans son intérieur les satisfactions du corps,
qui contribuent tant aux satisfactions de l'esprit.

Nous devons en conclure que l'amélioration du
sort des classes ouvrières n'aura rien de réel, tant
qu'il ne leur sera pas accordé les *Équivalents de la
Richesse*, ou, si l'on veut, des avantages analogues à

ceux que la fortune s'accorde ; armé de cette bous-
sole, on peut marcher constamment dans la voie
des choses qui sont à faire, on a un guide sûr de
sa conduite.

Placer la famille du pauvre dans un logement
commode ;

Entourer ce logement de toutes les ressources,
et de tous les avantages dont le logement du riche
est pourvu ;

Faire que le logement soit un lieu de tranquillité,
d'agrément et de repos ;

Remplacer, par des institutions communes, les
services que le riche retire de la domesticité ;

Telle est la marche à suivre si l'on ne veut pas
que les familles ouvrières soient perpétuellement
exclues du bien-être qu'elles créent, auquel toute
créature humaine a droit, et qu'il est dans les nécessités de notre époque de réaliser pour tous.

Les institutions propres à atteindre ce but se
dessinent d'elles-mêmes, lorsqu'on examine atten-
tivement les conditions d'existence de la famille
pauvre :

Le logement est insalubre et malpropre, parce
qu'au lieu d'être réservé au calme, nécessaire au
repos et au bien-être des personnes, il sert d'atelier pour les travaux domestiques, de buanderie pour
le lessivage. La rareté du linge fait du lavage une
nécessité de tous les jours, de sorte que les miasmes
qu'on extirpe du linge pour faire la propreté,

retournent en buée dans l'atmosphère de l'habitation, et dans les planchers et carrelages; car la ménagère ne se fait pas faute de laver son appartement avec ce qu'elle appelle ses *eaux grasses*, elle trouve que cela nettoie bien; c'est une propreté à la surface qui enveloppe la famille de principes morbides lui apportant la maladie, tuant l'enfance en bas âge, énervant l'ouvrier, l'enlevant à son activité et avivant ainsi, de plus en plus, les douleurs d'une pauvreté sans issue.

Le riche a une buanderie qui enlève au foyer domestique ces causes d'insalubrité, de saleté et de dégoût; il faut donc pour le pauvre une buanderie accessible pour lui à l'égal de celle de la maison du riche, c'est-à-dire attenant à sa propre maison.

Les enfants en bas âge sont négligés forcément par les causes suivantes : défaut de linge, défaut de propreté, absence de soins généraux, isolement et abandon de la mère qui vaque à ses travaux.

Le riche obvie à tout cela par des nourrices et des bonnes; il faut donc une nourricerie pour le pauvre dans sa propre maison : c'est la crèche touchant à l'habitation.

Nous avons dit ce que l'enfant au berceau doit souffrir dans la maison du pauvre ; l'enfant qui marche n'est guère plus heureux : livré au plus complet abandon, presque nu ou en guenilles, il se roule sur la poussière du chemin ou patauge dans la boue du ruisseau, et souvent pour cela il est maltraité, battu, injurié; nulles leçons, nuls soins intelligents, ne viennent le relever de ses mauvaises habitudes et le diriger dans une meilleure voie; l'enfant du pauvre est abandonné à lui-même, quand il n'est pas placé sous le régime violent de la répression paternelle ou maternelle, ou de celle de ses frères et sœurs.

L'enfant du riche, quand il sait marcher, est guidé avec bienveillance par des personnes commises à cette fonction, sous les yeux de la mère; des jouets sont à sa disposition, des amusements lui sont ménagés de manière à le préparer, à l'initier à la vie : il faut donc pour l'enfant du pauvre, et près de l'habitation de la mère, des salles où l'enfant reçoive ces premières leçons avec les soins les plus attentifs et les plus intelligents; il faut, en développant les facultés physiques par des exercices attrayants, préparer le corps de l'enfant à la culture facile de l'intelligence : ce sont les salles de garde et d'asile perfectionnées, et bien comprises, qu'il faut mettre à la portée de tous.

Comment se fait l'éducation de l'enfant pauvre quand, de 5 à 12 ans, il peut aller à l'école? Combien peu profitent des leçons du maître ou ne les reçoivent que dans des conditions imparfaites? Combien, arrivés à l'âge du travail productif, oublient le plus souvent le peu qu'ils ont appris et n'en peuvent faire aucun usage?

Si l'on se représente la population de ces villa-

ges embrassant souvent un rayon de plusieurs kilomètres, on verra combien de causes empêchent
l'enfant de profiter des leçons de l'école, quand il y
en a une ; combien de motifs légitimes viennent justifier l'indifférence apparente des pères et mères :
«N'est-il pas triste d'abandonner de pauvres enfants
à eux-mêmes, pour un pareil trajet, par le mauvais
temps, les mauvais chemins, par la pluie, par le
froid, par la neige? » Et quand il fait beau, que de
motifs de retard et même d'arrêt l'enfant ne trouve-
t-il pas en chemin pour se dispenser des leçons du
maître !

Par toutes ces causes, l'instruction éprouve de
graves retards dans les campagnes, et si elle est
plus développée dans les villes, cela tient surtout
aux facilités que les enfants trouvent pour se rendre
aux cours d'enseignement ; il faut donc aussi les
écoles près de l'habitation.

Et il en est ainsi de toutes les choses servant au
développement intellectuel et moral. A quoi, par
exemple, pourrait servir l'établissement de crèches
et de salles d'asile dans les villages, où l'éparpillement des maisons placerait de suite ces institutions,
si utiles et si bienfaisantes, à des distances qui en
rendraient l'usage impossible à la plupart des
familles ?

Dans les villes, la proximité de ces institutions
d'utilité publique les rend d'un usage plus facile ;
c'est pourquoi on a pu penser à y fonder des crè-

ches, des salles d'asile, etc., mais établies dans les campagnes, où leur présence serait si nécessaire, ces institutions n'en seraient pas moins désertes ou à peu près. Les familles ne pourraient en profiter qu'en petit nombre, à cause de l'éloignement des habitations ; les pertes de temps, et les difficultés qu'il y aurait pour y porter les jeunes enfants, rendent ces fondations impossibles.

Toutes les mesures tentées pour favoriser le développement de l'espèce humaine, ne peuvent avoir qu'un lent et difficile accès au sein des campagnes ; et on ne peut songer à leur création, tant que de profondes modifications ne seront pas introduites dans l'organisation domestique et économique des populations.

Pour l'administration parfaite de l'intérieur d'une maison, il faut une réunion de connaissances que ne peut posséder le personnel composant une seule famille. La salubrité, l'hygiène, la propreté et tous les soins domestiques intelligents qui sont l'apanage de la fortune, ne peuvent devenir le partage des masses, sans une organisation particulière des relations domestiques, qui, en concentrant toutes les fonctions, permettra de mettre l'intelligence, la science et le savoir au service de chacune des institutions indispensables au vrai bien-être de tous.

Pour donner à la pauvreté les Équivalents de la Richesse dont elle est privée, il ne faut pas seulement améliorer un côté déterminé de l'existence

de la famille, par un fait d'association partielle ; il
faut améliorer les ressources de la famille de l'ouvrier dans son existence tout entière ; il faut créer
d'abord le milieu propre au bien-être de la famille;
il faut donner à celle-ci les satisfactions qui naissent du milieu habité, lorsque des conditions de
charme assez variées l'entourent ; il faut enfin réunir dans l'habitation tous les éléments de conservation et de progrès nécessaires à l'Être pour accomplir son rôle dans la Vie.

Pour enlever les familles ouvrières aux maux qui
les poursuivent dans leur isolement, il faut s'élever
à une conception supérieure de l'habitation humaine ; il faut l'union des familles et leur coopération ; il faut réunir au profit de leur collectivité
les avantages qu'on ne peut créer isolément pour
chacune d'elles.

Car on conçoit que si les châteaux ont pu seuls
réunir, et à grands frais, pour l'usage de quelques
privilégiés de la fortune, les ressources nécessaires à la famille, on ne peut songer à donner ces
ressources à tous les hommes par les mêmes
moyens ; on ne peut faire un château pour chaque
ouvrier : il faut donc, pour une Équitable Répartition du bien-être, créer le Palais dans lequel chaque famille et chaque individu trouveront ces ressources et ces avantages, réunis au profit de la
collectivité.

Mais comment donner à l'habitation de chaque

ouvrier les avantages qui n'existent que pour les privilégiés de la richesse ?

Cela n'est possible qu'en ouvrant au Capital de nouveaux moyens de se rendre utile, car si l'on ne peut faire des millionnaires de tous les travailleurs de l'industrie, il est pourtant possible de trouver une direction nouvelle à l'emploi du Capital dans une voie encore inexplorée ; voie profitable au Capital lui-même, et au plus grand bien de l'espèce humaine : la Réforme de l'Habitation est ce nouveau champ d'activité à ouvrir au Capital et au Travail ?

Dans la première moitié de ce siècle, Capital et Travail ont créé la Grande Industrie et transformé les moyens de transports ; ils ont créé les Usines et les Chemins de fer ; il leur reste à entreprendre la Réforme Architecturale de l'Habitation.

Nous avons vu que nulle amélioration n'est possible dans les demeures ouvrières abandonnées à l'incurie et aux ressources individuelles : le bien-être de l'homme ne peut se réaliser dans ces conditions ; la misère s'attache au milieu qui lui est propre ; le Capital n'a rien à faire là, l'Aumône seule peut y remplir son rôle !

Il faut donc sortir de ce milieu.

Voilà pourquoi le FAMILISTÈRE a été fondé.

Ne pouvant faire un Palais de la chaumière ou du galetas de chaque famille ouvrière, nous avons voulu mettre la demeure de l'Ouvrier dans un Palais ; le Familistère, en effet, n'est pas autre chose,

28

c'est le *Palais du Travail*, c'est le PALAIS SOCIAL de l'avenir.

Ce qu'il n'est pas possible de faire au profit de familles éparpillées et sans lien, les améliorations qu'on ne peut introduire dans le tohu-bohu des habitations ouvrières, ni à la ville, ni à la campagne, ni dans les caves, ni dans les mansardes habitées ; ce que ne permettent pas même les habitations ouvrières isolées les mieux construites, quel qu'en soit le système : le Familistère le permet, le *Palais Social* le rend possible, bien plus, il le rend nécessaire.

LE FAMILISTÈRE OU PALAIS SOCIAL

Boulangerie   Écoles   Théâtre   Écoles   Débits   Restaurant   Boucherie   Bains
Ateliers   divers   Café   Billard   La nourricerie est derrière le pavillon central du Palais   Écuries   Remises   Basses-Cours

MANUFACTURE   Fig. 34.

Bureaux. Dessin. Sculpture. Mécanique. Émaillage.   Fonderies.   Ébarbage.
omètre.   Magasins.   Ajustage et Montage.   Menuiserie.   Fonderies.

QUATRIÈME PARTIE

CHAPITRE VINGTIÈME

LE PALAIS SOCIAL

I

CARACTÈRE DE L'HABITATION SOCIALE

En décrivant les plans du premier *Palais Social* aujourd'hui édifié, je n'entends pas présenter ses dispositions comme préférables à toutes autres que l'étude et l'expérience peuvent révéler. Ce n'est pas un modèle que je veux offrir à l'imitation des hommes, c'est plutôt un exposé des règles à observer dans l'édification de l'habitation sociale ; règles en concordance avec les besoins et les convenances de la nature humaine, et par conséquent avec les *Lois de la Vie*.

La doctrine précédemment établie, nous met en présence des Trois Lois Primordiales de la Vie Humaine qui doivent nous guider dans tous nos actes, et auxquelles l'édification du *Palais Social* doit être subordonnée.

En conséquence, le *Palais Social* doit créer, *pour tous*, les moyens de la vie facile, économique et progressive ; il doit donner au logement et à toutes ses institutions un caractère propre à l'accomplissement des Lois Primordiales :

De Conservation et d'Entretien de la Vie Humaine ;

De Développement et de Progrès de la Vie Humaine ;

D'Équilibre et d'Harmonie de la Vie Humaine ;

Afin d'ouvrir, à tous, les voies :

Du Droit,

Du Devoir,

Et de la Justice.

C'est à ces caractères que nous reconnaitrons l'utilité, et en même temps la supériorité de l'habitation de l'avenir, comparativement à l'habitation du passé.

Pour obéir à la Loi Primordiale de Conservation et d'Entretien de la Vie : *base du Droit*, le Palais Social doit rendre faciles à tous :

La Nourriture,

Le Logement,

Le Vêtement,

La Lumière,

L'Espace libre,

L'Air pur,

La Santé,

L'Activité,

Le Repos,

La Propreté,

La Salubrité,

L'Hygiène.

Pour obéir ensuite à. la Loi Primordiale de Développement et de Progrès de la Vie : *base du Devoir*, le Palais Social doit correspondre aux besoins affectifs, moraux et intellectuels :

De la Famille et de son principe ;

De l'Amitié, de l'Union et de la Fraternité entre les hommes ;

De l'Éducation de l'enfance et de la Protection des faibles ;

De l'Instruction scientifique et professionnelle pour tous ;

De l'Habitude et de l'Attachement à tout ce qui nous entoure ;

De la Production et du Travail ;

De la Consommation et de la Propriété ;

De la Répartition et de l'Échange des choses matérielles ;

De la Sécurité, de la Solidarité et de l'Association entre les hommes ;

De la Sociabilité, du Charme, de l'Agrément, des Délassements et des Plaisirs.

Pour obéir enfin à la Loi Primordiale d'Équilibre et d'Harmonie de la Vie : *base de la Justice*, le Palais Social doit répondre aux désirs et aux besoins des connaissances physiques et morales, et des

aspirations supérieures de la créature humaine ;
désirs et besoins :

D'être souverain et libre ;

De se rendre utile suivant ses aptitudes ;

De se distinguer suivant sa capacité ;

De se dévouer au bien social dans la mesure de
son intelligence et de ses forces ;

De faire, en tout et partout, appel à l'Équité et
à l'Intelligence ;

Et de chercher en tout pour modèle :

Le Vrai,

Le Bon,

Le Bien,

Le Beau,

Le Juste.

Les systèmes d'habitation qui ne favorisent pas
tous ces essors légitimes de la nature humaine, ne
renferment pas la donnée architecturale de l'habitation conforme à la destinée de l'Homme et à la
Loi de Vie.

C'est la réalisation de l'habitation organisée pour
la solution de ce problème que j'ai poursuivie ;
nous allons voir comment le *FAMILISTÈRE* en
remplit les conditions.

II

EMPLACEMENT

Dès que l'idée du Palais Social aura suffisamment fait son chemin dans le monde, toutes les données économiques de la science sociale seront mises en présence pour choisir le lieu le plus convenable à l'édification de chaque Palais. Leur emplacement sera subordonné à la nature des ressources des divers pays, aux convenances agricoles de la contrée, combinées avec celles de l'industrie manufacturière ; de façon à faire concourir la position topographique du Palais Social à la plus grande somme de ressources possibles : l'Association de l'Agriculture et de l'Industrie rendra cette mesure nécessaire.

L'emplacement du Familistère était marqué par les besoins de la population nouvelle, attirée à Guise par le développement régulier de l'industrie que j'y avais créée. Cette industrie, augmentant chaque jour le nombre de la population ouvrière, rendait nécessaire la construction de nouvelles maisons ; je dus donc songer à édifier le Familistère à proximité de l'usine.

Le sol des prairies de la vallée de l'Oise, touchant aux propriétés bâties de la ville, fut choisi comme emplacement ; de manière que le Familistère compose aujourd'hui un nouveau quartier de la ville, au moyen de la nouvelle rue que j'ai ouverte, et du pont que j'ai jeté sur l'Oise.

Le front du Palais fait face à la ville sur une étendue de 180 mètres ; l'aile gauche a vue sur les jardins et sur les bâtiments de la manufacture ; l'aile droite, sur les jardins et les coteaux boisés qui bornent la vallée. La vue, derrière le Palais, s'étend sur ses promenades, sur les prairies de la vallée de l'Oise et les grands arbres dont les méandres de la rivière sont plantés, et sur les coteaux qui limitent l'horizon.

La planche N° 34 représente la vue générale du *Familistère,* de ses dépendances et de sa manufacture. Le tout est bâti sur une propriété d'environ 18 hectares.

Le Palais est situé au milieu de 6 hectares environ de jardins que l'Oise traverse et contourne sur les deux tiers de leur étendue : une partie de cette propriété est convertie en promenades, squares et jardins d'agrément ; une autre partie est consacrée à la culture des légumes et aux vergers.

III

VUE ET PLAN D'ENSEMBLE

LÉGENDE DU PLAN GÉNÉRAL, FIG. 35

A. Cours intérieures du Palais.

a. Entrées, sorties et passages au rez-de-chaussée.

b. Escaliers s'élevant des caves aux greniers.

c. Passages à tous les étages.

d. Galeries de circulation générale, communiquant avec les escaliers et les passages à tous les étages, et embrassant le pourtour des cours intérieures, pour servir de voies de communication entre les logements.

e. Cabinets d'aisances et tuyaux de descente des eaux ménagères, à tous les étages : les traits ponctués indiquent l'emplacement des fosses hors du bâtiment.

f. Fontaines à tous les étages.

g. Trappes aux balayures.

h. Salles de bains et de douches.

i. Magasins et débits d'approvisionnements; épiceries, vins, liqueurs, mercerie, étoffes, chaussures, vêtements, etc.

B. Salles de la basse-enfance.

j. Nourricerie.

k. Salles aux berceaux et lits des bonnes,

l. Promenade des enfants au berceau, de 0 à 2 ans.

m. Office.

n. Cabinets d'aisances des enfants et des bonnes.

o. Pouponnat. Promenoir et salle des premiers exercices gymnastiques des enfants de 2 à 4 ans.

p. Salle de repos et des premières leçons pour les enfants de 4 ans.

q. Promenoir extérieur couvert, communiquant aux pelouses du jardin.

C. Salles d'éducation et d'instruction générales.

r. Préaux et cours d'entrées des écoles, voies de communication avec la salle des conférences.

s. Salle de réunion générale de l'enfance, des conférences, et du théâtre.

t. Bambinat ou asile. Salles des enfants de 4 à 6 ans.

u. École de troisième classe. Enfants de 6 à 8 ans.

v. École de deuxième classe. Garçons et filles de 8 à 10 ans.

x. École de première classe. Garçons et filles de 10 ans et au-dessus.

y. Scène du théâtre.

z. Vestibule au rez-de-chaussée; foyer du théâtre et salle des conseils et de l'orchestre au premier étage.

z'. Cabinets d'aisances.

D. Cours des batiments d'industrie domestique.

a'. Boucherie et charcuterie.

b'. Cuisine alimentaire.

c'. Restaurant.

d'. Débits de boissons et salles de jeu.

e'. Remises.

f'. Écuries, étables, porcheries, et basses-cours.

g'. Boulangerie.

h'. Café, casino.

i'. Ateliers divers.

E. Buanderies, Lavoirs et Bains.

j'. Bureau.

k'. Buanderie.

l'. Baquets de lavage.

m'. Bassin de rinçage.

n'. Essoreuse.

o'. Cabinets de bains.

p'. Cabinets particuliers de lavage.

q'. Piscine.

F. Usine a gaz.

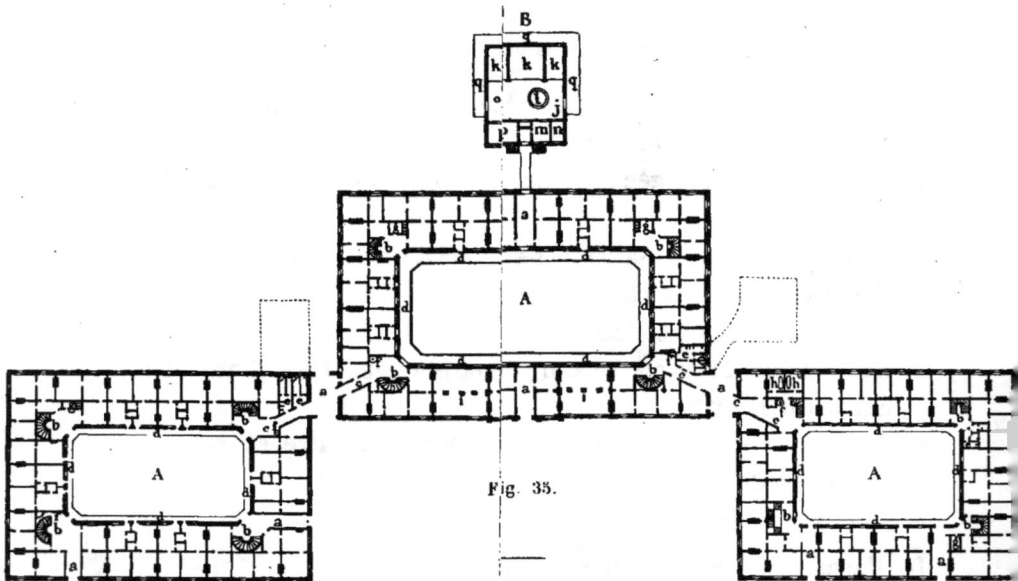

Fig. 35.

PLAN GÉNÉRAL

DU

FAMILISTÈRE

Echelle de 1 millimètre par mètre.

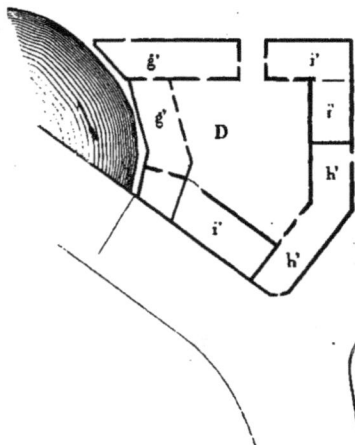

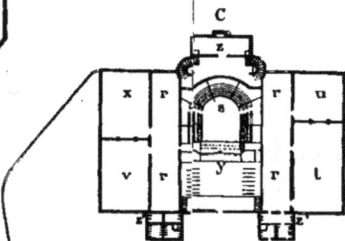

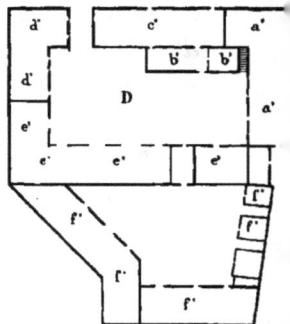

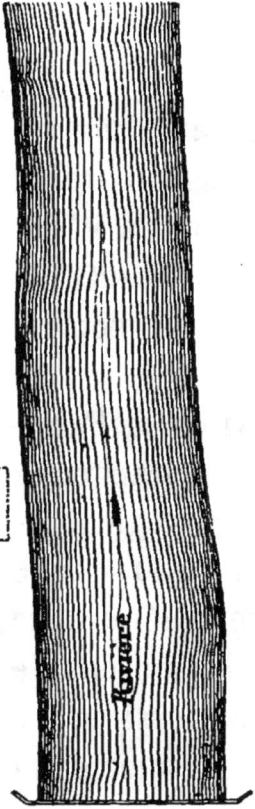

Rivière

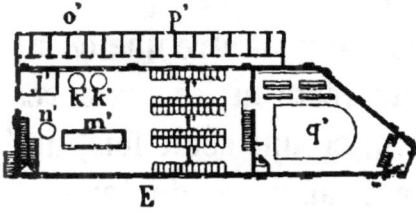

o'   p'

q'

E

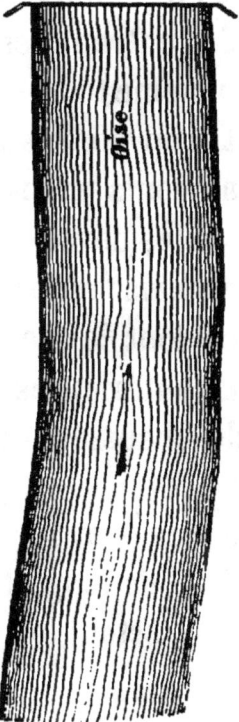

Bise

F

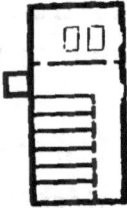

Le plan général du *Familistère* comprend, comme on le voit, trois blocs de bâtiments principaux reliés entre eux. Ils sont particulièrement affectés à l'habitation, et aux magasins d'approvisionnement des choses nécessaires aux besoins de la vie domestique.

Les motifs qui ont fait ainsi diviser le Familistère en trois parallélogrammes, sont étrangers à ce qu'on pourrait considérer comme une règle d'architecture. Créer des logements pour 1200 à 1500 personnes pouvait être une entreprise téméraire; je n'avais du reste ni les ressources ni les moyens de construire, en une seule fois, un édifice aussi vaste; il me parut suffisant de tenter mon premier essai sur le tiers de ce nombre. L'idée de relier entre eux des parallélogrammes se prêtait à un plan d'ensemble, qui pouvait se réaliser par des entreprises successives, et cela me permettait, en même temps, de faire l'expérience réduite d'un fait trop nouveau pour ne pas donner lieu à des enseignements pratiques, dont j'aurais à tenir compte dans les développements ultérieurs de l'œuvre que je voulais fonder.

L'édifice des trois parallélogrammes dont le Palais se compose renferme trois cours intérieures, autour desquelles s'élèvent le rez-de-chaussée et trois étages.

Le rectangle central a 65 mètres de façade et 40^m de profondeur; sa cour intérieure a 45^m de long et 20 mètres de large; les deux autres rectangles,

formant les ailes du Palais, sont en avant du premier, de manière à former une place devant la partie centrale. L'aile gauche a 50 mètres de façade
et 38 mètres de profondeur, sa cour intérieure
a 18 mètres de largeur et 30 mètres de longueur;
l'aile droite, 54 mètres de façade et la même largeur que l'aile gauche. Le développement total du
Palais est de 450 mètres.

Les cours sont pavées d'un ciment dur et uni
comme l'asphalte. Dix passages, au rez-de-chaussée, servent de communications entre les cours intérieures, la place centrale extérieure, la rue et les
jardins ; ces passages donnent accès en même temps
aux escaliers. Ces escaliers sont placés dans les
angles des parallélogrammes ; ils conduisent aux
galeries qui, à chaque étage, servent de communications entre les logements.

Des corridors, allant d'une galerie à l'autre, font
communiquer entre elles les trois cours intérieures,
et permettent la circulation générale de la population dans toute l'étendue du Palais.

IV

DÉTAILS DE CONSTRUCTION

Le Familistère est construit sur le terrain d'alluvion dont se compose la vallée de l'Oise. Pour mettre l'édifice à l'abri des crues de la rivière, les caves qu'il renferme dans toute son étendue ont été construites au-dessus du sol même, et les abords du Palais remblayés ensuite, de manière à élever le rez-de-chaussée de deux mètres cinquante centimètres environ au-dessus du sol de la prairie.

Les fondations du Palais ont été posées sur la surface du terrain, et la largeur de leur base a été calculée en raison du peu de consistance du sol, afin d'éviter les tassements de l'édifice sous la pression de sa masse ; ces fondations ont, à leur base, trois mètres environ de largeur.

Les coupes en élévation et en plan de la partie centrale du Palais, planches nos 36 et 37, permettent de voir les principales dispositions intérieures de l'édifice.

LÉGENDE DE LA COUPE EN ÉLÉVATION, PLANCHE N° 36

A. Sous-sol.

a. Fondations.

b. Caves sous l'édifice.

c. Corridors des caves.

d. Drainage général des caves dans lequel sont placés les tuyaux des conduites de distribution d'eau pour tous les étages de l'édifice, et pour les réservoirs placés dans les combles.

e. Entrée particulière des caves, du rang de façade.

f. Caves sous les cours.

g. Souterrains ou galeries de ventilation.

h. Ouvreaux de ventilation des cours.

i. Conduits de ventilation des appartements entre la partie surbaissée des voûtes et le sol des appartements du rez-de-chaussée.

B. Cour intérieure, Rez-de-chaussée, et Étages.

j. Entrées des passages, des escaliers et des fontaines.

k. Galeries de circulation formées autour de la cour par le prolongement des poutrelles des planchers de chaque étage.

l. Portes d'entrée des logements.

C. Toiture en verre couvrant la cour et les galeries.

m. Chenal des gouttières à l'intérieur du bâtiment, passant dans les planchers des greniers pour se rendre aux tuyaux de descente placés à l'extérieur.

n. Donjon pour la ventilation.

D. Intérieur des logements.

o. Porte d'entrée sur le vestibule.

p. Cabinet servant de buffet et de dressoir pour resserrer les ustensiles de ménage, la vaisselle, etc.

q. Placards.

r. Porte ménagée dans la maçonnerie permettant de réunir deux logements.

s. Tuyaux de cheminée et de ventilation des appartements.

E. Greniers.

t. Corridors.

Les caves sous les logements sont consacrées aux usages des habitants ; celles sous les cours servent

Fig. 36.

Coupe transversale de la partie centrale du Familistère.

Échelle de 5 millimètres par mètre.

de magasins généraux pour les liquides, les fruits et les légumes nécessaires aux besoins de la population. Le sol des caves est rendu étanche par un béton solidement établi.

Les caves ont 2 mètres 30 centimètres d'élévation sous voûte.

Les logements, du carrelage au plafond, ont en hauteur :

Au rez-de-chaussée. . . .	3 mètres	15 cent.
Au premier étage.	3 —	15 —
Au second étage.	2 —	90 —
Au troisième étage. . . .	2 —	60 —

Les corps de bâtiments ont 10 mètres de largeur au rez-de-chaussée. Les murs de façade ont deux briques ou $0^m,45$ d'épaisseur au rez-de-chaussée ; à partir du premier étage, ils n'ont plus qu'une brique et demie ou $0^m,35$. Le mur longitudinal intérieur a $0^m,22$ d'épaisseur. De 10^m en 10^m un mur de $0^m,22$ sépare transversalement les logements, du rez-de-chaussée jusqu'au grenier, de manière à éviter la propagation du feu en cas d'incendie.

Les autres murs de séparation n'ont que $0^m,11$ d'épaisseur. Tous ces murs sont en briques, le bois n'entre pas dans leur construction.

LÉGENDE DE LA COUPE EN PLAN, PLANCHE N° 37

Section du carré central.

A. Cour intérieure pavée en ciment ; les petits carrés qui figurent dans la partie du centre sont faits pour éclairer le sous-sol ; ceux du pourtour servent à la ventilation générale de la cour.

Les piédroits des voûtes et murs de séparation sont représentés par des lignes ponctuées.

B. Escaliers, allant du sous-sol aux greniers.

C. Galeries de circulation et passages d'une cour à l'autre à tous les étages, communiquant avec les escaliers.

D. Groupe de logements de deux chambres chacun, pouvant faire des logements de quatre chambres.

a. Vestibule des deux logements.
b. Cabinet-dressoir pour le logement de gauche c et d.
e. Cabinet-dressoir pour le logement de droite f et g.

Lits. (Emplacement figuré).

Placards compris dans le logement.

Cheminées et conduits de ventilation des appartements.

E. Deux logements : L'un de trois chambres h, i, j, l'autre de deux chambres k, l, pouvant faire ensemble un logement de cinq chambres.

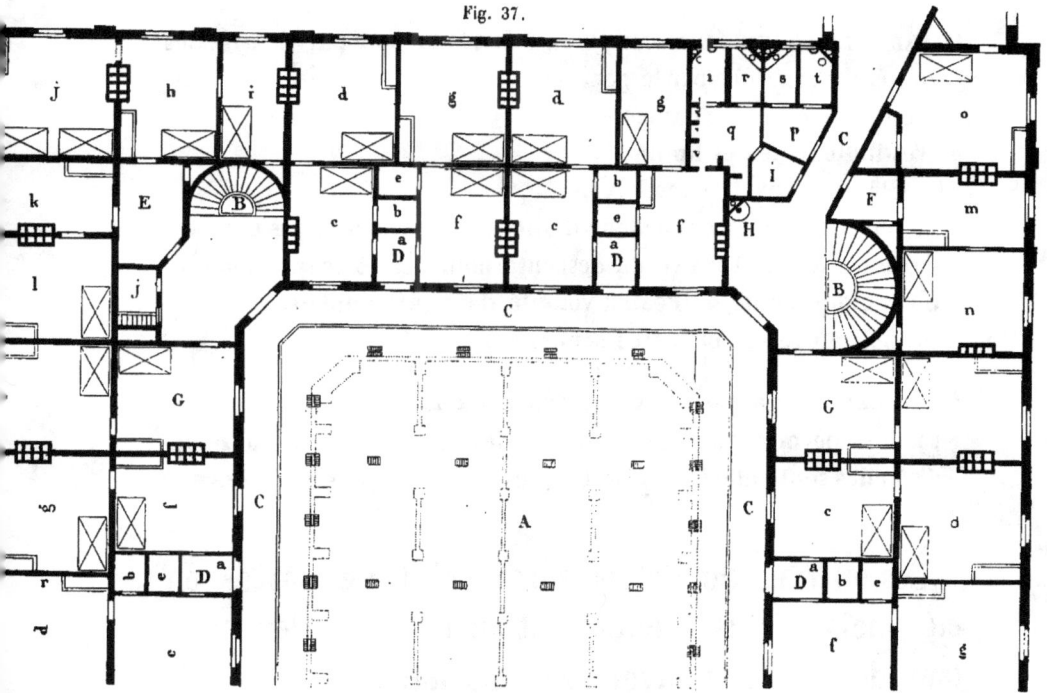

Fig. 37.

Plan des logements et des communs de la partie centrale du Familistère.

Échelle de 3 millimètres par mètre.

Solutions Sociales page 118.

F. Deux logements : L'un de deux chambres *m*, *n*, l'autre d'une chambre *o*, pouvant faire ensemble *un logement* de trois pièces.

G. Logement de deux chambres, sans vestibule.

H. Fontaines placées au-dessus d'une partie faite en ciment, entre des poutrelles en fer, et surbaissée de manière à ce que l'eau, tombant sur le carrelage, coule dans le bassin et le tuyau de descente placés sous le robinet.

I. Cabinet d'aisances inodores, bien éclairés le jour par de grandes croisées, et la nuit par le gaz.

p. Vestibule, côté des dames.

q. Vestibule, côté des hommes.

r, s, Siéges à cuvettes inodores.

t, u, Cuvettes inodores, à fleur d'une aire en ciment; ces cuvettes servent aussi de tuyaux de descente pour les eaux ménagères. Un robinet donne de l'eau à volonté dans ces cabinets.

v. Urinoir au rez-de-chaussée seulement.

J. Cabinets et trappes aux balayures à tous les étages; un large conduit permet aux balayures de descendre dans le sous-sol, d'où elles sont enlevées, tous les jours, par des gens de service.

Les entrées du Palais n'ont point de portes en été; mais en hiver elles sont fermées par des vantaux de 1ᵐ,60 d'ouverture, tournant par leur milieu sur un pivot en bas et un tourillon en haut, de façon à permettre au plus jeune enfant de les ouvrir en poussant contre l'un des côtés du vantail. Un ressort en spirale, placé autour du tourillon supérieur, ferme ces portes derrière le passant.

Ces vantaux ne servent que pour empêcher les courants d'air froid en hiver à l'intérieur des cours.

29

Les passages d'une cour à l'autre ont 2^m de largeur.

La forme demi-circulaire des escaliers est préférable à toute autre ; elle est la plus commode pour tous les âges de la population ; du côté de la rampe, le jeune enfant trouve les marches étroites qu'il gravit en se tenant aux barreaux, et les grandes personnes, du côté opposé, trouvent ces marches plus larges et plus convenables pour leurs pas. Les dimensions régulières et suivies des degrés de ces escaliers les rendent aussi d'un plus facile accès pendant la nuit, ou lorsqu'il y a foule et grande circulation.

Les escaliers de grande communication doivent avoir une largeur de marche de 1^m,50, et pour limon un demi-cercle de 2 mètres de diamètre. Les autres escaliers sont suffisants à 1^m,20 de marche. La hauteur des degrés ne doit pas excéder 16 centimètres. Ces escaliers doivent être construits en pierre ou en fonte et maçonnerie de ciment, afin d'éviter la sonorité du bois.

Les galeries, du mur à la balustrade, ont une largeur de 1^m 30. La balustrade a en hauteur 1^m,00 ; les barreaux sont ronds, droits et espacés à 0^m,12 les uns des autres ; aucun enfant ne peut ainsi passer la tête entre ces barreaux, ni monter sur la balustrade.

La dimension des galeries est commode et convenable ; elle est suffisante pour tous les besoins de la circulation, c'est un fait démontré par l'expérience :

la largeur de ces galeries ne pourrait être augmentée, sans nuire à la lumière nécessaire aux appartements de l'étage inférieur, ni diminuée, sans gêner la circulation.

La balustrade est un appui placé en face des appartements ; elle fait de la galerie un balcon d'où l'on peut contempler très-agréablement les réunions, les jeux des enfants, et tous les mouvements de la foule dans un jour de fête.

Les plans qui précèdent font voir que les logements du Familistère sont à double rang de chambres : les unes ayant vue sur la cour intérieure, les autres sur les façades extérieures ; cette disposition permet la ventilation complète de l'appartement.

Les planchers des galeries, ainsi que ceux des appartements, sont carrelés, afin de se prêter à une propreté plus facile, et de donner moins d'accès à l'incendie.

Tous les appartements sont plafonnés, et les murs dressés avec soin sont le plus souvent badigeonnés à la chaux ; c'est un moyen facile de renouveler la propreté dans l'intérieur du logement de l'ouvrier et d'assainir sa demeure. Les habitants aisés font placer les papiers et tentures qui leur conviennent.

La règle servant à la distribution des appartements est celle-ci : les portes sont placées à distance d'un angle du fond de la pièce, de façon à ce qu'un grand lit puisse être placé, autant que possible, en deux sens différents, dans chaque chambre, avec sa table de nuit au chevet, et que la porte, placée au delà du lit, soit toujours assez distante de l'autre angle de la chambre pour laisser place à un meuble.

Ainsi les plus petites chambres doivent avoir :

Pour la longueur d'un lit et ses rideaux $2^m, 40$
Pour la largeur de la porte. . . . . . $0^m, 75$
Pour l'espace de la porte au mur, afin de
pouvoir placer derrière cette porte un
placard ou une commode. . . . . $0^m, 65$
Largeur totale des plus petites chambres $3^m, 80$

Le plus ordinairement, la première pièce d'entrée sur la cour a :

En profondeur. . . . . $4^m, 50$
Et en largeur. . . . . $3^m, 95$

Un petit cabinet de débarras, en face le vestibule d'entrée, a :

En profondeur. . . . . $1^m, 45$
Et en largeur. . . . . $1^m, 20$

La seconde pièce, donnant sur le côté extérieur du Palais, contient :

En profondeur. . . . . $4^m, 70$
En largeur . . . . $4^m, 75$

Le placard compris dans cette pièce a pour dimension :

En largeur.	1^m, 70
En hauteur.	2^m, 60
En profondeur.	0^m, 50

Toute la menuiserie est faite avec le plus grand soin, et sur les meilleurs modèles. Un tel édifice obligeant à construire en grande quantité à la fois, il est possible de mettre le travail en train pour faire une menuiserie bien soignée, et à un prix modéré.

Les portes d'entrée, donnant de la galerie sur le vestibule, sont à deux vantaux :

La partie ouvrante a en largeur. . .	0^m, 85
Le second vantail a.	0^m, 45
La largeur totale de la porte est de. . .	1^m, 30

Sa hauteur au rez-de-chaussée, au premier, et au deuxième étage, est de 2^m,25, avec une imposte au-dessus qui en élève l'ouverture à la hauteur des fenêtres.

Ces portes, au troisième étage, sont à un seul vantail ; leur hauteur est de 2^m,56 et leur largeur de 1^m ;

Elles sont vitrées dans leur panneau supérieur, pour remplacer l'imposte servant à éclairer le vestibule aux autres étages.

Les portes à chambranle des appartements du

rez-de-chaussée, du premier, et du second étage, ont :

En hauteur.. . . . . $2^m, 25$
En largeur. . . . . $0^m, 75$

Celles du troisième étage ont en hauteur $2^m, 05$ et en largeur. . . . . $0^m, 75$

Les portes des cabinets de débarras ont :

En hauteur . . . . $1^m, 94$
En largeur. . . . . $0^m, 60$

Les dimensions des fenêtres des logements ont :

Pour le rez-de-chaussée :

En hauteur. . . . . $2^m, 14$
En largeur. . . . . $1^m, 20$

(Les fenêtres des débits ont, en façade, des dimensions plus grandes.)

Pour le premier étage :

En hauteur. . . . . $2^m, 14$
En largeur . . . . $1^m, 15$

Pour le deuxième étage,

En hauteur. . . . . $2^m, 00$
En largeur . . . . $1^m, 10$

Pour le troisième étage,

En hauteur. . . . . 1^m, 33
En largeur . . . . 1^m, 00

La plupart des chambres sont éclairées dans leur milieu par une fenêtre qui verse dans la pièce une lumière abondante et largement suffisante. Les angles et les murs de l'appartement restent ainsi libres, sur un grand espace, pour placer les meubles nécessaires à la famille.

Nous ne suivrons pas plus loin ces détails, car ce n'est pas un traité de construction que je veux faire. Mais il m'a paru utile de rassembler ces données principales qui, quoique très-simples en apparence, peuvent éviter bien des recherches à quiconque voudrait aborder sérieusement l'étude de la réforme architecturale de l'habitation humaine, dans l'intérêt du progrès social.

Si j'en trouve un jour le loisir, je traiterai en détail de l'architecture sociale, en traçant des plans divers d'habitations unitaires, ou de Palais destinés à réaliser le bonheur du peuple, sous l'influence de l'Association et des réformes qu'il est dans les Lois de la Vie Sociale d'appliquer dans un avenir prochain.

Quant à présent, il est particulièrement dans mon sujet de décrire, à grands traits, les points principaux devant servir de cadre à ces études, en les appuyant sur les faits que j'ai réalisés.

V

PROPRIÉTÉS DE L'UNITÉ ARCHITECTURALE

On comprend sans peine que, quelle que soit la simplicité d'exécution architecturale de l'ensemble des choses indiquées dans ce rapide exposé, il en résulte un édifice remarquable par son importance.

Mais si l'on suppose quelque recherche dans son édification, si les façades de l'édifice sont étudiées, si l'architecture en est soignée, on se trouve, non plus en face de ces habitations qui respirent la pauvreté et la misère, mais bien en présence d'un Palais remarquable, dans lequel la demeure de l'Ouvrier est complétement transformée, où l'existence se trouve dans des conditions toutes différentes, où des ressources de toute nature offrent à l'habitant des conditions de bien-être impossibles à réaliser autrement au profit des classes ouvrières.

Tout s'enchaîne dans la voie du Bien, comme dans la voie du Mal : dès que l'habitation réunit et concentre tous les éléments de comfort précédemment énumérés, le peuple n'est plus obligé de consommer ses faibles ressources dans les mille inconvénients que lui ont toujours présentés les causes extérieures : il en est débarrassé ; il peut alors disposer d'une façon plus directe de son temps et de son salaire, pour son plus grand bien et celui de sa famille.

Le Palais Social n'est donc pas seulement un meilleur abri que la maison isolée de l'ouvrier, il est en outre un instrument de bien-être, de dignité individuelle et de progrès. Et c'est précisément parce qu'il donne tout d'abord satisfaction au plein développement de la *vie physique*, qu'il ouvre pour le peuple de nouveaux horizons à la *vie morale* ; s'il en était autrement, il manquerait son but.

Afin de bien comprendre la vérité de cette affirmation, il est bon de ne pas perdre de vue que nous avons, pour guide et pour Loi Suprême de nos études, la *Vie et ses Besoins*, et que nous nous sommes donné pour règle de rechercher, au profit des masses, *les Équivalents de la Richesse*, c'est-à-dire les avantages qu'elle procure.

Nous devons donc trouver au Palais Social tout ce qui est nécessaire à la vie, et tout ce qui peut, en la rendant agréable, concourir à son progrès.

Voyons comment le Familistère correspond aux satisfactions externes et internes de la vie physique, et quelle est l'influence de ces satisfactions sur la situation morale de ceux qui en profitent.

VI

FACILITÉ DES RELATIONS

Les logements et les bâtiments, dont le plan du Familistère se compose, sont compris dans un rayon de 90 mètres. S'ils étaient convertis en file de maisons à rez-de-chaussée, cave et grenier seulement, placées les unes à côté des autres, ces bâtiments auraient un développement de 2200 mètres de longueur, et pourraient former une rue continue de 1100 mètres. Mais, si ces habitations étaient éparses comme le sont celles des villages, la population serait disséminée sur une étendue de deux à trois kilomètres en tous sens.

Ce seul fait permet d'apprécier combien les relations sont faciles au Familistère, si on les compare à celles des populations habitant les maisons isolées des campagnes.

Au Familistère, 1500 personnes peuvent se voir, se visiter, vaquer à leurs occupations domestiques, se réunir dans les lieux publics, et faire leurs approvisionnements, sous galeries couvertes, sans s'occuper du temps qu'il fait, et sans avoir jamais plus de 160 mètres à parcourir.

Avec les habitations du village, l'habitant doit faire souvent plusieurs kilomètres pour aller aux

mêmes occupations, sans que rien le garantisse des
intempéries, et son temps se perd ainsi dans une
activité presque généralement infructueuse. Le Palais Social au contraire appelle ses habitants à la
vie utile, parce que leur activité est directement
productive.

Au Familistère, les Écoles se trouvent à côté de
l'habitation ; les enfants sont toujours près de la
famille, et les pères et mères peuvent les suivre du
regard jusqu'à leurs classes, ou les trouver au milieu de leurs jeux dans les cours ou les jardins du
Palais.

Cette facilité des relations contribue à faire du Palais Social l'habitation la plus propre à élever le
niveau moral et intellectuel des populations, parce
que l'enfance trouve l'école à côté de sa demeure,
et parce que les commodités de la vie du Palais, enlevant à l'ouvrier le surcroît de peines que
le ménage isolé comporte, lui laissent plus de loisirs pour s'initier aux faits du progrès et à ceux de
la vie sociale, par la lecture des journaux et des livres qu'une bibliothèque, facile à organiser, rend
accessibles à la population entière.

VII

ÉCONOMIE DOMESTIQUE

Poursuivons l'étude de ce principe : qu'il y a connexité entre le progrès des masses et celui de l'architecture sociale, c'est-à-dire de la pensée qui préside à la construction des édifices élevés en vue du bien du peuple.

Il en est ainsi, parce que le milieu édifié entraîne un usage déterminé, et par cela même des conséquences qui lui sont propres.

Le Palais Social doit donc avoir ses conséquences, non-seulement comme milieu habitable, mais aussi, et surtout, par l'effet de la concentration de tous les ressorts et de tous les services sociaux. Les premiers effets qu'il doit produire, c'est l'augmentation du bien-être des classes pauvres, c'est la réalisation du comfort au profit de tous, pour la satisfaction des besoins externes et internes du corps.

Le bien-être externe trouve une première base dans le comfortable de l'habitation, mais il se complète ensuite par tous les avantages dont la demeure est entourée ; et c'est en exerçant ainsi son action bienfaisante au profit des masses, que le Palais Social devient le moyen pacifique de leur avénement aux bienfaits de la richesse.

Dans un tel milieu, il ne faut à la famille que les ressources du travail pour avoir l'assurance d'une vie tranquille et calme.

Sans rien changer d'abord aux habitudes des personnes, le Palais Social a le mérite de mettre l'esprit de prévoyance, d'économie et de réserve, au service de ceux à qui l'économie est impossible, et qui, par ce motif, ne trouveraient dans la prévoyance qu'une nouvelle raison de sentir plus vivement l'état de leur infortune.

A quoi en effet servirait le désir de faire des provisions, en vue de l'avenir, chez les ouvriers qui ont à peine la possibilité de se pourvoir la veille pour les besoins du lendemain ? L'indifférence de ce lendemain est pour eux le plus sûr adoucissement des inquiétudes de l'avenir, contre lesquelles ils sont impuissants.

Mais ce que ne peut faire isolément la famille de l'ouvrier devient possible par une réunion importante de personnes.

C'est d'ailleurs ainsi que la chose se fait d'une façon indirecte dans le milieu actuel : les commerçants achètent en gros, pour les besoins du public, ce qu'ils revendent ensuite en détail, augmenté des profits que paient les consommateurs. Cela diminue pour ceux-ci la quantité de denrées et d'objets consommables, puisqu'il faut que chacun abandonne une partie de ses ressources aux improductifs; mais avec l'éparpillement des populations et l'insolidarité de leurs intérêts, le public ne voit, dans la multiplicité des intermédiaires, qu'un moyen plus facile d'avoir les choses de première nécessité dans tous les quartiers, quand il y a là au contraire l'impôt le plus onéreux sur le consommateur.

Au Palais Social, les intermédiaires peuvent être supprimés; toutes les marchandises peuvent être achetées par un syndicat et être vendues à la masse à son profit; les fonctions parasites se suppriment ainsi, et chacun se livre à des fonctions productives. Le nombre de fonctionnaires, juste nécessaire au débit dans les magasins généraux du Palais, reçoit une rétribution proportionnée à ses services, et le débitant n'est plus un spéculateur vis-à-vis du consommateur.

La concentration des habitations du Palais rend inutiles les fonctions parasites. La réforme commerciale, dans laquelle les économistes cherchent depuis longtemps le moyen de supprimer les intermédiaires, s'opère avec la plus grande facilité; il n'est plus besoin qu'un détaillant s'installe à chaque coin de rue pour exploiter un groupe de population: les approvisionnements se font au Palais, au seul profit de la masse des consommateurs.

Les bénéfices commerciaux, réalisés de cette façon, font le plus solide élément du budget de la population du Palais, et lui permettent de réaliser dans son sein toutes les institutions qui peuvent concourir à son développpement physique et moral.

L'organisation commerciale, à laquelle les déve-loppements du Palais se prêtent, met donc à la por-tée du logement tous les approvisionnements néces-saires aux besoins des familles ; elle établit l'écono-mie sur les achats, au profit du pauvre comme du riche, et elle assure à tout sociétaire sa participa-tion aux bénéfices réalisés sur sa consommation.

Il ne faudrait pas croire que le régime de l'ha-bitation fût indifférent pour réaliser cette organi-sation des approvisionnements, au profit des popu-lations ; c'est à l'économie des relations que la possibilité en est particulièrement due.

VIII

GENÉRALISATION DU BIEN-ÊTRE

Le travailleur ne souffre pas toujours par insuf-fisance du salaire, mais il est souvent dans l'obliga-tion de consommer ses gains au jour le jour, et dans la nécessité d'acheter les provisions du ménage au fur et à mesure de ses besoins. Aussi, à chaque instant, l'absence d'un comestible ou d'une épice nécessaire se fait sentir au moment du repas : c'est le sel, le poivre, la moutarde, l'huile ou le vinaigre qui manque, il y a trop loin pour l'aller chercher, et le repas se fait au milieu des reproches et de la mauvaise humeur de la famille.

D'autres fois, la ménagère a un besoin pressant
de réparer quelque dégât aux habits du mari ou des
enfants : un bouton est perdu, il n'y en a pas pour
le remplacer, ou le fil et les aiguilles font défaut,
c'est à remettre à une autre fois, quand on aura été
chez le marchand chercher ce qui manque ; le dégât
s'aggrave en attendant, et la gêne reste.

D'autres fois encore, c'est un parent ou un ami qui
arrive à l'improviste, c'est une indisposition qui
survient dans la famille, on voudrait avoir un cor-
dial à offrir, il n'y en a pas en réserve chez l'ouvrier. Les provisions ne sont abondantes, dans les
maisons isolées, que chez les gens aisés ou riches,
l'ouvrier ne trouve ce qui lui est nécessaire que chez
les débitants : les débits sont trop éloignés, et la satisfaction ou le soulagement à offrir ne peuvent arriver à propos.

Il n'en est pas ainsi au Familistère, où les provisions sont faites en vue des besoins de la population
entière. Le sociétaire trouve à chaque instant, dans
son propre Palais, tout ce qui lui est nécessaire ; et
en ceci encore, le Palais procure au plus pauvre des
Équivalents de la Fortune, puisqu'il tient en permanence des provisions à sa disposition.

Mais les provisions de choses nécessaires aux
besoins de la vie, mises à la portée de tous les
consommateurs, ne rendent pas seulement des services accidentels : les magasins d'étoffes, de bon-
neterie, de chaussures, de mercerie, de lingerie

mettant en permanence, sous les yeux de la famille, les objets propres à la vêtir, font un appel incessant à l'achat des choses utiles, et à l'emploi profitable du salaire pour le bien de la famille. Tout ce qui est ainsi employé contribue au charme domestique, au bien-être externe, et se trouve être autant d'enlevé aux tentations du cabaret et aux dépenses infructueuses.

Il en résulte qu'au Familistère, quelle que soit la pauvreté des parents, l'enfant n'est plus misérable. L'émulation dans la tenue des jeunes élèves y est de ton commun : tous sont généralement bien vêtus et souvent même avec coquetterie.

C'est que les parents les voient, cinq fois tous les jours, réunis sous les galeries du Familistère, défilant en ordre pour se rendre à leurs classes, après leurs récréations, et que là les comparaisons sont forcées : la négligence, comme le soin des parents pour leurs enfants, y est au vu de toute la population, aussitôt qu'elle se produit.

Telle est donc l'influence d'un milieu plus favorable que, sollicitant chacun à l'amour du bien, il contribue par tous les moyens à faire disparaître cette hideuse misère dont l'enfant a tant à souffrir ailleurs au sein des classes pauvres. Et si la pauvreté fait encore quelquefois sentir son aiguillon à la population adulte du Familistère, au moins l'enfant ne le ressent plus, et vit véritablement heureux de cette plénitude de vie qui ne lui fait jamais défaut.

L'émulation générale, provoquée par l'habitation unitaire dans la tenue du vêtement, contribue au soin du corps et au perfectionnement des manières et du maintien ; cela se conçoit par les faits comparés de la vie publique : une grande différence existe, dans les usages de la vie, entre le citadin et le villageois, entre les classes aisées et les classes pauvres. La sociabilité s'améliore par l'aisance, et par la fréquentation libre et désintéressée de nos semblables ; lorsque l'individu, au lieu de se sentir affaissé par la misère, peut se présenter dignement aux yeux de ses semblables, il se sent ennobli; c'est le sentiment qu'éprouve au Familistère l'enfant de l'ouvrier : il ne subit plus, dès son début dans la vie, ces humiliations de la pauvreté qui abrutissent si souvent le corps et l'âme.

Au Palais Social, les classes et les conditions se confondent ; c'est par l'intelligence et le savoir que les individus brillent et se distinguent, et, pour une population qui débute dans cette voie nouvelle de l'existence, c'est surtout sur l'enfance que les heureux effets de la vraie vie sociale se font le plus tôt sentir. Aussi l'enfance est-elle heureuse au Familistère, heureuse de ce bonheur de liberté que nul autre milieu ne peut offrir, avec la même sérénité et la même ampleur.

Tout est charme pour l'enfant au Palais Social : les pelouses, les allées ombragées, les jardins, les vergers, la bibliothèque de l'enfance, les vastes salles de tous les degrés de l'éducation et de l'instruction où il se rend sans fatigue, et ces immenses cours vitrées dans lesquelles, aux heures de récréation, il peut en toute saison jouer, s'ébattre à l'aise, en compagnie de ses camarades, auprès de la demeure de ses parents.

A l'extérieur comme à l'intérieur du Palais, tout est ménagé pour éviter à l'enfant les tentations nuisibles, capables de lui attirer les reproches de la famille ou, ce qui est plus grave, les mauvais traitements dont il est si souvent victime ailleurs pour des vêtements salis par la boue de la rue, ou les ordures du ruisseau et du fumier.

Les exercices de gymnastique et les jeux d'adresse, auxquels la réunion permanente des enfants se prête au Familistère, donnent à chacun d'eux des habitudes plus réservées, et plus tempérées, que celles produites par les jeux turbulents et désordonnés des enfants de la campagne ; jeux dans lesquels les accrocs et les déchirures, presque toujours inévitables, font le désespoir de la mère et la terreur de l'enfant.

Par l'exercice, les mouvements du corps se modèlent sur les habitudes de l'intelligence, et la raison vient plus vite à l'enfant dans un milieu où la sociabilité le pénètre par tous les pores, que dans celui où les dehors de la nature sauvage et indisciplinée s'offrent seuls à lui.

Le Palais Social offre donc à l'enfance des éléments de joie et de bonheur qu'elle ne rencontre nulle part ailleurs.

L'examen particulier que nous ferons des principaux détails du Familistère et de ses dépendances, confirmera davantage l'influence considérable que peuvent exercer, sur l'homme, les dispositions matérielles du milieu dans lequel il est appelé à vivre.

Les besoins externes étant satisfaits par le logement et le vêtement, comment le Palais Social vient-il en aide à la famille pour la satisfaction des besoins internes, c'est-à-dire pour l'alimentation ?

En ceci, comme en tout ce qui est du ressort de l'action et de la liberté individuelles, le Palais Social n'a qu'un rôle à remplir : rendre plus facile l'exercice de la liberté de chacun, rendre plus facile, à la famille, l'exercice de ses habitudes et de sa manière de vivre, et offrir à son choix, quand cela est possible, de meilleurs moyens et de meilleurs procédés.

Une bonne alimentation est un besoin que tous les hommes éprouvent ; c'est l'objet de l'incessante recherche de chacun de nous, et pourtant jusqu'ici il n'a été donné qu'à un petit nombre d'en jouir.

Comment expliquer qu'une condition aussi universelle de la vie humaine, que celle de la nourriture, n'ait point donné lieu à des progrès plus rapides dans les procédés de l'alimentation de l'espèce?

C'est que, plus que tous les autres besoins de l'homme, celui de la nourriture subit l'influence de l'organisation sociale; les vicissitudes et l'instabilité des affaires humaines, que l'insolidarité des intérêts et l'hostilité entre les hommes ont produites jusqu'à notre époque, affectent plus particulièrement l'alimentation, parce que ce besoin de l'espèce ne peut souffrir d'interruption. Par conséquent, de quelque nature qu'il soit, tout dérangement dans la marche des affaires de la Société crée un embarras pour la nourriture du peuple, parce que tout se traduit pour les masses par ce fait capital : le *besoin de vivre;* Salaire et Travail, tout vient s'y confondre.

C'est du travail seul que l'homme doit tirer son bien-être, c'est de la terre bien exploitée, bien cultivée, qu'il fait sortir les choses nécessaires à ses besoins ; c'est en utilisant tout ce qui en provient qu'il crée les moyens de la vie facile ; dès que son activité est détournée de cette tâche imposée par la nature, il n'est plus pour lui qu'erreur et malheur.

La guerre surtout conduit à ces tristes résultats ; par elle, les produits du travail deviennent insuffisants, et le peu que l'homme en tire est absorbé par les dépenses publiques : l'activité du peuple est détournée de son véritable but ; cette activité, mise au service des conceptions d'un fol orgueil et d'ambitions désordonnées, ne sert plus qu'à ravager et à

ensanglanter la terre , au lieu de la rendre productive au profit de l'humanité.

La misère humaine se traîne ainsi, de siècle en
siècle, victime de gouvernements insensés ou des-
potiques qui, à travers les âges, ont fait de tous les
fléaux amoncelés par eux sur l'humanité, le fondement de leur gloire guerrière.

La notion du juste se corrompt au contact des
mœurs de la guerre : le puissant s'habitue à considérer le peuple avec moins d'intérêt que la bête, et
comme un simple instrument soumis à son caprice
et à sa volonté.

Et le peuple alors n'a plus pour se sustenter
que les rares produits d'une terre qui l'abandonne,
parce qu'il a négligé de lui accorder ses soins : la
Nature laisse ainsi à l'humanité la responsabilité
des malheurs que les sociétés éprouvent, pour avoir
laissé place dans leur sein à la tyrannie et à la servitude.

Le progrès dans l'art de vivre est difficile dans
ces conditions ; la nourriture et le bien-être du peuple sont les dernières choses dont s'occupent les
gouvernants satisfaits de la position qui leur est faite,
car il faut avant tout que le peuple travaille pour
les gloires liberticides de ses oppresseurs !

La tyrannie, la guerre, la servitude, le travail
perdu, et l'isolement, ont été les principaux obstacles aux progrès de l'alimentation saine et abondante du peuple.

Voilà pourquoi l'industrie culinaire est restée, pour les classes laborieuses, dans un état d'infériorité relative si considérable, par rapport aux autres progrès de l'Industrie.

Le peuple, isolé et divisé par le despotisme, n'a pu ni unir ni associer ses forces pour l'amélioration véritable du bien – être de tous. Pressé par la misère, chacun n'a pensé qu'à soi, et l'esprit d'individualisme a poussé de telles racines dans l'ordre social, qu'il sera pour longtemps encore la cause des plus grands maux des sociétés. Cet esprit sert de justification à l'égoïsme et à l'imperfection de la Loi, qui n'admettent aucune limite à l'accaparement des fruits du travail social, consommés par quelques-uns en prodigalités individuelles, ou laissés sans emploi, pendant que des citoyens utiles périssent de misère, après une longue vie de labeur !

L'institution démocratique du Palais Social, sous les auspices de la Paix, de la Liberté, du Travail utile, de l'Association des familles, et de l'Application intelligente du Capital, doit produire un résultat contraire.

D'autres causes ont fait aussi que l'alimentation est restée jusqu'ici livrée au hasard des circonstances. Ceux qui ont pu jouir des faveurs de la fortune n'ont jamais entrevu qu'il fût possible de créer pour le peuple des institutions propres à l'élever au bien-être ; nulle part les nations les plus avancées du monde n'ont songé à livrer à l'étude, les méthodes

d'alimentation, et encore moins à en faire l'objet
d'un enseignement régulier. L'empirisme le plus
complet règne sur la fonction la plus nécessaire à
l'homme.

L'état d'isolement des familles semble assigner à
la femme la fonction des économies domestiques et
le soin de la nourriture ; la connaissance approfon-
die de la préparation des aliments serait donc dans
son rôle, mais on se garde bien généralement de
l'initier à rien de ce qui fait le fond du bien-être de
la famille et de ses plus sages économies.

Presque toujours la jeune demoiselle bien élevée,
qui a été en pension jusqu'à 16 ou 18 ans, est une
femme incapable de gouverner sa maison et de bien
élever ses enfants. Il semblerait déshonorant pour
elle de connaître les choses véritablement utiles et
nécessaires dans le ménage. Telle est enfin la direction donnée presque partout aux femmes, par
nos mœurs ridicules, que rien de la véritable connaissance des besoins de la vie n'entre dans leur
éducation, et que la plupart d'entre elles deviennent
épouses et mères sans avoir reçu la notion des devoirs que cette condition impose à la femme. C'est
donc aux classes ouvrières qu'il faut avoir recours
pour accomplir ces devoirs ; mais que peut la fille
ou la femme du peuple, dont l'existence s'est passée au sein des privations, et par conséquent sans
enseignement régulier sur l'hygiène, l'art culinaire, et tout ce qui devrait constituer la science

de l'économie domestique? D'où il suit que cette science est à faire pour les classes pauvres comme pour les classes riches.

Si la préparation des aliments est presque généralement abandonnée à l'ignorance et à l'incapacité, que peut être le repas dans l'intérieur du ménage ouvrier, où non-seulement le temps du mari est pris par le travail quotidien, nécessaire pour subvenir aux besoins les plus pressants de la famille, mais aussi, où la femme se livre, de son côté, au travail des champs ou de la fabrique, dans l'espoir d'apporter quelques douceurs au sein du ménage? Mais que peuvent être ces douceurs quand la préparation du repas est complétement négligée?

Est-ce dans ces conditions, quand la nécessité du travail laisse à peine le temps de prendre la nourriture, qu'on peut se préparer un potage réconfortant et des aliments convenables? Non, l'ouvrier et sa famille doivent réparer leurs forces avec un morceau de pain, avec du lait, du fromage, quelques légumes crus ou quelques fruits, parfois un peu de salaisons cuites sur la poêle, et d'autres fois, hélas! l'ouvrier est condamné à faire son repas d'un morceau de pain dur que ses enfants ont été mendier.

La famille de l'ouvrier, abandonnée à elle-même, est donc dans l'impossibilité d'avoir une nourriture convenablement préparée.

La cuisine est un art particulier qui ne s'acquiert

que par la pratique et l'étude ; le riche prend des serviteurs capables pour remplir cette fonction ; comment le Palais Social peut-il, sous ce rapport, donner à la masse de ses sociétaires les Équivalents de la Richesse, lors même que l'Association intégrale du Travail et du Capital n'y serait pas réalisée de manière à créer l'aisance au profit de tous ?

Le fait est des plus simples : si l'on conçoit l'impossibilité de trouver, pour les trois ou quatre cents familles du Palais, autant de cordons-bleus capables de tirer le parti le plus avantageux des ressources de chaque famille pour son alimentation, on comprend qu'il est plus facile de trouver quelques personnes seulement, possédant les aptitudes de la cuisine, pour ouvrir l'atelier culinaire, où tous les sociétaires pourront venir chercher des aliments convenablement préparés pour leurs besoins.

C'est ce que le Familistère offre à chaque ménage ; la famille n'y est plus condamnée à manger son pain sec à l'heure du repas, elle trouve à la cuisine alimentaire de bons bouillons, des viandes cuites, des ragoûts et des légumes qui lui permettent de composer instantanément le menu du repas; et l'ouvrier a la satisfaction de consommer chez lui avec sa femme, venant comme lui du travail, et avec ses enfants sortant de l'école, un repas réconfortant.

Le Familistère offre du reste à ceux qui ont le temps de préparer leur repas eux-mêmes toutes les facilités pour le faire. Les ressources de l'alimentation sont complètes; sans sortir du Palais, le sociétaire trouve la boucherie, la charcuterie, l'épicerie, le pain, le beurre, le lait, le fromage, les légumes frais et secs et les boissons. La bière, le cidre, le vin, approvisionnés en grande quantité, et par cela même en bonne qualité, permettent au sociétaire d'avoir à chaque repas, sur sa table, une boisson toujours fraîche, et qui n'a pu ni s'éventer, ni s'aigrir; car la boisson est d'autant meilleure que la consommation en est plus grande.

Cet examen des conditions du bien-être externe et interne démontre que le Palais Social permettra un jour, à toutes les populations privées des satisfactions nécessaires à la vie, de mettre leur existence sous la protection de l'art culinaire bien compris, et qu'il leur permettra, en outre, de réaliser à leur profit des approvisionnements généraux que nul établissement coopératif ne peut réunir.

Sous quelques points de vue qu'on l'envisage, le Palais social assure aux classes ouvrières les Équivalents de la Richesse auxquels le salaire leur permet d'autant moins d'atteindre, dans l'habitation isolée, qu'il est souvent mal employé.

L'examen plus approfondi des dispositions matérielles du Palais, va nous confirmer de plus en plus cette vérité, que le Progrès Social des masses est subordonné au Progrès des Dispositions Sociales de l'Architecture.

IX

L'AIR :

VENTILATION ET SALUBRITÉ GÉNÉRALES

L'air est un des principaux éléments que la Nature donne à l'homme pour l'entretien de son existence ; c'est un aliment de tous les instants : la nuit, le jour, pendant la veille et le sommeil, il entretient nos forces et il est indispensable aux fonctions de la vie. Il est donc du plus grand intérêt que l'architecture fasse concourir toutes les dispositions de l'habitation pour tirer de l'air le parti le plus utile à la santé.

Sans air, l'organisme cesse de fonctionner, l'homme meurt. Dans un air impur, la santé s'altère, la maladie nous gagne, il faut, en conséquence, que l'air soit pur autour de nous, afin de ne pas introduire des principes morbides dans notre économie vitale.

Mais si cela est vrai en général, si l'homme doit même chercher à assainir le sol, à plus forte raison doit-il veiller à ce que sous le rapport de la salubrité, rien ne soit négligé pour sa demeure. C'est là malheureusement un point trop oublié jusqu'ici, et sur lequel le Palais Social ne doit point faillir.

Autour du Palais, pas plus que dans son enceinte, ne peuvent exister des matières en putréfaction, ni des eaux croupissantes; les égouts et les citernes ont leurs siphons : aucune émanation n'y est possible. Des trottoirs, de vastes cours extérieures, des pelouses, des jardins cultivés et des allées servant de promenades, font au Familistère des abords largement ouverts, dans lesquels l'air s'épure au contact de la végétation, sans rencontrer des causes méphitiques, ni délétères.

Le renouvellement de l'air, nécessaire à la ventilation des cours et des appartements, est obtenu par de larges ouvertures souterraines ménagées au Nord, dans les jardins, derrière le Palais. Ces ouvertures, de 4 mètres environ de côté, traversent le sous-sol des habitations et circulent en souterrains voûtés, sous le sol des cours, au bas des façades intérieures, de manière à rafraîchir l'air en été et à le tempérer en hiver ; des ouvraux, ménagés de distance en distance, laissent échapper cet air à travers des grilles en fonte, placées à fleur du sol des cours.

En hiver, pour éviter, pendant les grands froids, une aération inutile, venant de l'extérieur du Palais, l'entrée des galeries souterraines est momentanément fermée de grandes portes qui interceptent le courant.

Par suite des faits qui se passent généralement autour de l'habitation du pauvre, on est tellement imbu de l'idée que les agglomérations ouvrières doivent être nuisibles à l'hygiène, que le visiteur au Familistère, quoique fort surpris de la propreté générale qui y règne, n'en est pas moins souvent préoccupé des moyens de ventilation. Un fait frappe son attention : les cours intérieures sont couvertes d'immenses vitrages; on doit, pense-t-il, se trouver comme en serre chaude en été dans ces cours.—Les impressions naissent en général des faits qu'on a vus, et la donnée scientifique n'est pas la première qui se présente à l'esprit de la plupart des personnes.

La vérité, c'est que le verre intercepte dans une forte mesure les rayons du Soleil, au lieu d'en augmenter la chaleur. Ce qui fait la serre chaude, c'est la concentration d'un air non renouvelé, et conservant sa chaleur acquise. Les vitrages du Familistère ont, au contraire, pour la ventilation, de larges dégagements par où s'échappe l'air échauffé des cours, que remplace l'air frais venant des galeries souterraines. D'où il suit que le vitrage, tempérant par lui-même l'ardeur du Soleil, maintient l'air plus frais en été à l'intérieur du Palais; tandis qu'en hiver, il préserve l'habitation de la bise et de toutes les intempéries, et contribue, concurremment avec les portes se fermant d'elles-mêmes aux passages des cours, à maintenir à l'intérieur du Palais une température douce, qui permet d'y circuler en vêtements légers.

Sans qu'il soit véritablement établi que les dispositions prises pour la ventilation du Familistère soient les meilleures qu'on puisse imaginer, et celles qui s'accorderont le mieux avec les conditions scientifiques d'une ventilation parfaite, il est bon d'examiner les avantages qu'offrent ces dispositions au profit de la santé générale.

D'abord, l'air circulant seul dans les galeries de ventilation, il est facile d'y maintenir la plus stricte propreté, condition essentielle de la perfection de la ventilation au Familistère ; et, ensuite, tout l'air qui pénètre dans l'édifice étant pris dans un même endroit, on est maître de lui faire subir les modifications qu'on peut reconnaître utiles à la salubrité publique, en pratiquant dans ces galeries tous les moyens d'assainissement que la nature met au service de l'homme.

L'architecture unitaire et rationnelle de l'habitation permet seule l'application de ces moyens dans la ventilation du logement de l'ouvrier, et le Familistère en est le premier exemple.

Dans la question d'amélioration des logements du peuple, bien des personnes, aux bonnes intentions, ont préconisé la séparation des habitations, par motif de salubrité, ne remarquant pas que c'était rester ainsi dans l'ornière d'un passé, où l'ignorance individuelle entretiendra toujours le mal, dont les commissions de salubrité publique, malgré tous leurs efforts, seront impuissantes à délivrer les classes ouvrières.

Dans l'habitation unitaire du Palais Social, si, par impossible, l'insalubrité pénètre, elle est visible à tous les yeux, tout le monde a intérêt à la combattre, et une direction intelligente peut bien vite l'arrêter dans sa marche et la faire disparaître.

X

L'AIR :

AÉRATION DES APPARTEMENTS

Tous les appartements du Palais ayant vue sur la cour intérieure d'un côté, et sur les façades extérieures de l'autre, donnent un libre accès, de toutes parts, à l'air pur venant des jardins et des vergers pour l'aération des logements. La différence d'équilibre qui existe, presque en permanence, entre l'air extérieur et celui se dégageant sous les vitrages des cours intérieures, produit dans le Palais une douce ventilation dont on jouit souvent très-agréablement dans la saison d'été.

L'aération des appartements se fait aussi, au Familistère, par des dispositions propres à la construction de l'édifice ; les mesures prises à ce sujet méritent l'examen de la médecine et de la science, car la question de l'air le plus convenable à la respiration, dans le milieu habité, est loin d'être résolue.

Les idées les plus contradictoires peuvent se produire encore sur bien des points de cette importante partie de l'hygiène, avec des raisons très-sérieuses à faire valoir pour et contre les diverses opinions ayant cours.

On s'est occupé de la ventilation des lieux publics et du renouvellement de l'air dans les endroits où se trouvent réunies un grand nombre de personnes; mais il serait important de savoir dans quelle proportion la plus favorable à la santé doit se faire le renouvellement de l'air du logement, pendant la veille et pendant le sommeil; et si même, dans ce dernier cas, il ne serait pas plus convenable d'éviter ce renouvellement, quand les appartements sont assez vastes pour contenir l'air nécessaire à la respiration pendant la nuit.

On sait que, dans les lieux habités, des courants d'air à diverses températures, et à divers degrés d'humidité, sont souvent pernicieux pour la santé : un courant d'air froid, dans un lieu où se trouvent beaucoup de personnes, présente des dangers, surtout si l'atmosphère est chaude et chargée de vapeurs.

Mais à quoi ces effets dangereux sont-ils dus? Et s'ils se constatent facilement, par la gravité de leurs conséquences dans les cas signalés ci-dessus, ne se produisent-ils pas en permanence, sans être remarqués, à des degrés différents, dans les faits journaliers de l'habitation ordinaire? Il faudrait probablement, pour répondre à ces questions, connaître les phénomènes chimiques des combinaisons de l'air froid avec l'air humide et chaud, peut-être les phénomènes de l'action vivante de l'infiniment petit dans les particules de l'air, et le mode d'action de cet infiniment petit sur la santé.

Avec ces connaissances, il serait possible de déterminer quel est le meilleur mode d'aération des appartements, sur quel point il convient de prendre l'air nécessaire à cette aération, et comment son introduction doit se faire dans les chambres habitées.

Mais, indépendamment de l'air introduit dans l'habitation par les portes et les fenêtres, il faut tenir compte de celui qui y pénètre par l'influence des cheminées, sous l'action, soit du tirage extérieur, soit du refoulement de l'air à l'intérieur de la pièce.

Quand l'air est chaud dans les cheminées, le tirage a lieu : il amène de l'air dans l'appartement par les joints des portes et des croisées, et par les ventouses, si l'architecte en a ménagées ; quand l'air est froid dans les cheminées, ou qu'une cause quelconque l'attire dans la pièce, le contraire arrive et le refoulement se produit : l'air descend alors de la cheminée dans les appartements pour sortir par les ouvertures de la pièce. Les cheminées sont donc une cause presque permanente de courants d'air dans les habitations ; dans les chambres où il n'y a pas de cheminées, le renouvellement sensible de l'air ne s'obtient qu'en ouvrant les portes ou les croisées.

En l'absence de données suffisantes sur les lois qui doivent régir les conditions de ventilation les plus propres à la santé, les indications pratiques ont servi de guide à l'établissement de la ventilation et du chauffage, dans la construction du Familistère.

L'air, circulant en souterrains voûtés, se tempère en perdant une partie de sa chaleur en été, ou de sa froidure en hiver ; c'est ce qui a donné lieu à l'idée des galeries souterraines de ventilation déjà décrites.

Des conduits ménagés sous le rez-de-chaussée, au-dessus des voûtes des caves, font communiquer ces galeries avec des tuyaux pratiqués dans l'épaisseur des murs des appartements. Par ce moyen, l'air circulant dans les galeries peut servir à la ventilation des logements.

Cette disposition satisfait à deux buts différents : en hiver, l'air arrive à une température plus douce dans l'appartement où il peut être chauffé, pour porter la chaleur dans les pièces, et il y vient plus frais en été pour maintenir à l'intérieur une température fort agréable, quand la chaleur est excessive au dehors.

XI

L'AIR : TEMPÉRATURE ET CHAUFFAGE

Les tuyaux de ventilation des appartements, dont il vient d'être question, font partie du système de cheminée adopté au Familistère.

Ce système diffère considérablement de tout ce qui a été fait pour le chauffage jusqu'à ce jour; il se compose des simples tuyaux en question, qui prennent naissance dans les conduits communiquant aux galeries de ventilation, et sortent en corps de cheminées, au-dessus des toits du Palais. Ces tuyaux sont établis les uns à côté des autres, dans les murs de séparation, et possèdent chacun 0^m,18 carrés. En mettant, un peu au-dessus du plancher, un diaphragme dans les tuyaux propres aux chambres de chaque étage, et en ménageant une ventouse au-dessous de ce diaphragme, on arrive à ce résultat, que l'air nécessaire à la ventilation vient du sous-sol par le bas du tuyau, et que la partie supérieure de ce tuyau, au-dessus du diaphragme, sert de cheminée pour la fumée du foyer.

Ainsi construites, les cheminées n'ont plus aucune embrasure dans l'appartement, et le foyer qu'on leur adapte est indépendant de la construction de l'édifice. Ces foyers sont partout des appareils portatifs qu'on place contre la cheminée, soit pour la cuisine, soit pour le chauffage.]

La ventouse, qui arrive près du plancher, peut recevoir les dispositions qu'on juge les plus convenables, afin de ne laisser échapper l'air qu'après qu'il s'est échauffé contre les plaques du foyer. De cette façon, le sociétaire obtient une ventilation par l'air chaud quand il le juge utile.

Une pensée d'avenir, que la fortune présente de la population ne permet pas de mettre en pratique, a présidé à la conception des dispositions de ventilation générale que nous avons établies. On s'est dit que les galeries souterraines pourraient être pouvues, à l'intérieur, de calorifères chauffant l'air des souterrains, et qu'ainsi les chambres du Palais. recevraient directement, et constamment, pendant la saison d'hiver, un air chaud qui éviterait à chaque habitant le soin de son propre chauffage.

Mais cette idée, on le conçoit, ne pourra recevoir son application qu'avec le progrès des idées et des sentiments de Fraternité et d'Accord que feront naître l'augmentation du bien-être, et la bonne entente des véritables principes d'économie domestique.

En attendant, un fait considérable sous le rapport de la température est acquis par la construction du Familistère : les logements y sont plus

chauds en hiver, et plus frais en été, que dans les
autres habitations ; cela résulte d'abord du système
de ventilation qui y est établi, puis de ce que les bâtiments étant partout de même hauteur, les logements y sont garantis l'un par l'autre de l'action
des vents en hiver et du soleil en été, et enfin de ce
que les vastes cours vitrées, formant le centre du
Palais, sont à l'abri des influences de l'air extérieur,
et en préservent les logements. Les souffrances du
froid, si communes dans les familles ouvrières, sont
inconnues au Familistère.

XII

L'AIR : ABSENCE D'INSECTES

La rareté des insectes est peut-être un véritable
signe de l'état de salubrité du Familistère ; dans
tous les cas, c'est un motif de tranquillité de plus
à ajouter aux avantages de l'habitation, et à signaler en faveur des sociétaires du Palais.

Qui ne sait combien sont gênantes, dans la plus
grande partie des maisons ouvrières, et particulièrement à la campagne, ces quantités innombrables
de mouches dont les logements sont remplis?

C'est qu'aux abords de ces maisons les eaux
croupissantes, les matières en décomposition, les tas
d'ordures, sont des foyers où se développent les

larves dont éclosent les insectes. Rien de pareil ne
peut se produire au Familistère ; aussi les mouches
y sont-elles très-rares, et même, pendant plusieurs
années, en ont-elles été complétement absentes. Les
quarante chevaux, attachés au service de l'usine, en
amènent un peu dans les écuries du Familistère,
sans cela les mouches ne se verraient pas dans les
habitations du Palais.

Mais un fait bien propre à faire saisir les avantages de l'habitation unitaire, pour l'application
des moyens de destruction des insectes , c'est l'absence de puces au Familistère, chez une population
à peine sortie de la misère.

Ce qui s'est fait une fois à ce sujet, au Palais, peut
servir d'exemple : après le premier hiver de l'occupation du Familistère, les puces y firent une rapide
apparition, en commençant par des dortoirs consacrés aux ouvriers étrangers. En moins de huit jours,
cette invasion de puces disparut, non-seulement de
toutes les habitations du Palais, mais aussi des
dortoirs placés dans les dépendances du Familistère.

Il a suffi, pour obtenir ce résultat, que l'économe
de l'établissement ait fait mélanger du coalthar, ou
goudron de gaz, dans de la sciure de bois, en quantité
suffisante pour faire une poudre noire qu'on pût
semer à la main, et que, pendant deux ou trois
jours, après le coucher de la population, une personne de service ait jeté un peu de cette poudre

sur le sol des cours intérieures, et dans les souterrains de ventilation.

Cette opération si simple, et qui suffit pour faire
disparaître, en quelques jours, jusqu'au dernier de
ces insectes ennemis du repos de l'homme, peut être
pratiquée au Palais sans que personne s'en aperçoive, si on le désire. Au matin, avant le lever des
habitants, le balayage des cours ayant lieu, enlève
la poudre de coalthar et ne laisse aucune trace d'un
assainissement qui, du reste, n'a rien de désa-
gréable, et pourrait être pratiqué à n'importe quelle
heure de la journée.

Dans l'habitation ordinaire, rien de semblable
n'est possible : on ne peut que donner d'inutiles
conseils, puisque le mal dont on se débarrasse aujourd'hui vous est renvoyé demain par le voisinage
ou toute autre cause : les soins particuliers de quelques familles étant impuissants contre l'ignorance
et l'incurie de la masse.

Au Palais Social , l'intelligence de la direction
et la propreté générale de la demeure délivrent la
famille, à son insu, des causes vivantes de gêne
destinées par la Nature à porter l'inquiétude et le
malaise dans les habitations malsaines, afin d'obli-
ger l'homme à chercher un mieux possible, en transformant des demeures qui sont en opposition avec
le vœu du Créateur.

Comme il est infiniment plus simple de prévenir
le mal que d'y porter remède, on n'attend plus au

Familistère que le repos du travailleur soit troublé
par des insectes gênants pour interdire à ces derniers l'entrée du Palais. L'invasion de la vermine y
est donc paralysée par les moyens d'assainissement
employés en vue de l'hygiène générale, et l'influence
de ces moyens eux-mêmes, sur la santé publique,
semble prouver que les maladies épidémiques ou
contagieuses sont moins accessibles au Familistère
qu'elles ne le sont dans les habitations de la ville.

Dès que l'homme est dans la voie des lois de la
Nature, dès qu'il accomplit les intentions du créateur, tout obéit à sa volonté, et le bien qu'il cherche
est toujours le résultat de son travail.

Tant que l'homme, au contraire, s'égare dans l'erreur et y persiste, le mal est en permanence autour de lui, et le travail ne lui donne que des fruits
amers.

A ce signe, on peut donc reconnaître que la ventilation générale et unitaire des habitations est le
vœu de la Nature, puisqu'elle répond aux besoins
divers de l'être humain, et qu'elle lui permet l'installation de mesures générales propres à garantir
sa santé et celle de ses semblables ; tandis que ,
dans l'isolement, la famille cherche vainement pour
elle-même à écarter le mal qui lui revient du dehors.

XIII

L'EAU : SOURCES, FONTAINES ET CONSOMMATION

Si l'air pur joue un grand rôle sur la condition matérielle de l'homme, l'eau lui est tout aussi utile, et son emploi, intelligemment fait, contribue puissamment au bien-être et à la santé. Aussi, dans le Palais Social, a-t-on fait en sorte que l'eau soit un motif de bien-être pour tout le monde, et que le moyen de se la procurer soit à la portée de tous.

Ni la mère, ni l'enfant, ne sont plus obligés d'aller chercher l'eau au puits de la rue pour la monter au logement, avec grande fatigue, comme cela se fait dans l'habitation actuelle.

L'eau est élevée des profondeurs du sol à tous les étages du Familistère où l'habitant la trouve, fraîche et pure, au moment de ses besoins.

Au nombre des avantages que le Familistère procure à ses habitants, celui d'avoir toujours une eau fraîche et de bonne qualité, se ressent surtout pendant les chaleurs de l'été. On voit arriver avec plaisir sur sa table les carafes frappées comme si l'eau en était glacée.

Le premier soin apporté dans le choix de la source a été de s'assurer une eau exempte de tout contact avec des matières organiques en décomposition ; car les principes de la décomposition organique exercent, sur tout ce qui les approche, une action contraire à la vie et à la santé.

Un forage a donc été pratiqué à travers le terrain d'alluvion sur lequel repose l'édifice du Palais ; ce forage traverse une couche calcaire, puis un banc d'argile, et c'est dans le second banc calcaire, placé sous l'argile, que l'eau potable est puisée.

Le tubage du puits est établi de façon à empêcher toute infiltration des terrains d'alluvion. Ce tubage est en fonte de fer, et non en bois, car le bois présenterait par lui-même l'inconvénient d'introduire dans l'eau des matières organiques en décomposition, ce que nous devons et voulons éviter.

Ces précautions prises, un générateur et une petite machine à vapeur sont placés à proximité du puits ; cette force motrice a diverses destinations, mais elle sert d'abord à faire mouvoir la pompe qui élève l'eau nécessaire à tous les besoins du Palais.

Les conduites d'eau suivent les couloirs des caves dans les rigoles d'irrigation ; par cette disposition, l'eau conserve sa fraîcheur, et les conduites sont faciles à visiter et à réparer.

Aux angles des cours intérieures, près des escaliers, un tuyau vertical élève l'eau jusqu'aux réservoirs placés dans les greniers ; des branchements particuliers sont dirigés vers les cabinets d'aisances

et autres endroits où un emploi fréquent de l'eau
est nécessaire.

A chaque étage, des fontaines permettent de
prendre l'eau nécessaire aux besoins de la population et à ceux de la propreté intérieure du Palais,
entretenue partout avec soin.

Dans ces conditions, la consommation moyenne
de l'eau est de vingt litres par jour et par personne.
Si l'on compare cette consommation à celle du ménage ouvrier où la femme, obligée d'aller chercher
l'eau à distance et de la monter aux étages, n'emploie qu'avec parcimonie cette eau, souvent affadie
dans des vases peu propres à sa conservation, on
concevra quelle heureuse influence l'abondante
consommation de l'eau saine et pure du Familistère
doit exercer sur la santé. Car il n'est pas à douter
que sur les vingt mille litres d'eau, qui entrent chaque jour dans les habitations du Palais, dix-sept
mille litres au moins vont à la rivière, emportant
avec eux, par les conduits de descente et les égouts,
les causes qui engendrent ailleurs la mauvaise odeur
et l'insalubrité de la maison du pauvre.

XIV

L'EAU : RÉSERVOIRS ET ARROSAGES

L'habitation unitaire permet, comme on le voit , un aménagement de l'eau, impossible à réaliser au profit de l'incohérence des habitations actuelles des masses ouvrières, à la ville et au village.

Mais les usages domestiques de l'eau potable ne sont pas les seuls avantages que cet aménagement permet à l'habitant de trouver au Familistère.

Nous avons examiné, à propos de la ventilation et de l'usage de l'air, par quel moyen les cours du Palais étaient ventilées ; nous pouvons ici faire remarquer comment, de son côté, l'eau contribue à les rafraîchir pendant les chaleurs de l'été.

Les réservoirs dans lesquels l'eau monte en permanence, sont placés dans les combles de l'édifice, à quinze mètres au-dessus du sol. Au centre de chaque cour, et sous le sol, une tubulure avec robinet est adaptée à la conduite principale, de manière à permettre, par la simple pression des réservoirs, de projeter l'eau, à l'aide d'une lance, dans toutes les directions jusqu'à la hauteur du troisième étage. Cette eau bienfaisante devient en été un heureux auxiliaire de la ventilation : elle rafraîchit l'atmosphère en arrosant les cours, et porte un sentiment de bien-être dans toutes les habitations du Familistère.

Dans l'habitation du pauvre, au contraire, l'eau s'emploie avec parcimonie et ignorance, et c'est là une des mille causes de malaise dont le séjour de cette habitation est entachée.

Autant il est difficile que chaque famille, abandonnée à ses seules ressources, jouisse des avantages et du bien-être que l'eau peut contribuer à nous donner, autant, sous l'empire des vues d'intérêt général que l'habitation unitaire développe, il se présente de moyens faciles pour faire concourir cet élément au bien-être et aux satisfactions de tous. Ces moyens sont donc largement mis en pratique dans le Palais Social.

XV

L'EAU : LAVOIRS ET BUANDERIES

Nous n'avons jusqu'ici envisagé l'eau que dans ses rapports avec la consommation alimentaire et les satisfactions domestiques, il nous reste à en examiner l'usage dans ses rapports, tant intérieurs qu'extérieurs, avec l'hygiène et la propreté.

La Propreté et l'Hygiène sont au nombre des premiers besoins que la créature humaine éprouve pour entrer dans la voie de la Vie Progressive ; il faut donc que la réforme architecturale en mette les moyens à la portée de tout le monde.

Nous avons d'abord à utiliser avec soin les eaux chaudes de l'Industrie que, par une grave négligence, on laisse perdre presque généralement à leur sortie des établissements. Il serait pourtant facile de donner à ces eaux des destinations propres à satisfaire les besoins qui se pressent, les uns à côté des autres, dans les centres manufacturiers.

Au lieu de cela, les eaux chaudes coulent au ruisseau, sans emploi, tandis que la famille de l'ouvrier est obligée de dépenser une partie de ses gains pour chauffer l'eau strictement nécessaire à la propreté du linge, ou de se passer de cette propreté comme on est obligé, trop souvent, dans la famille, de se priver des bains nécessaires à la propreté du corps.

Dans le Palais Social, tout reçoit une destination utile au bien et au progrès de la Vie : les eaux chaudes des machines sont utilisées pour les bains, pour le lavage du linge, et pour l'arrosage des jardins. Des tuyaux de drainage, en fonte, conduisent ces eaux dans toutes les directions où elles peuvent rendre des services.

C'est dans un établissement spécial, placé près du Palais, que se réunissent, pour servir au lessivage et au lavage du linge, les eaux chaudes des ateliers industriels.

Rien n'est préjudiciable à la salubrité du logement
comme les lavages permanents et imparfaits auxquels, le plus souvent, l'intérieur du ménage ouvrier
est assujetti. Non-seulement on y respire les exha-
laisons de la malpropreté du linge, mais, ce qui est
plus grave, on y respire les émanations des eaux de
lavage tombées sur le sol et qui, après avoir pénétré
dans l'épaisseur des planchers ou des carrelages,
s'en dégagent lentement, nuit et jour, en vapeurs
fermentescibles, nuisibles à la santé.

Le logement, converti en buanderie, revêt toujours l'aspect le plus repoussant qu'il soit possible
de lui donner ; la famille de l'ouvrier se trouve
ainsi dans un état permanent de malaise.

Il faut, au Palais Social, enlever à l'ouvrier les
motifs d'éloignement de sa demeure : il faut que
son logement soit un lieu de tranquillité, d'attrait
et de repos ; il faut que ce logement soit l'appartement habitable, débarrassé de toutes les choses
encombrantes et gênantes : le lessivage et le lavage
du linge sont donc à transporter dans un établissement spécial, où chacun trouve les baquets et les
appareils propres à cette opération.

Au Familistère, le lessivage se fait dans des
buanderies économiques, où tous les habitants trouvent place pour leur linge.

Par le simple effet de la pente naturelle, l'eau
des machines est amenée dans cet établissement au
moyen de tuyaux, munis de robinets, qui versent

l'eau chaude dans soixante baquets où les familles
du Familistère lavent leur linge suivant leurs besoins.

Des bassins, construits en ciment, contiennent,
pour le rinçage, une eau chaude constamment renouvelée ; des essoreuses, sans tordre ni détériorer
le linge, servent à en extraire l'eau ; et des éten-
doirs, établis, les uns au-dessus du rez-de-chaussée
des lavoirs, les autres en plein air sur le sol avoisi-
nant le bâtiment, permettent de faire sécher le
linge, sans déplacement, aussitôt lavé. Telles sont
les principales dispositions installées au Familistère
pour la propreté du linge.

XVI

L'EAU : BAINS, DOUCHES ET PISCINE

Des cabinets de bains existent, au Familistère,
en deux endroits différents. Les premiers sont placés au rez-de-chaussée du Palais, et sont chauffés
par la vapeur de la machine alimentant les fontaines à tous les étages. Cette vapeur, en passant
dans un serpentin, chauffe l'eau d'un réservoir, et
met ainsi en permanence, à la disposition de la population, l'eau chaude nécessaire aux bains et aux
services généraux du Familistère.

Avec cette eau chaude, et celle des réservoirs d'eau froide placés dans les combles de l'édifice, on a pu combiner, dans l'intérieur même du Palais, à côté des cabinets de bains dont nous venons de parler, toutes les ressources de l'hydrothérapie, et établir des douches d'une grande puissance.

Les autres cabinets de bains font partie de l'édifice destiné aux buanderies et lavoirs, et sont alimentés par les eaux chaudes des ateliers industriels.

Ces eaux alimentent aussi, dans le même établissement, une piscine de 50 mètres carrés de surface, où les habitants peuvent se baigner en pleine eau, et en nombre, à toute heure du jour. Cette piscine est pourvue d'un fond de bois pouvant descendre à 2^m50 de profondeur, et être ramené à la surface de l'eau, afin de permettre de ménager aux baigneurs la profondeur d'eau qui leur est nécessaire. Cette piscine peut servir ainsi aux groupes d'enfants de différents âges, et aux baigneurs et baigneuses qui ne savent pas nager.

Les divers aménagements de l'eau, au Palais Social, étant établis en profitant des pentes naturelles, n'ont occasionné d'autres dépenses que celles de première installation ; ces eaux servent encore à l'arrosage des jardins, et elles pourraient féconder des quantités assez considérables de terrains, si le morcellement et le régime actuel de la terre n'étaient un obstacle aux applications intelligentes que réclame le progrès moderne.

C'est par le même motif que les engrais liquides du Palais sont perdus en partie, quand il serait si facile d'en faire sortir une richesse nouvelle, au grand profit de la population, par des cultures bien combinées avec ces ressources perdues du Familistère.

X V I I

LA LUMIÈRE : SYMBOLE DU PROGRÈS

L'usage que l'homme sait faire de la lumière dans l'ordre matériel est un indice de son progrès dans l'ordre moral ; aussi tous les peuples ont consacré cette idée dans ces métaphores : les lumières de l'esprit, les lumières de la science, les lumières de la raison, la clarté de la pensée, du style, de la vérité, etc., et, par opposition : les ténèbres de l'ignorance, du vice, de la méchanceté, l'obscurité des préjugés, du mensonge, de l'erreur, etc... On peut donc affirmer que toute amélioration dans l'usage du feu et de la lumière correspond, chez les peuples, à un progrès quelconque dans l'ordre des idées intellectuelles, morales et sociales.

L'étude de l'Architecture des différentes époques nous en offre des preuves. Pendant la barbarie du moyen âge, non-seulement les cabanes du serf et

du paysan sont privées de fenêtres, mais le château
lui-même, quoique construit avec un certain luxe,
et en pierre de taille, n'a que des créneaux et d'é-
troites ouvertures, laissant pénétrer à l'intérieur
des appartements un jour aussi sombre que l'esprit
de la féodalité.

Mais, sans remonter aussi loin dans l'histoire, de-
mandons-nous ce qu'est en France même, aujour-
d'hui, l'état des idées dans les *trois cent mille* chaumières qui n'ont encore qu'une porte pour toute
ouverture ! — le fisc n'ayant pu compter comme
ouverture un ou deux carreaux, de quelques centimètres, perdus dans l'épaisseur d'un mur d'argile,
et à travers lesquels pénètre à peine la lumière
nécessaire pour permettre d'agir à l'intérieur du
logis.

Disons même chose des *dix-huit cent mille* maisons avec deux ouvertures : une porte et une croi-
sée ; ce sont là les refuges de l'Ignorance parce que
ce sont les refuges de la Misère.

Mais que sont encore les *quinze cent mille* maisons n'ayant que trois ouvertures, c'est-à-dire une
porte et deux croisées ? Avez-vous bien compris,
artistes admirateurs des chaumières et des maisonnettes de la campagne, ce que renferment d'i-
gnorance et de vues étroites, ces maisons aux croisées hautes et basses, vieillies et délabrées, aux
carreaux de toutes dimensions, comme les croisées
elles-mêmes; croisées qualifiées d'ouvertures, bien

qu'elles soient souvent condamnées dans les murs et qu'elles ne s'ouvrent jamais, de sorte que l'air extérieur ne peut même pas, dans la belle saison, vivifier et assainir ces taudis, où un air nauséabond existe en permanence.

Il ne faut pas trop s'extasier devant les exceptions, car le tableau que je viens de faire est malheureusement la règle trop générale qui abâtardit l'homme dans son développement, et nous donne ces populations atrophiées de corps et d'esprit, chez lesquelles l'intelligence est proportionnée à la manière dont la lumière éclaire leur demeure.

Tel est encore l'état de la France, un des pays les plus policés du monde, que sur *sept millions cinq cent mille* maisons environ qu'elle renferme, plus de *quatre millions cinq cent mille* ont moins de cinq ouvertures, et ne sont que des cabanes et des chaumières, dans lesquelles vivent près des deux tiers de nos populations.

S'il est difficile pour ceux qui n'ont pas médité sur ce grave sujet, de comprendre l'importance de l'heureuse évolution qu'accomplirait le Palais Social, remplaçant nos Communes dénuées de ressources, on ne pourra du moins mettre en doute que cette transformation opérerait une modification profonde dans la voie du progrès, modification heureuse que nulle autre conception sociale ne pourrait égaler.

XVIII

LA LUMIÈRE : ÉCLAIRAGE DE JOUR

Dans le Palais Social, la lumière doit pénétrer partout avec abondance : pas de cabinets noirs, pas d'endroits obscurs ; la clarté et l'espace sont les premières conditions de la propreté et de l'hygiène. Aussi, tout est largement éclairé au Familistère, comme tout est largement pourvu d'air et d'eau.

La hauteur des appartements, la dimension des fenêtres, la largeur et les abords des escaliers, l'espace consacré aux cabinets d'aisances et aux autres communs, la grandeur des cours, les jardins et les promenades qui entourent le Palais, tout concourt à donner libre accès partout à l'air et à la lumière.

Il est très-important de comprendre combien il est nécessaire, dans la fondation du Palais Social, de ne rien négliger pour éviter l'obscurité en quelque endroit que ce soit. L'espace, convenablement ménagé, est un puissant auxiliaire de la lumière, et la clarté met en évidence la malpropreté ; l'espace et la clarté sont, par ce fait, le premier excitant de la propreté et de la salubrité de l'habitation, en même temps qu'ils concourent à l'hygiène et à la santé publiques.

Dans les choses qui sont d'un usage commun, il faut bien éviter surtout de faire que l'espace manque à la liberté des mouvements de chacun; la tendance à la parcimonie, sous ce rapport, sera une chose contre laquelle il faudra lutter, dès l'origine des constructions sociales.

Dans l'habitation isolée, l'individu est obligé de limiter à ses ressources les choses qu'il édifie pour son usage personnel, mais les privations que chacun s'impose en particulier, suivant son tempérament et son caractère, ne peuvent être admises vis-à-vis des masses. Au Palais Social, tout ce qui est d'un usage commun doit être largement conçu et largement approprié.

Entre sociétaires, les choses ne peuvent être faites au seul point de vue d'un usage particulier; elles sont, au contraire, étudiées par l'Association en vue des besoins de tous; il faut que les mêmes appartements puissent loger le pauvre et le riche, suivant les circonstances; c'est-à-dire que tous les appartements puissent recevoir les dispositions en rapport avec les besoins et les ressources de ceux qui demandent à les habiter.

C'est pourquoi, au Familistère, tous les appartements du même étage ont même hauteur, mêmes croisées et même abondante lumière. Le Palais Social ne peut mettre de parcimonie à distribuer les dons gratuits que la nature fait à l'homme, et la lumière est au nombre de ces dons.

XIX

LA LUMIÈRE : ÉCLAIRAGE DE NUIT

Les dispositions bien comprises du Palais Social sont nécessaires, non-seulement pour la lumière du jour, mais aussi pour l'éclairage de nuit; c'est par la bonne conception de l'architecture de l'édifice, que toutes les parties du Palais peuvent jouir de l'éclairage économique et commode du gaz. Ainsi, au Familistère, par l'effet de dispositions d'ensemble, un seul bec de gaz, dans chaque cour, suffit à éclairer convenablement les cours, les escaliers, les galeries et l'entrée de tous les logements; de sorte que chacun peut se lever, au besoin, à toute heure des nuits les plus obscures, et circuler librement dans le Palais constamment éclairé.

Le gaz éclaire aussi toute la nuit les cabinets d'aisances et les communs, où chacun peut entrer sans craindre la malpropreté.

Le système des galeries ou balcons, à tous les étages, comme moyen de circulation générale entre les logements, moyen si satisfaisant et si bien apprécié par toute la population pour les agréments qu'il comporte, trouve une éclatante confirmation de ses avantages par la facilité avec laquelle il permet l'éclairage économique de la circulation publique dans le Palais; grâce à cette disposition, trois becs de gaz sont suffisants pour éclairer les communications et l'entrée des logements de 1200 à 1500 personnes. Le Dimanche, on allume trois ou quatre becs de gaz dans chaque cour, et, les jours de fête et de réception, seize becs y donnent un éclairage remarquable.

Ces becs sont placés à la hauteur de la 1re galerie, au-dessus du rez-de-chaussée, au bout de tuyaux de deux mètres, avançant du balcon au-dessus de la cour intérieure; de cette façon, on évite les ombres, et la lumière se répand partout, se reflétant d'un mur à l'autre, jusqu'à la hauteur des vitrages.

Ceux qui n'ont vu que les splendeurs du monde civilisé, concevront peut-être difficilement l'importance que j'attache à quelques becs de gaz éclairant la Commune Nouvelle tout entière, quand ces becs sont multipliés en profusion dans les grandes villes où ils versent à flots la lumière. Mais il faut comprendre que l'éclairage du Familistère, tel qu'il est décrit ici, et malgré l'économie apportée dans ses dispositions, est certainement supérieur, pour l'habitant, à l'éclairage des meilleures rues de Paris. Car là, en effet, si la voie publique est bien éclairée, les escaliers et les couloirs intérieurs de l'habitation ne le sont qu'aux frais des locataires ; par conséquent les gens aisés peuvent seuls subvenir à ces dépenses, et les classes ouvrières ne circulent qu'au sein d'escaliers et de couloirs obscurs. Au Familistère, l'éclairage public sert au contraire, comme nous l'avons établi, à toutes les communications des logements.

Pour se rendre exactement compte du mérite de cet éclairage de la Commune Nouvelle, il faut avoir voyagé, par les nuits obscures de l'hiver, au milieu des rues boueuses du village, dont on ne peut sortir qu'avec une lanterne à la main.

En suivant le principe que tout ce qui est d'un usage public doit être largement éclairé, le gaz est appliqué non-seulement à l'éclairage de la circulation extérieure, mais aussi à l'éclairage de tous les lieux où les sociétaires se réunissent. Tels sont les magasins et débits, les salles de réunion, les salles d'éducation, les écoles, le théâtre, la salle de conférence, etc.

Quant à l'intérieur du logement, le respect de la liberté individuelle prescrit de laisser à chacun le soin d'user de l'éclairage qui lui convient; mais on comprend que le sociétaire jouissant, hors de son intérieur, de la lumière éclatante du gaz, ne peut plus se contenter des procédés d'éclairage servant dans ces quatre à cinq millions d'habitations où, en France, la lumière du jour elle-même ne pénètre qu'avec insuffisance.

Dans les demeures de la campagne, en effet, le

mode d'éclairage nous reporte à trois mille ans en
arrière : c'est la chandelle de résine, ou la lampe
antique avec sa mèche en corde et son rouge lumi-
gnon, enfumant l'atmosphère du logis; la lueur bla-
farde de ces lumières n'offre aucun attrait au travail des yeux et de l'esprit. Aussi, la lecture est-elle
chose rare au sein de nos campagnes. La lampe reste
suspendue auprès de la cheminée, où elle permet
à peine de reconnaître les personnes rangées à
quelque distance ; les paysans passent ainsi leurs
soirées, les ressorts de l'intelligence presque toujours détendus, ou dépourvus au moins de tout
moyen d'avancement dans les faits de la vie.

Au Familistère, la bougie stéarique et les lampes
perfectionnées servent à l'éclairage de l'intérieur
des habitations ; la famille et les amis trouvent autour de la table la lumière nécessaire pour que chacun
puisse se livrer à des occupations sérieuses pendant les soirées d'hiver ; aussi la lecture y est-elle
passée en habitude, et les bons auteurs, que la bibliothèque du palais renferme, élèvent au Familistère le niveau intellectuel et moral des esprits.

Nous avons constaté que les progrès dans
l'emploi de la lumière sont parallèles aux progrès de l'intelligence ; les villes les mieux éclairées sont aussi les plus avancées dans la voie du
progrès. Nous pouvons donc conclure que, si l'obscurité dans laquelle vivent nos campagnes correspond à un état d'ignorance faisant obstacle au pro-

grès, un effet contraire doit se produire sous l'influence de la lumière qui abonde jour et nuit au Familistère.

La clarté répandue partout dans l'habitation, dans les cours, les escaliers, les galeries, etc.... est le signal du progrès intellectuel et moral des générations qui vont renaître à la nouvelle lumière sociale.

X X

ORDRE ET TRANQUILLITÉ

L'homme se doit au mouvement et à la vie active pour les besoins de son existence, mais après les bruits assourdissants des machines de l'usine et de l'atelier, après les fatigues du travail, il a aussi besoin de calme et de repos. Après les occupations assidues de l'esprit et du corps, il faut à l'homme les récréations et les distractions qu'il trouve dans la société sympathique de ses semblables.

En conséquence, le Palais Social doit avoir pour règle et pour principe de faire de l'habitation, et de ses dépendances, l'instrument des satisfactions domestiques, et d'éviter tout ce qui est susceptible de porter atteinte à ces satisfactions.

Il ne pourra venir à la pensée de l'architecte du Palais, ni à celle des sociétaires, de mettre au rez-de-chaussée un forgeron frappant sur son enclume douze heures par jour, et assourdissant tout le quartier par le vacarme de son atelier, comme beaucoup d'artisans le font aujourd'hui au milieu des habitations de nos villes.

Le Palais Social est consacré au bien-être des personnes, et non aux fonctions qui peuvent compromettre ce bien-être. Tout bruit discordant ou incommode, tout ce qui peut désagréablement affecter l'oreille ou les autres sens, est relégué dans des ateliers spéciaux, à quelque distance du Palais. Les salles publiques de divertissements et de réunions bruyantes doivent même être convenablement séparées de l'habitation, afin de réserver au logement le calme et la tranquillité dont la famille a besoin.

XXI

SÉCURITÉ DES PERSONNES

L'habitation n'est pas seulement un abri contre les intempéries et les causes extérieures qui peuvent nuire à la santé, mais elle est aussi, et surtout, le lieu des rapports intimes de la vie, des réunions amicales et familiales.

L'habitation est le sanctuaire où l'homme est à lui-même, où il doit pouvoir venir, après ses heures d'activité, chercher, auprès de ceux qu'il aime, le calme, la tranquillité et le repos indispensables à l'existence.

La sécurité dont l'habitation est entourée contribue puissamment à ces satisfactions nécessaires à l'homme. Autrefois, le château féodal avait ses fossés et ses ponts-levis, aujourd'hui encore des habitations sont entourées de murs, fermées de grilles, et, à la campagne, la sécurité de la maison s'obtient au prix de l'insupportable vacarme de l'aboiement des chiens du logis.

Au Familistère, la tranquillité est compagne de la sécurité : les précautions du campagnard ne sont pas nécessaires à la confiance des sociétaires, et cette confiance est si grande, que la plupart d'entre eux dorment tranquillement sans fermer ni verrous ni serrures.

Et pourtant le Familistère est ouvert nuit et jour. à tous les étages, des caves aux greniers ; mais la population s'y sent forte d'elle-même, et des dispositions de sa demeure. C'est qu'en effet le Familistère est, par lui-même, son meilleur gardien ; nul acte insolite ne peut se produire, pendant le calme de la nuit, dans une partie quelconque de l'édifice, sans faire écho sous les immenses voûtes de ses vitrages ; de sorte que, si le Familistère offre sécurité à ses habitants, il ne peut en offrir aux malfaiteurs.

Le Palais étant éclairé toute la nuit, dans toutes ses parties, les galeries de circulation en particulier sont visibles de l'intérieur des logements ; nul mouvement, dans les cours du Palais, ne peut se soustraire aux centaines de fenêtres d'où il peut être aperçu, aussi les méfaits sont-ils rares et sans grande importance ; et si le Familistère souffre peu des faits venant des personnes du dehors, à plus forte raison sa population est-elle respectueuse de sa propre tranquillité, les sociétaires sont sévères sur les faits qui y portent atteinte.

Les précautions contre les cas éventuels d'incendie ne sont pas négligées : un veilleur de nuit fait, d'heure en heure, une ronde générale des caves aux greniers, après le coucher de la population ; et un corps de quarante pompiers, bien organisé et constitué librement parmi les sociétaires les plus aptes à la fonction, est là, logé dans l'édifice, prêt à saisir la pompe à incendie au premier signal ; les robinets des fontaines, aux divers étages, mettent l'eau à portée de toute partie du monument où elle peut devenir nécessaire.

Ce corps de pompiers, en uniforme aux jours de fêtes et de réunions publiques, a la mission de veiller à l'ordre intérieur, et à la conservation de l'édifice ; et il accepte toujours avec empressement la tâche de porter les secours nécessaires dans les circonstances difficiles et inattendues.

La concentration d'une population, unie par des liens sociétaires, est une cause de grande sécurité mutuelle, dont le Familistère offre encore un bel exemple, dans les faits qui se rattachent à l'enfance.

Les élèves sont confiés à la surveillance et à la direction des maîtres et maîtresses, des gardiennes et des bonnes ; mais il est des heures de récréation pendant lesquelles ces trois cent cinquante enfants jouent, s'ébattent dans les allées du jardin, et sur les promenades le long du bord de la rivière.

L'Oise, contournant le Palais à quelque distance, est un risque apparent pour un aussi grand nombre d'enfants. En effet, il est arrivé que quelques-uns, parmi eux, se sont laissés choir dans la rivière ; mais, grâce à l'agglomération de la population du Palais, jusqu'ici nul enfant ne s'est noyé : l'accident ayant toujours eu quelques témoins, les demandes de secours ont toujours été assez vite entendues pour que le sauvetage ait été fait à temps. On a même remarqué que pas un de ces accidents n'avait entraîné d'indisposition.

XXII

REMARQUES

Ceux qui ont suivi la pensée sociale et philosophique de cet ouvrage auront remarqué que la méthode de laquelle il relève est celle de l'ordre des besoins de là nature humaine ; cela eût été néanmoins plus facile à saisir si l'étude complète des facultés de l'Être Humain (que nous avons réservée pour un autre volume) avait précédé celle de ses besoins, dont nous nous sommes spécialement occupé dans ce qui précède. Quoi qu'il en soit, on peut constater que, dans l'exposé fait ici des bases fondamentales de l'idée du Palais Social, l'organisme du Palais se développe devant nous en suivant l'ordre naturel des besoins de l'homme.

Le logement, le vêtement, la température, et les moyens faciles et commodes de circulation, satisfont aux premiers besoins de la sensibilité, aux besoins extérieurs du corps : à ceux du *Tact*.

Les approvisionnements et les services de préparation culinaire satisfont aux besoins de l'alimentation, de la nourriture : à ceux du *Goût*. Ces besoins reçoivent leur complément indispensable dans la consommation d'une eau potable et pure.

Par l'usage hygiénique de l'eau et la pureté de l'air, l'*Odorat* est en état de savourer les parfums des jardins et des fleurs, aussi les fenêtres du Palais sont-elles constamment garnies de fleurs et de plantes aromatiques.

Le Familistère donne satisfaction aux besoins de la *Vue* par l'élégance de sa construction, par l'espace et l'étendue de ses proportions, par la propreté générale, et par la large place qu'il fait à la lumière et à tout ce qui peut récréer les yeux.

L'*Ouïe*, ce sens intermédiaire des facultés d'un autre ordre, puise ses satisfactions dans le calme et la sécurité, au sein du mouvement et de la vie. Le Familistère, ayant pour première fonction de créer le bien-être des familles, assure la paix et la tranquillité qui sont les éléments nécessaires de ce bien-être ; au Palais, le calme de la demeure n'est rompu que par les jeux de l'enfance, et par les relations des sociétaires entre eux.

Le Familistère nous présente donc les éléments de la vie réunis, appropriés et assouplis aux besoins de l'homme ; partout, nous y voyons la matière, dans ses rapports directs avec les besoins physiques de l'individu, prendre les directions les plus propres à assurer le bien-être de tous, et, par cela même, le progrès de la vie.

XXIII

OBJECTIONS

Nous n'avons jusqu'ici abordé l'examen du Palais Social, que par le côté matériel, que par le côté ayant surtout rapport à la satisfaction de nos besoins physiques.

Nous ne nous sommes même arrêtés, ni à la formation du capital nécessaire à l'édification du Palais, ni à la recherche de l'architecte pour le construire. Tout cela étant fait, nous n'avons eu qu'à décrire le fait réalisé, mais ajoutons pourtant que cette réalisation est due à la seule coopération du Travail, ce qui est la meilleure preuve de sa puissance, et de ce qu'il peut faire pour le bonheur de l'Homme.

Malgré cela, le Familistère n'est qu'une entreprise particulière, soumise à la volonté d'un seul homme; ce n'est qu'un vaste édifice dont le propriétaire peut disposer à son gré, et dont il peut faire l'usage qu'il lui plaît : telle est l'objection que peuvent présenter ceux qui sont plus pressés de critiquer que de chercher les solutions de l'avenir.

Nous répondrons à ceux-là : créez toujours, au profit du peuple, les instruments de son bien-être, et vous aurez créé les instruments de sa puissance et de son émancipation.

Le Capitaliste qui prend ce rôle devient l'Économe de la Masse; il est l'organe prévoyant et intelligent du bien de tous; il remplit la fonction que les travailleurs associés voudraient donner eux-mêmes à l'administration de leur propre capital, s'ils étaient arrivés, par la participation aux bénéfices de l'Industrie, à devenir possesseurs d'une partie du capital, et surtout s'ils avaient acquis cette intelligence de leurs véritables intérêts qui leur fera voir qu'il n'y a de salut, pour eux, que dans l'Association de toutes les ressources sociales des riches et des pauvres.

Mais, avant que la masse comprenne, il faut que

l'idée se traduise dans la pratique par des faits.
Avant que la terre soit couverte de chemins de fer,
il a fallu que le rail et la locomotive fussent inventés;
mais, aujourd'hui, qui empêchera que le rail et la locomotive soient des instruments de progrès et de
civilisation? Il en sera de même du Palais Social.
Les débuts laborieux du Familistère serviront de
semence à la pensée de la Réforme Architecturale,
et l'avenir fécondera ce premier germe de pacifique
Rénovation Sociale.

Mais, à côté de l'objection précédente, qui naît
d'une impatience de progrès social, facile à comprendre, il en est d'autres d'ordres bien différents,
qui puisent leur source dans les préjugés s'attachant à la possession des Richesses.

C'est ainsi que des personnes disent :

« Comment peut-on dépenser sa fortune à la
» construction d'un édifice semblable? Il ne sera ni
» divisible, ni partageable ; qu'en feront les héri-
» tiers? »

Malheureux héritiers ! c'est à eux seuls qu'on
pense !

C'est à eux seuls qu'on pense, ils seront tant à
plaindre de ne pouvoir complétement enlever aux
travailleurs l'usage du Palais que ces travailleurs
mêmes ont contribué à édifier par leur travail!
Pauvres héritiers, ils ne pourront faire des parts et
des lots du Palais Social, ils ne pourront que s'en
partager la valeur, s'ils trouvent un amateur qui

consente à laisser au Palais l'usage auquel il est consacré ; car il ne peut avoir d'autre destination que celle de loger des familles.

Telle est la nature des objections faites contre le Familistère, par ceux qui ne conçoivent l'idée de la propriété que sous les préjugés et les sophismes dont elle est entachée par la loi, et par les mœurs. Il n'en sera plus ainsi quand la propriété reposera sur la valeur, et non sur les choses immobilières, et surtout quand le Travail aura trouvé place, dans nos codes, à côté de la Propriété.

En attendant, faisons remarquer que le Palais Social est surtout destiné à devenir la propriété actionnaire de ses habitants, et poursuivons notre étude du Familistère, comme fait pratique dans le présent, comme fait dès maintenant applicable à l'amélioration du sort des masses, et surtout à l'amélioration du sort des populations industrielles, mais cherchons aussi à reconnaître dans le Familistère l'application des principes nécessaires aux *Solutions Sociales* de l'avenir.

XXIV

OPPOSITION ET OBSTACLES

Les critiques de la nature de celles que je viens de citer n'empêchent pas une œuvre d'avancer, mais il en est de plus redoutables, sans être plus justifiées, ce sont celles des intérêts auxquels une fondation semblable porte ombrage.

Je m'attendais aux appréciations les plus hasardées, aux objections de toute nature, aux critiques même les plus amères sur mon entreprise ; mais je n'avais pas cru que j'aurais autant à compter avec la puissance des intérêts opposés, avec la jalousie, l'envie, et la méchanceté des hommes.

Le Familistère n'avait pour suprême pensée que la création du bien-être au profit des classes laborieuses, mais il n'en fut pas moins, aussitôt son installation, l'objet des jalousies et des rivalités les plus acharnées. Le Familistère pourvoyait aux besoins des ouvriers, créait pour eux la vie économique et plus facile, mais peu importait une œuvre entreprise au profit des travailleurs, à ceux qui spéculent sur la gêne de l'ouvrier. Pour eux, le fondateur du Familistère, qu'on aurait porté en triomphe tant qu'il ne faisait que de l'industrie et des bénéfices à son profit, n'était plus qu'un homme bon à pendre, du jour où il employait sa fortune à travailler au bien des autres, c'est-à-dire à une entreprise dans laquelle, suivant le public, il ne fallait voir qu'une concurrence faite aux commerçants et aux propriétaires de la localité, par un industriel faisant le métier d'autrui, et voulant tout accaparer.

Le loyer des maisons baissait : atteinte aux intérêts des propriétaires !

Le pain, la viande, les légumes, l'épicerie, les boissons, la chaussure, la mercerie, les étoffes, etc., le Familistère débitait tout : atteinte aux intérêts de tous les commerçants !

Le Familistère écrasait, par sa masse et son importance, les édifices de la ville de Guise que l'administration s'enorgueillissait d'avoir fait construire : nouveau sujet d'envie, que les zélés du pouvoir ne manquaient pas de satisfaire, auprès de l'administration, par d'insidieuses calomnies à mon sujet.

Parmi les personnes qui m'entouraient, on ne comprenait que l'économie étroite, le cumul de l'argent, et la passion des propriétés en terre : l'entreprise du Familistère était bientôt considérée comme une folie, et devenait un sujet d'amères critiques intérieures, dont mes ennemis surent tirer tout le parti possible pour me nuire. La malignité publique, surexcitée par toutes ces causes, sut bientôt semer l'esprit de désunion dans mon entourage, et tourner contre moi des personnes sur l'affection desquelles je devais le plus compter.

Dès lors, pour les hommes avilis dans l'opprobre du servilisme politique, l'écrasement du Familistère et de son fondateur devint un objet de zèle incessant. Ils avaient en main, grâce aux jalousies haineuses dont j'étais victime, les moyens faciles de fomenter contre moi, par les voies ténébreuses propres aux époques de corruption morale et politique, les embarras les plus graves : c'est ce qui arriva, et

ce fut au milieu des tiraillements les plus douloureux, et de procès sans cesse renaissants, qu'aidé
toutefois de mon seul fils, je fondai et organisai le
Familistère.

Le Familistère et son fondateur calomniés, accu-
sés et poursuivis par la haine des gens dits bien
pensants, ne pouvaient manquer d'en être victimes.
En l'absence des principes qui sont le fondement de
la Véritable Justice et du Véritable Droit, la législation impose par-dessus tout, au magistrat, le respect
de la tradition. Tel est le malheur des novateurs
qu'obligés , pour donner carrière au progrès, de se
mettre en contradiction avec les habitudes et les
préjugés enracinés du passé, ils ont à supporter, de
tous les côtés, l'opposition de leurs contemporains.

Aussi, aujourd'hui, par le fait de ceux qui ont
cherché ma ruine sans pouvoir cependant y atteindre, le Familistère est obligé d'abandonner, de par la
loi, à la curée des gens d'affaires, et au gaspillage
de ceux qui n'ont rien fait de productif dans mon
œuvre, les capitaux qui devaient revenir à ceux qui
les ont créés.

Ce point indiqué, nous en laisserons la triste histoire à des temps plus favorables, et nous nous atta-
cherons à décrire ce qui a été fait au Familistère,
dans les étroites limites où j'ai pu me mouvoir.

XXV

L'ASSOCIATION EMPÊCHÉE

Je passerai rapidement ici sur les rapports intéressés du Travail et du Capital au Familistère, puisque je ne puis y montrer dans les faits l'application des principes d'Association traités aux chapitres
VIII, XVI et XVII de ce volume. Pourtant, le mécanisme administratif et comptable est complétement organisé au point de vue de la pratique de la
Répartition Équitable des produits du Travail, dans
le Familistère et son Usine, considérés comme un
tout indivisible et solidaire.

Conformément aux principes de Répartition dé-
veloppés au chapitre XVII, chaque employé et ouvrier aurait pu recevoir, depuis la fondation du
Familistère, en moyenne 150 francs de dividende
par chaque mille francs de salaire, ou 15 0/0. Dans
ces conditions, le Capital aurait reçu 6 0/0 d'intérêt
et un dividende de 15 0/0 du montant de ses intérêts, comme équivalent de ce qui aurait été payé
au Travail.

Si le dividende afférent au Travail lui avait été
accordé, et si ce dividende avait été converti en
actions sur le Palais des Travailleurs et sur l'Usine
où ils sont occupés, tous aujourd'hui seraient

actionnaires, capitalistes, et en même temps sociétaires travailleurs, et le montant des actions de chacun varierait de mille à dix mille francs, suivant l'importance des salaires ou des appointements de chaque individu.

Mais le capital, en élevant de simples travailleurs au rang de capitalistes et de sociétaires de l'Industrie, aurait donné à la France un exemple trop utile et trop noble pour que mon entreprise ne fût pas entravée.

Cela eût pourtant mieux valu, pour la morale sociale, que de voir les gens d'affaires se frotter les mains, à l'espérance de prendre leur injuste part dans une fortune qu'ils ravissent au véritable travail, au travail effectif et utile, pour la mettre en des mains cupides et au service de misérables intentions. Le partage que recherchent toutes ces convoitises, c'est, pour l'avenir, l'amoindrissement, si ce n'est la ruine de l'industrie que j'ai créée de toutes pièces ; quand, au contraire, l'Association de tous les concours qui m'ont aidé à l'organisation de cette industrie, en eût été la perpétuation au milieu d'une prospérité continue, au profit de tous les travailleurs.

Et c'est ainsi qu'il en serait, si la loi qui régit la propriété était fondée sur les véritables principes du Droit ; si le législateur, au lieu de livrer l'Industrie, et toutes les richesses de la Société, aux vicissitudes des partages et des successions, s'était élevé jusqu'à comprendre que la *Matière* est faite pour *Tous* les hommes, et que les richesses mêmes dont elle s'est accrue, étant dues au concours de la Collectivité, ne devaient pas s'immobiliser en quelques mains.

Alors la loi, laissant à chacun la valeur de sa fortune mobilisée en titres, saurait au moins conserver intact l'Instrument du Travail et de la Propriété aux mains du Travailleur, pour poursuivre indéfiniment l'œuvre productive de la Richesse au profit de tous.

Mais la loi n'est encore que la tradition d'un passé de servitude et de féodalité, pendant lequel la terre et les choses matérielles sont tout, pour les détenteurs de la Richesse, et l'homme rien. Aussi les droits du Travail sont-ils encore méconnus, presque entièrement, pour laisser aux possesseurs des choses matérielles la plus forte partie des réserves disponibles dues au Travail, et même la faculté de briser l'Instrument de production édifié ou amélioré par le Travailleur.

C'est contre ces traditions vieillies, et contre l'iniquité qui en résulte, que l'esprit moderne s'élève peu à peu et que, s'inspirant de la Justice, il cherche les solutions propres à accorder au Travail la part de droit légitime qui lui est due, sans enlever à la Propriété ce qui lui appartient.

C'est à la prochaine évolution sociale, imminente dans les civilisations européennes, que reviendra l'honneur de faire entrer ces Droits dans le Code des Nations, par la révision nécessaire des Lois.

XXVI

VOIE DE LIBRE ÉMANCIPATION

Malgré l'absence de l'Association du Travail et du Capital, cet aspect principal enlevé à mon œuvre, les faits que le Familistère comporte n'en sont pas moins déjà des faits acquis considérables, et les difficultés au milieu desquelles s'est effectuée cette fondation, n'en serviront que davantage à démontrer combien l'œuvre est pratique, et combien elle est dans les besoins de l'Industrie et des tendances sociales de notre époque.

Il résulte tout d'abord de cette situation faite au Familistère, que le Palais Social n'implique en aucune façon l'application absolue de tous les principes dont il dérive, et qu'il comporte, au contraire, toutes les voies transitoires que peut exiger le passage de l'état actuel de l'Industrie et du Travail à l'Industrie Sociétaire.

L'édification du Palais Social peut rester indépendante de toute modification à notre régime industriel; c'est, si on le veut, une entreprise qui se place en dehors de toute idée préconçue sur la Répartition des Produits du Travail présent, et qui n'est qu'un emploi nouveau et généreusement compris du travail passé; en d'autres termes, le Palais

Social peut n'être, si on le veut ainsi, qu'une entreprise nouvelle, où le Capital vient intelligemment concourir pour réaliser l'instrument du bien-être dans l'humanité.

Le premier résultat que le Palais Social permet d'obtenir, en dehors de toute modification du régime industriel, c'est d'améliorer l'existence du travailleur ; c'est de créer, au profit des masses, une somme de bien-être qui les soulage des peines du travail ; c'est, en améliorant la condition des classes laborieuses, de procéder, par l'éducation de l'enfance, à la Régénération Sociale des populations qui s'élèvent.

Le Palais Social peut donc n'être envisagé que comme une Réforme pure et simple de l'Architecture de l'Habitation. Mais, d'un autre côté, il se prête à toutes les améliorations, à toutes les modifications à introduire dans le Régime Industriel, et il facilite la Participation et l'Association à tous les degrés consentis.

L'édification du Palais Social exige moins les réformes dans la Répartition que ces Réformes elles-mêmes n'exigent la présence du Palais Social ; en effet, l'inauguration de la Répartition Équitable, sans la Réforme de l'Habitation, mettrait aux mains des classes ouvrières des ressources nouvelles qui, en l'absence des moyens propres à en faciliter l'utile emploi, auraient souvent une destination désordonnée : il faut donc que les moyens de bien user de ces ressources soient mis à la disposition des classes ouvrières, et c'est ce que leur offre le Palais Social.

Un des plus grands devoirs actuels du Capital est donc de s'employer à préparer l'inauguration des moyens matériels propres à organiser, pour les classes laborieuses, le bon usage et l'utile emploi de leurs salaires; c'est l'action préparatoire non-seulement du bien-être des masses, mais aussi du Progrès Matériel, Moral, et Intellectuel de l'Humanité.

Mais cet équitable emploi de la Richesse créée, est-ce au sacrifice que la Société peut le devoir? Non; le Capital peut, avec profit, élever des Palais au Travail et régénérer la Commune, comme il a régénéré, avec profit, les moyens de transport, en créant les chemins de fer, ces voies nouvelles de circulation qui profitent à tous.

X X V II

LE CAPITAL DE L'OUVRIER

Peut-être est-il nécessaire que la transition du Régime Individuel au Régime Sociétaire, de l'Antagonisme à la Solidarité, s'effectue en appliquant les ressources du Travail et de la Richesse à l'édification du milieu propre à favoriser cette Solidarité, et l'éclosion de tous les avantages qui doivent en résulter au profit des classes laborieuses.

Peut-être est-il de la première importance que la Société ne se laisse pas entraîner dans une voie de Participation Individuelle, comme les entreprises coopératives, qui ont fait l'objet de l'attention publique depuis quelques années, en ont montré les tendances.

Il faut, pour élever les masses au bien-être, que les profits du Travail soient surtout appliqués à inaugurer les institutions qui peuvent donner à tous ce bien-être, et non à constituer immédiatement des ressources au seul avantage de quelques-uns.

C'est moins, beaucoup moins, dans le partage direct de ces profits que se trouverait le moyen d'amélioration du sort des classes ouvrières, que dans l'application de ces profits à l'édification de Fondations et d'Institutions d'Utilité Commune, ayant le mérite d'être par elles-mêmes les éléments du Bien-être et du Progrès.

Les droits du Travail sont les droits aux avantages de la Vie ; le Droit de Participation pécuniaire aux bénéfices créés par le Travail, en sus des Salaires et des Intérêts du Capital, ne tiendrait qu'imparfaitement compte du droit des faibles à la part du produit naturel fondant leur droit social.

Les Droits du Travail sont avant tout des Droits collectifs, des droits qui veulent que la Richesse créée soit utilisée à fonder tout ce qui intéresse l'amélioration du sort des peuples, c'est-à-dire à fonder des institutions d'utilité collective, des institutions par lesquelles le bonheur commun soit lié au bonheur individuel ; telle est la mission et l'avenir de la Richesse nouvelle, c'est sur ces bases qu'elle doit s'élever au profit de tous et constituer le Capital de l'Ouvrier.

L'Industrie Moderne a changé, par le Salariat, la condition du travailleur en créant le travail libre ; l'Industrie Future doit réaliser, par l'Association, l'émancipation de l'ouvrier, en l'appelant au bien-être et à la Propriété Collective.

C'est la plus belle et la plus sainte tâche que le Capital puisse entreprendre aujourd'hui ; c'est la véritable voie du salut social et de la fraternité entre toutes les classes de la société.

Il est conforme aux principes que les bénéfices de l'Industrie soient consacrés, dans une légitime mesure, à créer les conditions du Bien-Être et du Progrès Social dans l'Humanité.

Sous le régime même de l'Association et de la Participation, il peut être de la suprême sagesse que les dividendes de Répartition soient d'abord employés à des fondations d'utilité commune, et que les ayants droits ne reçoivent qu'en titres la valeur de leurs dividendes immobilisés à leur profit. De cette façon, les classes ouvrières vivant de leurs salaires deviendront propriétaires-actionnaires, pour partie, des Richesses qu'elles auront créées, et leurs droits s'étendront à toutes les choses du domaine où leur existence s'écoulera.

XXVIII

MARCHE FINANCIÈRE

Le Familistère de Guise est le premier exemple d'un capital résolûment employé, sous une direction unique, en vue de la réunion générale de toutes les choses nécessaires à la vie d'un grand nombre de familles ouvrières ; c'est le premier exemple d'une administration concentrant des opérations aussi diverses, pour que le résultat en tourne au plus grand bien des familles, écartant ainsi les intermédiaires inutiles, tout en sauvegardant, par une organisation économique, les capitaux engagés dans l'entreprise.

Les résultats matériels et moraux, déjà décrits, paraîtront peut-être encore insuffisants à une époque comme la nôtre, où tout se traduit par des chiffres.

Le Familistère ne sera, aux yeux de bien des personnes, un fait pratique, que si le côté financier est démontré immédiatement rémunérateur pour le Capital ; fort heureusement, il en est ainsi.

Pourtant on voit, en examinant le Familistère, à l'élégance et à la solidité des constructions, au soin apporté dans tous les détails de l'architecture et de l'habitation, que la pensée du revenu n'a été que bien secondaire dans la direction de l'entreprise.

Il s'agissait avant tout, dans cette œuvre, de réaliser la demeure qui rendît possible à la classe la plus nombreuse le Bien-Être physique et moral ; il s'agissait de prouver, pratiquement, que le bien à faire est toujours possible, et que sa réalisation est plus facile qu'on ne le croit généralement.

En avril 1859, je traçais les fondations de l'aile gauche du Familistère ; elle était bâtie et couverte au mois de septembre de la même année, et fut achevée en 1860 ; une partie de la population y fit son entrée à cette époque, mais le bâtiment ne fut complétement habité qu'en 1861.

La propriété sur laquelle le Familistère est construit, avait coûté, environ, fr. 50,000

Il avait été dépensé pour l'aile gauche. 300,000

En 1860, je faisais construire les premières dépendances, ou bâtiments d'exploitation, en façade, coûtant environ. . 50,000

En 1862, la partie centrale fut commencée, construite en 1863, et achevée en 1864 ; elle fut occupée en 1865, et avait coûté 400,000

En 1866, je fis construire l'édifice destiné aux soins et à l'éducation de la basse-enfance : la nourricerie et le pouponnat. Cet édifice a coûté environ 40,000

Les écoles et le théâtre ont été construits en 1869 et ont coûté. 125,000

A reporter. 965,000

Report.	965,000

Les bains et lavoirs furent construits
en 1870, et coûtèrent   35,000

L'édifice du Palais, dans son état actuel,

a donc coûté.   1,000,000

L'aile droite et ses dépendances restent à construire.

La population du Familistère étant d'environ 900
personnes, c'est à peu près onze cents francs par
personne que coûte l'édification du logement au Palais Social, y compris toutes les dépendances nécessaires aux magasins et débits, aux cuisines, aux
salles publiques, aux salles d'éducation, salles
d'école et de théâtre.

Dans ces conditions, et dans l'état actuel du Palais, en outre de ses magasins au rez-de-chaussée et
de toutes ses dépendances, il comprend :

Cinq cents chambres,

Cent quarante cabinets dressoirs,

Trois cent quatre-ving tsix placards,

Vingt-quatre alcôves,

Six cent soixante portes et fenêtres extérieures
et cent trente portes et fenêtres à ses dépendances.

Au million de francs engagés dans l'immeuble   1,000,000

Il convient d'ajouter la somme de
quatre-vingt fmille rancs, pour le mo-

Report. 1,000,000

bilier des différents services, et pour
le fonds de roulement nécessaire aux
opérations commerciales.   80,000

Total.   1,080,000

C'est donc en réalité un million quatre-vingt mille
francs, que le capital du Familistère comprend
aujourd'hui; mais nous allons voir que cet accroissement du capital est très-nécessaire au fonctionnement des opérations du Palais, pour les rendre
fructueuses et utiles.

XXIX

LOCATIONS ET REVENUS

L'immeuble du Familistère, n'ayant principalement pour locataires que {des Ouvriers, serait peu
productif, s'il n'avait pour revenus que les rende-
ments de la location. En voici les motifs : lorsque
l'Ouvrier cherche à se loger, il se préoccupe surtout du prix du loyer, les avantages du logement
passent en second lieu; habitué à régler sa dépense
sur ses gains, il ne voit pas d'abord si l'habitation
nouvelle lui offre des avantages économiques, et si,
avec un même salaire, il y vivra mieux. Il voit surtout ce que son loyer lui a précédemment coûté, et

1 ou 2 francs de plus par mois lui paraissent une charge énorme au budget de ses dépenses.

Il n'y avait donc pas à se préoccuper du Capital engagé, dans le Palais, pour fixer les prix des locations. Quelle règle a servi pour déterminer ces prix ? La seule comparaison des loyers payés par les ouvriers dans le pays; leurs locations ordinaires étaient de 8 à 12 francs par mois pour deux ou trois chambres : le Familistère devait donner ses logements plus commodes au même prix, pour ne pas laisser à la concurrence malveillante la possibilité de faire accroire à l'ouvrier que le Familistère était un instrument d'exploitation dressé contre lui.

L'Ouvrier comprit alors que le Palais, malgré les critiques dont il était l'objet, pouvait bien valoir les vieux logements sales et malsains : et il s'est décidé pour le Familistère.

Une règle facile a servi de base pour les détails de la question de location au Familistère: tous les logements sont établis de manière à être également commodes au locataire; chaque chambre est pourvue d'un placard ou d'un cabinet; les murs sont badigeonnés à la chaux; les logements ne présentent donc de différences qu'en raison de l'étage où ils se trouvent, et du nombre des pièces qui les composent; en conséquence le prix de la location est fixé d'après l'étendue des logements, c'est-à-dire au mètre carré de surface, pour l'employé aisé comme pour l'ouvrier, voire même pour le fondatéur qui a ses appartements habituels au Palais.

Celui qui veut un intérieur de logis bien meublé et richement décoré en fait les frais à sa guise.

Le prix de la location est fixé par mois :

Pour le rez-de-chaussée à fr. 0,26 cent. le mètre carré.

»	le premier étage	»	0,29	»
»	le second	»	»	0,26	»
»	le troisième	»	»	0,23	»
Pour les caves			»	0,10	»
Pour les greniers			»	0,10	»

Les façades des cours extérieures, du côté de la ville, sont louées 2 centimes de plus le mètre carré.

A ces prix, la location des appartements du Familistère varie entre 0,14 cent. et 0,23 cent. par chambre et par jour, suivant la dimension et l'étage.

Dans ces conditions, la valeur actuelle de la location du Familistère est de trois mille cent quatre-vingt-quinze francs par mois ; la recette, par an, y compris les jardins et vergers, est de   40,140

Mais il y a un chapitre de frais assez importants à soustraire de cette somme, pour avoir la recette nette des loyers ; ce chapitre se compose ainsi qu'il suit :

Impôts des quatre contributions directes.	1,617	
Assurances.	379	
A *reporter*. . . .	1,996	40,140

Report. 1,996 40,140

Frais généraux d'administration, de bureau, de propreté générale et d'élévation d'eau. . 5,240

Éclairage au gaz. 1,320

Réparations et entretiens annuels. 1,200

Total des dépenses. 9,756

En faisant la soustraction de ces dépenses, la recette nette se trouve réduite à la somme de. 30,384

C'est 3 0/0 du capital de l'immeuble.

Nous trouverons dans un autre chapitre de recette 10,000 fr. à appliquer à l'amortissement, que nous avons négligé dans les chiffres qui précèdent.

La location du Familistère, aux prix auxquels elle est faite, n'est à elle seule, on le voit, que faiblement rémunératrice du capital engagé.

Mais si le capital qui s'est détaché de l'Industrie n'a pas fait du Familistère un objet de pure spéculation, le placement des capitaux n'en est pas moins une affaire sûre et qui, tout en créant au profit de l'ouvrier des ressources nouvelles, constitue pour la fabrique des avantages dont il est difficile de mesurer l'importance.

En comparant les prix de location du Familistère avec ceux des logements de beaucoup d'autres endroits manufacturiers, on reconnaîtra que ces prix sont inférieurs presque de moitié à ceux que paient ordinairement les ouvriers, pour des logements un peu convenables.

Par exemple, au Familistère, un logement possédant d'abord moitié du vestibule d'entrée, puis une première pièce ayant 3^m,46 de largeur et 4^m,47 de profondeur, plus un cabinet de débarras de 1^m,20 sur 1^m,50, et une seconde chambre de 4^m de largeur sur 4^m,64 de profondeur, en tout 37 mètres de surface, paie de location :

Au rez-de-chaussée, par mois fr.	9,60
Au premier étage ——	10,75
Au second » —	9,60
Au troisième » ——	8,40

Et ainsi, proportionnellement, pour tous les logements plus grands ou plus petits, suivant le nombre des pièces qui les composent.

On peut donc concevoir qu'il n'eût pas été impossible de retirer du produit seul de la location 5 0/0 et plus du capital engagé, s'il s'était agi de loger des familles aisées au lieu de familles pauvres.

Pour des familles aisées, le Familistère présente certainement la possibilité d'un loyer une fois plus élevé, en y trouvant encore de grands avantages pour les locataires.

Dans ces conditions, le Familistère rapporterait, par le seul produit des locations, de 5 à 6 0/0 du capital engagé, après tous frais d'administration et d'amortissement déduits.

X X X

RESSOURCES SOCIALES INTÉRIEURES

J'ai cherché à établir tout au long de ce livre que le bien ne se réalise, dans l'humanité, que par l'usage intelligent que l'homme sait faire des ressources matérielles dont la nature lui a remis l'emploi. Nos besoins affectifs, intellectuels et moraux ne peuvent pas plus échapper à cette loi que nos besoins physiques. Ce n'est qu'en fondant les institutions matérielles nécessaires, et par leur sage application, que le niveau intellectuel et moral s'élève, comme le niveau physique, dans les sociétés.

Nous avons vu qu'au Familistère ces institutions n'ont pu puiser leurs ressources dans le principe de l'Association légale que j'aurais voulu fonder entre le Capital et le Travail; j'ai donc dû recourir à d'autres moyens pour intéresser la population à la prévoyance et à la mutualité.

Mais avant d'aborder l'exposé de ces moyens, il est bon de décrire ce que le Familistère est capable de faire par lui-même, sans autre concours que celui des propres forces résultant de son organisation intérieure, considérée comme séparée de toute relation avec les bénéfices de l'Industrie; car il est nécessaire que le Palais Social ait par lui-

même la propriété d'engendrer des ressources,
pour que sa population puisse continuer sa marche
progressive.

Le Familistère s'est créé d'autres revenus que
ceux des loyers, et cela en accomplissant une nouvelle fonction de haute utilité au profit des familles
habitant le Palais : ,c'est-à-dire en leur offrant, sous
la main, dans les dépendances de leur habitation,
tous les approvisionnements nécessaires à la vie,
par l'organisation des services commerciaux de boulangerie, boucherie, charcuterie, laiterie, vente de
légumes, de boissons, d'épicerie, de mercerie, d'é-
toffes, de vêtements et confections, de combusti-
bles, etc.

C'est dans la bonne organisation de ces opérations commerciales, que résident les ressources du
Palais Social, si l'on sépare ses intérêts de ceux
des industries auxquelles les sociétaires prennent
part.

Le Familistère, envisagé de cette façon, quoique
n'ayant pas poussé au développement de ses affaires
commerciales, qui étaient un objet de critique en-
vieuse pour le dehors, a fait jusqu'ici un chiffre
d'affaires sensiblement égal aux émoluments et
aux salaires de la population du Palais.

Pourtant tous les services commerciaux ne sont
pas, pour les revenus du Familistère, proportion·
nellement profitables. Ceux concernant l'alimenta·
tion, ont à peine jusqu'ici donné des bénéfices. Deux

causes y contribuent : d'abord, le désir de rendre la vie facile et peu chère à l'ouvrier, mais ensuite, et surtout, l'insuffisance des chefs de service.

Il est certain qu'une direction plus exercée et plus intelligente mettrait promptement le restaurant, la boucherie, la charcuterie et la vente des légumes en état de faire des bénéfices supérieurs à ceux réalisés jusqu'à ce jour.

Les autres services seront également susceptibles d'une augmentation sensible dans leurs profits, quand le Familistère se sera créé un personnel capable, et possédant l'intelligence des fonctions; car il est à remarquer que les fonctionnaires sont généralement pris parmi les dames et demoiselles des ouvriers du Palais, et qu'il leur faut un certain temps d'apprentissage pour s'élever à la bonne entente de tous les détails des services.

Dans les conditions où le Familistère se trouve, conditions qui peuvent considérablement s'améliorer, les opérations commerciales donnent lieu aux résultats suivants :

Il est prélevé sur les produits de la vente, pour couvrir les frais généraux, l'éclairage de tous les magasins, l'entretien des services, du mobilier, l'amortissement du matériel, une somme de 15,000

Il est payé en appointements et salaires aux personnes attachées à la comptabilité, aux débits et magasins. 26,000

Le bénéfice net des opérations, après
ces frais liquidés, est d'environ   45,000

Mais il convient de prélever sur ces
bénéfices une réserve ou amortissement
destiné à toutes les opérations qui sortent
de l'entretien ordinaire, le Familistère
devant être toujours maintenu à l'état
neuf. Cette réserve est chaque année de   10,000
                                           ―――――
Reste en bénéfices disponibles.   35,000

Cette somme, ajoutée à celle des loyers, assure-
rait donc au Capital un revenu de 6 % au moins,
s'il ne se contentait du produit de la location ; mais,
si pour un instant nous voulons envisager le Familistère comme ne devant obtenir aucun concours
pris sur les bénéfices de l'Industrie, c'est avec cette
somme de 35,000 fr. composant le bénéfice disponible des opérations commerciales que le Palais
pourra, comme je l'ai exposé précédemment, assurer les soins, l'éducation et l'instruction de l'Enfance, pouvoir à la formation de Caisses de Prévoyance destinées à garantir la population contre le
malheur, et permettra à la vie humaine d'avancer
ainsi dans la voie des réformes salutaires et des
institutions utiles.

La somme de 35,000 fr., que la population trouve
dans l'organisation des services commerciaux, n'est
pas, comme on le voit, susceptible de répartition
individuelle ; elle est au service de tous, et elle com-

pose surtout la part des faibles, de ceux qui ont besoin de protection : l'égoïsme individuel fait place à la mutualité et à la solidarité.

Si nous jetons un coup d'œil sur l'ensemble des fonctions et de l'organisation économique du Familistère, nous verrons qu'aux avantages des dispositions matérielles étudiées, et des avantages moraux qui en résultent, la population joint ceux de faire le bénéfice des fonctions qu'elle remplit par elle-même, car tous les emplois, au Familistère, sont occupés par des personnes prises dans son sein.

Il est payé en salaire ou appointements :

Aux services d'ordre.	10,600
Aux services de l'Éducation	8,000
Aux services commerciaux.	15,600
Aux services producteurs	9,600
C'est donc au total.	43,800

que 70 personnes trouvent à gagner dans les occupations administratives du Familistère, et ces occupations permettent encore aux femmes qui, en grande partie, remplissent à des degrés divers ces fonctions, de surveiller leurs familles et leurs ménages.

XXXI

LES PRINCIPES EN ACTION

Nous avons exposé au chapitre xxvii les principes et les règles de charité sociale qui doivent
présider à la Répartition Sociétaire des bénéfices
créés par le Travail ; nous avons exposé la Loi du
Droit des faibles, des Soins dus à l'Enfance, et de la
Part à faire au Progrès Social.

Les institutions du Familistère, n'ayant pu revêtir le caractère d'une œuvre sociétaire, nous ne
pouvons les montrer que comme une œuvre individuelle.

En décrivant l'état actuel de ces institutions,
nous montrerons ce que peut l'application des principes de la doctrine de la Vie, en dehors même de
la solidarité que l'Association Intégrale du Travail
et du Capital peut seule créer.

La pensée qui a présidé à la fondation du Familistère ne pouvait laisser méconnaître au Capital la
loi de son application : s'il ne lui était pas possible
de donner en exemple l'Association et la Participation du travailleur entourées des formes légales,
il devait au moins en donner les conséquences dans
les faits ; c'est le résultat que j'ai cherché à atteindre dans la mesure du possible.

Mais dans toute transition, il faut aplanir les difficultés, il faut vaincre les obstacles que toute idée nouvelle rencontre dans son application ; et surtout lorsqu'il s'agit de réformes sociales, il faut débarrasser les esprits de leurs préjugés pour les préparer à la vérité.

Les difficultés jusqu'ici créées à mon œuvre, les principaux embarras qui l'ont empêchée d'avancer plus vite, et qui ont rendu les voies transitoires plus laborieuses qu'elles ne l'eussent été, peuvent être d'une utile comparaison avec ce qui aurait été fait, si, au lieu d'hostilités acharnées, j'avais rencontré des concours dévoués. Je suis, par ce fait, resté dans le cercle de l'expérience la plus accessible à la plupart de ceux que je pourrai avoir comme imitateurs : à quelque chose malheur est bon.

Suivant les principes du Droit, du Devoir, et de la Justice, exposés au cours de ce livre, la direction du Familistère a procédé d'une façon différente de celle indiquée dans le chapitre précédent, pour subvenir aux ressources nécessaires à la mise en pratique de la solidarité et de la charité sociale.

Le Familistère a été considéré comme étant seul mis en association avec ses habitants, non-seulement pour les revenus concernant les loyers, mais aussi pour tous les bénéfices commerciaux, de façon que chaque sociétaire a eu la faculté de déposer ses économies à la caisse du Palais, contre un titre qui lui garantit, pour dividende de son dépôt, le tant pour 0/0 des revenus locatifs joints aux revenus commerciaux ; ce qui a jusqu'ici procuré aux déposants un intérêt ou dividende variant de 5 à 6 0/0.

Suivant la théorie de Répartition établie au chapitre XVII, c'est l'Usine, c'est l'Industrie qui a été considérée comme devant fournir sur ses bénéfices les ressources sociales nécessaires à l'éducation et à l'instruction de l'enfance, au soutien des orphelins, et à la pension des invalides.

Mais pour ce qui est des caisses de prévoyance, il en a été autrement : tenant compte des précédents consacrés déjà dans l'Industrie, comme d'heureux moyens d'intéresser les ouvriers à la direction et à la surveillance de leurs intérêts matériels, c'est par l'intervention des sociétaires du Palais que ces institutions ont été fondées.

Les cotisations pour la prévoyance sociale sont individuelles, et retenues sur les salaires de chaque famille, afin de faciliter la besogne aux comités d'administration. L'importance et les motifs des cotisations sont laissés aux délibérations des conseils élus par les sociétaires : soit qu'il s'agisse de la subvention pendant la maladie, ou du service médical, ou de la pharmacie, ou d'un mobilier nécessaire aux malades, etc., etc.

L'établissement d'industrie intervient ensuite d'une façon passive, comme se reconnaissant obligé de verser dans les caisses mutuelles une somme égale au montant des cotisations réunies des sociétaires.

Les ressources produites ainsi font face à tous les besoins, avec une cotisation moyenne, par mois, de 1 fr. 50.

Le montant de ces cotisations s'élève mensuellement à fr.   900

L'Industrie versant tous les mois une somme égale de fr..   900

les ressources mensuelles sont de fr.   1,800
et annuellement par conséquent de fr.   21,600

Avec ces ressources, et par ces moyens, quoique au-dessous de ceux que les véritables principes indiquent, bien des peines et des douleurs sont évitées à la classe ouvrière qui en profite.

Les avantages de la mutualité et de la solidarité sont plus facilement compris, lorsque l'isolement s'efface parmi les hommes.

Sous l'empire de la vie collective, — au lieu de ne songer qu'à cet étroit individualisme dans lequel on cherche le chacun pour soi, et où l'on ne rencontre que difficultés et privations, — les intérêts se modifient ; les institutions les plus propres à assurer la sécurité, la protection et le bien-être de tous, rentrent dans l'intérêt de chacun et prédisposent les populations à les accepter.

L'intérêt individuel se met en accord avec l'intérêt collectif ; les dissensions, qui naissent lorsque les ressources publiques ne sont pas également partagées, ne se présentent plus; c'est pourquoi, dans le Palais Social, toutes les améliorations qu'on peut instituer pour le bien de la vie, profitant également à tout le monde, chacun se trouve prédisposé à les accepter.

Qu'y a-t-il dès lors à faire, dans une fondation comme celle du Familistère, lorsque les éléments matériels sont réunis, pour donner un corps aux mesures à prendre?

Il faut appeler la population à délibérer régulièrement sur toutes les institutions mutuelles de solidarité et de charité sociale, à établir en vue de parer à toutes les éventualités de malheur auxquelles la famille de l'ouvrier est assujettie. C'est ainsi que ces institutions se fondent sur les bases les plus solides : le Familistère en donne l'exemple le plus marqué et le plus inattendu.

Nous avons vu que l'Association du Capital et du Travail n'ayant pu être faite sous une forme légale, au Familistère, pour constituer au profit des sociétaires un droit sur les bénéfices de l'Industrie, le Capital s'était intéressé à la fondation des institutions de prévoyance commune, en imposant aux frais généraux de l'établissement d'industrie une somme égale à celle du montant des cotisations, somme que cet établissement verse mensuellement aux caisses de prévoyance.

C'est pour administrer et appliquer ces fonds que tous les travailleurs sont appelés, au Familistère, à élire les comités nécessaires.

Ces comités se divisent et se subdivisent la besogne et constituent :

Le comité d'administration de la caisse des cotisations et des subventions;

Le comité du service médical et des secours;

Le comité de pharmacie, des soins et des médicaments;

Le comité des visiteurs et visiteuses qui, à tour de rôle, ont mission de voir l'état des malades, et de se renseigner sur l'état sanitaire de la population, etc., etc.

Enfin des comités s'établissent pour toutes les choses utiles qu'il peut convenir aux intérêts de la population d'introduire dans la pratique.

La plus grande liberté est laissée à ce sujet pour la mise en œuvre de toutes les bonnes mesures que l'expérience révèle.

Dans ces conditions, au moyen d'une cotisation mensuelle qui varie de 1 fr. à 2 fr. 50, à la volonté du sociétaire, et suivant certaines règles, toutes les familles ont droit :

A la visite du médecin, *de leur choix,* quand elles le jugent à propos ;

A une subvention qui varie de 1 à 5 francs par jour, suivant le chiffre de la cotisation du sociétaire privé de son travail pour cause de maladie;

Aux draps et chemises de lit, appartenant au service médical, et à la propreté du linge nécessaire aux malades;

Aux médicaments pour tous les membres de la famille en cas de besoin;

A l'usage des baignoires, bains de siége, bains de pied, chaise percée, vases et instruments néces. saires en cas de maladie.

D'autre part, l'établissement accorde une pension d'un franc par jour au travailleur invalide; il adopte les orphelins, lesquels sont élevés à la nourricerie d'abord, puis, lorsqu'ils sont en âge d'aller aux écoles, placés dans les ménages qui consentent à les nourrir et à les soigner moyennant une rétribution mensuelle; le vêtement de ces enfants reste à la charge de l'Association. L'enfant orphelin retrouve ainsi une famille adoptive et une protection certaine, sous les auspices du toit qui l'a vu naître.

Si l'on n'a perdu de vue aucun des avantages énumérés dans ce chapitre, on trouvera sans doute que l'ensemble des mesures de véritable prévoyance sociale établies au Familistère, pourrait être heureusement imité.

Les avantages énumérés ci-dessus sont particuliers à l'organisation des caisses mutuelles du Familistère, mais le sociétaire reçoit, en outre, en cas de maladie, un secours de deux francs par jour que la caisse de l'usine accorde à tous les ouvriers malades, à ceux habitant au dehors, comme aux sociétaires du Familistère.

Les secours accordés annuellement par cette caisse s'élèvent à environ 18,000 francs.

XXXII

SERVICE MÉDICAL

Nous venons de voir, au sujet de la santé publique, comment le Palais Social assure à tous les sociétaires, pour peu que chacun le désire, toutes les ressources qu'on ne se procure ailleurs qu'à grand'peine, et sur lesquelles il est impossible de s'entendre pour donner une même satisfaction à tous les intérêts.

La santé publique en est un exemple. Avec les maisons isolées, le service médical se fait difficilement. Ne sait-on pas avec quelle difficulté on obtient au village la visite du médecin, en raison des distances considérables qu'il y a entre les habitations du centre et celles des extrémités, et surtout par l'absence, dans la commune, des médecins qu'il faut trop souvent faire venir des villes ou des villages voisins?

Au village, où les maisons sont éparpillées dans la campagne, ce qui profite au centre ne profite pas aux extrémités, et ce qui est avantageux aux extrémités l'est peu au centre; chacun y désire les choses de son côté, et l'antagonisme des intérêts s'oppose ainsi au progrès des institutions.

La Mutualité comme nous venons de l'établir

devient au contraire un désir commun au Palais
Social. Les habitants s'associent pour le service
médical, comme pour leurs autres besoins, avec la
certitude que les soins et les avantages seront égaux
pour tous; aussi le Familistère a-t-il deux médecins
et une sage-femme, dont chaque sociétaire peut
avoir la visite dès qu'il en éprouve la nécessité.

La salle de service médical et de pharmacie
possède une boîte au nom de chaque médecin et de
la sage-femme. Le sociétaire n'a qu'à déposer dans
une de ces boîtes le numéro de son appartement,
pour s'assurer dans la journée la visite du médecin
de son choix, ou de la sage-femme.

Cette salle renferme les choses les plus urgentes
de la pharmacie, les appareils de pansement nécessaires aux cas pressants, les baignoires portatives,
bains de siége, draps, chemises et les instruments
et ustensiles qu'on trouve rarement dans le mobilier de l'habitation de l'ouvrier.

Cette salle contient aussi, au grand avantage des
femmes accouchées et des enfants nouveau-nés,
des téterelles , bouts-de-sein, berceaux, bibe-
rons, etc.; et l'on doit à ces simples mesures de
précaution la possibilité d'éviter bien des souffrances, que l'incurie ou l'ignorance des moyens font
endurer trop souvent aux jeunes mères, dans
l'intérieur du ménage pauvre.

Tout ce qui concerne la santé et le soin des malades : moyens préventifs, médecins et remèdes,

est donc assuré et payé par l'Association entière ; de cette façon, personne ne se refuse les choses nécessaires au rétablissement de la santé.

Le service médical ne fait ainsi défaut à personne ; chaque jour les médecins trouvent, à côté de la salle du service médical, l'indication des personnes qui désirent leur visite, et les soins et remèdes sont aussitôt prescrits aux malades.

L'abandon dans le malheur n'est pas possible au Familistère : la moindre souffrance y est connue ; une situation malheureuse vient-elle à naître, chacun se le dit, et par honneur du bien à faire, comme par sentiment de charité, les soins ni les secours ne font défaut à personne.

A côté des parents, les comités de prévoyance fonctionnent en permanence et veillent de leur côté à ce que les secours et les médicaments soient intelligemment donnés.

XXXIII

ÉDUCATION INTÉGRALE

Nous avons vu jusqu'ici comment le Palais Social correspond aux Lois Primordiales de la Vie ; nous avons rapidement exposé comment il rend plus faciles la nourriture, le logement, le vêtement, la propreté, l'hygiène ; comment il contribue à

assurer pour tous ses habitants les soins du corps, à
développer l'exercice des bonnes habitudes physiques, et à réaliser l'usage harmonique de l'organisme humain; — comment il protége la santé; —
comment il soigne la maladie; — comment la
veuve et l'orphelin trouvent dans l'Association les
sécurités de l'avenir; — comment enfin le Palais
Social assure à tous le bien-être.

Mais le Familistère ne doit pas seulement satisfaire à la Loi de Conservation et d'Entretien de la
vie humaine; il doit aussi remplir les obligations de
la Loi de Développement et de Progrès de la vie; il
doit joindre à l'éducation physique, l'instruction
intellectuelle et morale.

Il appartient au Palais Social de combler toutes
les lacunes que les institutions de la société présente laissent exister dans le développement des
aptitudes et de l'intelligence humaine; il lui appartient d'être, pour le bien et le progrès de l'esprit, ce
qu'il est pour le bien et le progrès du corps.

Mais avant de décrire ce qui est particulier à l'é-
ducation des diverses classes de l'enfance, nous
pouvons examiner l'influence que le Familistère
exerce d'une manière générale sur la population.
Cette influence est de tous les instants; elle modifie
peu à peu les mauvaises habitudes apportées du
dehors, et ne tarde pas, dans tous les cas, à transformer profondément les habitudes extérieures apparentes de l'individu et de la famille.

S'il n'en coûte pas aux familles ouvrières, habitant les petites maisons isolées, de laisser courir leurs enfants dans la rue nu-pieds, en chemise, sales, couverts de boue, de haillons et de guenilles; ces mêmes familles, arrivant pauvres et misérables au Familistère, sentent, après quelques jours de contact avec la population, la nécessité d'un changement d'habitudes et d'état. Le rouge leur monte au front quand il faut envoyer leurs pauvres enfants à l'école, dans leur état de dénûment, au milieu des trois-cents élèves du Familistère réunis, à chaque rentrée en classe, dans les cours du Palais ; les parents voient alors combien leur petite famille fait tache parmi cette population enfantine vêtue convenablement, bien débarbouillée et proprette : aussi s'efforcent-ils bien vite de cacher cette misère.

Les habits du dimanche sont alors souvent mis à l'enfant pour aller à l'école, et on lui en procure d'autres pour la toilette. Les parents se donnent ainsi la satisfaction de voir leurs enfans vêtus comme les autres: un sentiment de bonheur est pour le ménage la récompense de la gêne qu'il s'est imposée.

Mais bientôt ce que le père et la mère éprouvaient concernant leurs enfants, ils l'éprouvent à leur propre sujet ; et c'est ainsi que la vie s'améliore peu à peu, par l'exemple sollicitant un meilleur emploi des ressources de la famille.

Au Familistère, il n'y a ni boues ni ordures, l'enfant n'a pas d'occasions de se salir au milieu de ses récréations ; la propreté devient pour lui une habitude comme ailleurs la saleté en était une autre. C'est un double motif pour qu'il n'y ait plus au Palais de ces haillons sordides qui déshonorent l'espèce humaine ; tous les habitants sont convenablement vêtus, comme tous sont convenablement nourris, et pourtant combien de misères le Familistère a abritées !

Nous ferons moins ici la théorie philosophique de l'éducation que l'examen des conditions pratiques de son application. Peu nous importent les théories pompeuses sur l'éducation et l'instruction, si elles ont pour conséquence, comme celles de l'Emile de Rousseau, de n'être applicables qu'à la millième partie de l'espèce humaine.

Ce qu'il faut découvrir, c'est l'éducation et l'instruction démocratiques ; c'est l'éducation et l'instruction pour tous les enfants du peuple, sans exception ; c'est la culture intégrale de l'esprit humain par la culture intégrale de l'espèce tout entière ; c'est enfin l'éducation et l'instruction conduisant tous les hommes à la vie utile et productive qu'il faut réaliser.

Plusieurs conditions sont nécessaires pour atteindre ce but : il faut d'abord créer les méthodes de direction et d'enseignement, puis les moyens de les appliquer.

Dans la société moderne, les méthodes ont fait de véritables progrès grâce aux recherches des personnes dévouées à l'éducation de l'enfance, mais les difficultés d'application resteront un puissant obstacle à la vulgarisation de ces méthodes, tant que le régime actuel de la famille et des habitudes de l'enseignement restera le même.

Quoi qu'on fasse, il sera difficile que les conditions de l'éducation et de l'instruction soient égales pour tous, avec l'éloignement d'un grand nombre d'habitations par rapport aux écoles.

L'éducation sera imparfaite, tant que le père et la mère seront seuls à veiller sur leurs enfants, et qu'il leur sera permis de retrancher à ces derniers la nourriture de l'esprit, comme parfois, bien malgré eux, ils sont obligés de leur retrancher la nourriture du corps.

La Société ne peut remédier à ces tristes errements du passé qu'en exerçant son Droit de protection sur l'enfance, et qu'en pratiquant le Devoir par lequel elle est appelée à aider à son avancement propre dans la vie.

Mais en ceci, comme dans toutes les choses humaines, les résultats à obtenir sont proportionnés à la perfection et au progrès des dispositions matérielles que la société saura réaliser pour y atteindre.

Pour que l'enfance soit bien enseignée, il faut des écoles convenables sous tous les rapports : l'éducation du peuple est subordonnée à cette première création. C'est ce que l'opinion tend aujourd'hui à vouloir édifier dans chaque village ;

mais après l'édification de l'école, aura-t-on trouvé le moyen d'y réunir tous les jours, et aux heures régulières des leçons, les enfants logés à deux ou trois kilomètres de distance ?

Non, il faudrait en ce cas plus que l'école, il faudrait le pensionnat gratuit dans chaque commune.

Un premier point indispensable à toute méthode d'enseignement, c'est l'exactitude aux leçons : toutes les méthodes sont sans résultat, si les classes sont en désordre et sans suite.

Il ne faut donc pas seulement des écoles dans chaque commune, il faut encore un programme d'enseignement ; il faut des méthodes d'application ; il faut des élèves et des maîtres assidus pour que ces méthodes soient appliquées.

Combien de réformes sont à introduire dans la commune avant d'avoir atteint ce résultat ! Aujourd'hui, dans la plupart de nos villages, l'instituteur est encore obligé pour vivre d'être tout à la fois maître d'école, chantre à l'église, secrétaire de mairie, arpenteur. etc... On conçoit le médiocre intérêt qu'il attache à ce que les écoliers soient dans les classes pendant son absence ; s'ils sont à vagabonder dans les rues, le professeur sait du moins qu'ils ne bouleverseront pas l'école pendant ce temps-là.

Il est vrai de dire aussi que souvent la femme de l'instituteur est chargée de veiller, non sur les devoirs des élèves, mais sur leur tranquillité dans la classe, en l'absence de son mari ; qu'en résulte-t-il ? un inconvénient plus grave encore ; trop souvent c'est un motif pour que la maîtresse fasse la cuisine, le lavage du linge, et la lessive même dans la salle des études.

Dans de pareilles conditions, on conçoit que l'éducation soit difficile pour les élèves, et que le dé-sœuvrement les conduise à la dissipation et au vagabondage. Il ne faudrait pourtant qu'un gouvernement ami du peuple pour faire au moins disparaître ce qu'il y a de honteux, pour la France, dans une pareille situation de l'instruction publique.

Mais ce que nulle administration ne peut faire, c'est de placer l'école à la même proximité pour les familles, et par conséquent il n'est pas possible, par mesure administrative, de rendre dans nos communes rurales l'enseignement également facile pour tous les enfants.

L'éducation gratuite et obligatoire ne peut placer toutes les familles au village, sur un même pied d'égalité, ni dans les avantages offerts, ni dans les peines édictées.

En est-il ainsi dans le Palais Social ? Non, toutes les institutions y sont organisées de manière à offrir aux familles des avantages égaux. Les salles d'éducation sont une dépendance du Palais, et presque de l'appartement de chacun ; de manière que l'ouvrier trouve, dans son Palais même, pour ses enfants, des

nourrices, des bonnes, des gouvernantes, des précepteurs, des maîtres et des maîtresses d'enseignement, et de vastes salles d'éducation et d'instruction
bien aérées, bien éclairées et bien chauffées ; ce qui
constitue pour lui les Équivalents de ce que la Richesse réalise à grands frais autour d'elle.

On ne pourrait donc réellement concevoir au
village, ni même à la ville, des conditions analogues
pour l'Éducation et l'Instruction générales de l'enfance, à moins d'y construire le collége, ou pensionnat communal, réunissant la crèche, l'asile, et
toutes les classes de l'enfance, avec dortoirs, réfec-
toires, et tout ce qui serait nécessaire pour que les
élèves soient élevés et instruits avec soin, aux frais
de la commune aidée du concours de l'État.

Mais combien de prétendus amis du Peuple trouveront une idée semblable impraticable !

Revenons donc au Familistère, qui n'est pas un
projet, mais un fait.

Industrie et Richesse obligent. Le Travail doit
suffire aux besoins du corps, mais il doit aussi satisfaire aux besoins du cœur et à ceux de l'intelligence. Partant de là, et pour entrer dans la voie
tracée par les principes déduits précédemment des
Lois de la Vie Humaine, l'Éducation et l'Instruction
devaient être, au Familistère, l'objet d'une attention toute particulière, et placées au rang des devoirs supérieurs dans la pratique desquels l'insuffisance de la famille doit être suppléée.

Aussi l'Éducation et l'Instruction sont-elles comprises, au Familistère, dans leur sens le plus large. Des édifices spéciaux ont été élevés pour chaque degré de l'enseignement de la population enfantine, et les meilleures dispositions matérielles, comme les méthodes les plus intelligemment conçues, sont mises en usage pour le développement régulier de l'enfant au physique comme au moral. .

L'Éducation et l'Instruction sont divisées au Familistère en sept classes ; chacune ayant son personnel dirigeant et enseignant, ses locaux et son matériel propre.

Ces divisions, suivant les âges de l'enfance, sont :

1º La *Nourricerie* : enfants depuis la naissance jusqu'à l'âge de 26 à 28 mois. — Salles aux berceaux et aux bébés.

2º Le *Pouponnat* : catégorie des petits bambins, depuis les enfants sachant marcher et se tenir propres, jusqu'à ceux de l'âge de 4 ans.

3º Le *Bambinat* : catégorie des enfants de l'âge de 4 à 6 ans.

4º La *Petite école* ou *Troisième Classe* de l'enseignement : élèves âgés de 6 à 8 ans.

5º La *Seconde école* ou *Deuxième Classe* de l'enseignement : élèves de 8 à 10 ans.

6º La *Première école* ou *Première Classe* de l'enseignement : élèves de 10 à 13 ans.

7° Les *Cours Supérieurs* : catégorie hors classes : élèves dont l'intelligence s'est montrée hors ligne.

8° L'*Apprentissage* : l'entrée de l'enfant à la vie productive a lieu, gratuitement, dans l'établissement même d'industrie du Familistère ; les diverses professions qu'il renferme sont offertes au choix de l'enfant, et l'apprenti est mis aussitôt en possession du prix de travail réalisé par lui.

L'Éducation et l'Instruction, établies ainsi, forment un chapitre spécial dans les comptes du Palais, mais les dépenses en sont reportées aux frais généraux de l'établissement industriel, d'où sortent les bénéfices qui ont servi à fonder le Familistère.

La dépense générale de l'Éducation au Familistère, pour les 320 enfants environ que ses diverses classes comprennent, s'élève annuellement de 19 à 20 mille francs, se répartissant de la façon suivante :

Nourricerie 10,000
pour une moyenne de 40 enfants, ce qui met la dépense par enfant à 250 francs par an, ou 0,70 par jour.

Pouponnat 800
pour 40 enfants, ce qui porte la dépense annuelle à 20 francs par enfant.

Bambinat 2,000
pour 80 enfants à 25 fr. par tête.

A reporter 12,800

Report. 12,800

École de la 3ᶜ Classe. 1,400
pour 45 élèves, 31 fr. par tête.

École de la 2ᵉ Classe. 2,300
pour 65 élèves, à 35 fr., environ, par tête.

École de la 1ʳᵉ Classe. 2,200
pour 55 élèves, ou 40 fr. par tête.

Cours divers. 1,000

Total de la dépense. 19,700

Cette somme comprend : pour les enfants, de la naissance à leur entrée au Pouponnat, la nourriture et tous les frais nécessaires; elle comprend pour les autres divisions de l'enfance, toutes les fournitures sans exception, nécessaires à l'enseignement.

Au Familistère, l'enseignement est le même pour les deux sexes; dès le plus jeune âge, ils puisent aux mêmes sources les inspirations du cœur et de l'intelligence.

Dès le début de l'éducation de la basse enfance, chaque salle a le côté des filles et celui des garçons ; mais ces deux divisions participent aux mêmes exercices et aux mêmes leçons, et sont dirigées par les mêmes maîtresses. Il en est de même aux écoles. Dans chaque classe un large passage sépare les tables destinées aux élèves : d'un côté sont celles des garçons, de l'autre celles des filles; mais les filles comme les garçons participent, sous la direction des mêmes professeurs, aux mêmes leçons générales :

36

quelques détails seuls varient suivant les aptitudes
de chaque sexe.

Au Familistère, l'enfance des deux sexes vit d'une
existence commune, analogue, sous bien des rapports, à ce qui se passe dans la famille entre frères
et sœurs. Tous les enfants se connaissent depuis
le berceau ; à chaque instant ils se voient, se rencontrent dans leurs jeux et chez leurs parents, de sorte
qu'à la vue les uns des autres rien n'éveille en
eux ni la curiosité, ni la surprise, pas plus que cela
n'a lieu dans les familles du peuple où frères et
sœurs passent leur jeunesse dans les mêmes chambres, sous la seule puissance protectrice des mœurs
naissant de l'habitude et de la fréquence des rapports.

Il eût donc été contraire aux règles naturelles
de séparer complétement les sexes dans de semblables circonstances ; cette inconséquence n'a pas
été commise ; on fait au Familistère le contraire de
ce qui tend à se généraliser dans l'enseignement
scolaire ; car la séparation de l'enseignement des
deux sexes devient de règle dans les écoles communales, et le moindre inconvénient de ce procédé
contre nature, c'est d'éveiller chez l'enfant le sentiment du motif de cette séparation momentanée,
quand au sortir des classes jeunes filles et jeunes
garçons se confondent dans les rues, vont aux
champs et partout, à l'abri de toute surveillance
inutile.

Que ce procédé d'éducation soit commandé dans les pensionnats et colléges où la jeunesse nubile arrive de tous côtés, cela se conçoit, quoiqu'il soit regrettable que les nécessités de la société aient constitué l'éducation sur de telles bases. Mais telle est l'influence de la routine et du préjugé que, par voie d'imitation, l'idée d'appliquer aux écoles communales la forme du collége et du pensionnat a prévalu dans les conseils de l'enseignement; et qu'on a fait de la séparation des filles et des garçons dans les écoles, une règle contraire à toutes les prescriptions de la nature et du bon sens. Cela prouve combien la direction de l'éducation, en France, est dépourvue de principes, et combien il reste à faire pour constituer l'enseignement sur des bases rationnelles.

Les méthodes d'éducation et d'enseignement, pratiquées dans toutes les classes de l'enfance du Familistère, n'ont rien de systématique; elles consistent dans l'application journalière de tout ce que l'idée révèle, et de ce que l'expérience a consacré comme étant le plus profitable au développement physique, intellectuel et moral de l'enfance.

Tous les systèmes d'éducation et d'enseignement dont notre époque s'est enrichie sont expérimentés et alliés les uns aux autres, dans la mesure jugée la plus convenable aux progrès des enfants.

Mais l'excellence de l'éducation ne repose pas seulement sur la bonté des systèmes, elle repose surtout sur le mérite et le dévouement des personnes qui sont chargées d'appliquer ces systèmes. L'éducation et l'enseignement seront un jour, dans l'humanité, les plus vénérées des fonctions, car elles seront le sacerdoce et l'apostolat de la Vérité, du Droit, du Devoir et de la Justice.

Aujourd'hui, l'application des méthodes n'est encore, trop fréquemment, qu'un métier pour les personnes chargées de l'éducation; trop peu d'entre elles y sont appelées par l'élévation des sentiments, la générosité du cœur, et le dévouement à leurs semblables. C'est pourtant dans ces vertus que se trouve l'excellence de tous les systèmes d'éducation, car il n'en est pas avec lesquels on ne fasse faire de sérieux progrès aux élèves, dès que l'enseignement est fait avec un véritable amour du progrès de l'enfance.

Quel beau champ d'activité le Palais Social offrirait pour l'expérience de tous les systèmes, et pour la régénération de l'enseignement, si la passion du bien, généralisée dans son application, était entrée dans les âmes. Alors, parmi les hommes et les femmes qui ont quitté la vie active, un nouveau désir de se rendre utiles les engagerait, à de certaines heures du jour, ou à de certains jours de la semaine, à se consacrer aux conférences pour l'instruction morale et scientifique des élèves.

Les maîtres et maîtresses d'enseignement se multiplieraient ainsi, en proportion des besoins, et les enfants profiteraient des leçons particulières les plus variées et les plus utiles sur les sciences, la morale, la culture, le jardinage, la minéralogie usuelle, l'industrie, etc. ; ces leçons, en intéressant vivement les enfants, agrandiraient considérablement le cercle de leurs connaissances théoriques et pratiques, et seraient, pour les personnes enseignantes, une des plus douces satisfactions que le Devoir accompli puisse faire entrer dans le cœur de l'homme.

Le Familistère ne possède pas encore cela; sa fondation est trop récente pour que la Religion de la Vie y ait pris son essor dans tous les cœurs : le temps achèvera l'œuvre commencée.

Pour y suppléer dans la mesure du possible, et comme complément de l'éducation scolaire, — qui déjà tient une si belle place au Familistère, par le dévouement des personnes qui y ont compris la grandeur de leur mission, — le corps des employés attachés à l'établissement industriel est appelé à faire les cours supplémentaires de mécanique, de géométrie, de dessin linéaire, de musique vocale et instrumentale, etc. ; c'est ainsi que se complète l'instruction au Familistère.

Le mode d'enseignement des maîtres et maîtresses, vis-à-vis des élèves, est surtout celui du raisonnement et de la persuasion. C'est l'enseignement par l'attrait que le Familistère s'est attaché à réaliser, dans la mesure de ce qui y a été possible, non-seulement pour ses plus petits élèves, mais aussi pour les différentes classes de sa jeune population.

Le besoin de faire usage de la contrainte naît toujours de l'insuffisance du corps enseignant; les peines physiques sont proscrites au Familistère, on n'agit sur l'enfant que par la voie de l'influence morale, ou en le privant de ses plaisirs.

Les récompenses méritées, les · décorations, les distinctions, les compliments, les grades, la publicité des actes et des mérites et les récréations organisées, sont les moyens d'émulation et d'entraînement dont on se sert pour remplacer la férule.

L'émulation est le puissant ressort mis en jeu au Familistère, pour encourager l'élève ; cette émulation est établie de manière à mettre en relief, dans chaque classe, les progrès de la division des filles ou des garçons l'une sur l'autre, et les progrès comparés de chacune des sections de ces deux divisions. A cet effet, des décorations individuelles sont décernées aux élèves tous les samedis.

Une cérémonie particulière a lieu pour la remise de ces décorations, le premier dimanche de chaque mois ; c'est alors, dans la grande cour d'honneur du Palais, devant les Conseils et les Comités réunis, et sous les yeux de la population, que les décorations sont décernées. Ces insignes du travail consistent en croix étoilées que relèvent des rubans rouges, orangés, bleus, verts, bruns, violets, etc., suivant les sections qui les portent.

Dans chaque classe, la division, soit des filles, soit des garçons , qui a obtenu le plus de récompenses pour son travail de la semaine ou du mois, a la priorité sur l'autre, et marche en tête pour les entrées en classe de la semaine suivante.

Ces défilés ont lieu, dans les cours du Familistère, après chaque récréation. Le son de la cloche des écoles appelle tous les enfants à venir se ranger dans une des cours, sous les yeux des personnes chargées de l'éducation, et en vue de la population. Chaque élève se place à son rang suivant son mérite dans la faculté qui a fait l'objet de la composition de la semaine dans sa classe. L'indication des compositions figure en gros caractères sur des bannières de diverses couleurs que portent les enfants, soit filles ou garçons, qui ont le mieux mérité cet honneur par leur travail et leur mérite, en telle ou telle faculté.

Tour à tour, les diverses branches de l'enseignement sont régulièrement passées en revue, et les pères et mères, comme tout le public, peuvent juger des mérites divers de chaque élève, en examinant quelle est sa place, dans le défilé de l'entrée en classe, sous les bannières des compositions de la semaine, soit : Lecture, Écriture, Orthographe, Analyses, Style, Arithmétique, Géométrie, Dessin, Géographie, Histoire naturelle, Travail Manuel, Gymnastique, Musique, Déclamation, etc.

Parmi les ressources attrayantes de l'enseigne-

ment que le Familistère offre aux enfants, il faut
compter les jardins. Tous les ans, à la saison d'été,
les écoles composent des groupes d'élèves qui, sous
la direction du Jardinier en chef de l'établissement,
s'initient à la culture et à l'entretien des jardins,
ainsi qu'au respect du travail d'autrui. Ces groupes
de garçons et de filles élisent, au scrutin, parmi
eux, des chefs et sous-chefs, dont le devoir est de
faire bien exécuter les indications du chef-jardinier
et de veiller au bon ordre de la troupe des petits
travailleurs. Les élections se font toutes les semai-
nes et les élus doivent donner l'exemple constant
du meilleur travail, sous peine de perdre la considération de leurs électeurs.

L'administration du Familistère, pour encourager ce mouvement, accorde aux enfants une rétribution légère, variant suivant les aptitudes et les
capacités des divisions de travailleurs, que le chef
jardinier établit d'accord avec les enfants.

Les jardins du Palais sont toute la journée ouverts à l'enfance pour ses promenades et ses jeux.
Mais une partie réservée, agrémentée de pelouses,
d'allées tortueuses, de montées et de descentes,
sert aux promenades d'ensemble des classes, et
constitue une récompense très-appréciée par tous
les élèves, petits et grands.

Le théâtre est aussi pour l'enfance un des plus
beaux moyens d'émulation offert par le Familistère.
Le théâtre constitue une des divisions supérieures

de l'enseignement et de l'éducation générales ;
toutes les classes réunies y viennent puiser d'heureuses inspirations. C'est là qu'ont lieu les leçons
générales, les cours de déclamation, et les représentations qui font le bonheur de toutes les classes.

Les élèves qui se distinguent par une lecture
intelligente et sentie, et par des manières courtoises
et polies vis-à-vis de chacun, sont admis à composer la petite troupe d'acteurs et d'actrices qui a
l'honneur de donner ses représentations sur le
théâtre du Palais. Les ressources de la scène, jointes
à celles d'un vestiaire approprié à l'usage et aux
besoins de l'enfance, constituent pour les élèves une
des plus grandes satisfactions qui puissent leur être
accordées.

C'est, pour les élèves les plus intelligents, une
initiation à l'art de bien parler et de bien dire,
c'est une préparation à la vie publique; ils ap-
prennent là à se bien présenter, à se bien tenir
devant le monde; et, par des pièces choisies avec
attention, ou composées spécialement pour eux, on
grave dans leur esprit des notions d'histoire, de
science, de vraie morale, etc., qu'ils ne pourront
plus oublier, les ayant apprises dans les circonstances les plus heureuses de leur jeunesse.

Le théâtre, comme salle d'enseignement et de
conférence, doit devenir au Palais Social, pour
toute la population, le Temple de la Religion de la
Vie et du Travail.

Les moyens d'émulation ont leur consécration définitive dans deux grandes solennités constituant les fêtes principales que se donne le Familistère. Ces fêtes sont celles du Travail et de l'Enfance : — la première récompense le travail des ouvriers et employés de l'établissement, la seconde récompense le travail et les progrès des élèves.

La fête du Travail a lieu au mois de mai ; la fête de l'Enfance au mois de septembre. Dans ces deux fêtes, les enfants occupent toujours les premiers rangs, soit pour voir récompenser leurs pères et mères, soit pour se voir donner à eux-mêmes le prix de leur mérite.

Ces fêtes ont lieu dans la grande cour de la partie centrale, décorée de trophées et d'emblèmes du travail industriel, lorsqu'il s'agit de la fête du Travail, et de trophées d'éducation, d'instruction et d'enseignement, le tout enguirlandé de fleurs et de feuillages, lorsqu'il s'agit de la fête de l'Enfance.

Dans cette dernière fête, les travaux des élèves sont exposés au public, et toutes les classes de l'enfance, depuis les Poupons jusqu'aux élèves des Cours Supérieurs, viennent publiquement recevoir les récompenses acquises par leur bonne conduite, leur travail, et leurs progrès de l'année.

Ces récompenses consistent, pour les élèves des grandes classes : en livres choisis, non sur le luxe des couvertures, mais sur la valeur du contenu ; en boîtes de compas, boîtes de couleur, instruments de

mathématiques, de musique, nécessaires de couture
et de travaux divers, objets de toilette, etc.... suivant les facultés pour lesquelles les prix sont donnés.

Les couronnes traditionnelles de feuillage vert,
doré ou argenté, accompagnent la remise des prix
aux lauréats.

Des jouets de toutes espèces : boîtes de ménages,
d'animaux, des poupées, des pantins, des toupies,
balles, trompettes, jeux de quilles, de boules, meubles, voitures, animaux en miniature, etc., etc., etc.,
sont le lot des bambins et des poupons, et c'est
merveille de voir leur bonheur et leur empressement à cette distribution des jouets si chers
au jeune âge, et dont l'enfant pauvre est si souvent
privé dans sa misère.

Il n'en est plus ainsi au Familistère ; tous les besoins légitimes, physiques et moraux de l'enfance
sont prévus et satisfaits dans la mesure du possible,
et l'entraînement au plaisir, si vif chez les enfants,
est un des meilleurs ressorts à développer pour
exciter l'élève au travail, en lui faisant acquérir
ainsi le droit d'usage des objets récréatifs les plus
intelligemment conçus pour son développement
physique et moral.

XXXIV

NOURRICERIE ET POUPONNAT

Les deux premières divisions de la basse enfance sont réunies dans un édifice spécial placé derrière le Palais, dans la direction de son entrée centrale. Le sol de cet édifice est élevé au niveau du rez de-chaussée du Palais, avec lequel il est en communication par un passage de plein-pied.

La figure n° 38 en représente la vue extérieure, avec ses balcons ou galeries servant, pour les enfants, de lieu de promenade à l'abri de la pluie, et de communication, en cas de beau temps, avec les pelouses et les ombrages qui entourent l'édifice.

La porte d'entrée de ce bâtiment ouvre sur un petit vestibule, à droite duquel se trouve la cuisine d'abord, puis une autre pièce séparée de la cuisine; cette seconde pièce sert de lieu de réserve pour le linge sale et divers ustensiles : balais, brosses, seaux de propreté, bassins, baignoires, etc., elle sert également de cabinet pour les petits siéges d'aisances des enfants.

A gauche du vestibule se trouve une salle destinée aux poupons, ou petits bambins de vingt-huit mois à quatre ans, qui, à de certains moments du jour, viennent, après les exercices bruyants des mar-

Fig. 38

Vue extérieure de la Nourricerie et du Pouponnat.

ches chantantes et des exercices de gymnastique, prendre un peu de repos sur les bancs de cette salle. Pendant ces moments de tranquillité, quelque historiette instructive leur est racontée ou quelque chanson apprise, etc. C'est là enfin qu'ils reçoivent les premières leçons propres au jeune âge.

L'extrémité du vestibule d'entrée donne accès dans la salle du promenoir, des jeux, et des exercices corporels; la figure n° 39 en représente l'intérieur. Cette salle a 15 mètres de long sur 6 mètres de large; elle traverse l'édifice dans toute sa largeur et communique, à chaque extrémité, avec les balcons extérieurs contournant l'édifice et aboutissant aux pelouses des jardins du Palais.

Sur le côté opposé au vestibule d'entrée, se trouvent les salles aux berceaux, entièrement ouvertes sur la grande salle du promenoir et des jeux, dont elles ne sont séparées que par une cloison en bois de 68 centimètres de hauteur.

Chacune de ces salles peut contenir 14 à 16 berceaux, placés de chaque côté perpendiculairement aux murs; un couloir reste au milieu pour la circulation des personnes attachées au service des enfants. En réservant la place pour les lits des bonnes, c'est environ 50 berceaux que les salles peuvent contenir. Ces dispositions permettent d'embrasser, d'un seul coup d'œil, les enfants de la grande salle du promenoir et ceux couchés dans leurs berceaux.

Les salles de cet édifice sont parfaitement éclairées et ventilées ; une température convenable y est maintenue jour et nuit ; une distribution d'eau alimente le service, et l'éclairage au gaz est toute la nuit à la disposition des directrices et des bonnes.

La salle du promenoir est divisée en deux parties par une balustrade de 76 centimètres de hauteur : la partie de droite, en entrant par le vestibule, sert aux nourrissons ; la partie de gauche sert aux exercices des poupons, ou petits bambins. La première contient un plancher en ellipse, de 3 mètres de long sur 2 mètres 50 centimètres de large, monté sur roulettes, afin de permettre de le déplacer pour faire la propreté à la place qu'il occupe ; ce plancher est entouré de deux petites balustrades de 38 centimètres de hauteur, distantes l'une de l'autre de 62 centimètres. Les enfants les plus jeunes sont mis en liberté sur ce plancher, et c'est dans l'espace compris entre les balustrades qu'ils s'exercent à faire leurs premiers pas, en se servant des mains courantes comme appui.

La balustrade intérieure laisse libre un espace de 36 centimètres, pour permettre aux enfants de gagner à volonté le centre de ce meuble. Ce plancher mobile ou roulant, que toutes les bonnes se sont accordé à nommer *la promenade*, sert donc aux enfants pour s'asseoir et se réunir en compagnie d'autres petits promeneurs comme eux, et auprès des enfants plus jeunes, ou plus faibles, qui les admirent et s'efforcent de les imiter.

Fig. 39.

Vue intérieure du Pouponnat et de la Nourricerie.

Solutions Sociales, page 574.

Les nourrissons les plus forts quittent, à leur gré, la promenade pour exercer leur agilité, et vont, jouant ensemble, par la salle et les balcons où ils trouvent de petits fauteuils, réunis trois à trois, dans lesquels ils peuvent s'asseoir en compagnie : ces petits fauteuils servent également à grouper les enfants, autour des bonnes, au moment des repas.

La Nourricerie du Familistère fait usage, pour les berceaux des enfants, d'un genre de matelas qui mérite d'être tout particulièrement signalé; il a été décrit déjà dans l'Annuaire de l'Association ; mais les recherches qu'il a fallu faire au Familistère, avant d'arriver à ce procédé si simple et si complet, et les graves inconvénients auxquels ce mode de coucher remédie, nous font un devoir de le propager de nouveau, afin d'en faire profiter les familles et les crèches, où les enfants auraient encore à souffrir de l'humidité et de l'odeur des urines.

Au Familistère, le coucher de l'enfant est toujours sec et sans odeur. Les berceaux se composent d'un ovale en tringle de fer rond, porté par deux montants : un à chaque extrémité; celui de la tête forme la flèche du rideau en s'élevant au-dessus du lit; le tout est fixé sur deux pieds en fonte reliés par une traverse : les berceaux sont ainsi portatifs et légers. Une toile en fort coutil, lacée sur l'ovale de fer, compose le corps d'un berceau très-gracieux ; le matelas est formé de 30 à 40 litres de gros son bien bluté, mis dans le fond de cette toile, et recouvert d'un petit drap ; l'oreiller peut également être fait de son.

Cette couche ne se pénètre pas d'humidité ; au lever de l'enfant, le son humide se trouve aggloméré en motte qu'on enlève facilement avec la main, ou avec une petite raquette en fil de fer; on ajoute de temps en temps un peu de son nouveau, et celui qu'on retire pour cause d'humidité, peut être donné aux animaux de la basse-cour.

Tous les mois au plus, le son d'un berceau doit être entièrement changé, afin d'éviter toute fermentation, et cette fermentation peut être aussi retardée, ou empêchée, en faisant étuver au four le son destiné au coucher de l'enfant.

L'hiver, l'enfant n'a jamais froid sur ce simple lit, moins chaud en été qu'une couche vaporeuse et nauséabonde. Ce mode de coucher réduit l'entretien du berceau, pour tenir le lit constamment sec et propre, au changement d'un peu de son et d'un petit drap. L'enfant, à la Nourricerie du Familistère, se trouve ainsi placé dans des conditions hygiéniques que ne possèdent pas toujours les classes aisées. L'ouvrier, sous ce rapport, n'a donc rien à envier à la fortune.

On ne berce jamais les enfants à la Nourricerie, c'est plaisir de les voir mettre au lit tout éveillés comme de grandes personnes, de les voir s'endormir sans pleurer ni crier et s'éveiller de même : le bercement supprimé, c'est une conquête de plus faite sur les erreurs de la routine.

La Nourricerie et le Pouponnat sont certainement les institutions les plus capables de soustraire les enfants au malheur de l'absence de soins, dont ils sont si souvent victimes en bas âge dans les familles pauvres et obligées de se livrer à un travail assidu ; ces institutions sont seules en état de faire disparaître les tristes conséquences de l'abandon qui tue un quart des enfants pendant le premier âge.

Au Familistère, ni l'abandon, ni la malpropreté, ni l'inanition, ni la misère, ni l'indigestion, ne sont plus les causes de cette mortalité des jeunes enfants sur laquelle la société ferme les yeux. L'enfant reçoit, au Palais, tous les soins réclamés par son âge ; les salles de la Nourricerie et du Pouponnat sont là dans l'habitation même, près de la demeure de chacun, toujours ouvertes à l'enfant et à la mère, et nuit et jour, des bonnes veillent avec un soin maternel sur tous les enfants au berceau, dès que les mères éprouvent le besoin d'aller à leurs travaux.

L'enfant est là dans le milieu propre à son âge, en société de ses pareils, à l'abri de ces ennuis qui sont souvent pour l'enfant, séparé de ses semblables, un tourment dont il se soulage par des cris et des pleurs. Quarante enfants, dans la salle de la Nourricerie du Familistère, sont moins ennuyeux et inquiétants qu'un seul à domicile.

Au bonheur que trouve l'enfant dans cette institution placée près de la famille, s'ajoutent les avantages qu'y trouve le ménage lui-même : il ne perd ainsi rien de sa tranquillité par la venue des enfants ; la propreté du logement reste la même, l'intérieur domestique conserve sa physionomie et son caractère paisibles, si nécessaires au repos du travailleur. Cela est impossible lorsque l'enfant au berceau, ou en bas âge, doit rester en permanence dans l'intérieur du ménage.

J'ai peu parlé de ce qui est fait pour l'éducation de l'enfant de cet âge ; c'est qu'elle résulte, presque tout entière, de l'heureuse disposition des salles, des soins matériels, de la propreté générale maintenue autour de l'enfant, et surtout du choix des bonnes ; car c'est le sentiment maternel qui est le meilleur auxiliaire de la première éducation, dès que ce sentiment est guidé par la science et la raison.

Les exercices de l'enfant sont peu nombreux à cet âge :

Attendre le service sans pleurer au réveil, pendant qu'on sert les camarades ;

Manger à tour de rôle à la cuillerée sans vouloir prendre la part du petit voisin ;

Manger seul comme les grands, dès qu'on devient grand soi-même ;

Se tenir bravement dans la promenade, et croiser les camarades sans les renverser ni tomber soi-même ;

Aller par imitation et adroitement sur les petits siéges d'aisances, entraîné par l'exemple des grands camarades du Pouponnat ;

Regarder jouer les petits bambins et écouter leurs chants ;

Admirer les oiseaux de la volière et causer avec le perroquet ;

Appeler l'écureuil pour le faire tourner dans sa cage ;

Se promener sur les balcons et sur les pelouses en guidant par la main les petits amis qui essayent leurs forces ;

Se coucher et se rouler sur les pelouses ;

Causer avec les petits amis ;

Obéir aux bonnes ;

S'endormir sans pleurer ;

Voilà ce qu'on peut obtenir, sans contrainte, des enfants vivant en société de leurs petits semblables, par l'éducation confiée à des femmes intelligentes et affectueuses, chez lesquelles l'amour du Bien et celui de l'Enfance sont les premières vertus.

L'enfant reste à la Nourricerie jusqu'à l'âge où, devenu propre et bon marcheur, il demande lui-même, et avec instance, à aller au Pouponnat prendre part aux exercices des poupons, ou petits bambins ; cela a lieu ordinairement vers l'âge de 26 à 28 mois.

Dès lors, l'enfant retourne chez ses parents aux

heures des repas et y passe la nuit ; il est en état de faire au besoin ce petit voyage seul, ou en compagnie des bambins plus grands, vu la proximité du logement ; mais plus souvent il est amené par ses frères et sœurs, ou apporté dans les bras de son père ou de sa mère, pour qui ce n'est pas un dérangement, mais un véritable plaisir qu'ils se donnent en se rendant au travail. Déjà, à cet âge, l'enfant contracte ainsi l'habitude de venir régulièrement, aux réunions de ses camarades, dans les salles des souvenirs de son plus jeune âge.

Au Pouponnat, comme à la Nourricerie, les soins et les leçons que l'enfant reçoit n'ont d'autre but que celui de favoriser le développement harmonique de ses organes, afin de ménager à l'intelligence un instrument solide et sûr.

Qu'y a-t-il de plus nécessaire au travailleur qu'un corps bien conformé, robuste et vigoureux ? Les soins de la première enfance sont donc ceux sur lesquels la sollicitude la plus grande s'est d'abord arrêtée. En facilitant à la famille tous les soins dont elle est capable pour sa progéniture, le Familistère, de son côté, a ménagé pour l'enfant toutes les ressources que la famille peut être dans l'impuissance de lui donner.

Le Pouponnat est le complément indispensable de la Nourricerie pour éviter que l'enfant, après avoir été veillé et soigné pendant le premier âge, ne tombe dans la privation des soins qui lui sont encore indispensables, tant qu'il n'est pas assez fort pour aller aux écoles.

Le Pouponnat est, du reste, du plus heureux effet près des nourrissons ; c'est le stimulant le plus direct de leur jeune imagination ; le nourrisson qui sait bien marcher veut faire le pas gymnastique avec les poupons, au son du claquoir et des chants ; il veut participer à leurs exercices ; cela pique la curiosité des impuissants eux-mêmes, et tous aspirent au moment où ils pourront en faire autant.

Il est dans la nature humaine d'éprouver de l'admiration et de l'attrait pour ce qui se trouve à la portée de notre conception : profitant de cette disposition naturelle, c'est en ménageant à l'enfant les exemples vivants, et bien gradués, de ce qu'il peut obtenir de lui-même qu'on facilite son développement.

Les exercices du Pouponnat sont, à peu près, les suivants :

Réunion sur les bancs de la salle des premières leçons ;

Inspection de la propreté des mains et du visage ;

Chansons enfantines, invocation ;

Marches au pas ;

Premières leçons de camaraderie sur ce qui est bien et mal, sur ce qu'on doit aux autres ;

Petits repas de tartines, leçons pour bien manger ;

Exercices de gymnastique en chantant ;

Rondes et promenades sur les pelouses et dans les allées du jardin ;

Récits par les maîtresses d'histoires morales et instructives ; exhibition d'images explicatives ;

Premiers éléments de la connaissance des lettres;

Chant de l'alphabet en désignant chaque lettre;

Chant des chiffres de 1 à 100, comptés sur le boulier par les Bambins moniteurs ou les Poupons les plus capables ;

Essais de dessin sur l'ardoise ;

Petites leçons de choses;

Jeux sur les pelouses du jardin sans rien abîmer;

Grades de moniteurs conquis par le mérite ;

Réception des récompenses de semaine : rubans de décoration en sautoir, bonbons, petites images; etc. ;

De temps à autre, vue de belles poupées ouvrant les yeux, passant la langue, faisant aller les mains, et autres surprises promises à l'avance ;

A titre de récompenses exceptionnelles, et à de rares intervalles, si tous les enfants sont bien sages et bien attentifs à la direction de leurs maîtresses, représentations au théâtre de Guignol ;

Scènes drôlatiques, avec pantins et marionnettes ;

Exhibition d'images, de petits animaux vivants et artificiels.

Tels sont les différents moyens par lesquels on

Fig. 40.

Vue des Écoles et du Théâtre, prise de l'entrée centrale du Familistère.

Solutions Sociales, page 582.

peut amuser et instruire, sans contrainte, les jeunes enfants ; il appartient à l'intelligence et au dévouement des directrices de savoir appliquer, varier et développer ces moyens, pour le plus grand profit des petits élèves.

XXXV

BAMBINAT

L'Édifice du Bambinat, des Écoles, et du Théâtre, représenté dans la figure N° 40, fait face à la partie centrale du Familistère.

Le bâtiment du milieu de cet édifice comprend la salle de théâtre, ou de conférences et de réunion générale de l'enfance ; il renferme aussi la salle d'orchestre servant également pour les réunions des conseils, et celles des divers comités et sociétés du Familistère.

Le bâtiment de droite comprend les salles du Bambinat et de la troisième classe ;

Le bâtiment de gauche, celles de la deuxième et de la première classe.

Je ne pourrais entrer ici dans les détails de l'enseignement au Familistère, sans donner à ce volume une trop grande étendue ; ce que j'ai dit sur ces questions à la section de l'Éducation Intégrale

dans ce chapitre, permet de renvoyer à un autre
volume les développements de l'Éducation et de
l'Instruction dans chaque classe.

Le Bambinat reçoit les enfants à leur sortie du
Pouponnat, c'est-à-dire vers l'âge de quatre ans,
il les garde jusqu'après leur sixième année.

Le Bambinat est principalement dirigé suivant les
méthodes employées dans les asiles ; c'est aux travaux et aux ouvrages de Mme Marie Pape-Carpentier,
ouvrages si pleins de sympathie pour l'enfance, que
le Familistère emprunte ses méthodes de direction
et ses moyens de former des directrices qui, toujours, sont choisies parmi les dames de la population.

Comme les asiles bien organisés, la salle du Bambinat possède donc ses gradins en amphithéâtre,
ses bancs, ses porte-tableaux avec place pour les
moniteurs, ses tableaux noirs roulants pour recevoir
les modèles de dessin, et les différents tableaux
du matériel, ses ardoises et crayons, son boulier-
compteur, ses lits de repos, ses rayons et tables
pour les tartines des enfants, etc., et enfin ses tableaux d'alphabet et d'épellation, ses syllabaires,
ses grandes images coloriées et cartonnées, ses tableaux d'histoire naturelle, d'arts et métiers, de leçons de choses, d'historiettes morales , etc.

Certains exercices sont aussi empruntés, pour le
Bambinat, à la méthode de M. Frœbel. Pour recevoir le matériel spécial à ces exercices, de gran-

des planches de 6 mètres de longueur environ, placées contre les murailles, sont apportées au milieu
de la salle au moment convenu, et réunies sur trois
petits tréteaux, de manière à faire de longues tables
autour desquelles les enfants peuvent trouver place.

Un casier contient un grand nombre de petites pièces de bois ayant un centimètre d'épaisseur sur
deux de largeur, quatre et huit centimètres de longueur ; il contient également des planchettes trian-
gulaires, carrées, et en forme de parallélogramme
ayant un centimètre d'épaisseur, quatre et huit
centimètres de dimension, et bon nombre d'autres
petites pièces dont le besoin est indiqué par l'expérience. Avec ces objets, les enfants s'exercent à
faire des constructions et des assemblages variés.

Un autre casier contient des petits bâtons et des
bouts de fils de fer galvanisés, de quelques centimètres de longueur, que les enfants réunissent au
moyen de boules d'argile plastique ; cela leur permet de faire divers autres petits travaux : imitation
de cages, de paniers, de toits, de grilles pour leurs
maisons, etc., cela les engage enfin à chercher
toutes sortes de combinaisons qui exercent la saga-
cité de l'enfant. Les élèves, groupés autour de la
table d'exercices, s'évertuent ainsi à qui fera les
plus belles choses, chacun de son côté.

La méthode élémentaire de Gymnastique classique
avec chants de M. Laisné est généralement celle
suivie au Bambinat; elle consiste dans le simple

exercice de tous les mouvements du corps accomplis avec ensemble, par tous les enfants à la fois, et en s'accompagnant de chants.

Les leçons de M. Grosselin, sur la lecture mimique, ou langage par signes, sont aussi données aux élèves.

La direction du Bambinat a créé au Familistère un genre de dessin, en lignes blanches sur carton brun, qui facilite considérablement aux enfants les travaux au crayon sur l'ardoise.

Les maîtresses n'ont plus à se préoccuper de l'exécution quotidienne de nouveaux dessins sur le tableau noir : besogne difficile pour la bien faire, et la faire à temps. Une collection complète de modèles divers est constamment à la disposition des maîtresses, et la plus grande partie de ces modèles, par la sobriété et la simplicité des lignes, sont complétement appropriés à l'usage de la première enfance.

Ces modèles de dessin peuvent être changés à chaque leçon, de sorte que les enfants y trouvent toujours le charme de la nouveauté. Aussi la séance de dessin est-elle une de celles qui ont le plus d'attrait et qui portent les meilleurs fruits au Bambinat du Familistère.

Dans l'Éducation des enfants du Bambinat, les exercices du corps sont encore l'objet principal qu'on doit se proposer et qui doit primer tout autre exercice ; aussi l'instruction n'y est-elle qu'un accessoire de l'enseignement. Les promenades dans les jardins et sous les ombrages du Palais, les jeux sur les pelouses, doivent avoir lieu suivant les besoins de l'enfant, et la tenue en classe doit être composée d'exercices amusants pour les petits élèves.

On peut se faire une idée de ces exercices par l'énumération suivante :

Réunion au préau ;

Entrée en classe, en rang, au son du claquoir ;

Chant de la prière, ou invocation religieuse et fraternelle ;

Chant de marche et formation des cercles aux tableaux pour la lecture rhythmée de l'alphabet ;

Nomination des moniteurs délégués au Pouponnat pour diriger les petits bambins ;

Séance de dessin sur ardoise, imitation des modèles placés au tableau ; vases, outils, costumes d'enfants, maisonnettes, objets de vaisselle et de ménage, lettres ou chiffres, etc.

Réunion en rang et au pas sur les gradins, soit pour l'épellation des tableaux de lecture, soit pour le chant, la gymnastique, les exercices au boulier-compteur, les récits d'histoires instructives et morales, les exercices de mimique, les leçons de bonne camaraderie, les notions d'arts et métiers, d'histoire naturelle, etc.

Retour aux bancs de la salle, marche au pas avec chants gymnastiques ;

Exercices Frœbel, sur les tables apportées au milieu de la classe;

Sorties aux cabinets d'aisances, leçons de propreté;

Réunions au théâtre de Guignol;

Rondes et chansons, jeux divers, etc.

Distribution une fois par semaine des images, bonbons, et décorations; classement des élèves les plus méritants en tête de leurs sections; désignation des grands moniteurs pour la semaine suivante.

Tels sont les principaux exercices qui, habilement variés, permettent à deux ou trois personnes d'occuper les journées de 80 à 100 enfants, au Familistère, avec ordre et profit pour leur santé, en même temps que pour leur jeune intelligence.

XXXVI

ÉCOLES

A six ans, l'enfant commence à épeler, sait compter jusqu'à cent, additionner au boulier-compteur, crayonner sur l'ardoise, et il aspire après sa promotion à la troisième classe des écoles. Là, dans des devoirs plus assidus, il apprend à lire, à écrire, à calculer, mais il revient encore avec plaisir, à des heures déterminées, prendre place sur les gradins du Bambinat, pour les exercices d'ensemble et les leçons propres à son âge.

Les écoles reçoivent les enfants dès qu'ils sont en état de suivre les leçons et d'exécuter les devoirs d'une des sections de classe. Le mouvement régulier de ces sections tend à s'établir pour les enfants élevés dès leur naissance au Familistère; pour eux, en effet, chaque âge de l'enfance forme des divisions naturelles dans lesquelles l'éducation progresse sans laisser de retardataires; il est bien quelques élèves plus ou moins intelligents, mais, sauf rares exceptions, chacun suit la division de son âge. Il n'en est pas de même pour les enfants des familles qui arrivent au Familistère : leur éducation négligée apporte toujours une perturbation momentanée dans cette gradation naturelle.

Je crois devoir faire remarquer ici que la direction de l'Éducation, au Familistère, ne revêt rien des restes de ces traditions pédagogiques, par lesquelles la crédulité et l'ignorance publiques sont entraînées à conserver un enseignement absurde, mais qui en impose d'autant plus aux pères et mères que les choses enseignées à leurs enfants sont moins comprises des parents et des élèves eux-mêmes, et par conséquent moins sujettes à être discutées et mises en pratique.

C'est ainsi que, dans la plupart des écoles, on occupe l'esprit des élèves à des problèmes transcendants d'arithmétique, et qu'au sortir de pension, de grands garçons sont parfois incapables d'appliquer leurs quatre règles aux opérations du commerce et de l'industrie. C'est ainsi encore que, dans les pensionnats et colléges, on donne des leçons de grec et latin qui, pour quatre-vingt-dix-neuf enfants sur cent, ne seront d'aucun usage.

L'Instruction, au Familistère, se tient dans la sphère des choses pratiques et usuelles ; on enseigne spécialement à l'élève ce dont il aura besoin tous les jours, et dans les diverses circonstances de sa vie. Toutes les études de l'élève, tous les problèmes qu'il est appelé à résoudre, sont pris sur le vif des faits les plus ordinaires de la vie, de sorte que l'enfant s'initie à la connaissance des choses usuelles et pratiques par ses études à l'école.

Les ressources de l'enseignement s'accroissent naturellement à mesure que les enfants avançant en âge deviennent, par ce fait, plus capables d'acquérir la connaissance et le savoir.

Le programme de l'enseignement se compose dans les classes supérieures, pour chaque jour de la semaine et du mois, d'un certain nombre des études et des exercices indiqués ci-après. Mais ce programme est conçu et ordonné de manière à ce que toutes les facultés soient enseignées en temps convenable, et proportionnellement aux exigences de chacune de ces branches d'enseignement.

L'énumération des exercices de chaque classe

continuera à nous servir pour indiquer les choses enseignées aux élèves.

Études et Exercices de la Troisième Classe.

Entrée en classe à l'heure et en compagnie des grands élèves, après le défilé dans les cours du Palais;

Épellation, lecture, — livres amusants et instructifs appropriés à l'âge des enfants;

Éléments d'écriture, — cahiers préparés avec modèles;

Chiffres, additions et soustractions, — ardoises, règles et crayons pour les études, — cahiers avec modèles de chiffres;

Exercices au boulier-compteur; étude de la table de multiplication ;

Copies et récitations de verbes; — copies de passages dans les livres de lecture, pour former l'enfant à l'orthographe d'usage;

Dessin sur l'ardoise, — copie des modèles exposés au tableau;

Énumération et tracé au tableau et sur cahier, des lignes et figures géométriques ;

Leçons de choses utiles, inspirant l'amour du travail et le désir de savoir; récits sur l'histoire naturelle, les arts et métiers, les belles actions, etc. ; —tableaux explicatifs;

Gymnastique; participation aux principaux exer-

cices du Bambinat ; séance de l'Enseignement
Frœbel ;

Leçons de camaraderie ; admission aux séances
de jardinage, au soin et à la propreté des allées du
jardin, à la visite de la basse-cour, etc.

Études et Exercices de la Deuxième Classe.

Lectures variées, amusantes et instructives ;

Écriture sur cahiers préparés, et d'après des tableaux modèles de majuscules et minuscules en tous
genres ;

Copies fréquentes sur livres imprimés pour former l'élève à l'orthographe d'usage ; dictées, verbes,
analyses, style ;

Arithmétique, problèmes sur les quatre règles,
démonstration et explication par les élèves, au cor-
rigé des devoirs, sur le tableau ;

Notions de système métrique ; — pesage et mesurage pratiques.

Notions de dessin linéaire ; croquis à la main sur
ardoise ;

Éléments de Géométrie ;

Géographie, notions élémentaires, — cartes murales ;

Leçons morales et instructives ;

Lectures variées, expliquées et développées par le
maître, sur les sciences et les arts, l'histoire naturelle, l'industrie, etc. ;

Leçons de jardinage avec les élèves de la première classe ;

Leçons de musique vocale ;

Gymnastique ;

Participation aux leçons de déclamation, et aux conférences d'enseignement supérieur des grands élèves dans la salle du théâtre.

Études et Exercices de Première Classe.

Lecture, livres variés et instructifs ;

Écriture sur tous les modèles ;

Exercices de français : orthographe, conjugaisons de verbes, dictées, analyses, style, copies sur les bons auteurs pour former l'élève à l'orthographe et à la bonne diction, — grammaire;

Arithmétique pratique appliquée au commerce et à l'industrie;

Notions de comptabilité usuelle en partie simple et en partie double; — cahiers spéciaux pour ces exercices;

Démonstration de tous les problèmes sur le tableau, et explication à haute voix, tour à tour par les élèves et par le maître, en présence de toute la classe;

Système métrique, leçons pratiques de pesage et de mesurage; — poids, balances, bascules, mesures de capacité et de dimension;

Notions de géométrie et de mécanique;

Notions de minéralogie, études des terres et des pierres qui entrent dans les terrains arables ; études sur les principaux minéraux employés en industrie ; — casier minéralogique, classement des terres, des pierres et des minéraux ;

Géographie générale ; étude spéciale de la France : départements, villes, chemins de fer, canaux, rivières navigables, points principaux du globe ; — grandes cartes murales de la France, de l'Europe et de toutes les Parties du Monde ; sphère de grande dimension ;

Notions de cosmographie, démonstration du système planétaire ; — cartes du ciel et instruments divers ;

Ostéologie humaine, étude de toutes les parties du corps ; — dessin de squelette grandeur naturelle ;

Leçons de morale supérieure ; explications des Lois de la Vie et du Travail, de façon à inspirer à l'élève le désir de se rendre utile à lui-même et à ses semblables ;

Dessin linéaire ; objets d'industrie, d'art et de manufacture pour les garçons ; objets de ménage, meubles, vaisselle, coupes de vêtements, costumes, etc., pour les filles ; croquis à la main d'après modèles et d'après nature ; — boîtes à dessin, encre de chine et godets, etc. ;

Notions d'histoire, particulièrement depuis la Révolution Française.

Musique vocale et instrumentale ; — cahiers et instruments de musique pour chaque élève ;

Déclamation, conférences et théâtre ;

Hors des classes : séances de jardinage avec outils et instruments proportionnés à la taille des enfants ; gymnastique ; promenades ; visites à l'usine.

Cours Supérieurs.

La partie la plus élevée de l'enseignement de la première classe fait l'objet des leçons spéciales des Cours supérieurs, où ne sont admis que les élèves réellement en état, par leur intelligence et leur bonne volonté, de profiter de ces leçons.

Apprentissage Industriel.

Entrée dans l'une des fonctions du travail de l'usine pour les jeunes garçons, et dans les services du Familistère pour les jeunes filles, à moins d'une autre vocation.

Tels sont les exercices et les études des écoles du Familistère ; il nous reste à rappeler que nous avons établi, en parlant de l'Éducation Intégrale, quelles sont les récompenses, décorations, bannières, livres, jouets, récréations organisées et fêtes solennelles qui appartiennent à toutes les classes de l'enfance, et forment le complément des méthodes d'émulation et d'enseignement du Familistère.

XXXVII

PRINCIPES D'ORGANISATION

Nous venons de voir comment le Familistère
atteint au développement intellectuel de l'enfance,
et comment il lui ouvre les voies morales de la vie;
mais en formant la génération qui s'élève, nous ne
pouvons rester indifférents à la génération qui travaille.

Il nous faut donc, après avoir organisé les choses
pour le côté nécessaire, utile et progressif, les organiser aussi pour les satisfactions morales et les
agréments de la vie, pour la libre expansion des
facultés sociales de l'homme, pour le libre essor des
besoins supérieurs qui l'appellent à la vie collective
et publique; nous allons voir, dans les sections suivantes, comment le Familistère satisfait à ces conditions.

Du jour où l'on admet en principe que le Droit
de Vivre doit trouver, pour tous, sa consécration
dans le Travail de la Nature combiné avec celui de
l'homme, bien des difficultés disparaissent dans le
mode et le droit d'usage des institutions reconnues
nécessaires à tous ; et, si les applications que la vérité de la Loi de Vie indique ne sont pas faites immédiatement dans leur intégralité, on est conduit, au
moins, à donner aux voies transitoires le caractère

le plus propre à faire jouir tout le monde, du bienfait des choses indispensables à la vie et au progrès.

Si l'on admet, en effet, le principe d'Association
appliqué entre le Travail et le Capital, il peut entrer dans les conditions de l'Association qu'un certain nombre des frais du logement et des avantages
communs à toutes les familles, soient gratuits et
qu'ils incombent aux frais généraux de l'Association : c'est un moyen simple et facile de faire
accepter toutes les bonnes choses, et, surtout, de les
rendre accessibles aux familles peu aisées. C'est
pourquoi au Familistère, pour tout ce qui concerne
l'Éducation et l'Instruction de l'enfance, la gratuité
est absolue.

Il est des choses nécessaires qui, si elles ne sont
complétement gratuites, doivent au moins être
combinées de telle façon que le prix ou le mode de
paiement ne puisse en empêcher l'usage. C'est ce
que nous avons vu pratiquer au chapitre de la location des logements : le prix de ces logements est
assez bas pour que l'ouvrier ne puisse trouver que
des avantages dans cette location; c'est aussi ce
qui doit être fait pour les choses nécessaires à la
santé et au progrès de la vie : il faut que rien ne
puisse en faire négliger l'usage.

Il en est ainsi, dans une forte mesure, pour les
lavoirs et buanderies : l'usage en est libre au moyen
d'une légère redevance qui s'ajoute au loyer. Cela

est aussi fait pour les soins médicaux et les réserves
de prévoyance et de mutualité ; d'où il résulte que
la mesure de la gratuité ou du bas prix peut être
augmentée ou restreinte pour les sociétaires, dans
la proportion jugée nécessaire par les associés.
Cela se traduit par plus ou moins de bénéfices à
partager, entre le Capital et le Travail ; c'est, indirectement, une augmentation de salaires pour la
famille et de frais généraux pour la production.

Il est toutefois des choses dont une administration intelligente doit rendre la gratuité tout d'abord
de règle absolue. Nous citerons, au nombre de
celles-là, le service de Propreté Générale que nous
allons examiner.

XXXVIII

SERVICES DE PROPRETÉ GÉNÉRALE

Dans une entreprise telle que celle du Familistère,
la bonne marche des services, comme leur bonne
direction morale, dépend des principes qui président au régime administratif.

Dans un édifice où quatre cents, neuf cents et
même douze à quinze cents personnes devaient successivement demeurer, la tranquillité, l'accord et
l'ordre dépendaient de suite de l'organisation rationnelle des services d'intérêt commun.

On conçoit que dans une habitation semblable, la fréquence de la circulation, et les besoins sans cesse renouvelés, exigent le bon état, la propreté et le libre accès de toutes les choses d'un usage commun. Chaque famille, par l'usage qu'elle fait de ces choses, donne lieu à une part de balayage, de propreté, et d'entretien général indispensable à la bonne tenue des locaux.

La parcimonie et l'indifférence qui s'attachent le plus souvent aux logements ouvriers, auraient pu conseiller, comme moyen économique, de laisser à chaque famille le soin de cette part de la propreté générale, mais les conséquences d'une semblable mesure eussent été des plus fàcheuses, et eussent à elles seules compromis le succès.

Si, ailleurs, la famille a la liberté de rester dans la malpropreté, au Familistère cela était difficile. Dans ce Palais, la moindre ordure irrite la vue; donc, pour mettre les soins d'entretien et de propreté extérieurs à la charge de chaque famille, il fallait lui imposer la corvée de son bien-être; mais là n'était pas le seul inconvénient de ce système : ne voit-on pas combien de remarques, combien de critiques et même d'altercations, se seraient élevées à ce sujet entre voisins; ne voit-on pas combien souvent l'intervention de l'administration eût été nécessaire? il eût fallu tout un système de police pour obtenir dans le Palais un ordre contraint et une propreté forcée.

Il n'en a pas été ainsi, et les adversaires de cette fondation, qui n'avaient prévu pour elle que de semblables moyens de direction, et que les inconvénients qui devaient résulter d'une organisation ainsi comprise, ont été trompés dans leur attente.

Dès l'ouverture du Familistère, les locataires furent mis en possession de leurs logements : ils étaient chez eux, le Familistère n'avait rien à leur demander que le paiement de leurs loyers. Les cours, les balcons, les escaliers, les corridors, les cabinets d'aisances, les cabinets aux balayures, les bassins aux eaux ménagères, la propreté des écoles et des salles publiques ; toutes les choses enfin d'un usage commun, étant à tous et n'appartenant à personne, restaient aux soins de l'administration, et ce sur lequel personne n'avait aucune contribution à apporter, aucun droit à payer, aucun travail à faire, personne ne pouvait avoir tendance à en abuser ; chacun devait en respecter l'usage pour les autres comme pour soi.

Où des causes permanentes de conflit auraient pu exister, naissait au contraire une cause d'accord et de bonne intelligence, par l'effet des satisfactions que chacun en éprouvait.

C'était le problème de la domesticité libre mise en pratique. En ceci, comme en tout ce qui se rattache au bien-être des personnes, j'avais cherché à réaliser pour les classes moyennes et pauvres les

Équivalents de la Richesse : la solution était trouvée. La richesse a ses serviteurs pour lui rendre la vie plus facile; désormais, l'habitant du Familistère avait aussi les siens pour veiller aux soins généraux de la salubrité et de la propreté de l'habitation. Il n'était plus possible que les abords de la demeure du pauvre fussent encore un lieu d'immondices et d'infection.

Le service au Palais Social n'est pas individuel, il est vrai, mais chacun n'en a pas moins la satisfaction de voir balayer et nettoyer, sans avoir à s'en occuper, les cours, les escaliers, les balcons, les galeries de ventilation, les cabinets d'aisances, les cabinets aux balayures, les fontaines, etc., toutes les choses enfin qui font partie de la demeure, et que l'habitant trouve ainsi constamment en parfait état de propreté.

Les personnes qui remplissent au Familistère ces fonctions d'utilité générale, en échange d'un salaire convenu, sont au service de tous, sans être attachées au service de personne. Ces fonctions bien remplies sont un titre à la considération générale des habitants, car la supériorité, en toute espèce de travail, est en grand honneur au Palais Social.

XXXIX

CONVENANCES DU LOGEMENT

Les avantages et les ressources dont le logement est entouré au Familistère procurent aux habitants un degré d'aisance bien supérieur à celui de l'habitation encombrée de toutes les fonctions gênantes du ménage ouvrier.

Au Palais, le logement peut toujours être propre et rangé ; aucune gêne n'en affecte désagréablement la destination principale ; les réunions de la famille, les repas, la tranquillité et le repos y trouvent toutes les facilités possibles.

Le Palais Social, placé près de l'atelier, permet à l'ouvrier de rentrer dans sa demeure, aussitôt son travail fini, sans ajouter une fatigue nouvelle à la fatigue du travail ; il peut changer de vêtements si cela lui est nécessaire, et trouver immédiatement le repos pour réparer ses forces. Ce qui ne peut avoir lieu dans beaucoup d'établissements, où l'ouvrier a de grandes distances à parcourir pour retourner chez lui.

En rentrant au Familistère, le père et la mère rencontrent leurs enfants sortant des écoles, la famille est aussitôt réunie pour le repas, qu'elle prépare facilement avec les ressources que le Palais lui offre à ce sujet.

Aux avantages inhérents au milieu dans lequel le *Palais Social* place l'habitation, se joint l'agrément de pouvoir toujours proportionner l'étendue du logement et de ses dépendances aux besoins de la famille.

Un jeune ménage, sans enfants, se trouve plus convenablement logé dans une seule chambre qu'il ne le sera dans deux pièces, lorsque la famille comptera plusieurs enfants. Et lorsque ces enfants auront grandi, une troisième, une quatrième pièce pourront devenir nécessaires; il faut même, pour les besoins d'une telle famille, joindre au logement cave et grenier.

Mais si, au contraire, dans une famille arrivée à son apogée de développement, les enfants se marient, le logement du père de famille a besoin alors de se restreindre au lieu de s'augmenter, et cela dans les proportions inverses de celles que nous venons d'énumérer.

Le *Palais Social* permet de donner complète satisfaction à ces besoins de la famille; il permet de faire que le logement soit toujours en proportion du nombre et des ressources des personnes.

Il n'en peut être ainsi lorsque l'ouvrier est propriétaire de la maison dans laquelle il demeure : ou il y a gêne quand la famille est nombreuse, ou la maison est plus que suffisante quand le père et la mère restent seuls.

Les habitants du *Palais Social* n'étant pas propriétaires, mais actionnaires, ne sont attachés à leur propriété que comme locataires, de sorte que chacun peut, avec la plus grande facilité, faire les changements et les mutations de logement qu'il juge nécessaires à ses besoins.

Aujourd'hui, l'un renonce à sa cave, l'autre à son grenier, qu'un troisième reprend ; d'autres changent un appartement de deux chambres contre un de trois chambres ; et tout cela sans que les loyers cessent de produire au profit des sociétaires.

Ces mutations et ces changements de logement sont même à encourager, parce qu'ils donnent lieu, chaque fois, à une remise à neuf, dont les frais doivent être supportés par ceux qui demandent à changer d'appartement.

Le Familistère renferme un certain nombre de chambres garnies pour les personnes vivant seules, et pour les sociétaires qui, momentanément, ont besoin d'un agrandissement de logement : soit parce qu'il leur survient des parents ou des amis, soit pour tout autre motif, comme par exemple celui de cas de maladie dans la famille.

En semblables circonstances, le Comité médical met des chambres garnies à la disposition des ménages qui en éprouvent le besoin. Le malade peut ainsi trouver, dans un logement particulier, une tranquillité plus grande, il n'a autour de lui que les personnes qui le soignent ou le visitent. Si le malade est, au contraire, resté dans son logement habituel, ce sont les personnes de la famille qui n'ont pas de services à rendre au malade qui, pour lui laisser plus de repos et de calme, peuvent occuper la chambre garnie.

Ce logement supplémentaire permet ainsi un repos plus facile pour la famille tout entière, et donne la possibilité, dans les cas très-rares de contagion, d'éviter les dangers que présente le rapprochement des personnes dans certaines maladies, et surtout dans celles concernant l'enfance.

Le logement sociétaire réunit donc, à n'importe quel point de vue on se place, des avantages que ne peut offrir l'habitation en toute propriété.

XL

AGRÉMENTS, FÊTES ET PLAISIRS

Le *Palais Social* est la mise en pratique de l'amour du prochain; c'est la porte par laquelle l'homme fait ouvertement son entrée dans la voie des Lois de la Vie; quand il en est arrivé à comprendre ainsi sa destinée, quand il a su concevoir la Répartition du Travail et de ses fruits sur des bases équitables, quand il a su tout constituer autour de lui, pour son repos, sa tranquillité et sa sécurité, le même sentiment ne tarde pas à l'élever aux besoins des jouissances de l'Art et de l'Intelligence, et le *Palais Social* doit offrir, sous ce rapport,

Les représentations de drames, comédies ou vaudevilles, que les habitants du Familistère se donnent à eux-mêmes sur la scène, pendant les soirées d'hiver, sont des plaisirs inconnus ailleurs à la campagne; le bonheur d'être admis au nombre des acteurs n'est pas moins grand, pour un certain nombre, que pour d'autres celui d'assister aux représentations.

Les règlements ou statuts de la société théâtrale sont empreints du meilleur esprit, et font honneur au corps entier des amateurs acteurs et actrices placés sous leur protection.

La société chorale se compose des écoliers les plus avancés en musique, des élèves sortis des écoles, et des amateurs qui se rencontrent parmi les sociétaires. C'est une satisfaction pour les membres de cette société de remplir les intermèdes des représentations théâtrales, et c'est un plaisir pour les assistants de les entendre : c'est du bonheur pour les pères, les mères et les enfants, c'est du bonheur pour tout le monde.

La société des trente-cinq musiciens du Familistère complète cet ensemble de jouissances moralisatrices de la population; elle fournit au théâtre un bel orchestre, et donne aux fêtes du Palais un attrait et une solennité que tout le monde apprécie.

Les répétitions musicales de cette société ont lieu, deux ou trois fois par semaine, dans le foyer du théâtre, faisant face au Palais. Pendant les belles soirées d'été, les croisées de la salle d'orchestre sont ouvertes; la population peut sortir sur la place centrale extérieure et jouir, en se promenant, du plaisir d'écouter les morceaux de musique que les amateurs de la ville viennent entendre de leur côté, en se mêlant aux groupes des habitants du Familistère.

Tous les délassements, tous les agréments sont ainsi accessibles à la population entière, parce que le Palais Social les met à la portée de tous.

Les fêtes surtout ont, au Familistère, un caractère de majesté et de grandeur dont la classe ouvrière ne peut nulle part ailleurs avoir aussi complétement l'honneur de l'initiative.

Dans les grandes cours vitrées du Palais, où deux à trois mille personnes peuvent se réunir et circuler à l'aise, la moindre décoration fait aussitôt un magnifique effet, et se prête aux plus grandes solennités.

La planche n° 41 représente la distribution des récompenses, un jour de Fête du Travail; cette fête a lieu chaque année, comme celle de la distribution des récompenses aux enfants des écoles. Lors des préparatifs de ces deux fêtes, la population prodigue ses efforts afin de donner au spectacle un cadre digne du but poursuivi.

Les trophées, les panoplies s'élèvent alors avec entrain, le long des vastes galeries intérieures du Palais, et ces préparatifs donnent aux cours du Fa-

Page 609 .

FÊTE DU TRAVAIL
Proclamation des Lauréats dans la Cour centrale du Familistè

milistère une majesté de circonstance qui fait le bonheur de la population entière, et l'admiration des visiteurs.

C'est un spectacle grandiose que ces solennités du Familistère, et bien propre à faire comprendre aux sociétaires la distance qui les sépare de l'état d'abandon où ils se trouvaient naguère dans la maison isolée. Au Palais Social, la population ouvrière, sans sortir de chez elle, se donne le spectacle des honneurs qui lui sont dus.

La proclamation des mérites de la pratique industrielle, et la proclamation des progrès de l'enfance, se font en présence des parents, des amis et des nombreux curieux attirés de tous les points du canton.

A l'ouverture de la fête, l'orchestre du Familistère emplit de ses accords l'immense vaisseau de la cour centrale ; tous les corps élus par le suffrage, munis de leurs insignes particuliers, viennent prendre place sous le portique élevé pour la circonstance, au-dessus d'une vaste estrade. L'enfance du Familistère est assise sur des bancs en face de ce portique, et les lauréats du travail viennent, à titre de bon exemple, recevoir devant elle la récompense de leurs mérites.

La distribution des récompenses commence, et des morceaux de musique particuliers sont joués à l'appel des principaux lauréats, aux grands applaudissements de l'assemblée. Aussitôt cette fête du jour terminée commence la fête de nuit : la cour est transformée, à vue d'œil, par la corporation des pompiers, en une immense salle de bal : les musiciens prennent place sous le portique élevé pour la fête, et mille danseurs et danseuses s'élancent aux sons de l'orchestre, et se livrent aux plaisirs du bal jusqu'à une heure avancée de la nuit, pendant que deux mille personnes viennent jouir de ce spectacle du haut des galeries du Palais.

Le lecteur reste juge de l'effet de pareilles solennités sur l'esprit des sociétaires, petits ou grands : tous se sont unis pour les préparatifs et les jouissances de la fête commune, le plaisir de chacun s'est augmenté du plaisir de tous, et le sentiment de l'Amour du Travail, de l'Accord et de la Solidarité a fait un nouveau pas dans tous les cœurs.

XLI

RÈGLEMENT ET LIBERTÉ

Malgré les principes du Droit, du Devoir et de la Justice, exposés dans ce livre, beaucoup de personnes se demanderont encore quelle est la règle de la vie au Familistère; car peu de gens savent concilier les principes avec les faits. Beaucoup voudront croire à un renversement complet des mœurs et des habitudes de la famille, ils croiront à un rè-

glement nécessaire, obligatoire, et même sévère :
il ne suffit pas d'avoir largement posé les droits de
la Liberté humaine, pour beaucoup de personnes il
faut encore exposer comment la Liberté se pratique.

Nous n'aurons en ceci qu'à faire une simple remarque. Dans les grandes villes, les maisons ont
quatre étages et davantage ; un même escalier conduit à tous les appartements ayant leurs portes sur
le palier de chaque étage; l'escalier est commun à
tous les locataires et libre au public. On 'n'a jamais
vu que ces entrées de logement, resserrées les unes
sur les autres, fussent une atteinte à la liberté de
personne, ni aux habitudes de la famille. Pourquoi en
serait-il autrement au Familistère, où les logements
ont leurs entrées sur de vastes galeries avec l'espace
devant elles, et une voie largement ouverte.

Le Familistère présente donc infiniment moins
de causes de promiscuité que les logements des
villes.

Les habitations des villes n'ont pas de règlement,
le Familistère n'en a pas davantage: l'habitant y est
complétement libre.

Il ne faut pas s'y méprendre : la Liberté est de
l'essence absolue du Droit, rien n'est durable dans
les institutions humaines, si la liberté n'est res-
pectée.

Malgré ce que j'ai établi de l'influence que les
dispositions matérielles de l'habitation peuvent
avoir sur l'amélioration du sort des classes ouvrières,

il faut qu'il soit bien compris que cette amélioration doit se développer d'elle-même : le milieu doit la produire, elle ne doit pas être imposée.

Il faut que l'habitant des nouvelles demeures trouve dans leur usage des facilités nouvelles, des avantages nouveaux, sans rien perdre de ceux qu'il possède ailleurs; il faut qu'il voie s'effacer, une à une, les causes de malaise qu'il rencontre ordinairement dans son logement, sans que la demeure nouvelle lui impose le sacrifice d'aucun bien; aussi l'édifice du Familistère a des entrées, mais il n'a ni portes ni grilles; chacun entre, sort, va, vient à son gré, à toute heure, et partout, sans consulter personne; la nuit, le jour, des caves aux greniers, à tous les étages, le Familistère est libre !

Le Familistère a bien eu, dès son origine, son administration et ses bureaux, mais au lieu d'être constituées pour réglementer les locataires, ces institutions n'avaient d'autre objet que les intérêts commerciaux et la surveillance de la bonne exécution de tous les services d'un usage commun. La population fut invitée à prendre part à ces services, mais librement et volontairement, contre salaires débattus pour chaque fonction, et chaque genre de travail à faire.

La Liberté est le principe consacré au Familistère comme règle de toutes les mesures qui y sont prises ; ni la famille, ni l'individu n'ont à s'y occuper d'un règlement; il n'y en a pas d'autre que celui qui est

inscrit dans la conscience des sociétaires. Le bien
s'y pratique parce que l'habitation nouvelle correspondant aux besoins de tous, chacun respecte le bien
commun duquel son bien-être propre est intimement solidaire ; des infractions fréquentes à cette
règle naturelle, sur un point quelconque, seraient
une indication de l'imperfection de certaines dispositions matérielles, il faudrait faire les réformes
nécessaires : il suffit de supprimer la cause pour
supprimer l'effet.

Les améliorations de l'habitation ouvrière doivent être ainsi comprises ; elles ne doivent pas imposer à l'individu les conceptions plus ou moins
bien raisonnées d'un architecte ; l'architecte, au
contraire, doit être à la recherche des moyens
de répondre aux exigences de l'habitation propre à
donner à l'homme le bien-être que sa nature sollicite ; c'est à la satisfaction de ces exigences que
l'architecte doit plier ses conceptions.

L'homme est jaloux de sa liberté, même de la
liberté qui le fait croupir dans le mal et dans la
douleur ; gardons-nous de porter atteinte à ce sentiment, c'est un droit qui nous échappe. Quelque
sage que nous soyons, nous ne sommes que des
hommes et notre nature est sujette à l'erreur.

L'âme humaine a une tâche secrète à accomplir
sur la Terre, et notre ignorance est trop profonde
sur les vues du Créateur, pour que nous nous per-
mettions de violenter personne dans la liberté de

son existence; usons donc de notre liberté personnelle pour réaliser le bien que nous concevons, mais faisons que le bien sorte des résultats de nos mesures, sans que l'individu ait à en souffrir dans sa liberté d'action, et nous aurons dignement contribué à l'amélioration de l'existence de nos semblables.

XLII

POLICE OU ORDRE INTÉRIEUR

Mais, dira-t-on, les ouvriers ne deviennent pas tous des petits saints parce qu'ils sont devenus habitants du Familistère, et il faut bien que l'ordre soit maintenu par un procédé quelconque ; il faut bien que les rixes, les mauvais traitements, le tapage soient réprimés ; il faut bien que les atteintes portées aux droits des autres soient punies ; il faut bien que des exemples soient donnés pour intimider les malfaiteurs.

Cela est vrai ; il existe des exceptions en toute chose, au moral comme au physique.

Il y a des indignes dans toutes les classes de la société, chez les ouvriers et les pauvres comme chez les nobles et les bourgeois. Mais la différence entre les premiers et les derniers, c'est que la classe pauvre manque souvent du nécessaire, et qu'elle a tout à chercher quand elle veut l'obtenir, tandis que la classe aisée n'a rien à demander à personne ; elle jouit de tout ce qu'elle désire.

La vérité à dire en l'honneur de la classe ouvrière, c'est que les malfaiteurs sont rares parmi elle, et que le dévouement y est commun. Il faut donc que les préjugés existants contre cette classe disparaissent de la société, et qu'on ne croie pas plus longtemps à la nécessité des moyens d'intimidation pour diriger les classes ouvrières. Les moyens de justice, relevant et encourageant le sentiment du bien chez les faibles, sont aujourd'hui les seuls au niveau des besoins du temps.

La sévérité de la répression n'est nulle part aussi grande que chez les peuples sauvages et barbares ; chez ces peuples, c'est presque toujours la torture ou la mort qui vient punir l'infraction à la loi ; la cruauté du juge est mille fois plus terrible que celle du malfaiteur.

Les âmes arriérées dans la vraie morale ne comprennent, comme triomphe du Droit, que l'anéantissement de leurs adversaires, et que les représailles de la lutte, du sang versé et du carnage.

A mesure que les civilisations avancent dans la voie du Bien, les mœurs s'adoucissent; mais malgré cela, aujourd'hui encore, le grand tort des moyens de répression de nos sociétés, c'est de dépasser outre mesure l'importance du fait ou du délit, et de n'avoir en eux-mêmes aucun caractère moral propre à relever la dignité publique, et encore moins celle du justiciable. .

Le croirait-on, la plus grande difficulté pour les questions d'ordre et de moralité au Familistère, est provenue de ce que la police et le prétendu maintien de l'ordre devaient se faire par des agents venant du dehors.

La police et la répression sont des fonctions qui ont leur amour-propre de profession et qui entendent défendre leurs prérogatives ; il leur faut des coupables et des justiciables, surtout sous un régime tel que nous l'a fait l'Empire.

Il ne pouvait donc être admis, de prime abord, que le Familistère, quoique ayant son existence particulière et propre, fût en droit de faire sa police intérieure, avec la mansuétude qui est entrée dans ses habitudes ; mais ces résistances extérieures se sont en grande partie éteintes par la force d'inertie qui leur a été opposée.

Car il faut le dire ici, pour l'édification de ceux qui croient que les classes ouvrières sont indisciplinées ou indisciplinables, il n'y a pas eu un seul procès de simple police dans le Familistère, depuis sa fondation. Et pourtant, le Palais renferme 900 personnes ; les réunions y sont fréquentes et nombreuses, les relations et les rapports sont des plus actifs entre tous les habitants.

Le fait principal de l'ordre et de la bonne conduite au Familistère, c'est que la vie de chacun y est à découvert : le mérite y est honoré et mis en relief, et les actes nuisibles à la bonne harmonie des habitants y sont critiqués par la population tout entière.

Ceux qui commettent des actes nuisibles au bien ou à la tranquillité d'autrui, le font en secret ou dans des moments d'oubli dont ils désirent éviter la publicité.

La critique du mal commis, étant une peine morale redoutée, est celle consacrée au Familistère.

Lorsqu'un fait nuisible à l'ordre intérieur, à un titre quelconque, est commis par un des sociétaires, le fait, suivant son importance, donne lieu à un avertissement à domicile, où il est signalé par voie de simple affichage, sans mentionner personne. Quand il y a récidive, ou que le fait a quelque gravité, l'affichage contient, outre le nom du sociétaire, une amende de 5 centimes à 5 francs au profit de la caisse mutuelle. La durée de l'affichage est momentanée, et proportionnée au fait qui a motivé la peine.

Pour les faits d'une certaine gravité, les conseils élus par le suffrage universel, comme cela sera expliqué dans la section suivante, se réunissent en conseil de censure, pour donner à la critique un caractère plus sévère, et à l'affichage plus d'autorité. Les conseils peuvent prononcer l'exclusion du sociétaire en demandant qu'il soit congédié.

Autant l'individu se sent honoré d'être inscrit

dans les tableaux d'honneur, autant il déplore la condamnation de sa conduite au tableau de ceux qui ont démérité.

Rien n'est redouté au Familistère comme l'affichage au tableau spécial ; les cas en sont rares ; aussi chacun s'évertue à tenir une conduite digne et convenable à l'égard de ses semblables.

La critique est active et sévère sur tous les actes préjudiciables aux intérêts généraux de la population, mais la conscience publique n'est pas portée aux rigueurs de la répression, la population se contente du jugement de la critique ; le sentiment du pardon et de l'oubli domine dans tous les cœurs.

Les faits qui ne peuvent s'effacer par cette épuration seraient véritablement du ressort des tribunaux, et donneraient lieu à l'élimination du sociétaire.

Si le Palais Social remplaçait nos villages, et que la Justice fût organisée dans son sein, il y aurait bien peu de délits à réprimer et de crimes à punir, ou plutôt il n'y en aurait plus : les écarts de cette nature seraient des dérangements des fonctions mentales qu'il faudrait traiter comme des maladies.

XLIII

SYSTÈME ADMINISTRATIF

Le Familistère représente, sous le rapport de son organisation, une œuvre plus complète que beaucoup de ses visiteurs ne le pensent. Tâchons d'en exposer brièvement le mécanisme général, en négligeant les détails d'organisation qui fatigueraient le lecteur.

Une Commission Administrative est chargée de la direction des intérêts de l'Industrie, de l'Usine et, en même temps, des intérêts matériels du Familistère ; cette Commission est choisie parmi les sociétaires les plus instruits, les plus capables et les plus en état de diriger la marche des opérations. Elle se réunit, au moins une fois par semaine, pour délibérer sur tous les intérêts de l'Industrie, et une autre fois pour s'occuper des approvisionnements et de toutes les choses qu'il est dans l'intérêt du Familistère d'entreprendre et de faire.

Cette Commission surveille et contrôle les opérations du Palais, en se divisant la besogne, mais elle en délègue l'exécution au fonctionnaire qui prend le titre d'économe du Familistère.

L'Économat fait les approvisionnements de toutes les marchandises et denrées nécessaires au Palais ;

leur réception et leur vérification à l'arrivée ont
lieu sous la surveillance de l'économe, et avec l'intervention des personnes attachées aux divers magasins ou services qui doivent faire la vente de ces
marchandises.

Un magasin de réserve est chargé des approvisionnements, tant qu'ils ne sont pas distribués aux
débits et magasins de détail.

Le Familistère est, en outre, divisé en autant de
services spéciaux qu'il renferme d'opérations différentes les unes des autres : chaque service, suivant
son importance, possède un ou plusieurs fonctionnaires.

Les débits, les magasins, et tous les services,
sont, chacun dans leur genre, indépendants les
uns des autres; ils ont leurs livres auxiliaires, et
leurs moyens de contrôle appropriés à leurs opérations.

Chaque débit, chaque magasin, chaque service
a un compte ouvert à l'économat, qui en résume les
opérations; chacun d'eux est débité des livraisons
qui lui sont faites, de son loyer, des frais de son
personnel, de l'intérêt de son capital propre, de
l'amortissement de son matériel, de son assurance,
de sa part de frais généraux, etc.; et il est crédité
de ses ventes et sorties.

Chaque jour, le montant des opérations de chacun des services et magasins de vente est porté à
son crédit respectif, et tous ces services se ba-

lancent en bénéfices ou en pertes à chaque inventaire, suivant la bonne ou la mauvaise direction qui leur a été donnée pendant le semestre.

Cette division des opérations permet de faire, où et quand cela est jugé convenable, des récolements partiels, par lesquels on peut apprécier, de temps à autre, la marche des services en particulier, sans attendre le jour de l'inventaire.

Les fonctions, réparties dans les différents services du Familistère, appellent soixante-dix à quatre-vingts personnes de la population intérieure, à prendre, à des degrés divers, une part active à la marche journalière des opérations et des services utiles à tous les sociétaires.

Les fonctions de la Commission Administrative du Familistère se bornent à la surveillance matérielle du Palais, à la direction du personnel des services, ainsi qu'à celle de la marche commerciale et financière des opérations.

Pour ce qui est de l'administration de toutes les Institutions et Sociétés que le Familistère renferme, la Commission Administrative n'y intervient que pour les renseignements à donner, pour la part des fonds à verser, par l'Usine, à la caisse de prévoyance, et pour le contrôle financier et comptable, lorsqu'il y a lieu. Tout le reste est dirigé et administré par des Comités élus, par la voie du suffrage, dans les Sociétés librement formées pour la bonne marche de ces Institutions.

Lorsqu'il s'agit des intérêts du travail, les Comités sont nommés au suffrage universel des ouvriers.

Chacun des Comités, ainsi nommés, propose les statuts qui sont ensuite discutés, modifiés et votés en Assemblée Générale des membres de chaque Société.

C'est ainsi que fonctionnent, au Familistère et dans son Usine, les Sociétés, les Corporations et les Comités : de l'Éducation, de l'Instruction, de Secours et de Prévoyance, de Pharmacie, des Soins Médicaux, des Pompiers, de la Musique, du Théâtre, des Fêtes et Plaisirs, du Cercle, de la Bibliothèque, des Réclamations du Travail, etc.

Aussi, les élections sont-elles souvent en exercice, au Familistère, — soit pour ses Sociétés et ses comités propres, soit pour les Comités se rattachant au travail de son usine et de sa manufacture : — car il est presque généralement admis, par ces Sociétés, de procéder tous les trois mois au renouvellement partiel de leurs Comités ; c'est ainsi que les Sociétés se tiennent en haleine, et que l'émulation se maintient dans l'exercice des fonctions purement honorifiques, et de dévouement, dévolues aux Comités.

Toutes ces Sociétés font leurs statuts à leur convenance, les modifient, et les changent en toute liberté.

Un Conseil de douze membres, élu parmi les

hommes, et un Conseil de douze membres, élu parmi les femmes, complètent au Familistère l'ensemble des corps électifs.

Ces deux Conseils sont nommés par le suffrage universel des électeurs du Familistère. Sont considérés comme électeurs tous les individus arrivés à l'âge où ils sont en état de se suffire par leur capacité au travail, après leur sortie des écoles ; à défaut de brevet de capacité, le minimum d'âge est fixé à seize ans pour les deux sexes.

Je vois ici sourire les partisans de la routine, et surtout les hommes qui, amis du Droit et de la Liberté, n'en comprennent néanmoins la jouissance qu'à leur profit.

Au Familistère, on aime la Liberté et le Droit en eux-mêmes et pour tous, la population ne sacrifie, sous ce rapport, rien au préjugé : les femmes ne sont, par conséquent, pas exclues des prérogatives électorales ; elles s'en montrent au moins aussi jalouses que les hommes, et sont certainement plus empressées à en accomplir les Devoirs.

Les fonctions des Conseils du Familistère sont surtout des fonctions d'initiative et d'observation ; leurs attributions n'ont rien de limité ni pour l'un ni pour l'autre ; ils ont tous deux la liberté de discussion pour règle, et peuvent, par conséquent, s'occuper des mêmes questions. Il est dans le droit de chacun de ces Conseils que l'un prétende à un rôle plus utile que l'autre.

Néanmoins, leurs aptitudes et leurs tendances naturelles sont différentes; le Conseil des Hommes s'occupe plutôt des questions d'amélioration dans le travail, d'institutions de prévoyance, de répartition, de l'organisation des fêtes.

Le Conseil des Dames s'occupe plus particulièrement de ce qui a rapport aux fonctions domestiques, de la qualité des denrées qui se vendent au Familistère, de la propreté et de la salubrité générales, des soins donnés à l'enfance, des lavoirs et buanderies, et de toutes les améliorations qui peuvent venir en aide au ménage.

Ces Conseils se réunissent quand ils le jugent convenable; leur influence agit sur les mesures d'ordre reconnues utiles; ils donnent leur avis sur la marche des opérations du Familistère; communication leur est faite des résultats des inventaires, et des dépenses générales faites au profit de la population.

Les Conseils rédigent des procès-verbaux de leur réunion, dans lesquels la commission administrative puise des éléments de direction.

Les Conseils sont les arbitres des hautes questions d'ordre; ils sont appelés à se prononcer sur les infractions commises aux habitudes de bonne confraternité, sur les actes compromettant, à un titre quelconque, l'ordre du Familistère, et surtout sur les causes qui pourraient motiver le congé d'un sociétaire.

Les attributions des Conseils s'étendent aussi, par conséquent, aux encouragements qu'il convient de donner aux différents mérites qui se distinguent dans l'Usine et le Familistère; ils signalent le zèle et l'exactitude dans les fonctions, comme l'oubli ou la négligence des fonctionnaires.

Les Conseils sont donc un levier d'influence morale, servant au fonctionnement régulier des intérêts généraux du Palais, et un élément utile dans la marche de son administration.

XLIV

LE POUVOIR SOUVERAIN

La question que j'aborde ici n'est pas la moins grave de celles à résoudre dans nos sociétés où tous les éléments sont en travail de transformation : les matériaux pour édifier les pouvoirs surtout ne se présentent à l'observateur qu'à l'état confus et sont difficiles à rassembler.

Le Palais Social nous offre pourtant, unis dans une véritable solidarité, tous les éléments de la vie communale, restés jusqu'ici séparés et sans lien réel; il nous montre ces éléments constituant une société homogène, autonome, qui a son existence et sa vie propres, et cependant nous n'avons pas encore vu quel pouvoir donne l'impulsion à cette société, ni quel principe assure sa durée et ses moyens de direction.

La nécessité d'assurer la stabilité du pouvoir dirigeant se présente peut-être plus souvent à l'esprit des personnes visitant le Familistère, que partout ailleurs. En voyant l'ordre, l'agencement et le fonctionnement de tout cet ensemble, beaucoup me disent : « Que deviendra cette œuvre quand vous n'y serez plus? Votre fils peut s'inspirer de vos sentiments, mais enfin il est mortel comme vous, et on peut prévoir que le sort de l'héritage mette un incapable, un insensé, un indigne à votre place : alors une mauvaise direction amènera le désordre et la ruine. »

Voilà comment des personnes, qui trouvent tout naturel que le sort des nations soit livré aux hasards de l'hérédité, font du principe d'hérédité même une objection contre le Familistère, et établissent souvent, à leur insu, que l'hérédité est impuissante à perpétuer un pouvoir souverain, capable de maintenir la bonne harmonie et la prospérité des fonctions dans une société quelconque.

Si ces personnes se préoccupent peu, pour les fortunes individuelles, des fluctuations et des vicissitudes qu'elles considèrent comme des accidents de la vie dont ceux qui les éprouvent supportent la responsabilité ; elles sont néanmoins frappées des conséquences de ces revers de fortune, lorsqu'il s'agit de mille personnes vivant heureuses et tranquilles, à l'abri d'une organisation protectrice de leurs droits et de leur avenir.

Dans ces circonstances, les partisans de l'hérédité ne veulent plus que le sort d'une population tout entière soit confié à des incapables, parce qu'ils re doutent pour elle les mauvaises chances de l'hérédité.

L'hérédité est donc condamnée comme système de pouvoir dirigeant du Palais social, même par les plus zélés partisans de ce système.

C'est qu'en effet les pouvoirs dirigeants, basés sur l'hérédité, sont condamnés par les faits devant les besoins que l'Industrie a fait naître dans la societé moderne. Trop souvent, le fils, ignorant ou dissipateur, est incapable de donner suite à la direction d'un père habile; ou même, chez les enfants de mérite, les aptitudes et les goûts sont différents de ceux de leur père, et font obstacle à la continuité régulière des industries.

La nature ne sanctionne du reste, sous aucun rapport, les pouvoirs ayant l'hérédité pour base; car, si elle leur accordait son appui, les rois et les princes seraient toujours les hommes les plus capables des nations et les plus dignes, sous tous les rapports, du gouvernement des Peuples; l'histoire ne nous rappellerait pas ces rois et ces princes dits: Débonnaires, Fainéants, Simples, Fous, Cruels, Mauvais, Faux-Monnayeurs, Débauchés, etc.; elle ne nous rappellerait pas tant d'oppresseurs et de tyrans issus des familles princières, tant de turpitudes et de crimes qui sont la honte de leur mémoire.

La nature a donc, dans tous les temps, laissé l'hérédité dans le plus profond oubli, puisque, à côté de ces notoires incapacités, ou même de ces monstruosités princières et royales, elle a versé au sein du Peuple le Génie de sa Régénération.

Mais si la tradition de l'hérédité est usée dans l'esprit des populations, comme principe légitime d'administration et de direction ; s'il est établi que l'hérédité est incapable de servir à une organisation durable du gouvernement des choses humaines ; s'il est même établi que l'Hérédité est contraire au Droit Naturel Permanent dont chacun doit jouir sur la chose publique ; si, par conséquent, l'hérédité est, en matière de gouvernement, contraire au véritable principe de la légitimité du pouvoir, même lorsque ce pouvoir est tempéré par les institutions ; à plus forte raison le gouvernement absolu doit-il être l'objet de la réprobation universelle : c'est aussi le sort qui lui est réservé par l'histoire des malheurs qui ont suivi tous les despotismes, et toutes les tyrannies. Les sociétés modernes réprouvent tous les gouvernements arbitraires quels qu'ils soient, mais surtout le gouvernement laissant au caprice d'un seul les destinées de tous.

Mais, s'il est constant que les pouvoirs fondés par l'autorité de la force brutale ou de l'hérédité, sont

condamnés à disparaître des sociétés humaines, il
est vrai de dire aussi que les moyens de faire toujours arriver les plus dignes au pouvoir n'ont pas
encore trouvé leur formule, et que les gouvernements, même issus du suffrage des populations, sont
loin d'avoir trouvé cette sanction.

Et il en est ainsi parce que le Véritable Droit Souverain n'a pas encore été défini ; l'homme, en effet,
a voulu s'attribuer ce droit, et, bouffi dans son orgueil, il a marché d'erreur en erreur, de malheur
en malheur, de chute en chute, sous le rapport politique et social. Il a négligé de reconnaître qu'au-
dessus de la souveraineté humaine, il y avait la
souveraineté divine, c'est-à-dire la Souveraineté des
Lois de la Nature, la Souveraineté des Lois de la Vie ;
il a négligé de reconnaître que la loi humaine ne
pouvait et ne devait être que la Consécration Pratique des Lois Naturelles. L'homme a négligé enfin de
reconnaître qu'au lieu d'être le principe de la souveraineté, il n'en est que l'agent.

C'est sous l'empire de cette double erreur du
mépris de la souveraineté des lois naturelles et de
l'usurpation de leur pouvoir souverain, que l'homme
est tombé dans les erreurs politiques au milieu desquelles la société cherche sa voie.

Malgré cela, la Nature n'ayant véritablement distingué les hommes entre eux que par la différence
de leurs mérites, de leurs talents et de leur génie,
il est conforme aux données de la logique et de la

raison, — parce que cela est aussi conforme aux données de la science de l'homme, — de conclure que la Nature laisse à l'universalité des hommes le soin de distinguer parmi eux les plus méritants et les plus capables, pour leur confier les pouvoirs nécessaires à la direction des intérêts sociaux.

Je généralise et ne fais point de distinctions entre les sociétés petites ou grandes, car je considère désormais comme sociétés l'usine, la fabrique, l'atelier, et toute entreprise enfin dans laquelle une réunion d'hommes travaillent à une œuvre commune, à un résultat commun; et je pose en principe absolu que, du jour où seront résolues, d'une façon définitive, la constitution et la forme du gouvernement du travail et des intérêts d'une entreprise comme celle du Familistère et de son usine, ou même d'une simple usine, dès que ce gouvernement donnera complète satisfaction, pour le présent, à toutes les parties intéressées, et répondra à toutes les prévisions de l'avenir, de ce jour-là, le système de gouvernement qui convient à la Commune et à l'État sera aussi résolu.

Il y a plus, la solution définitive du gouvernement des peuples ne sera trouvée que le jour où les rapports des intérêts du Travail et du Capital seront conciliés dans la Société.

Il faut donc favoriser l'Esprit d'Association entre le Travail et le Capital; il faut en encourager l'application comme seule voie de conciliation des Droits de

Tous; il faut que les ouvriers deviennent des sociétaires; il faut que chaque travailleur recouvre sa part naturelle de souveraineté sociale; il faut que cette souveraineté confie toujours la direction aux hommes les plus intelligents, les plus capables, et les plus dévoués aux intérêts généraux.

C'est ainsi que se soutiendront, que se perpétueront indéfiniment les entreprises et les institutions humaines, au profit des générations qui se succèdent; c'est ainsi que s'éclairera le difficile problème du gouvernement des sociétés.

Mais nous n'avons pas encore résolu ce problème :

Si le pouvoir personnel est, avec raison, considéré comme un marchepied conduisant à la tyrannie et au despotisme;

Si l'autorité héréditaire est sans valeur légitime pour la direction et le commandement;

Si le suffrage de tous peut s'égarer;

Si la souveraineté de la volonté publique peut se tromper;

Où est *la Règle Sociale Véritable?*

Où sont *les Pouvoirs Légitimes?*

Où se trouve enfin *la Légitime Souveraineté?*

D'après les principes de la Doctrine de la Vie exposés au chapitre xii de ce volume, nous répondrons à ces questiens en disant :

La *Légitime Souveraineté* est confiée de par la Nature à l'Universalité des Individus, parce que tous sont subordonnés à ses Lois : tous y doivent respect et reconnaissance, tous doivent en protéger l'application.

Nul ne peut être complétement dépouillé de ses Droits Naturels sans périr ; nul ne peut les voir s'amoindrir sans souffrir : donc tous les hommes ont interêt au respect des Lois Naturelles, tous les hommes en sont constitués les gardiens.

La Nature a fondé ainsi le Droit de chaque individu à la Souveraineté, en accordant à chacun une part dans la chose publique.

La Première Puissance Légitime de toute société réside donc dans l'Universalité de ses membres, et tous les Pouvoirs qui dérivent de cette Puissance n'en sont que l'émanation, que les mandataires, et les subordonnés.

Les *Pouvoirs Légitimes* relèvent essentiellement de la Collectivité des Intérêts qu'ils embrassent ; leurs mandats doivent être précis, déterminés, et par cela essentiellement temporaires et soumis au contrôle et au jugement de la Puissance Souveraine dont ils émanent.

Dans une société où le respect des Lois de la Vie sera consacré, les Pouvoirs écherront aux hommes que la grandeur de leur mérite et leur amour pour leurs semblables désigneront aux suffrages universels.

La *Règle Sociale Véritable*, que l'Humanité doit suivre, a toujours été, est, et restera toujours su-

bordonnée aux Lois de la Nature, seules légitimement souveraines.

Si nous nous rappelons que la Morale des Nations,
comme celle des Individus, a pour Lois suprêmes :

La Conservation et l'Entretien de la Vie Humaine,

Le Développement et le Progrès de la Vie
Humaine,

L'Équilibre et l'Harmonie de la Vie Humaine ;

Si nous avons reconnu qu'il est impossible d'assigner à la Morale et au Gouvernement des choses
Humaines un But Supérieur ; nous reconnaîtrons
aussi que la Puissance Souveraine dévolue aux
hommes, même considérée dans son Universalité, a
des limites naturelles, en dehors desquelles elle
tombe dans l'abus, et cesse d'être légitime, comme
toutes les actions humaines lorsqu'elles enfreignent
les Lois de la Nature.

Il convient donc de définir, d'une façon plus pré-
cise, la limite dans laquelle peut s'exercer l'action
légitime de la Puissance Souveraine dans la Société,
et celle des Pouvoirs que cette Puissance est appelée à constituer dans le sein de la Société même,
pour veiller au Gouvernement des Intérêts de Tous.

C'est dans la Loi Primordiale d'Équilibre, d'Accord et d'Harmonie de la Vie qu'est la source des
Besoins Politiques et Sociaux dévolus à l'homme ;
mais nous avons à démontrer que ces besoins ont
précisément pour but de se faire les interprètes
des intentions souveraines de la Loi Naturelle.

C'est pour cela que tous les hommes naissent avec les facultés qui les poussent au désir de participer à la chose publique, de surveiller leur part d'intérêt dans la chose commune.

Je démontrerai, avec évidence, l'existence de ces facultés, dans mon Traité des *Solutions Morales, Religieuses et Politiques*; mais l'existence de ces facultés se constate déjà par l'intérêt, et souvent par la passion, que l'homme libre apporte à la discussion des affaires publiques.

Les Facultés Morales et Sociales de l'homme, par cela même qu'elles sont inhérentes à sa nature, créent pour l'individu des Besoins de Participation au Gouvernement des Sociétés dont il fait partie; ces Besoins constituent des Droits qui sont aussi imprescriptibles et aussi inaliénables que ceux du boire et du manger.

Chacun, dans la société, prenant part à l'action souveraine des efforts, doit aussi prendre part à l'action souveraine des résolutions; de là aussi le Droit Souverain Permanent du Peuple de choisir les hommes les plus dignes du gouvernement de ses intérêts, et de révoquer ceux qu'il en croit incapables.

Le Droit à la Souveraineté existe donc de par la volonté de la Nature, et de par la logique des choses humaines ; ce droit résulte des facultés supérieures dont l'intelligence humaine est douée pour accomplir, de la façon la plus largement comprise, la Loi de Vie dans l'Humanité, lorsque l'homme aura compris cette Loi.

La Loi Naturelle étant le fondement du droit d'élire, du droit de suffrage, comme de tous les droits légitimes de l'homme, ce droit est permanent dans l'individu et dans les générations successives ; il est imprescriptible, de sorte que les actes du pouvoir souverain d'aujourd'hui n'ont de valeur, pour celui de demain, que si ces actes sont en accord avec les droits légitimes que les membres du corps souverain tiennent de la Nature.

C'est donc par une interprétation abusive du Droit Souverain que des hommes, professant l'hypocrisie de la Souveraineté Nationale et du suffrage universel, ont prétendu que le suffrage universel pouvait consacrer l'usurpation de la Souveraineté, s'imposer silence à lui-même, et remettre indéfiniment l'exercice des pouvoirs aux mains d'un individu ou de plusieurs.

Le suffrage universel ne peut déléguer à ses représentants et à tous les pouvoirs qu'il institue, qu'une existence temporaire, qu'une faculté, celle d'être l'interprète du Droit de Tous, et qu'un mandat précis et déterminé, dont le mandataire doit connaître et accomplir l'objet ; mais jamais les mandataires du Pouvoir Souverain, jamais les élus du suffrage ne peuvent recevoir la mission, pas plus qu'ils ne peuvent s'arroger le droit, de porter atteinte aux Droits Fondamentaux que l'Homme tient de la

Nature, ou de Dieu même ; ni d'en restreindre l'usage.

Il est des contrats dont l'iniquité soulève la conscience humaine, même quand ils sont revêtus de toutes les formes légales du consentement. On n'admet plus aujourd'hui, par exemple, qu'un homme puisse se vendre à un autre homme, pour en devenir l'esclave et la propriété ; et pourtant un homme est plus maître de lui-même qu'il n'est maître du droit des autres ; mais la Vie est un Droit qu'il tient de la Nature, elle est Inaliénable.

Nous avons suffisamment établi au chapitre xiv : *Éléments de la Production*, que l'homme n'a le droit d'aliéner que ce qui est le produit de son activité : ce qu'il tient de la Nature est inaliénable. C'est par ce motif qu'il ne peut abuser ni de son existence, ni de ce qui en constitue l'essence, sans commettre un acte illégitime, un crime aux yeux du Créateur ! A bien plus forte raison est-il sans pouvoir légitime pour aliéner les droits que les autres tiennent de la Nature.

La Souveraineté est dans ce cas ; c'est pourquoi nos pères, animés d'une inspiration supérieure, l'ont déclarée inaliénable ; mais il nous appartient aujourd'hui de définir les véritables principes de la Souveraineté, de déterminer ses limites, et de démontrer les motifs de son inaliénabilité. La raison humaine doit compléter l'œuvre de nos pères, et proclamer, dans un avenir prochain, que tout ce

qui est de Droit Naturel pour l'homme est inaliénable et imprescriptible.

La Souveraineté ou la Puissance Sociale étant
placée dans l'universalité des individus, il en résulte que pour constituer l'unité d'action, la masse
doit déléguer ses pouvoirs. C'est de ce fait que naît
l'organisation du suffrage, c'est-à-dire les combinaisons propres à distinguer les hommes auxquels
doit être conféré le gouvernement des affaires, et
ceux auxquels il convient de retirer ce pouvoir.

Car la Puissance Souveraine joint, à la faculté d'é-
lire ses fonctionnaires, celle de les destituer ; aussi
l'intérêt social exige-t-il que la direction soit soumise
à l'appréciation du Corps Souverain, à des intervalles déterminés ; par conséquent, tout mandat du
Pouvoir Souverain doit être limité à la juste durée
nécessaire à cette appréciation.

La Nature assigne une période au renouvellement
de presque toutes les opérations de l'activité humaine ; cette période c'est la révolution de l'année.

Chaque année, le Peuple Souverain doit donc
s'assembler, après chaque session de ses représentants, pour apprécier si les pouvoirs qu'il a conférés
ont été bien remplis, et pour aviser à en redresser
les erreurs, par le changement de ses mandataires,
dans la mesure nécessaire aux intérêts de tous.

Le plus grand tort des Pouvoirs Humains a toujours été de se croire impeccables, et de vouloir s'é-
terniser au mépris des Droits du Peuple.

Les Pouvoirs Politiques et Sociaux sont au contraire très-limités, puisque la Souveraineté du Peuple est elle-même subordonnée au respect dû aux Lois Naturelles. En dehors de ces limites tous les Pouvoirs tombent dans l'Arbitraire ou le Despotisme ; n'importe que ce soit le Pouvoir s'exerçant dans l'Individu pour le Gouvernement de ses Actes, ou dans une Société pour le Gouvernement de ses Intérêts, ou que ce soit le Pouvoir de la Majorité de la Nation s'exerçant pour le Gouvernement du Peuple.

La Souveraineté du Nombre elle-même, lorsqu'elle est en opposition avec le Droit Naturel, ne peut s'imposer légitimement ; elle ne peut empêcher la Vérité d'être vraie, le Juste d'être juste ; par conséquent, quand cette Souveraineté s'égare au mépris des Lois Naturelles et de la Raison Divine, elle n'est plus la Souveraineté, mais la puissance tyrannique de la Force et du Despotisme du plus grand nombre, sans plus de Justice, à l'égard de la Minorité, que le Despotisme d'un seul, ou de quelques-uns.

Une société par exemple qui, par son organisation et la constitution de ses intérêts, serait la négation du Droit à la Vie d'une partie de ses membres, ou même, pour que le fait soit plus frappant, disons, qui décréterait à une grande majorité la mort et la confiscation des biens et des propriétés d'une minorité, une telle société motiverait dans son sein une résistance sociale légitime. — La Loi de Vie étant la première des Lois imposées à

l'homme, et le premier des Droits qui lui sont dévolus, c'est à son inspiration que la conscience des
opprimés se soulèverait, et que les victimes s'insur-
geraient contre un décret semblable. A plus forte
raison, concevrait-on cette résistance, si la violation du Droit était due à l'incurie d'une Représentation qui, dépassant les limites de son mandat, sous-
trairait ses actes à la sanction du Peuple Souverain.

Mais si la résistance nous apparaît légitime dans
ce cas, il faut bien comprendre qu'elle peut exister
pour bien d'autres motifs, à des degrés divers,
dans nos sociétés encore imparfaites; car le Droit
n'y est nulle part assis sur ses véritables bases.

Dès qu'une société quelconque souffre dans les
moyens d'existence, et dans l'exercice des droits
d'une partie de ses membres, le mécontentement
existe, visible ou latent, et la résistance contre
l'état de choses établies est prête à naître à chaque
occasion qui se présente.

En conséquence, tant que les Besoins de la Vie
souffriront d'une atteinte au Droit sur un point
quelconque, ces résistances existeront; mais elles
s'amoindriront d'autant plus, et la sécurité sociale
sera d'autant plus grande, qu'il sera donné plus de
satisfaction aux Besoins Légitimes de la Vie de Tous.

Des Droits Légitimes étant encore méconnus, au
sein de nos sociétés, la conscience sociale réclamera
place à ces Droits, jusqu'à ce que l'action publique
soit en accord avec les Lois de la Vie.

L'Organisation de la Représentation Véritable des intérêts sociaux est donc un des problèmes les plus importants à étudier et à résoudre dans les sociétés modernes : le suffrage universel n'est qu'une première ébauche, fort imparfaite, de cette organisation.

Aussi, est-ce à cette imperfection qu'il faut attribuer ces difficultés, en apparence inconciliables, du droit de tout sociétaire et de tout citoyen d'exercer son influence sur le gouvernement des intérêts communs, avec l'impuissance où se trouve le suffrage universel pour distinguer, réellement aujourd'hui, les hommes les plus capables de diriger les intérêts de la chose commune ou publique.

Cela tient à plusieurs causes, que les progrès de la raison politique et sociale, aidés du temps, feront disparaître ; ces causes résultent :

De ce que les Pouvoirs issus du suffrage de la Nation se sont crus, généralement, investis du droit de se substituer au Pouvoir Souverain du Peuple ;

De l'état de défiance dans lequel sont placées, les unes par rapport aux autres, les Classes de la société représentant le Travail et le Capital ;

De l'insuffisance et des vices de l'organisation du suffrage ;

Des précautions prises pour diriger les élections, et en paralyser l'influence ;

Des restrictions apportées au droit de vote ;

De la rareté des manifestations du Peuple Souverain ;

De l'inexpérience de l'électeur ;

De la trop longue durée du mandat des élus ;

Du défaut de renseignements vrais sur les candidats ;

De l'absence de Liberté.

Le suffrage universel, dans l'état actuel de son organisation et des lois qui en règlent l'exercice, ne peut juger et se prononcer que sur la renommée des personnes, ou sur leurs promesses ; le Peuple Souverain n'est pas libre de s'assembler et de faire comparaître ses candidats devant lui. Dans ces conditions, combien de grands mérites et de hautes capacités sociales peuvent être laissés dans l'oubli ; combien de place peut être faite à l'intrigant, à côté de l'homme fier de sa dignité, et confiant dans sa véritable valeur!

La constitution des pouvoirs dirigeants, et le véritable exercice de la volonté publique, exigent un progrès social que les institutions et le temps pourront seuls accomplir.

Parmi ces institutions complémentaires, dont le suffrage universel a besoin, se place en première ligne tout ce qui pourra donner à l'opinion publique les moyens d'exprimer sa volonté en toute liberté.

Mais ce qui exercera la plus grande influence sur les destinées de la nation, ce sera l'institution de l'Enseignement Intégral et Libre, ouvert à tous les enfants du peuple; alors on verra chacun se classer, suivant ses aptitudes, dans les différents ordres des institutions scientifiques de la Nation, où se développeront les capacités naturelles propres à toutes les fonctions.

L'Étude plus complète de l'homme et la science des Lois de la Vie démontreront bientôt que les différences de conformation et de constitution, que les enfants présentent dès le jeune âge, correspondent à des aptitudes et, disons même, à des qualités et à des vertus particulières à la vie individuelle.

Avec l'aide de la connaissance de l'homme, et par l'Éducation Intégrale commencée dans la Commune, il sera facile de diriger les natures d'élite vers tous les degrés de l'enseignement, en suivant l'ordre des aptitudes multiples des individus, dans les écoles graduées de la nation; écoles comprenant des cours spéciaux pour les sciences sociales et politiques, c'est-à-dire pour les sciences des Lois de la Vie et de l'Humanité; ainsi naîtront les véritables capacités sur lesquelles le suffrage pourra sans erreur diriger ses choix.

Telle est la voie que le Familistère a ouverte à son administration future; c'est par l'Éducation et l'Instruction qu'il développe et fait grandir, en savoir et en intelligence, la génération qui s'élève ; et c'est au milieu d'elle qu'il espère voir se perpétuer ses traditions et puiser les éléments de sa prospérité.

Mais on comprendra que le Familistère et son Usine n'ont pas eu, plus que tout autre centre de population, la ressource de trouver, par voie d'élection naturelle, des capacités développées à l'avance pour les placer dans la hiérarchie des fonctions de l'industrie et du travail, afin de juger ces capacités à l'œuvre, et de leur confier ensuite la part de direction dont elles seraient reconnues capables.

Ce qui se fait pour la direction du Familistère et de son Usine diffère donc peu, quant au choix des fonctionnaires, de ce qui se fait dans la direction de toutes les entreprises actuelles; le hasard en a rassemblé les éléments qui, pour la plupart, ont vu les choses s'édifier sans comprendre la pensée qui y présidait, ou sont restés longtemps incrédules devant le but poursuivi.

La souveraineté du nombre n'a donc pas pris part à la fondation du Familistère et de ses Institutions; l'hostilité de l'opinion publique y a au contraire été prise en pitié.

Mais rien n'était pourtant laissé à l'arbitraire d'une volonté sans guide : le fondateur du Palais Social avait puisé dans la Loi Souveraine de Vie les moyens les plus sûrs de toute direction en pareille matière.

C'est inspiré des Lois de la Vie qu'il a fondé le Familistère; c'est inspiré des Lois de la Vie qu'il en a créé et dirigé toutes les Institutions dans la voie où elles sont entrées; c'est inspiré des Lois de la Vie qu'il en a confié la garde à la population entière qui en profite ;

C'est sous l'inspiration de ces Lois que se développent les sociétés mutuelles et corporatives, ayant pour but d'agrandir chaque jour les bienfaits d'une Solidarité sagement comprise, au sein de la population ;

C'est enfin sous l'inspiration des Lois de la Vie, que le fondateur du Familistère laisse à la volonté librement exprimée de la population entière, soit par l'organe de ses comités, soit dans ses manifestations générales, le soin de choisir et d'élire les personnes capables de concourir aux progrès des Institutions profitables à l'Association entière.

Telle est la puissance de la Loi de Vie et des Lois Secondaires qui en dérivent, que le fondateur du Familistère, en possession du guide souverain qu'elles mettent aux mains de ceux qui les consultent de bonne foi, a pu faire ce que les pouvoirs publics, ignorants de ces Lois, n'auraient pu réaliser.

C'est la dernière preuve que j'apporte à ce chapitre pour établir que les Lois de la Vie sont les Lois Souveraines sur lesquelles les hommes peuvent s'appuyer, avec Vérité et Justice, pour fonder le Gouvernement et les Pouvoirs Légitimes des Sociétés Humaines, depuis les Sociétés d'Exploitation Agricole et Industrielle jusqu'à l'Association Communale, et de l'association communale à l'Unité de la Nation et à la Fédération des Peuples.

CHAPITRE VINGT ET UNIÈME

ÉPILOGUE

Au moment où se termine l'impression de ce livre, je crois devoir en remplacer le dernier chapitre par les lignes suivantes :

Plus que jamais il m'est donné de mesurer les maux que la Guerre fait peser sur les Nations ; les malheurs de ma Patrie m'en témoignent, et, plus que jamais, il m'est donné aussi de juger ce que l'absence de Foi Sociale et de Vrais Principes réserve de malheur aux Nations.

Je frémis à la pensée des maux qu'une politique routinière, et sans profondeur, accumule sur la France.

Après la guerre avec l'étranger, c'est la lutte fratricide entre Français ; c'est la guerre civile avec tous ses ressentiments aveugles ; et, de quelque côté qu'on se tourne, on ne comprend la pacification que par la lutte à outrance, que par le meurtre et le carnage.

Pendant que j'écris ces lignes, j'ai le cœur déchiré par le bruit du canon de la guerre civile ;

Des Français se mutilent et se massacrent de part et d'autre, sous le prétexte de la défense du Droit ;

Des jeunes filles, des mères, des enfants succombent, victimes inoffensives de cette guerre fratricide ;

Des haines s'accumulent et des ruines s'amoncellent ;

Et les meilleures volontés sont impuissantes à empêcher ces malheurs, devant les erreurs et l'égarement des partis.

Au nom du Droit, du Devoir et de la Justice, Pitié pour les victimes innocentes que les malheurs de la guerre civile vont réduire à la misère la plus affreuse ; Miséricorde pour les égarés qui ont cru défendre le Droit et la Liberté ; Clémence pour ceux qui ont cru agir au nom de la défense des Principes méconnus.

L'histoire jugera les événements sans passion, et, avec le progrès des idées, elle verra ces événements sous un autre jour que nous.

Soyons indulgents pour les passions politiques, ce sont les passions de l'égarement de la raison ; elles font autant de coupables dans le succès que dans le revers, chez ceux qui s'y abandonnent, et

les plus coupables sont souvent les moins malheureux.

L'histoire jugera la postérité présente, elle réser-
vera une belle place à ceux que la bonté pour tous
les malheurs aura inspirés, et Dieu pardonnera beaucoup à ceux qui auront pardonné.

Par quel côté la lumière de la Vérité pénétrera-
t-elle dans les âmes? Il est difficile de le concevoir,
quand on voit l'obscurité plus grande qui s'appe-
santit sur les esprits par l'influence des événements.

Oh! hommes, ne comprendrez-vous jamais que
vos passions politiques ne sont que l'aveuglement de
l'ignorance, et que si vous possédiez la Vérité, l'Accord s'établirait entre vous.

Je dis à ceux qui possèdent la richesse, la plus
grande somme de connaissances et de savoir : —
« Avez-vous fait et faites-vous tout ce que vous
pourriez faire pour le Salut Social? » — et je réponds : Non! — Je dis à ceux qui ont l'intelligence
du travail : — « Avez-vous fait et faites-vous tout ce
que vous pourriez faire pour l'Amélioration de
votre Sort? » — et je réponds : Non !

Aux uns et aux autres, je dis : « Vous avez permis la Guerre et vous l'avez faite. » Aux uns et aux
autres, je dis : « Nos ruines ne sont-elles pas
assez grandes, nos plaies assez profondes, et nos
malheurs assez inouïs, pour ne pas éviter à l'avenir
les horreurs de la guerre civile? »

Ne trouverions-nous pas nos désastres assez grands

si nous en calculions l'étendue? Il n'est pas de réforme ni d'amélioration sociale, si importante qu'on ait pu la concevoir, qui aurait égalé les sacrifices que la Guerre étrangère et la Guerre civile font peser sur la France.

Avec les richesses perdues, il eût été possible de faire disparaître le Paupérisme de la surface des Nations Civilisées; il eût été possible de faire de la France un séjour béni, à la place d'un lieu de désolation; il eût été possible d'y établir la concorde perpétuelle de toutes les classes de la société.

Et quel remède voit-on aux maux de la guerre? L'égarement des esprits est tel que la plupart des apôtres de la Paix, il y a un an, ne voient aujourd'hui d'autre remède à la situation que de se préparer de nouveau à la Guerre.

Les places de guerre et les fortifications n'ont servi qu'à prolonger la lutte et à ruiner davantage le pays, sans rien protéger et sans rien défendre : démolira-t-on les places de guerre et les fortifications devenues inutiles? Non, on fera de nouvelles places de guerre et de nouvelles fortifications.

Les chassepots, les mitrailleuses, les canons, et tous les engins de guerre, n'ont servi qu'à épuiser les richesses de la France : renoncera-t-on à faire des engins de guerre? Non, on fera de nouveaux engins de guerre plus terribles et plus dévastateurs encore que les précédents.

Les armées n'ont servi qu'à détruire ou mutiler

les plus beaux hommes de la France et de l'Alle-
magne, qu'à faire dévaster nos plus belles provinces,
qu'à rejeter l'esprit des nations à des siècles en
arrière : renoncera-t-on, pour cela, à contraindre la
nation à user ses forces et son temps dans l'exercice des armes ? Non, on voudra réorganiser l'armée, et faire de la France un camp de soldats.

Et la France et l'Europe trouveront encore des
ressources pour cette Œuvre Impie de Destruction ;
ne sauraient-elles rien trouver pour organiser la
Paix du Monde ?

Ce n'est pas le sentiment intime du peuple, il a
l'intuition que de grandes choses auraient pu être
faites, pour son bien, avec les milliards engloutis.

Le dernier empire, sous le prétexte de la grandeur et de la gloire de la France, a dépensé, en frais
de guerre, environ. . . . .   10 milliards.

La prétendue paix armée, qui devait être notre sécurité, a amené cette
effroyable guerre avec la Prusse, qui
enlève à la France deux de ses plus
belles provinces : l'Alsace et la Lor-
raine ! et qui lui coûtera par aperçu :

En dévastations.   2   »
En dette de guerre   5   »
En dépenses de guerre   2   »
En ruines des industries et des
particuliers, en chômage du travail, _____

A reporter. . .   19 milliards.

Report. . .   19 milliards.

en pertes générales sur la production, sur le revenu du capital et de
l'impôt   8   »
                                        _____

La somme énorme de . . . . . .   27 milliards
aura donc été perdue, sous le vain prétexte de
constituer un gouvernement fort : la Force ruine
les Nations.

Que n'aurait-on pas fait avec cet énorme capital
pour la pacification du monde, le bonheur de l'humanité, et l'éternelle gloire de la France, si un
gouvernement, ayant l'intelligence des destinées
du monde, avait ouvert l'ère de la Paix au lieu de
celle de la Guerre et de la Corruption du Sens Moral
de la Nation?

Que chacun suppute, à sa façon, les prodigieux
résultats que des hommes doués d'un véritable savoir et d'un grand amour de l'humanité auraient
pu obtenir avec ces trésors perdus. Que ceux qui ne
comprennent le Progrès que par la création directe
de la richesse se disent :

Qu'avec ces 27 milliards, la France aurait pu
faire 90,000 kilomètres de chemins de fer à double
voie, avec tout le matériel nécessaire ; c'est-à-dire,
plus de cinq fois le réseau actuel de la France :
chaque village ayant sa gare ; toutes les usines des-
servies par les transports rapides ; les landes et les
terres incultes sillonnées de chemins de fer y portant la fertilité et la vie, etc., etc.

Je ne m'arrêterai pas à toutes les comparaisons que ce sujet comporte, comme par exemple aux résultats matériels de l'aménagement des eaux des fleuves et des rivières, du percement des canaux, de l'irrigation, de l'amélioration des voies navigables, de l'exploitation des mines, etc., etc.; chacun peut faire ces comparaisons, suivant ses aptitudes et ses tendances ; la conclusion à en tirer sera que, quand la France le voudra, elle fera des prodiges dans la voie du bien, au lieu de tout sacrifier aux horreurs de la lutte et de la guerre.

Je dirai maintenant à ceux qui, au contraire, ne croient au Progrès que par le Progrès Intellectuel et moral : Considérez qu'avec ces 27 milliards toutes nos communes auraient pu être dotées de 675,000 francs par mille habitants; que, avec cette somme, la France aurait pu faire construire, dans chaque commune, un édifice important propre à inaugurer l'Éducation Intégrale de l'Enfance ; que chaque commune consacrant à cette fondation 200,000 fr. en moyenne, aurait pu se réserver, en rentes sur l'État, de quoi faire largement tous les frais nécessaires à l'institution du Pensionnat-École, s'enrichissant ainsi, sans secousses, d'Institutions Nouvelles et réalisant, sans difficultés, l'Éducation Gratuite et Volontaire, car elle n'aurait plus guère besoin d'être obligatoire.

Comme dernière comparaison, se rattachant plus directement à mon sujet, c'est-à-dire à la Réforme

Architecturale en vue de l'Association, je dirai :

Avec ces 27 milliards, on aurait pu construire plus de 4 millions de maisons valant chacune 6 à 7,000 francs, et pouvant loger 20 millions d'habitants ; ce qui représenterait 20,000 communes rebâties à neuf sur un plan étudié, et avec des édifices publics bien compris.

Mais ceux qui ont suivi, avec attention, les développements pratiques contenus dans ce livre, comprendront que ces 20,000 communes pourraient être 20,000 Palais servant de demeure à 20 millions de Français. Ces Palais, au sein de cultures bien comprises, d'ateliers et de fermes-modèles, auraient fait de la France le séjour le plus heureux, la nation la plus prospère, la plus intelligente et la plus libre de la terre, tandis que sous l'action des plus douloureuses énormités de la guerre, la France est devenue un pays de dévastations, de souffrances et de misères.

O France, faut-il désespérer de ton avenir, faut-il croire, avec tous les esprits en proie au vertige de la lutte, que tu sois condamnée au travail d'éternels déchirements au sein de l'Europe et dans ton sein même ? Non, ta destinée est toute autre : tu as pour Mission d'inaugurer l'Ère de la Paix du Monde ; c'est cette grande œuvre qui fera le champ d'action de tes gloires nouvelles, et qui te maintiendra au premier rang des nations.

Et pour qu'il en soit ainsi, tu raseras toutes les

fortifications de Paris qui n'auront servi, et ne peuvent servir, qu'à ruiner la France et à empêcher le développement de ses libertés ; tu combleras les fossés de toutes tes places fortes, et tu en détruiras les murailles ; tu anéantiras toutes les armes de guerre jusqu'au dernier tronçon ; tu n'auras plus d'armée, tu n'auras plus qu'une seule garde civique, dont l'inutilité provoquera un jour le licenciement.

Au lieu d'Organiser la Guerre, il ne te reste plus qu'à Organiser le Travail ; au lieu d'employer toutes les plus belles intelligences aux créations improductives de la guerre, pour servir au génie du mal et de la destruction, toutes tes forces seront consacrées au travail prospère, et tu seras alors plus grande et plus riche que jamais.

France, tu n'auras plus à craindre d'ennemis du dehors dans cette Œuvre de Régénération, car les autres nations ne pourront avoir d'autre ambition que celle de t'imiter, et si quelque roi insensé songeait à troubler ton action pacificatrice, tu aurais aussitôt tous les peuples pour toi ; car ils attendent, d'un bout du monde à l'autre, le Travail d'Émancipation Sociale qu'il t'est donné d'accomplir.

France, tu n'auras plus d'ennemis au dedans le jour où l'amour de la Justice, du Devoir et du Droit inspirera, suivant les Lois de la Vie, l'esprit de ceux qui seront chargés du gouvernement de tes destinées glorieuses.

La Pacification sera accomplie, il n'y aura plus
entre Français que des Frères dans une même
Patrie, unifiée par la Reconnaissance de tous les
Droits, par la Pratique de tous les Devoirs, et par
l'Application de la Justice, au sein de la Véritable
Liberté.

Croyez-moi, hommes de tous les partis, j'ai vu
les couches les plus profondes de la société, et j'en
ai pénétré les secrets. Si je demande Justice pour
les déshérités, je n'ai rien à envier pour moi à la
richesse et à la fortune; le sort m'a été assez favorable pour que je n'aie rien à demander à aucune
puissance de la terre, sinon le droit de dire la Vérité; croyez-moi, Riches et Pauvres, je suis désin-
téressé dans les questions que j'ai examinées dans
ce livre; j'aime tous les hommes du fond de mon
cœur, mais j'accorde mes sympathies les plus
grandes à ceux qui souffrent; faites comme moi,
vous qui avez la puissance : il y va du Salut Social.

En attendant le jour où la lumière se fera dans
les esprits, hommes pour qui elle est faite, unissez-
vous, au nom du Salut Social, pour une nouvelle
Ligue de la Paix fondée sur la Solidarité du Travail et du Capital, sur l'Association de tous les Éléments de la Production, et sur la Participation Équitable du Travailleur aux Bienfaits de la Richesse.

Riches et Puissants chez lesquels le cœur ne fait
pas défaut, mais qui désespérez du salut de la
France, je viens à vous; venez à la Loi de Vie,

unissons-nous, tendons la main au Travailleur, à
l'Ouvrier, inaugurons, par la Puissance de l'Exemple, le règne de la Paix sur la Terre.

Travailleurs à tous les degrés, Ouvriers, Artisans,
Artistes, Agriculteurs, Hommes de la science, chez
lesquels le sentiment d'un mieux possible avive de
violents désirs de Justice, joignez-vous à nous, organisons, sous l'inspiration des Lois de la Vie, la
Puissance de l'Association, du Travail et du Capital, organisons la Paix du Monde; venez, avec l'ab-
négation du dévouement qui vous est propre, accomplir l'Œuvre Sainte de la Rédemption Sociale
de la France et de l'Humanité !

FIN

TABLE DES MATIÈRES

PREMIÈRE PARTIE

CHAPITRE PREMIER.

PROLOGUE.

CHAPITRE DEUXIÈME.

PRESSENTIMENTS.

CHAPITRE TROISIÈME.

ÉTAT DE L'ATELIER.

CHAPITRE QUATRIÈME.

LE PRINCIPE DÉMOCRATIQUE.

CHAPITRE CINQUIÈME.

SOCIALISME ET POLITIQUE.

CHAPITRE SIXIÈME.

LE SAINT-SIMONISME.

CHAPITRE SEPTIÈME.

LE COMMUNISME.

CHAPITRE HUITIÈME.

FOURIER ET L'ASSOCIATION.

CHAPITRE NEUVIÈME.

1848 ET APRÈS.

CHAPITRE DIXIÈME.

ÉPAVES DES IDÉES SOCIALES.

DEUXIÈME PARTIE

CHAPITRE ONZIÈME.

LA MORALE PUBLIQUE.

CHAPITRE DOUZIÈME.

ESQUISSE D'UNE DOCTRINE.

TROISIÈME PARTIE

CHAPITRE TREIZIÈME.

LOI DES ÉVOLUTIONS SOCIALES.

CHAPITRE QUATORZIÈME.

ÉLÉMENTS DE LA PRODUCTION.

CHAPITRE QUINZIÈME.

LA GRANDE INDUSTRIE.

CHAPITRE SEIZIÈME.

RÉPARTITION.

CHAPITRE DIX-SEPTIÈME.

ASSOCIATION DU TRAVAIL ET DU CAPITAL.

QUATRIÈME PARTIE

CHAPITRE VINGTIÈME.

LE PALAIS SOCIAL.

CHAPITRE VINGT ET UNIÈME

FIN DE LA TABLE.

NOTE POUR LE CLASSEMENT DES GRAVURES

TIRÉES HORS TEXTE

——————

Imprimerie L. TOINON et Cᵉ, à St-Germain.